DAS CHINESISCHE MACHTSPIEL

TÜBINGEN

RAINER WUNDERLICH VERLAG

HERMANN LEINS

DAS CHINESISCHE MACHTSPIEL

DREITAUSEND JAHRE

STAATSKUNST

VON CHING PING

UND DENNIS BLOODWORTH

Aus dem Englischen von Wolfdietrich Müller

ISBN 3 8052 0284 9

Deutsche Ausgabe 1977
© 1976 by Ching Ping und Dennis Bloodworth. Die Originalausgabe erschien unter dem Titel »The Chinese Machiavelli, 3000 Years of Chinese Statecraft« im Verlag Martin Secker & Warburg Ltd., London. Alle Rechte für die deutsche Sprache beim Rainer Wunderlich Verlag Hermann Leins Tübingen. Printed in Germany. Satz von Bauer & Bökeler, Denkendorf. Druck der Offsetdruckerei Gutmann & Co., Heilbronn.

Zum Gedenken
an Ljang Hsin-tschang (1878–1931)

Um vorauszusehen, was sein wird, muß man betrachten, was gewesen ist. Denn die handelnden Personen auf der Bühne der Welt, die Menschen, haben stets dieselben Leidenschaften, und so muß dieselbe Ursache stets dieselbe Wirkung hervorbringen.

Niccolò Machiavelli, *Vom Staate*
(*Discorsi*, erschienen 1531)

Inhalt

Vorwort · 11

ERSTER TEIL · DIE DENKER

Auftakt · 17
Der große Mann aus Lu · 22
Kleiner Jesus, großer Marx · 36
Die Hunde aus Stroh · 47
Die Güte an der Macht · 60
Die Kissingers · 67
Die Alchimisten · 77
Machiavellissimo · 85

ZWEITER TEIL · DIE KÄMPFER

Die noble Kunst des Krieges · 99
Die Abwärtsstrategie · 107
Der Ritter und der Parvenü · 119
Armeen für zwei · 130
Das Reich für einen · 140
Vorspiel zum Chaos · 146
Mal den Teufel an die Wand · 156
Die Schlüssel der Königreiche · 162
Kopf ab auf chinesisch · 171
Dreieckspiel · 180
Das Drama im Mao-look · 193

DRITTER TEIL · DIE HERRSCHER

Mord und Totschlag · 205
Goldene Regel für Mörder · 217
Die weiche Welle · 225

Die Korruption der Bildung · 235
Heldenverehrung · 241
Die lebenden Toten · 247
Die Katze zeigt die Krallen · 257
Alle Chinesen sind Brüder · 271
Im Visier der Barbaren · 281
»Demokratie« · 290

VIERTER TEIL · ANALYSE

Angewandte Geschichte · 302
Westliche Annäherungsversuche · 315
Ausblick · 324

Postskriptum · 332

ANHANG

Anmerkungen · 345
Zeittafel · 352
Bibliographie · 358
Register · 361
Kartenskizzen · 368

Vorwort

CHINA ist aus den Kulissen getreten und spielt seine Rolle unter den Großmächten, deren wechselnde Beziehungen unser Schicksal gestalten, jetzt im Vordergrund der Bühne. Und China spielt nach eigenwilligen Regeln. Deshalb zerbricht sich die westliche Welt fast jede Woche wieder den Kopf darüber, welche Prinzipien, Motive und Ziele hinter Chinas diplomatischer, politischer und militärischer Strategie stecken. Wie konnten die Chinesen den Erzimperialisten Richard Nixon in Peking willkommen heißen, während sie gleichzeitig gegen die »amerikanische Aggression« in Vietnam Sturm liefen? Warum haben sie sich mit dem sozialistischen Moskau zerstritten und dem kapitalistischen Washington den Hof gemacht? Warum wehren sie sich hartnäckig dagegen, China als Supermacht gelten zu lassen? Warum geben ihre Führer hier nach und sind dort so unbegreiflich verbohrt? Wer trickst wen aus? Und warum sind sie überhaupt Kommunisten?

Im *Chinesischen Machtspiel* haben wir versucht, die Vergangenheit zu beleuchten, um die Gegenwart zu erhellen. Wir haben versucht, durch Jahrtausende moralischer Dispute und militärischer Abenteuer, Gebrauch und Mißbrauch von Macht, durch all das Denken, Kämpfen und Regieren in Jahrhunderten, die mühsam erlernten Lektionen aufzuspüren, denen das chinesische Zoon politikon seine Instinkte verdankt und die heute Chinas Züge auf dem Schachbrett erklären können.

Schach ist das allgemeingültige Symbol des Machtspiels, wie es die Menschen vom einen Ende der Welt zum anderen spielen, aber die Regeln und Prinzipien können von Land zu

Land erheblich voneinander abweichen. Die Chinesen zum Beispiel spielen auch auf einem in vierundsechzig Felder unterteilten Brett, aber sie spielen auf den Linien, nicht auf den Feldern, und anstelle der Dame haben sie zwei Kanonen. Die Kanone rückt wie ein Turm vor, aber sie kann eine gegnerische Figur nur schlagen, wenn sie über eine dazwischenliegende springt (wie beim Damespiel). Rückt man diese weg, kann die Kanone nichts machen. Das bringt ein subtiles fremdes Element in ein Spiel, von dem viele behaupten, es sei insgesamt weniger offen als das westliche Schach.

Man muß jedenfalls die wichtigsten Züge des einen kennen, bevor man die Besonderheiten des anderen schätzen kann, und genauso muß man die westlichen Spielregeln des Machtspiels kennen, um zu begreifen, wie sehr es dem in China gespielten ähnelt oder von ihm abweicht. Die westlichen Bezugspunkte, die wir gestreift haben, reichen von der Lehre eines Carl von Clausewitz bis zum Stil Henry Kissingers, doch haben wir besonders die »Philosophie« Machiavellis zum Vergleich herangezogen.

Es lag sehr nahe, Machiavelli zu wählen. Seine Schriften beschwören eine ganze Welt der Staatskunst herauf: das Taktieren von Fürsten und die Finten von Generälen durch die zwei Jahrtausende, die zwischen Kyros und Cesare Borgia liegen. Unser Thema ist die chinesische Entsprechung dieser Welt, der wir durch fünfundzwanzig Jahrhunderte von Konfuzius bis Mao Tse-tung nachgegangen sind.

Dieses Buch ist im wesentlichen eine Untersuchung des chinesischen Machtspiels und folgt dem chronologischen Ablauf der Geschichte. Die Galerie der Denker und Duodezfürsten, Despoten und Kaiserinnen, Feldherren und Straßenräuber ist in der richtigen zeitlichen Reihenfolge geordnet, aber die Lehren der Weisen und die Possen der Toren werden nur herangezogen, soweit sie sich direkt auf das Thema beziehen.

Unser Machtphilosoph ist daher nicht ein bestimmter Chinese, sondern die Summe aller Chinesen samt ihrer Erfahrungen, ein aus den Aussagen der geschichtlichen Zeugnisse zusammengesetztes Phantombild. Auch Machiavelli holte sich die charakteristischen Züge des »Machiavellismus« bei den Menschen und Ereignissen der griechischen und römischen Antike und dem Italien der Renaissance. Und der Florentiner

12

beschrieb dieselben grundsätzlichen Probleme, denen sich die chinesische Staatsphilosophie gegenübersah, denn seine pragmatischen wie allgemeinen Schriften waren universal in ihrer Bedeutung. Er zwang den Herrschern die Erkenntnis auf, daß sie zu bösen Taten bereit sein mußten, um den Staat zu schützen, und daß sie ihn manchmal durch gute Taten gefährden konnten. Aber er unterstellte nicht, dadurch werde das Böse gut und das Gute böse. Es galt, das persönliche Gewissen und die politische Zweckmäßigkeit miteinander zu versöhnen, denn beide stellten grundverschiedene Forderungen an den Menschen.

Es ist das ewige Dilemma der Menschheit, und in Form des nie endenden Konflikts zwischen den »schwachen« Konfuzianern, die Moral und Sittsamkeit in einer feudalen Hierarchie verkündeten, und den Legalisten, die Absolutismus und eiserne Herrschaft des Gesetzes im Interesse eines starken und stabilen Staatswesens predigten, wirft es seinen gewaltigen Schatten auf die Leinwand der chinesischen Geschichte. 1974 war die Debatte inzwischen in kommunistische Dialektik übersetzt worden, aber noch längst nicht abgeschlossen, wie es scheint, denn die Führung in Peking hatte eine landesweite Kampagne gegen Konfuzius in Gang gesetzt. Die Millionen waren aufgerufen, ihn als Schwindler zu verurteilen, dessen »Rechtschaffenheit« nur eine Devise zur Verewigung der Sklaverei gewesen sei. Gleichzeitig wurden die Legalisten mit Lob bedacht, weil ihre Rücksichtslosigkeit sie befähigt hatte, die kämpfenden Königreiche Chinas zu einem großen Reich zusammenzuschweißen.

Die Kampagne machte wieder einmal die zwanghafte Beschäftigung der Chinesen mit der eigenen Vergangenheit deutlich und bewies, daß das Wühlen in der chinesischen Geschichte nach Schlüsseln für das heutige chinesische Denken, einschließlich das Mao Tse-tungs, keine nutzlose akademische Spielerei ist.

Manch einer mag einwenden, daß erschreckend viele der früheren chinesischen Philosophen und Könige und Generäle zwangsläufig Modelle sind, Bilder, die aus einem Wirrwarr von Fakten, Legenden, Erinnerungsfetzen, Zitaten aus fünfter Hand, fehlinterpretierten Texten und himmelschreienden Erfindungen erstanden. Meistens wurden die ihnen zugeschriebenen Bücher Jahrhunderte nach ihrem Tod niedergeschrieben, angefangen beim *Gwan Dsï*, das mit Gwan Dschung, der zentralen Gestalt unseres ersten Kapitels, verbunden ist.

Aber alle alte Geschichte ist nicht mehr als allgemein anerkannte Dichtung, wie Voltaire gesagt hat, und wenn es die bekannte Legende und nicht die unbekannte Wahrheit ist, die den Menschen formt, müssen wir uns an die Legende halten. Deshalb haben wir die traditionelle Geschichte aufgeschrieben, so wie sie in den Köpfen der Chinesen lebt, die die Person mit ihrem Werk gleichsetzen: den Philosophen Mo Di (Mo Dsï) mit dem *Buch Mo Dsï*, Han Fej (Han Fej Dsï) mit dem *Han Fej Dsï*, Dschwang Dschou (Dschwang Dsï) mit dem *Dschwang Dsï*.[1]

Der Einfachheit halber werden Kaiser nur mit dem Namen genannt, den sie als Regierende trugen. Lju Schao-tschi wird als »Präsident« beschrieben, um Verwechslungen mit dem »Vorsitzenden« Mao zu vermeiden. Zitate werden gekürzt und zum Teil frei wiedergegeben, um sie klarer zu machen. Bestimmte Bezeichnungen und Begriffe, z. B. China, Korea, Mandschurei, Daoismus, werden schon für eine Zeit benutzt, in der sie noch nicht existierten. Die Zahl der chinesischen Eigennamen[2] im Text ist so klein wie möglich gehalten, die Anmerkungen wurden zur besseren Lesbarkeit ans Ende gestellt. Dies ist zuallererst ein Buch für den interessierten Laien.

Es ist ein moralisch indifferentes Buch, denn wir haben versucht, es Machiavelli gleichzutun, dessen vorurteilsloser analytischer Verstand in einem Zeitalter des »Engagements« so selten geworden ist. Wir haben demnach, häufig mit blutigen historischen Episoden illustriert, Verdienst und Verwerflichkeit erörtert, die etwa Mord, Terrorismus, Verrat, Hinterlist, Milde, Mut und Loyalität in chinesischen Augen haben, ohne Rücksicht auf das Gewissen, sei es christlich oder kommunistisch.

China ist das Thema vieler ausgezeichneter Forschungsarbeiten gewesen, denen wir zu tiefstem Dank verpflichtet sind, denn wir sind keine Sinologen und haben aus diesem Wissen geschöpft, aber nicht dazu beigetragen. Freilich ist auch im akademischen Bereich nicht alles Gold, was glänzt: viele selbsternannte Wissenschaftler glauben, eine eindeutige politische Tendenz könne Wissen und ein Doktorhut Verständnis ersetzen. Da wir aber keinen schiefen westlichen Blick, weder aus der linken noch aus der rechten akademischen Ecke, auf China werfen wollen, sondern versuchen, den Chinesen mit einem offenen chinesischen Blick ins Gesicht zu sehen, möchten wir das Folgende hinzufügen:

Ljang Hsin-tschang, dem dieses Buch gewidmet ist, war nicht nur ein angesehener Wissenschaftler, sondern auch Chinese, und nicht nur ein chinesischer Wissenschaftler, sondern Revolutionär. Obwohl er aus einer wohlhabenden konfuzianischen Beamtenfamilie kam, engagierte er sich schon als Student in der revolutionären Bewegung gegen die herrschende Tsching-Dynastie. Später gab er einen großen Teil des Familienvermögens aus, um die Massen in sechs Bezirken der Provinz Kwangtung um Dr. Sun Yat-sen, den späteren Gründer und Präsidenten der Republik China, zu scharen.

Während er in der französischen Besitzung Gwangdschouwan für seine Sache warb, wurde Ljang verhaftet und als gefährlicher Radikaler drei Jahre im Gefängnis von Hanoi inhaftiert, ein Jahr davon in einer fensterlosen Zelle in Einzelhaft. Die konterrevolutionäre Verwaltung in Kanton ersuchte die Franzosen, ihn zur Exekution auszuliefern, aber Sun Yat-sen konnte in Paris zu seinen Gunsten intervenieren, und er wurde schließlich entlassen.

Als Sun Yat-sen »Generalissimus« der neuen Revolutionsregierung wurde, machte er Ljang Hsin-tschang zu seinem ersten persönlichen Sekretär[3], aber Dr. Sun starb 1925, Tschiang Kai-schek folgte ihm als Vorsitzender der Kuomintang (»Nationalpartei«), und die revolutionären Ideale wurden schon bald von einer autokratischen Militärregierung verdrängt. Desillusioniert verbrachte Dr. Ljang seine letzten Lebensjahre. Er starb 1931. Noch zu Lebzeiten Sun Yat-sens hatte Ljang seinen ältesten Sohn auf die gerade eröffnete Militärakademie von Whampoa geschickt. Tschiang Kai-schek hatte dort das Kommando, Tschou En-lai war Direktor der politischen Abteilung, und Mao Tse-tung hielt Vorlesungen über die Bauernbewegung. Der Sohn wurde nationalistischer General, kämpfte erfolgreich gegen Japaner und Kommunisten und lebt heute im Ruhestand in Taiwan.

Ljangs ältere Tochter dagegen war Kommunistin. Sie hatte in Deutschland Medizin studiert und blieb auf dem Festland, als Mao Tse-tungs Truppen China 1949 überrannten, um der neuen Volksrepublik als Ärztin zu dienen. Als sie sechs Jahre später des »Revisionismus« beschuldigt wurde, nahm sie sich das Leben. Die jüngere Tochter hatte sich inzwischen mit den Intellektuellen, die an eine sozialistische »dritte Kraft« in China glaubten, angefreundet. Sie verließ das Land, um sich ihnen anzuschließen, und unterrichtete in Hongkong.

Ein republikanischer Revolutionär, ein nationalistischer General, eine kommunistische Ärztin, eine sozialistische Lehrerin: trotz aller Verschiedenheit waren sie an erster Stelle Chinesen. Ihr gemeinsames »politisches« Erbe reichte weiter zurück als die Legenden der Hsja-Dynastie. Eine von ihnen, die jüngere Tochter, ist meine Frau und Mitautorin dieses Buches: Ching Ping.

D.B.

Auftakt

WANN setzt die Geschichte von Gut und Böse, von Mitgefühl und Intrigen, Betrug und Mord, die den Menschen von den niedrigeren Wesen abhebt, in Wirklichkeit ein? Ein Christ könnte sagen, mit Kain, sollte Kain je gelebt haben. Ein Chinese würde wohl den Kaiser Fu Hsi nennen, hätte der keinen Schlangenleib gehabt, oder auch die Gründung des Hauses Hsja im Jahre 1990 v. Chr. Aber die Hsja-Dynastie hat, wenn auch Herrscherlisten für sie überliefert werden, nicht die geringste Spur ihrer Existenz hinterlassen, bis sie dem ersten König aus dem Hause Schang 1557 v. Chr. unterlag.

Die Kultur, die uns Schießpulver und Rosen, Seide, Papier, Porzellan und Pfirsiche gab, ist also nicht einmal alt, mißt man sie an den strengen Maßstäben des Mittelmeerraums. Cheops baute seine Pyramide ein Jahrtausend, bevor die Schang-Dynastie gegründet wurde. Dennoch gibt es Anzeichen einer weit älteren Zivilisation. Man braucht nur die kunstvoll verzierten Bronzen der Schangzeit zu sehen und weiß, daß diese Kultur nicht völlig ausgereift einem nur mit Drachenzähnen gesäten Feld entsprossen sein konnte. In der großen Schleife des Gelben Flusses, wo die Geschichte der Chinesen begann, hatte sie vielmehr schon eine Entwicklung von einigen Jahrtausenden hinter sich.

In der Antike nannte man China »Serica«, denn die »Seres« hatten schon tausend Jahre vor Christi Geburt Seide gewebt. Sie modellierten anmutige vielfarbige Gefäße, schnitzten Elfenbein und Jade und schrieben mit Pinsel und Tusche auf Bambusstäbchen. Die damaligen Riten, bei denen der König – Mittler des Menschen zwischen Himmel und Erde –

17

eine symbolische Furche pflügte und damit die Frühjahrsaus-
saat einleitete, wurden noch von den Mandschukaisern der
Tsching-Dynastie, die bis 1912 bestand, vollzogen.

Wenn auch die bunten Töpfe keine Legende sind, so machen sie doch keine politische Geschichte aus. Erst im achten
vorchristlichen Jahrhundert wurde etwa gleichzeitig mit
Rom auch China plötzlich für die Nachwelt lebendig. Die
Dschou-Dynastie war auf die Schang gefolgt, schriftliche Berichte hatten bloße Mythen ersetzt. Siebzehn Jahre vor der
Gründung Roms 753 hatten Barbaren die Hauptstadt der
Dschou erobert, und China, das Reich der Mitte, trat in eine
unruhige, später als »Frühling und Herbst« bekannte Periode
der Schwäche und Aufsplitterung ein.

Die zentrale Autorität der Dynastie wurde zunehmend
ausgehöhlt. Das Reich zerfiel in fünfzehn Feudalstaaten, ge-
säumt und geflickt mit zahlreichen kleineren Herrschaften,
so daß die chinesische Landkarte der buntgescheckten des
päpstlichen Italien glich, wie sie Machiavelli vertraut war.
Wenige leisteten ihrem königlichen Papst, dem »Sohn des
Himmels« aus dem Hause Dschou, mehr als Lippendienste.
Mit seiner ängstlich gewährten formalen Zustimmung versuchten die größeren Staaten der Reihe nach, die Herrschaft
über die reiche Große Ebene, das Herz des »Alls unter dem
Himmel«, zu gewinnen. Der Vorhang hatte sich über Fürsten
aus Fleisch und Blut und den Männern gehoben, die Plato
und Plotin, Caesar und Clausewitz, Machiavelli und Metter-
nich und Dr. Henry Kissinger in Chinas langer und bewegter
Geschichte spielen sollten.

Er hatte sich auch über einem Drama gehoben, das nach
einer alles überwiegenden, unveränderlichen geopolitischen
Regel gespielt wurde. Die inneren Staaten rein chinesischer
Kultur waren von barbarischen oder halbbarbarischen
Nachbarn umgeben, die aus Streitigkeiten oder mangelnder
Loyalität gegenüber dem König sofort ihren Vorteil zu ziehen
wußten. Die umsichtigeren Minister rieten deshalb ihren Für-
sten dringend, in erster Linie den Monarchen gegen alle Au-
ßenseiter abzuschirmen – selbst wenn sie ihn verachteten.
Dieses Grundprinzip sollte ein geeintes Reich, das von seiner
Entstehung her so vielförmig wie ein geteiltes Europa war,
zusammenhalten. Ein gewisser Gwan Dschung, im 7. Jahr-

hundert v. Chr. geboren, formulierte es als erster. Nur wenige im Westen haben von ihm gehört, doch deutet sein schwacher Schatten die Konturen all dessen an, was von Konfuzius bis Mao geschehen sollte.

Gwan Dschung war erster Minister von Tschi[1], einem mit Salz und Seidenraupen reich gesegneten Feudalstaat am Unterlauf des Gelben Flusses, und der Staat konnte sich um so reicher schätzen, weil ein so kluger Mann in seinen Diensten stand. Der Minister bestellte Beamte, die die Salzgewinnung und die Verarbeitung von Eisen zu Ackergerät überwachten, ließ zur Preiskontrolle Kupfermünzen prägen, setzte die Grundsteuer entsprechend der Fruchtbarkeit jeder Parzelle fest und tat alles, was in seiner Macht stand, um die Wirtschaft zu beleben. Denn »nur wenn Kleidung und Ernährung angemessen sind«, sagte er, »können die Menschen Stolz und Scham empfinden.« Not lieferte eine stichhaltige Entschuldigung für Widerspenstigkeit und Verrat. Ehrlichkeit und Treue verlangten einen gefüllten Magen.

Gwan Dschungs Worte sind durch fünfundzwanzig Jahrhunderte weitergegeben worden. Die klügeren politischen Strategen haben gelernt, die Armen und Hungernden zu beschwichtigen – oder deren Verzweiflung auszubeuten. Zu ihnen gehörten sowohl die »Revisionisten« des kommunistischen China, die zum großen Ärger des Vorsitzenden Mao Tse-tung die Versorgung der Millionen mit Reis vor die Revolution setzen wollten, als auch der Vorsitzende Mao selbst, der das Elend der Massen nutzte, um sie aufzustacheln.

Gwan Dschung nahm sich vor, die wirtschaftlichen Bedürfnisse mit den Erfordernissen der Verteidigung in Einklang zu bringen. Er unterteilte den Staat in einundzwanzig Distrikte. In allen bestellten Männer das Land, doch während sie in sechs Bauern-Handwerker waren, die Werkzeuge und Waffen herstellten, waren sie in den fünfzehn anderen Bauern-Soldaten, die in Kriegszeiten mobilisiert werden konnten. Mit einer Armee aus Bauern sparte man die Unterhaltskosten für reguläre Truppen. Es gab immer Männer in ausreichender Zahl, und wenn die Schlacht vorbei war, legten sie die Waffen hin, nahmen ihre Hacken und waren wieder Bauern. Dieses ökonomische Prinzip setzte Mao während seines Kampfes gegen die Kuomintang (KMT) unter Tschiang Kai-schek in die Praxis um, als seine Guerillatruppen, wie er anordnete, »aus dem Volk kamen und in das Volk zurückgingen«, und es wiederholte sich in der großen Bauernmiliz im China von heute.

Als der Herzog von Tschi in Mißachtung des gemeinsamen Monarchen vorschlug, durch einen kleinen Überfall auf die benachbarten Lehen seine persönliche Macht zu vergrößern, hatte Gwan Dschung Gelegenheit, seine Gedanken darzulegen. Er wies den Fürsten eindringlich auf seine oberste Pflicht hin, das Reich durch »Respekt vor dem König und die Abwehr der Barbaren« zu verteidigen. Denn wenn die Feudalstaaten miteinander in Fehde lagen, würden sich auf der Stelle die weniger zivilisierten Stammeslehen an der Peripherie gegen sie erheben. Was allerdings den Plan des Herzogs erst recht verwerflich machte, war die unschöne Tatsache, daß wenigstens zwei dieser Staaten stärker als Tschi waren. Mochte das königliche Haus der Dschou auch heruntergekommen sein, der König blieb doch der König, der Herr des Alls unter dem Himmel. Und wenn der große Herzog von Tschi nur aufhörte, den Tyrannen zu spielen, würden die anderen Feudalstaaten des Reichs der Mitte seine Führung akzeptieren und hinter ihm gegen die widerspenstigen Stämme an der Peripherie zusammenstehen. Der Herzog ließ sich erweichen und brachte eine Übereinkunft mit den meisten Staaten zustande. Die stärkeren verpflichteten sich, ihren schwächeren Partnern beizustehen. Einige Lehnsherren hielten sich jedoch abseits, und der Herzog von Tschi, nun auf Frieden und Eintracht festgelegt, schickte Truppen aus, die eine Grenzstadt des unbotmäßigen Herzogs von Lu erobern sollten. Der beriet sich mit seinen Ministern und beschloß, keinen Versuch zu machen, das verlorene Gebiet mit Waffengewalt zurückzugewinnen, sondern sich dem großen Bündnis anzuschließen, falls der Herzog von Tschi seine Armee zurückrief. Im Winter 682 v. Chr. reiste der Herr von Lu mit einem großen Aufgebot nach Tschi, um feierlich den Eid abzulegen. Eine spannende Episode folgte.

Es war ein festlicher und erhabener Augenblick. Gwan Dschung hatte ein siebenstufiges Podium bauen lassen. Jeder Absatz wurde von hochgewachsenen Soldaten mit gelben

Bannern bewacht. Unten drängte sich die Reiterei von Tschi so dicht, daß die Pferde jeden Zoll des Bodens bedeckten. Nur die Herzöge beider Staaten durften mit einer Handvoll Beamter auf das Podium steigen, um den Vertrag zu unterzeichnen. Nachdem die Fürsten Höflichkeiten ausgetauscht hatten, brachte ein hoher Würdenträger von Tschi eine bis zum Rand mit Stierblut gefüllte Bronzeschale und hieß sie, ihre Münder mit dem Blut zu bestreichen, um den Bund dem Brauch entsprechend zu besiegeln.

In diesem Augenblick zog ein hoher General aus Lu namens Tsao Mo plötzlich einen Dolch aus seinem Festgewand und faßte mit der anderen Hand nach dem Herzog von Tschi, als ob er ihn erstechen wollte. Schnell warf sich Gwan Dschung dazwischen und fragte den Mann, was er vorhabe. Der vermeintliche Attentäter machte darauf dem Herzog heftige Vorwürfe und nannte ihn einen Betrüger, der sein Wort gebrochen habe, sich aus dem besetzten Gebiet zurückzuziehen, wenn der Herzog von Lu dem Bündnis zustimme. Gwan Dschung lenkte sofort ein. Er breitete eine Karte vor dem aufgebrachten General aus und versprach den Rückzug aus dem betreffenden Gebiet: »Tschi wird den Fluß Wen als seine Grenze mit Lu anerkennen.«

Mit dem Dolch vor Augen konnte der gedemütigte Herzog von Tschi nur zustimmen. Doch als die Eide geleistet waren, beschloß er mit ein paar Ratgebern, den Herzog von Lu samt seinem zudringlichen General zu ermorden. Gwan Dschung erhob jedoch sofort Einspruch. »Wenn du der Herr sein willst, mußt du Aufrichtigkeit über alles stellen und dein Wort halten«, sagte er. »Du darfst einen großen Gewinn nicht wegen eines kleinen Vorteils wegwerfen. Wenn du dieses Stück Land weiter besetzt hältst, wird dir in Zukunft kein Mensch mehr trauen. Gibst du es aber zurück, wird die ganze Welt ein Loblied auf deine Rechtschaffenheit singen.« Der Herzog gab nach, und die übrigen Lehnsfürsten unterwarfen sich tatsächlich bereitwillig seiner Führung. Die Gefahren durch Zwietracht oder einen Angriff von draußen wurden geringer. Die Vorherrschaft von Tschi dauerte von 685 bis 643 v. Chr., und die Dschou-Dynastie überstand, wenn auch auf schwachen Beinen, noch einige Jahrhunderte.

Aus der Folgerichtigkeit des Satzes von dem »Respekt vor

dem König und der Abwehr der Barbaren« entwickelte sich mit der Zeit eine Art Reflex, der den Chinesen noch nutzte, als Mao die Stelle des letzten königlichen Herrschers eingenommen hatte und die äußere Bedrohung für das Reich der Mitte vielleicht jenseits der sibirischen Grenze oder des Gelben Meeres oder des Stillen Ozeans lag. Auch werden alle vergebens darauf warten, daß China jemals durch einen Wortbruch einen großen Gewinn wegen eines kleinen Vorteils aufs Spiel setzt. Denn im störrischen zähen Gedächtnis der Chinesen sind die Schlagworte der Vergangenheit wie in Stein eingegraben.

Der große Mann aus Lu

»Hätte es Gwan Dschung nicht gegeben«, sagte der angesehene Meister Kung ein Jahrhundert später, »würden wir unser Haar noch lang tragen und unsere Kleider nach links falten« (wenn nämlich die unaufgeklärten Stämme mit dieser unchinesischen Tracht gesiegt hätten).

Konfuzius, wie der Westen später Meister Kung nannte, machte vielleicht deshalb von Anfang an so viel Aufhebens um Fragen der Kleidung und der Etikette, weil er aus einfachen Verhältnissen kam. Nach einer Quelle[1] war er ein Bastard und Ausgestoßener, die Frucht einer leidenschaftlichen, nicht durch das übliche Heiratsritual abgesegneten Verbindung. Auf ihn zielte aller Hohn und Spott des Dorfes, bis seine Mutter die Sticheleien nicht mehr ertragen konnte und mit ihm in die Hauptstadt floh.

Gerade die geringen Auskünfte über den Menschen Kung Tschiu waren eine unwiderstehliche Versuchung für die Schöpfer des Mythos »Konfuzius«, so daß nicht einmal seine früheren Lebensumstände unumstritten sind. Man weiß nur, daß er etwa 551 v. Chr. in dem Kleinstaat Lu geboren wurde, vermutlich der Sproß einer Familie des niederen Adels, die bessere Tage gesehen hatte. Sein Vater starb, als er noch ein Kind war, und er und sein älterer Bruder waren auf sich selbst gestellt. Sensibel und scharfsichtig wuchs er in einer rauhen, chaotischen Zeit heran, die seine innere Gewißheit in ihrem

Feuer härtete: alles Exzentrische lehnte er ab, Harmonie und Ordnung stellte er über alles.

Er hatte keinen bestimmten Lehrer, weil keiner ihn aufnehmen wollte, sondern eignete sich seine Kenntnisse selbst an, während er als kleiner Beamter arbeitete. So war er einmal »Lagerverwalter«, ein andermal verantwortlich für die Ochsen- und Schafweide. Aber sein Wissensdrang war unstillbar. Er zog andere lernbeflissene junge Männer an sich, und aus dieser Beziehung entstand eine Schule, in der er der Meister und die Schüler seine Jünger waren.

Denn Konfuzius hatte eine Botschaft mitzuteilen, die Botschaft von einer glücklichen, in einer gütigen Regierung wurzelnden Gesellschaft, und er wollte sie nicht nur predigen, sondern auch in die Tat umsetzen. Viele seiner Schüler stiegen zu einflußreichen Stellungen auf, Konfuzius erhielt jedoch nie ein hohes Staatsamt in Lu. Als er beinahe sechzig Jahre alt war, machte er sich enttäuscht auf die Suche nach einem gerechten Herrscher, dem er seine Fähigkeiten zur Verfügung stellen konnte. Er wanderte zehn Jahre lang vergebens durch die Staaten des Reichs der Mitte. Er kehrte dann nach Lu zurück, wo inzwischen einer seiner Schüler ein mächtiger Mann geworden war, seine Prinzipien aber verraten hatte. Konfuzius begann wieder zu lehren und starb ohne Klage. Die ungeschminkte Erzählung seines Lebens ist die Biographie eines kläglichen Scheiterns.

Warum saßen die besten jungen Männer seiner Zeit zu seinen Füßen? Ihr Bericht über ihn in den *Gesprächen*[2] gibt die Antwort, denn er läßt ihn lebendig werden: beherzt, ausgeglichen, anregend, menschlich und vital. Er wurde als der »große Mann« bekannt, weil er ein außergewöhnlich hochgewachsener Mensch war. Er trug eine gelassene, Ehrerbietung vortäuschende Miene zur Schau, die seine Begabung für eine offene Sprache verbarg (»Ich hasse diese glattzüngigen Leute«). Seine Kleidung bestand aus einem langen Gewand mit weiten Ärmeln, einer Schärpe um die Taille und einem hohen Hut. »In seinen Mußestunden gab er sich unbeschwert und fröhlich ... Er war sanft, doch standhaft, würdevoll, aber nicht streng, ehrerbietig, doch gelöst.« Er selbst beschrieb sich als einen, »der in seinem Eifer zu lernen die Mahlzeiten vergißt, der in seiner Freude am Lernen den Ärger vergißt, der nicht bemerkt, daß das Alter näherrückt«, denn »auch wenn ich nur groben Reis zu essen, klares Wasser zu trinken und den gebeugten Arm als Kopfkissen habe, bin ich doch glücklich. Unredlich gewonnene Reichtümer sind für mich wie treibende Wolken.«

Aber »wenn der Meister mit einem zusammen war, der gut singen konnte, bat er ihn immer wieder zu singen und stimmte sogar selbst mit ein.« So entzückt war er von der alten Schaomusik in Tschi, daß er »drei Monate lang vergaß, Fleisch zu essen«. Er spielte die Laute und konnte es im Trinken und Scherzen mit jedem aufnehmen. Er war ein guter Bogenschütze, züchtete Hunde, »fischte, aber nicht mit dem Netz, schoß, aber nicht auf sitzende Vögel«. Und seine Einstellung gegenüber jungen Menschen: »Ich habe nie einen zurückgewiesen, der unterrichtet werden wollte, selbst wenn er zu Fuß kam und nichts als ein wenig getrocknetes Fleisch anbieten konnte... Ein junger Mann muß respektvoll behandelt werden. Wie können wir wissen, ob er nicht später genau das sein wird, was wir heute sind. Wenn aber ein Mann vierzig oder fünfzig Jahre alt geworden ist, ohne daß man je etwas von ihm vernommen hat, dann verdient er keine Hochachtung.«

Was lernten seine Schüler bei ihm? Auf den ersten Blick mag uns die tiefere Bedeutung des von ihm vermittelten Wissens entgehen. Als Texte, erfahren wir, benutzte er die fünf klassischen Werke, deren Titel allerdings nicht auf ernste philosophische Studien hinweisen: das *Buch der Lieder*, die *Aufzeichnungen über die Riten,* das *Buch der Wandlungen* (ein altes Werk der Weissagungen), das *Buch der Schriften,* die Chronik *Frühling und Herbst.* Auf der ersten Seite des ersten Buches lesen wir:

Ein Pärchen Wasserhühner ruft »gwan, gwan«
Auf einem Inselchen im Fluß.
O sprödes liebliches Mädchen,
Wie gern der junge Ritter es heiraten möchte ...
Geliebt bis in die Träume ...
Gesucht und nicht gefunden ...
Schlaflos liegt er und sehnt sich nach ihr
Bis der Morgen dämmert.

Denn das *Buch der Lieder* ist eine Sammlung von dreihundert Gedichten und Volksliedern, die Konfuzius vermutlich selbst in verschiedenen Staaten zusammengetragen hat.

> *Ein junges Mädchen, behext vom Frühling,*
> *Ein junger Bursche, der es verführen will,*
> *Ein junges Mädchen wie aus Jade geschnitten.*
> *Leise, leise, sagt es,*
> *Rühr nicht an mein Taschentuch.*
> *Mach nicht, daß mein Hund bellt.*

Meister Kung war weder bigott noch puritanisch oder streitsüchtig, wie sich spätere Generationen den von den Konfuzianern erdachten »Konfuzius« vorstellten. Er war vielmehr ein aufgeschlossener Mensch mit Freude am Leben wie an gelehrtem Wissen, ein Denker mit einem ausgeprägten Gefühl für Ausgewogenheit. Er wollte keineswegs natürliche Triebe abtöten, sondern nur Ausschweifungen zügeln, er wollte seine Mitmenschen zu Mäßigung, nicht zu Leiden anhalten.

Die *Lieder* hatten jedoch eine tiefere Bedeutung. Sie gaben gebildeten Menschen einen förmlichen Kodex, ihr Gesicht zu wahren und die Fassung nicht zu verlieren. Sie konnten als verblümte unpersönliche Aussagen zitiert werden, um zu schmeicheln, zu warnen, zu rügen oder auch zu drohen. Fürsten und ihre Ratgeber zogen bei ihren diplomatischen Duellen Zitate aus den Klassikern einer offenen Sprache vor. »Wenn ihr die *Lieder* nicht studiert, dann fehlen euch die richtigen Worte«, warnte Konfuzius. Viele Lieder hatten politischen Inhalt, aber selbst Liebesgedichte konnten eine allgemeingültige Wahrheit aus einer anderen Zeit wiedergeben, die sonst sehr viel direkter hätte ausgedrückt werden müssen. Ein »Wage nur nicht, meine Grenzen zu verletzen, sonst...« wurde zu einem »Leise,leise... rühr nicht an mein Taschentuch, mach nicht, daß mein Hund bellt.« Indem sie die rauhe Wirklichkeit durch ein geschliffenes verbales Ritual ersetzten, dämpften sie die schrillen Töne des Streites.

Und rituell war der verwickelte Mechanismus, der die konfuzianische Moral antrieb. Es wird berichtet, daß Konfuzius schon als Junge die Opferbräuche des regierenden Hauses von Lu genau beobachtete und sie zu Hause feierlich nachahmte. Sorgfältig stellte er Schüsseln und Schalen an ihre festgelegten Plätze auf einen kleinen Tisch, machte die formellen Bewegungen entsprechend der vorgeschriebenen Folge von Schritten für das Näherkommen und Zurückgehen, Knien und Anbeten. Das war ihm das berauschendste aller Spiele. Später sollte es die Grundlage seiner Philosphie und damit des geistigen Ausdrucks Chinas für mehr als zweitausend Jahre werden.

Der Kern der konfuzianischen Lehre war das *Li*. Man kann es mit »Riten« oder »Anstandsregeln« übersetzen, doch beides bleibt gleichermaßen unzulänglich. *Li* war die Basis für die harmonische feudale Gesellschaft, die sich der Meister erträumte. Denn wie man sich benimmt, so wird man geachtet, und wenn vielleicht nicht alle tugendhaft geboren wurden, konnten doch auch die Geringen zu einem sittlichen Leben gelangen, indem sie in ihrem Alltag einem rituellen Kodex des richtigen Benehmens folgten, bis dieses instinktiv wurde und jeden Augenblick des Tages und jede persönliche Beziehung lenkte.

Das *Li* regelte das Verhalten des Sohnes zum Vater, des Schülers zum Lehrer, des Vasallen zum König, und zwar betraf es beide Seiten: »Der Herzog muß sich gegenüber seinen Ministern genau an die Anstandsregeln halten, die Minister müssen dem Herzog unbedingt treu sein.« »Du hast doch die Herrschaft inne, warum mußt du dann Menschen umbringen?« rügte Konfuzius einmal einen Fürsten. »Wenn du zu ihrem Nutzen handelst, werden die Menschen einträchtig und zufrieden leben. Die oben sind wie der Wind, die unten wie das Gras. Wenn der Wind über das Gras bläst, neigt sich das Gras vor dem Wind.«

Das Ritual regelte auch das Verhältnis zwischen Himmel und Erde und besonders die königlichen Opfer, durch die der Sohn des Himmels eine gute Ernte sichern wollte. Es lieferte die Leitlinien für den wahren Weg. Folgte man ihm nicht, verlor man jede moralische Richtschnur. Waren die Zeiten schlecht, dann deshalb, weil der Herrscher das *Li* nicht beachtet hatte. Er hatte den Himmel erzürnt und versäumt, seinen Untertanen das gebührende Vorbild zu sein. Aber weil das *Li* von den Heiligen Königen der Vorzeit ererbt war, mußte es der Souverän nur den Alten gleichtun. Dann würden seine Untertanen ihm nacheifern, und Frieden und Reichtum würden einziehen. Der Schlüssel zu dem konfuzianischen Utopia war daher im Studium der klassischen Schriften zu finden, aus denen allein das *Li* und die alten Gesetze der Menschlichkeit und Gerechtigkeit erlernt werden konnten.

»Gebrauche die Poesie, um das Gute im Menschen zu wecken. Gebrauche das Ritual, um ihm Gestalt zu geben. Gebrauche die Musik, um ihm harmonische Bewegungen zu geben«, sagte Konfuzius, für den die Musik unentbehrlich im Läuterungsprozeß des Menschen war. Musik begleitete die feierlichen Riten, und Musik erzeugte eine Gefühlslage, die der guten Absicht die gottesfürchtige Tat folgen ließ. »Die Methoden von Musik und Regierung sind eng verwandt«, heißt es in den *Aufzeichnungen über die Riten*. Die Chinesen waren überzeugt, daß ein Monarch mit dem richtigen Repertoire die Tugend seines Volkes fördern konnte und daß es durchaus möglich war, eine Regierung nach der im Land gespielten Musik zu beurteilen.

Musik ist immer noch ein Teil der Höflichkeit im chinesischen diplomatischen Zeremoniell. Als der britische Außenminister China 1972 besuchte,, wurde er nicht nur mit »God Save the Queen« begrüßt, sondern dazu gebracht, in der Großen Halle des Volkes zu den Klängen eines Etoner Studentensongs zu tanzen. (Einem anderen angelsächsischen Würdenträger wartete eine Blaskapelle der Volksbefreiungsarmee mit einem Schlager auf.)

Die traditionelle chinesische Ansicht, Musik sei politisch, erklärt die scharfe Auseinandersetzung zwischen Gemäßigten und Maoisten über »ausländische Dinge«: die heftige Verurteilung Beethovens 1974 als »Bourgeois« und der westlichen Musik als »kapitalistischer Kunst«, der jeder »Klassengehalt« fehle, nach der in China nur Menschen mit einer »Sklavenmentalität« eine »lächerliche« Sucht verspürten. Doch als die Maoisten eine Beethoven-Sonate wegen fehlender gesellschaftlicher Relevanz geißelten, kamen sie ihrem ergrauten alten Feind bedenklich nahe. Konfuzius hatte aufbegehrt: »Ritual, Ritual! Bedeutet es nicht mehr als die Kleidung, die man trägt, die Geschenke aus Jade, die man sich schickt? Musik, Musik! Ist sie nicht mehr als Glockenschlag und Trommelwirbel? Wenn die Menschen das Prinzip der Tugend nicht verstehen, was nutzt dann das Ritual? Was nutzt die Musik?«

Denn wenn für die chinesischen Kommunisten Ritual und Musik nicht bloß Mummenschanz und Wohlklang sind, sondern Werkzeuge, dem Proletariat zu dienen und revolutionäres Feuer zu entfachen, so waren sie für Konfuzius Mittel, den Menschen mit Liebe zum Menschen zu erfüllen. »Wenn man die Menschen durch Gesetze regiert und mit Strafen im Zaum hält«, sagte Konfuzius, »werden sie versuchen, ungeschoren davonzukommen, aber sie werden kein Schamgefühl entwickeln. Wenn man sie mit Tugend leitet und durch das *Li* einschränkt, entsteht in ihnen ein Gefühl der Scham und sie werden sich selbst zurechtweisen.« Aber wie die Musik war das *Li* hohl, wenn das Gefühl dabei fehlte. »Bei Begräbnissen ist es besser, wenn die Trauernden Schmerz fühlen, als bis ins letzte Detail auf das Zeremoniell zu achten.« Die Bewegungen in der richtigen Reihenfolge auszuführen, war nicht genug.

Ein Konfuzianer war gelassen und tolerant, schnell bereit, die Fehler anderer zu verzeihen und ebenso schnell seine eigenen zuzugeben und zu verbessern, seiner Aufgabe gegenüber der Gemeinschaft zutiefst bewußt und willens, die Last dieser Pflichten zu tragen. Als Herrscher war er hochherzig, als Minister treu, als Vater gütig, als Sohn liebevoll, als Gatte zärtlich, als Freund loyal. Es ist leicht verständlich, daß die Schüler des Meisters in Vertrauensstellungen aufstiegen: sie waren erfüllt von den Geboten der Redlichkeit und Treue, vertraut mit dem komplizierten Zeremoniell ihrer Zeit und beschlagen in Geschichte, und sie konnten zutreffend und ohne zu zögern aus dem *Buch der Lieder* zitieren. Sie würden ihren Herrn weder betrügen noch umbringen und waren als Diplomaten den Ratgebern seines Rivalen überlegen. Aber warum fand dann Konfuzius selbst keinen Gönner?

Wie alle, die ein wenig mehr soziale Gerechtigkeit fordern, wurde er von vielen für ziemlich wunderlich, wenn nicht gar für gefährlich gehalten. Wurde Konfuzius getadelt, seine Begabung für das Regierungsgeschäft zu verbergen, wie jemand schöne Jadestücke versteckt, statt sie zu verkaufen, erwiderte er: »Ich warte noch auf den Preis.« Er wollte die Übergriffe der korrupten und blutdürstigen Parasiten, die damals den größten Teil der Staaten im Reich der Mitte regierten, nicht stillschweigend dulden. Statt der kriecherischen Schmeicheleien, die sie erwarteten, ließ er sie mehr als einmal seine scharfe Zunge spüren, wenn ihm eine Audienz gewährt wurde. »Selbst Spieler tun etwas und sind deshalb besser als diese eitlen Müßiggänger«, bemerkte er einmal. Wenn ein Edelmann ihn fragte, wie er seinen Staat regieren solle, antwortete Konfuzius, er müsse erst lernen, sich selbst zu führen. Und wenn der andere klagte, seine Untertanen seien eingefleischte Diebe, gab der Meister zurück: »Wenn du nicht selbst Dinge verlangst, die dir nicht zustehen, werden sie nicht stehlen, auch wenn du ihnen dafür Geld gibst.«

Abgestoßen vom Elend und den Grausamkeiten seiner Zeit, drängte es Konfuzius, die Welt zu reformieren. Er wollte die feudale Hierarchie nicht umstürzen. Aber wenn der Erbadel nicht die Alten studierte und sich moralisch besserte, dann sollte er von Ratgebern in der Art seiner Schüler gelenkt werden, die sich die Weisheit der Klassiker angeeignet hatten, die vom *Li* geleitet wurden, die nicht dem Fürsten, sondern Prinzipien treu waren, die nicht bloß ihrem Herrn nach dem Mund redeten, sondern ihm ihre eigene Meinung sagten.

Konfuzius begann bei der »Richtigstellung der Namen«, denn Bezeichnungen und Wirklichkeit mußten unbedingt eins sein. Es war mehr als klar, woher die chaotischen Verhältnisse im Reich der Mitte rührten: die Herzöge benahmen sich nicht wie Herzöge, die Minister nicht wie Minister. Die Staatsführung sollte sich genau an der allgemeingültigen Norm von »wahr« und »unwahr« ausrichten, stellte Konfuzius nachdrücklich fest. Ein grausamer und unmoralischer Herzog mußte automatisch die Herzogswürde verlieren, und wenn seine Untertanen rebellierten und ihn ermordeten, handelten sie nicht in Widerspruch zum Willen des Himmels. Loyalität gegenüber dem Regierenden meinte tatsächlich die Treue zum Prinzip des »Herrschers« als Schirm und Schutz des gemeinen Volkes. Wenn er diesem Prinzip nicht mehr entsprach, mußte er dieser Loyalität verlustig gehen. Über die Ermordung eines königlichen Tyrannen befragt, antwortete der konfuzianische Philosoph Mencius schlicht: »Mord? Ich habe nur gehört, daß man einen Burschen namens Dschou getötet hat.«

Hierher rührte das heilige Recht des Volkes, einen schlechten König zu stürzen. Sein Untergang bewies in sich, daß ihm die himmlische Billigung, bekannt als das »Mandat des Himmels«, entzogen worden war.[3] Auf dieses Vorrecht berief man sich immer wieder durch alle Jahrhunderte chinesischer Geschichte bis hin zur Kulturrevolution Mitte der sechziger Jahre. Damals bestätigte der Vorsitzende Mao seinen militanten Roten Garden ihr »Recht zur Rebellion« gegen die »revisionistische« Hierarchie mit dem Präsidenten Lju Schao-tschi an der Spitze.

Die Richtigstellung der Namen ist ebenfalls eine fortdauernde Tradition, und weil die Chinesen so pedantisch genau sind, erweisen sie sich in ihrer Politik und in ihren öffentlichen Angelegenheiten als perfekte Sprachjongleure. Für die Maoisten ist ein von kommunistischen Revolutionären begonnener Krieg ein »gerechter Krieg« der Befreiung, ein von Kapitalisten angefangener eine »Aggression«. Als Konfuzius vom »Volk« sprach, meinte er das ganze, wenn aber der Vorsitzende Mao »dem Volk dienen« sagte, meinte er nur das Proletariat. Wenn Konfuzius eine harmonische Welt als größte Weiterung familiärer Liebe und Treue begriff (»Zwischen den vier Meeren sind alle Menschen Brüder«), stellte er sich ganz selbstverständlich ein feudales China vor, in dem tugendhafte Männer regierten und auch die Alten, Kranken und Schwachen geschätzt würden. Wenn die Kommunisten vom Weltfrieden reden, meinen sie ebenso selbstverständlich eine Welt, in der die letzte einsame Stimme kapitalistischen Protests zum Verstummen gebracht worden ist. Sollte jemand den Ausdruck mißverstehen, ist er selbst daran schuld.

Konfuzius kann als Urbild des chinesischen Gefühls für gesellschaftliche Harmonie, korrekte Form und penible Wortwahl gelten, welche die chinesische Diplomatie heute charakterisieren und jede Handlung und Silbe bedeutsam machen. Er ist auch der Urheber jenes dauerhaften Instinkts, der immer noch das herkömmliche *Li* über das geschriebene Recht stellt. Aber Konfuzius hat mehr als das zum Rüstzeug des chinesischen Machiavelli beigetragen.

Der Meister, der ein geschickter Bogenschütze war, betonte, Exaktheit sei wichtiger als Stärke. Obwohl er weder Bogenschießen noch Wagenlenken lehrte, hielt er darüber Vorträge und ermunterte seine Schüler, beides zu lernen. Das gehörte zur vornehmen Bildung der Zeit, und die Chinesen haben lange geglaubt, ein bedeutender Mann müsse vielseitig sein. Der Vorsitzende Mao selbst war Ideologe, Stratege, Schriftsteller, Poet und Kalligraph. In den Tagen des Konfuzius war der Wagen Reise- und Jagdgefährt, der Bogen eine Jagdwaffe. Die *Aufzeichnungen über die Riten* nennen fünf Arten des Wagenlenkens und schreiben vor, was zu tun ist, wenn man unwegsame Gegenden durchquert, Wild verfolgt oder eine lebhafte Stadt durchfährt. Für jede Gelegenheit war das *Li* anders, nur Frauen und alte Männer zum Beispiel durften sitzen. Aber das war nicht alles.

Wie Konfuzius wohl wußte, waren keine Frauen und alten Männer dabei, wenn der Herzog auf ein Schlachtfeld fuhr, zur Linken einen Mann, der ihm Bogen und Pfeile trug, zur Rechten einen mit seinen Speeren und Lanzen. Der Wagen war zuallererst Streitwagen des Adligen, überlegen im Kampf. Er war äußerst wendig überall in der dichtbesiedelten Großen Ebene zwischen dem Gelben Fluß und dem Yangtse, die der Schlüssel zur militärischen Herrschaft über das Reich der Mitte war. Und der Bogen erlegte nicht nur Wild.

Das *Buch der Schriften* unterstreicht die Pflicht des Herrschers, das Leben seines Volks zu schätzen und für Sicherheit zu sorgen. Konfuzius befürwortete entschieden die militärische Kampfbereitschaft. Der Staat sollte auch in Friedenszeiten eine Armee unterhalten, die in der Lage war, einen Angriff der Barbaren abzuschlagen, erklärte er. Denn »wenn ein Herr sicher ist, vergißt er die Gefahr nicht; während er lebt, vergißt er den Tod nicht; während er sich der Ordnung freut, vergißt er das Chaos nicht«. Der Meister war empört über einen grundlosen Angriff und sagte, wenn er im Unrecht wäre, müßte er den schwächsten Gegner fürchten. Fühlte er sich aber im Recht, fügte er hinzu, ginge er »gegen Tausende und aber Tausende an«, und als ein schändlicher, aber mächtiger Usurpator den Herzog von Tschi 481 v. Chr. ermordete, drängte Konfuzius den Herzog von Lu, ihn anzugreifen: »Das halbe Volk ist gegen ihn, und wenn wir die Armee von Lu zu der halben Armee von Tschi schlagen, dann können wir siegen.« Aber der Herzog und seine Edlen waren sich der Schwäche von Lu bewußt und hielten still.

Dies ist jedoch das einzige glaubwürdige Ereignis, und es genügte den Chronisten nicht, die den Lehrer zu einem legendären Helden umformten (auch den Kommunisten nicht, die dann aus dem legendären Helden ein Fabelungeheuer machten). Unter ihren Händen wurde er zum Abkömmling des Königshauses, sogar der mythischen Kaiser. Die Chronik *Frühling und Herbst*, als deren Herausgeber er galt, dieser langweilig-pedantische Bericht über die Verfallsperiode vor seiner Geburt, »erfüllte untreue Minister und lieblose Söhne mit Schrecken«, und als er selbst Minister in Lu wurde, ließ er Männer hinrichten, nur weil sie aus dem Rahmen fallende Kleider entworfen hatten.

Es ist nicht überraschend, daß man ihm einen kriegerischen Hintergrund beigab. Sein Vater soll ein Offizier gewesen sein, dessen große Kühnheit und Stärke weithin gepriesen wurden. Als die Vorhut von Lu einmal hinter den Mauern einer Stadt abgeschnitten war, brach er die Tore mit seinen bloßen Händen auf. Bei einer anderen Gelegenheit warf er eine aus Tschi eindringende Armee mit zwei anderen Offizieren und nur dreihundert Mann zurück.

Tschi blieb dennoch eine Bedrohung für Lu. China versank in immer tiefere Wirren, die stärkeren Lehnsstaaten plünderten die schwachen, »der Hecht verschlang die Elritze«. Scharfsinnige Ratgeber waren mehr denn je gefragt, und Konfuzius wurde im Alter von einundfünfzig Jahren, wie dieselbe Quelle berichtet[4], erster Minister von Lu. Einen Minister im Nachbarstaat Tschi, dessen Armeen Lu vorher drei Städte weggenommen hatten, schien der Einfluß des fähigen Konfuzius allmählich gefährlich zu werden. Auf seinen Rat lud der Herzog von Tschi den Herzog von Lu zu einem Freundschaftsbesuch ein. Aber Konfuzius warnte seinen Herrn, als der sich aufmachen wollte: »Ich habe gehört, daß man im Frieden an den Krieg denken und sich im Krieg auf den Frieden einstellen soll. In früheren Zeiten verließ ein Fürst sein Land nie ohne Armee.«

Der Herzog war mit einem starken Begleitschutz einverstanden, und daran hatte er gut getan. Denn kaum saß er mit dem Herrscher von Tschi zusammen, wurden tänzerische

Darbietungen angekündigt, und sofort schwirrte eine Horde lärmender, Fahnen, Schilde und Speere schwingender Männer um den vornehmen Gast, um ihn zu schrecken und womöglich umzubringen. Konfuzius, der seine Soldaten hinter sich wußte, rief aus: »Die Herzöge unserer Staaten treffen sich in Freundschaft, was hat da dieses barbarische Schauspiel zu suchen?« und schickte den unheimlichen Chor weg. Die Vorstellung begann dennoch von vorne, worauf Konfuzius gebieterisch die Köpfe der »Unterhalter« forderte.

Der Herzog von Tschi erkannte entmutigt, daß sein Bild als einflußreichster Herr dieser Gegend von dem gewaltigen Mann aus Lu zerstört werden konnte, und strafte deshalb seinen Minister, der ihm so barbarische Methoden im Umgang mit kleineren Staaten empfahl. Er nahm sich ein Beispiel an Lu, wo sie anders als in Tschi »ihren Fürsten auf die Art von Edelleuten lenkten«, und gab die eroberten Städte zurück. Auf ganz ähnliche Art hatten die Worte Gwan Dschungs seinen Ahnherrn genötigt, das gestohlene Land an Lu zurückzugeben: »Wenn du der Herr sein willst, mußt du Aufrichtigkeit über alles stellen... Wenn du dieses Stück Land weiter besetzt hälst, wird dir in Zukunft kein Mensch mehr trauen. Gibst du es aber zurück, wird die ganze Welt ein Loblied auf deine Rechtschaffenheit singen.«

Der legendäre »Konfuzius« errang einen größeren Sieg, als ihm bewußt geworden wäre, hätte er je gelebt – einen Sieg für den wirklichen Meister Kung. Doch der wirkliche Meister Kung war niemals amtierender erster Minister von Lu und hat auch dieses dramatische Ereignis nicht miterlebt. Es war vielmehr sein Glaube an das historische Vorbild, dem die Anekdote in den Augen der Nachwelt recht gab. Seit mehr als zweitausend Jahren haben die Chinesen die Zitate aus Lektionen einer oft nur gedachten Vergangenheit in jeder Situation parat. Die Regel, daß »Feder und Schwert gemeinsam gebraucht werden müssen«, daß im Idealfall jede friedliche Verhandlung durch eine überzeugende militärische Stärke unterstützt werden muß, hat die chinesische Diplomatie geprägt.

Die kommunistischen Führer in Peking wußten daher den tieferen Sinn einer Bemerkung Kissingers zu würdigen: »Es ist nicht leicht, durch Verhandlungen zu erreichen, was man auf dem Schlachtfeld nicht erreicht hat.« Das klang wie ein klassisches Zitat.

Die Chinesen zogen es vor, den Vereinten Nationen erst beizutreten, nachdem sie Kernwaffen entwickelt hatten, und sie entwickelten diese Waffen nicht für einen Aggressionskrieg, sondern für einen aggressiven Frieden. Sie verhandeln lieber aus einer Position der Stärke, als daß sie aus eben dieser Position kämpfen. Das eine schließt aber das andere nicht unbedingt aus. Das von Nord-Vietnam vor dem Pariser Abkommen von 1973 angewandte Prinzip, gleichzeitig zu verhandeln und zu kämpfen, ist im Grunde chinesisch und hübsch in die Zeichen des Satzes »*tan tan da da*« verpackt. Es zeigt sich in seiner subtilsten Form, wenn Peking Botschafter mit einer »kapitalistischen« Regierung austauscht und gleichzeitig insgeheim Guerillas bewaffnet und ausbildet, um dieselbe Regierung in einem »Volksbefreiungskrieg« zu stürzen. Die Logik dieser Täuschung liegt darin, daß es der chinesische Staat ist, der die diplomatischen Beziehungen zu einer fremden Hauptstadt knüpft, aber die Kommunistische Partei Chinas, die deren Feinde im Dschungel unterstützt.

Für den Meister wie auch für Mao Tse-tung legt die innere Stabilität den eigentlichen Grund zu der Stärke, aus der heraus das Spiel gespielt wird. Der klassische Chronist erzählt, »Konfuzius« sei in seinen Mittfünfzigern unglücklich darüber gewesen, ein Land zu verwalten, in dem »die Schweinefleischverkäufer die Preise nicht mehr erhöhten und keiner mehr etwas von der Straße aufhob«, aber der Adel leichtlebig und unzuverlässig geworden war. Die Dinge spitzten sich zu, als der Herzog von Tschi sich mit einem Geschenk rächte: er schickte dem Herzog von Lu achtzig schöne Mädchen und sechzig Paar Schecken, und drei Tage lang ließ der verwirrte Aristokrat seine politischen Geschäfte ruhen und brachte Himmel und Erde keine Opfer mehr dar.

»Konfuzius« verließ darauf Lu, weil ihn diese unverantwortliche Zügellosigkeit anwiderte. Meister Kung hingegen ging aus Lu weg, weil er als einzige Stellung von Rang anscheinend nur eine Sinekure erhielt, die ihn außer Hörweite halten sollte. Wie dem auch sei, der Weise begann damals seine Wanderungen kreuz und quer durch das kämpfende, geplagte Reich der Mitte und predigte sein Kredo: »*Tien hsja wej gung* « – das All unter dem Himmel soll dem Gemeinwohl dienen, dem Volk gebührt die erste Stelle, der Herrscher muß seine Tugend allen zuwenden, um das Vertrauen aller zu genießen.

Er sah eine Handvoll Aristokraten, die im Luxus lebten, von Straßen zerstörte Felder, elende Leute ohne Haus, Wärme und Nahrung. Er plädierte für eine gerechte Verteilung der Reichtümer, die jetzt in der Hand weniger waren. »Denn wenn Schätze angehäuft werden, zerfällt das Volk«, sagte er, »aber wenn die Schätze verteilt werden, hält das Volk zusammen.« Diese »sozialistische« Äußerung wurde ihm von Sun Yat-sen, dem Präsidenten der 1912 ausgerufenen Republik, nachgebetet, aber bei den Maoisten, die das Land an die verarmten Bauern verteilten, nur um es wieder unter der Kontrolle des Staats oder der Gemeinde zu konzentrieren, hat sich Konfuzius damit nicht beliebt gemacht.

Konfuzius und Mao Tse-tung sind sich nichtsdestoweniger darin einig, daß »die Welt allen gehört«, obwohl der eine Güte, der andere Klassenkampf und Kollektivierung predigt. Beide heben hervor, daß eine starke Diplomatie starke Streitkräfte hinter sich haben muß, und eine starke Streitmacht gibt es nur in einer Gesellschaft, in der zufriedene Bürger willig zum Pflug oder Schwert greifen. Soldaten müssen von der Gerechtigkeit ihrer Sache durchdrungen sein, lehrt Konfuzius: »Wenn man Menschen ohne die richtige Erziehung in den Krieg führt, wirft man sie weg.« Hier würde ihm Mao zustimmen. Für ihn war eine indoktrinierte, in ihrer kommunistischen Überzeugung feste Armee einer reinen militärischen Maschinerie immer überlegen. »Man kann einer Armee die Kommandeure wegnehmen«, sagte der Meister, »aber man kann dem gemeinen Mann nicht seinen Willen nehmen.« »Wenn wir versuchten, die Massen irgend etwas gegen ihren Willen tun zu lassen, würden wir sicher scheitern«, warnte Mao Tse-tung.

Folglich neigen die Chinesen, ob Konfuzianer oder Kommunisten, dazu, nur zu strafen, wo Überredung nicht mehr weiterhilft. Nach der Legende zögerte der menschenfreundliche »Konfuzius« nicht, die sofortige Enthauptung der hartnäckigsten Feinde seines Herzogs zu befehlen, wenn er es für nötig hielt. Der häufig skrupellose Mao (»Revolution ist keine Dinnerparty«) schuf andererseits einen sozialistischen Staat, in dem wohl mit ideologischen Unpersonen wie Konterrevolutionären ebenso kurzer Prozeß gemacht wird, die Widerspenstigen im »Volk«, die irrend vom marxistisch-leninistischen Pfad abweichen, aber nicht erschossen oder in die Salzminen geschickt werden. Ernsthafte Maoisten nehmen sich ihrer an und reden und »diskutieren« endlos mit ihnen, kämpfen mit dem abweichlerischen Teufel in ihnen, bis ihre Seelen gerettet sind und sie nützliche und geachtete Glieder der kommunistischen Gemeinschaft werden können.

Die Chinesen ziehen die Gehirnwäsche den Gewehrkugeln vor, die Drohung wird höflich als eine politische Anspielung in einem Liebeslied aus dem *Buch der Lieder* verkleidet, die schwerbewaffnete Eskorte in den Seitenflügeln stellt bei einem freundschaftlichen Treffen sicher, daß die Begegnung freundschaftlich bleibt – und der Herzog bekommt, was er will. Es gab nur einen Meister Kung, aber China übernahm die Weisheit von zweien – Konfuzius und »Konfuzius«.

Kleiner Jesus, großer Marx

Er war ein großer dunkelhäutiger Mann aus dem Norden, sein zäher Körper war von Wind und Regen gegerbt, sein Gesicht starrte das ganze Jahr über von Schmutz. Im Sommer kleidete er sich in einen Mantel aus Hanf, im Winter in ein seltsames Gewand aus Lederflicken. Er trug Strohsandalen und aß dünne Suppen von Sprossen und Blättern, Bohnen und anderen einfachen Gemüsen. Alles in allem gab er eine völlig andere Figur ab als Konfuzius. Aber es hieß, »wenn Konfuzius keine Zeit hatte, seine Sitzmatte anzuwärmen, hatte Mo Dsï keine Zeit, seinen Kamin rußig werden zu lassen«, denn beide arbeiteten unermüdlich an der Verbreitung ihrer jeweiligen Ideen.

Mo Di wurde vermutlich elf Jahre nach dem Tod des Meisters in dessen Heimatstaat Lu geboren und starb wohl 376 v. Chr. im reifen Alter von zweiundneunzig. Als er alt und grau geworden war, hatte sich die lose Einheit des Alls unter dem Himmel weiter gelockert, und der Dschou-Herrscher war nur noch ein Schachkönig auf einem Brett, auf dem habgierige

Feudalherren ihre Kämpfe austrugen. Während im fernen Westen die griechischen Stadtstaaten bald in die Peloponnesischen Kriege verwickelt werden sollten, war das Reich der Mitte bereits tief in das brudermörderische Blutvergießen verstrickt, das die Geschichte die Zeit der »kämpfenden Staaten« nannte. Die hervorragenden Namen des einen Dramas waren Sparta, Athen und Theben, die des anderen Tschi, Tschu und Tschin.[1]

Es war dennoch eine Zeit, in der große Kulturen in erste Berührung miteinander kamen. Die Perser beherrschten die Länder von Ägypten bis zum Indus, und durch Mittlerländer wurden allmählich neue Dinge in China bekannt: der ägyptische Sarg, der von Ochsen gezogene Pflug und später der berittene Bogenschütze mit Stiefeln und Hosen. Und während in einem streitsüchtigen Griechenland Sokrates, Plato und Aristoteles das menschliche Denken auszuweiten suchten, erleuchtete in den kämpfenden Staaten von China ein goldener Regen von Philosophen – die »Hundert Schulen« von Konfuzius bis zu den Daoisten – das fünfte und vierte vorchristliche Jahrhundert.

Mo Dsï, Meister Mo, war nach den Lehren des Weisen erzogen worden. Aber seine Schule war keine konfuzianische »Schule für Herren«. Er rügte die von Meister Kung so hoch geschätzten Riten als Luxusgüter, die sich das gemeine Volk nicht leisten konnte. Und zu diesem Luxus zählten die »Anständigkeit«, die »Menschenfreundlichkeit« und die »Rechtschaffenheit«, die jeder Mensch, wie Konfuzius gefordert hatte, von innen heraus entwickeln mußte. Die Hungernden konnten nichts von Scham wissen, hatte Gwan Dschung gesagt. Für sie war die geistige Selbstdisziplin sehr viel schwerer einzuhalten als die von Mo Dsï gelehrte, von außen auferlegte Disziplin: Sei rechtschaffen, *sonst...*! Rechtschaffenheit war der Wille des Himmels, warnte Mo Dsï. Die Unredlichen, die Tod, Armut und Krieg säten, würden den göttlichen Zorn ernten, da sie diesem Willen trotzten.

Mo Dsï ist ein »kleiner Jesus« genannt worden, weil er eine allumfassende Liebe predigte. Aber er fügte hinzu, daß Herrscher »sie im Volk mit Gesetzen und Zwang durchsetzen« sollten, und er ließ mehr als die Gedanken Christi durchblikken. Er organisierte seine Schüler als eine asketische, strengen

Regeln unterworfene halbreligiöse Gemeinschaft, die ihn lange überlebte und deren spätere Führer eine absolute Autorität ausübten. Der große Meister, wie er genannt wurde, kontrollierte alles Denken und Handeln, und alle Mitglieder seiner Gesellschaft wurden mit dem Geist der Selbstaufopferung zwangsernährt. Er brachte ihnen nicht nur bei, Reichtum zu verachten, Rechtschaffenheit zu schätzen und sich gegenseitig im Unglück beizustehen, sondern auch die Gemeinschaft über das Individuum zu stellen, hart zu arbeiten, zu entbehren, Unangenehmes zu ertragen und jeder Gefahr zum Nutzen des Volkes ins Auge zu sehen.

Mo Dsï war der Vorläufer all der tapferen und geliebten Vagabunden, die mehr als zwei Jahrtausende wandernde Streiter für die Armen und die Anständigen waren, Reflexe der strahlenden fahrenden Ritter Europas in einem chinesischen Spiegel auch da noch, wo sie gewalttätig und gemein waren. In gleicher Weise stand seine mohistische Gemeinschaft Modell für all die mystischen Geheimbünde und heimlichen Blutsbrüderschaften, die immer wieder in Chinas Geschichte aufstanden, um einen Thronräuber fortzujagen oder eine dekadente Dynastie zu stürzen, oder einfach die Reichen zu plündern und den Notleidenden zu helfen, bis hin zu den Geheimgesellschaften, die sich zu Anfang dieses Jahrhunderts mit Sun Yat-sen gegen die Mandschu-Herrscher verbündeten.

In Mo Dsïs Gemeinschaft kamen die meisten aus bescheidenen Verhältnissen. Sie waren Bauern, Sandalenflechter, Teppichmacher oder andere kleine Handwerker. Wenn sie gute Schüler waren, verschmähten diese Ritter ohne Pferde alle Angebote von Ehren und Wohlstand. Denn die an Gütern Armen waren zwar nicht reicher an Rechtschaffenheit, aber sie waren nicht wie die Herren über ihnen vor den rauhen Seiten des Lebens geschützt, und mit Füßen getretene chinesische Bauern konnten anders als verwöhnte Adlige mit brüderlichen Gefühlen für die Benachteiligten erfüllt werden.

Die Privilegierten kannten keine Unterdrückung, und ihr sanftes Salonmitleid trieb sie nicht zum Handeln an. Sie waren Egoisten, die nur Wohlstand und Ruhm des einzelnen im Sinn hatten und sich fürchteten, jemanden zu verletzen oder irgendwelche Schwierigkeiten zu machen. Sie neigten zu

Kompromissen, und ihnen fehlten der Mut und der Hol's-der-Teufel-Elan der Verzweifelten. Würdenträger im Staat Tschu hörten Mo Dsï respektvoll zu, wenn er ihnen sagte, die Menschen sollten bereit sein, sich aufzuopfern, um das Elend der anderen zu lindern – allerdings ohne jede Begeisterung. »Das ist etwas für die unteren Ränge«, erwiderte ihm schließlich ein hoher Minister geringschätzig.

Die Aristokraten teilten auch nicht seine Einstellung zu harter Arbeit. Arbeit, nicht Schicksal, entschied darüber, ob Staaten und Völker reich oder arm, sicher oder in Gefahr, wohlgeordnet oder chaotisch waren, sagte Mo Dsï, und zwar die Arbeit aller Menschen. Er selbst war ein geschickter Handwerker. Alles, was er herstellte, maß er stets an seiner Nützlichkeit und achtete dabei auch streng auf die Kosten. Als Gung-schu Ban, Schutzpatron der chinesischen Tischler, der zur gleichen Zeit in Lu lebte, einen hölzernen Vogel konstruierte, der sich in die Lüfte erhob und, so erzählte man zumindest, erst nach drei Tagen wieder herunter kam, blieb Mo Dsï gänzlich ungerührt. »Das ist nicht so gut wie der Achsnagel, den ich auf drei Zoll verkleinert habe und der doch mehr als eine Tonne aushält«, spottete er. »Was immer man macht, ist ausgezeichnet, wenn es dem Menschen dient, aber es ist wertlos, wenn der Mensch keinen Nutzen davon hat.« Auch die Produktion wesentlicher Handwerkszweige sollte entsprechend der Nachfrage begrenzt werden.

Mo Dsï verurteilte rundweg das dem konfuzianischen *Li* gemäße anmutige Leben und Sterben als unstatthafte Oberflächlichkeit und Verschwendung der vom Volk geleisteten Arbeit. Reiche zeremonielle Beerdigungen, mit Schmuck überhäufte Särge, Leichenhemden mit Stickereien und die vorgeschriebene dreijährige Trauerzeit verabscheute er: »Ein drei Zoll dicker Sarg reicht aus, um einen verwesenden Körper zu bestatten, drei Stücke Tuch sind genug um einen stinkenden Leichnam zu bedecken.« Musik? »Musik machen ist falsch!« wetterte er. Musik ernährte und kleidete niemanden. Das betraf alle Ausschmückungen und Verzierungen und Luxusgüter. Kleidung sollte die Menschen warmhalten, Häuser waren zum Schutz da, Waffen zur Verteidigung, Boote und Karren für den Transport, und »was nur Zierat ist und diesem Zweck nicht dient, sollte vermieden werden.«

Mo Dsï lebte in einem fast krankhaft mörderischen Zeitalter. Er sah mit eigenen Augen, wie grausame Armeen über einen schwachen Staat herfielen, Ernten vernichteten, Städte zerstörten, Ahnentempel niederbrannten und Vieh abschlachteten, die standhafteren Verteidiger erschlugen und die Gefangenen in die Sklaverei verschleppten. Aus diesen Erfahrungen heraus prangerte er die militärische Aggression als das schlimmste Übel an.

»Wenn jemand einen Menschen tötet, wird er verurteilt und muß für sein böses Verbrechen mit dem eigenen Leben zahlen«, sagte er. »Nach diesem Argument ist einer zehnmal so böse, wenn er zehn Menschen tötet, und wenn er hundert tötet, hundertmal so böse. Doch wenn das noch viel größere Unrecht geschieht, daß andere Staaten überfallen werden, dann wissen die Menschen nicht, wie sie das verurteilen sollen. Im Gegenteil, sie loben diese Tat, nennen sie gerecht und schreiben noch dazu Berichte über ihre Kriege für die Nachkommen.« Und das sei das gleiche, wie wenn man ein wenig Schwarz schwarz, aber eine Menge Schwarz weiß nenne, fügte Mo Dsï hinzu.

Jedoch ebenso wie Konfuzius war Mo Dsï kein kurzsichtiger Pazifist. Er setzte sich nicht nur für eine umsichtige, gut ausgerüstete und geschickte Verteidigung als beste Versicherung gegen einen Angriff ein, sondern bildete auch die eigenen Schüler als unabhängige kämpfende Bruderschaft aus, um diese Verteidigung zu gewährleisten, wo sie am dringendsten gebraucht wurde. In einem Fall starben einhundertachtzig von ihnen bis zum letzten Mann in einer belagerten Vasallenstadt, weil ihre Disziplin ihnen nicht erlaubt hatte, sich zu ergeben und am Leben zu bleiben.

Als er erfuhr, daß der Tischler Gung-schu Ban eine »Wolkenleiter« gebaut hatte, damit die Soldaten des mächtigen Staates Tschu die Mauern der Hauptstadt von Sung übersteigen konnten, schickte er dreihundert seiner Gefolgsleute als Verstärkung in die bedrohte Stadt. Gleichzeitig packte er ein wenig Wegzehrung ein und machte sich auf den Zehntagesmarsch nach Tschu, um den Herzog von seinem Plan abzubringen. Die Schwachen unterstützte er mit Waffen, die Starken wollte er mit Argumenten besänftigen.

Die Riemen seiner Strohsandalen rissen ein paarmal unterwegs, seine Füße bekamen Schwielen und Blasen, und als er durch Sung kam, fand er es in einem ebenso beklagenswerten Zustand. Fehden und Kriege hatten früher ihren Tribut verlangt. Seine Schüler waren dabei, die verfallenen Mauern der alten Hauptstadt, die ein trauriges Bild der Armut und Vernachlässigung bot, mit Streben abzustützen. Wie aus Mitgefühl gingen seine Sandalen nun völlig entzwei, und er mußte sich die Füße mit Streifen aus dem Tuch, in das er sein Essen gepackt hatte, umwickeln.

In Tschu dagegen waren die Straßen breit und voller Menschen, die Häuser in gutem Zustand, die Läden mit schönen Waren gefüllt, die Leute lebhaft, und Mo Dsï wurde standesgemäß vom Herzog empfangen.

»Ich weiß von einem Mann, der eine vergoldete und ausgeschmückte Kutsche mit Baldachin besitzt, aber den zerbrochenen Karren seines Nachbarn stehlen will«, sprach Mo Dsï zu ihm. »Er besitzt elegante Gewänder, aber er will die rauhen alten Lumpen seines Nachbarn stehlen. Er hat Reis und Fleisch, aber er will seinem Nachbarn die Suppe stehlen. Was für ein Mann ist das wohl?«

»Er muß Kleptomane sein«, gab der Herzog zurück.

»So ist es«, sagt Mo Dsï. »Nun, das Staatsgebiet von Tschu erstreckt sich über fünftausend li^2, das von Sung dagegen nur über fünfhundert. Das ist ein größerer Unterschied als zwischen einer Kutsche und einem zerbrochenen Karren. In Tschu gibt es Nashorn und Hirsch, auch die verschiedensten Fischarten im Überfluß, während Sung nicht einmal wilde Hasen oder Brassen hat. Das ist wie der Unterschied zwischen Reis mit Fleisch und Suppe. Tschu hat Wälder mit hohen Pinien und Zedern, in Sung wächst überhaupt kein edles Holz. Das entspricht dem Unterschied zwischen eleganten Gewändern und rauhen alten Lumpen. Wenn also, meine ich, Eure Hoheit Sung angreift...« Wo lag der Unterschied zwischen dem Raub von Waren und dem Raub von Staaten?

Der Herzog stimmte dem zwar zu, blieb aber, verlockt durch den Besitz von Gung-schu Bans Wolkenleiter, trotzdem zur Invasion entschlossen. Wie die Sandkastenstrategen ungefähr dreiundzwanzig Jahrhunderte nach ihm spielte Mo Dsï deshalb mit Gung-schu Ban ein Scheingefecht um die Hauptstadt von Sung durch. Als Mauern nahm er seinen

Gürtel und als angreifende und verteidigende Truppen zwei Sätze Holzstäbchen. Gung-schu Ban unternahm neun Sturmangriffe auf die Stadt, wurde aber jedesmal unter schweren Verlusten zurückgeschlagen und hatte am Ende kein einziges Stäbchen mehr übrig, während Mo Dsï noch alle im Spiel hatte.

Der Herzog von Tschu ließ seinen anstößigen Plan jetzt fallen. Als aber der Herzog von Sung Mo Dsï ein Lehen übertragen wollte, lehnte der ab und zog nach Lu weiter. Er wolle keine Belohnung, sagte er. Er hatte nur gemäß seinem Ziel gehandelt, »zu fördern, was der Menschheit nütze, und sie vom Elend zu befreien.«

Er zitierte diesen Satz allerdings auch bei anderen Gelegenheiten, um ein weniger defensives Vorgehen zu rechtfertigen. Gerade sein Wunsch, »die Menschheit vom Elend zu befreien«, habe den alten Heiligen König Jü bewogen, die anderen Fürsten in einen Krieg gegen den Herrscher des Miaovolkes zu führen, widersprach Mo Dsï, als man ihn nach diesem zweifelhaften Akt der Aggression befragte. Die drei Stämme der Miao lebten in Unfrieden, und der Himmel hatte ihre Vernichtung verfügt. Der Himmel hatte auch zwei Heiligen Königen das Recht gewährt, Tyrannen zu stürzen, von deren Untaten sie erfahren hatten. Mo Dsï war in seiner Terminologie ebenso vorsichtig wie Konfuzius. Skeptiker brachte er zum Schweigen, indem er sagte: »Ihr habt nicht verstanden, daß diese Männer nicht ›angriffen‹, sondern ›straften‹.« Hier rückte er die Begriffe mit Gewalt zurecht.

Er ging noch weiter, als er zum Schlag gegen die konfuzianische Idee der Milde ausholte. Der Meister hatte gelehrt, ein Edelmann solle den geschlagenen Feind nicht verfolgen oder ihm einen Pfeilregen nachsenden, sondern ihn fliehen lassen. Mo Dsï behauptete, das sei ein Widerspruch in sich. War der Feind ein wohltätiger Herrscher und verdiente also solcher Nachsicht, dann hätte von vornherein kein Edelmann gegen ihn gekämpft. War er aber ein Tyrann und wurde dennoch nicht gejagt und erschlagen, »dann werden Unheil und Unordnung lebendig bleiben, und die Welt wird nicht vom Elend befreit. Nichts könnte ungerechter sein.«

Mo Dsï warf den Konfuzianern auch einen fast blasphemischen Fatalismus vor. »Mißerfolg und Erfolg, Lohn und Strafe, alles ist vorbestimmt«, klagten viele von ihnen, heißt es im

Buch Mo Dsï. »Des Menschen Weisheit und Stärke vermögen nichts.« Ketzerei, sagte der Große Meister. Wie Minister über den Untertanen standen und sie belohnten oder bestraften, wie der König über den Ministern stand und sie belohnte oder bestrafte, so war der Himmel über dem König und belohnte oder bestrafte ihn und alle unter ihm. Darüber hinaus, fügte er hinzu, hätten nicht der Himmel, sondern auch Geister und Dämonen auf der Erde die Macht, den Würdigen, die dem göttlichen Willen gehorchten, zu einem Leben und Wirken in Frieden zu verhelfen und sich an den Schlechten, die diesen Willen verspotteten, zu rächen. Da sich aber jeder Mensch frei entscheiden könne, würdig oder schlecht zu sein, habe er sein Schicksal selbst in der Hand.

Konfuzius wäre hiermit nicht einverstanden gewesen, denn er lehnte es ab, über den Himmel oder das Okkulte zu diskutieren, und sah alle Moral ausschließlich im Sinn eines sozialen Vertrags. »Wie willst du dich mit Geistern und Dämonen befassen? Du hast es doch bis jetzt noch nicht geschafft, dich ordentlich mit den menschlichen Dingen auseinanderzusetzen«, wies er einmal einen wißbegierigen Schüler zurück. Von dieser Einstellung rührt der unbeschwerte Atheismus des chinesischen Intellektuellen, sei er Konfuzianer oder Kommunist. Er kümmert sich in seiner Lebensführung ganz sicher nicht um einen hypothetischen Gott, der allergisch gegen den Geruch der Sünde ist und über »gut« und »böse« richtet.

Aber mit ihrem Fatalismus, ihrer Arroganz und Verachtung für die Probleme der Armen wirkten die Konfuzianer allmählich demoralisierend, schalt Mo Dsï. »Sie benehmen sich wie Bettler, futtern wie Hamster, werfen verliebte Blicke wie Ziegenböcke und watscheln wie kastrierte Schweine.« Man wird sich kaum wundern, daß der Mohismus nach dem 2. Jahrhundert v. Chr. als gefährliche Abweichung in die Bedeutungslosigkeit versank. Da hatte sich nämlich der Konfuzianismus als die einzige offizielle Ideologie im chinesischen Reich etabliert.

Er ging jedoch nicht unter, ohne Spuren zu hinterlassen. Denn Ljang Tschi-tschao, der moderne chinesische Philosoph, der Mo Dsï »einen kleinen Jesus« nannte, bezeichnete ihn auch als »einen großen Marx«. Die Konfuzianer verdammten ihn, den Kommunisten könnte er als Vorfahre gelten. Mo Dsï war ein Fürsprecher der Millionen Habenichtse. Er hob den Wert der Arbeit hervor und erklärte, wie notwendig es sei, Männer nur aufgrund ihrer Fähigkeiten in wichtige Ämter einzusetzen. Regieren war keine leichte Sache, und die rechten Männer (nicht einfach Verwandte oder reiche Freunde) für verantwortungsvolle Posten zu wählen, war ebenso vernünftig wie »die Hand naß zu machen, bevor man etwas Heißes anfaßt« oder einen geschickten Schneider für seine neuen Kleider zu suchen. Ob von niedriger oder hoher Herkunft, sollte keine Rolle spielen. Auch Bauern und kleine Handwerker mußten die Spitze erreichen können.

Mo Dsï setzte sich für ein hierarchisches System ein, das dem computerhaften kommunistischen Prinzip des »demokratischen Zentralismus« verblüffend ähnelt: Die Massen geben denen über ihnen die Daten ein und werden dann von oben mit Weisungen bedacht. »Wenn jemand Gutes oder Schlechtes hört«, sagte er, »soll er es seinem Vorgesetzten melden. Was der Vorgesetzte dann für richtig hält, sollen alle für richtig halten; was er für falsch erachtet, sollen alle für falsch erachten. Wenn der Vorgesetzte Fehler macht, sollen ihm seine Untergebenen deswegen Vorhaltungen machen; wenn die Untergebenen ordentlich sind, soll der Vorgesetzte sie fördern. Jeder muß sich mit seinem Vorgesetzten identifizieren, und keiner darf mit seinesgleichen Cliquen bilden.«

Im idealen Staat sollte sich das bis hinauf zum König nach diesem Muster abspielen: »Was der König für richtig hielt, hielten alle für richtig. Auf diese Weise war die Welt in die richtige Ordnung gerückt, *weil der Herrscher die Richtlinien der Urteilsbildung in seinem ganzen Reich vereinheitlichen konnte.*« Dazu zum Vergleich die maoistischen Worte: »Zögere nicht, die Fehler von Vorgesetzten bloßzustellen, vermeide Zersplitterung und die Bildung von örtlichen Cliquen, erfülle die Weisungen des Zentralkomitees der Kommunistischen Partei Chinas unter der Führung des Vorsitzenden Mao.« Für die Mohisten wie für die Maoisten rechtfertigten diese »demokratischen« Devisen die absolute Autorität, die der Herrscher und seine Umgebung geltend machten.

Mo Dsïs Gesellschaft armer und rechtschaffener Männer war die erste in einer langen Reihe rücksichtsloser revolutionärer Banden. Deren letzte war die rote Guerillaarmee Mao

Tse-tungs, die sich 1927 in den Bergen sammelte, um Tschiang Kai-schek herauszufordern. Mo Dsï hatte solche »gerechten Kriege« wie die darauf folgende lange kommunistische Rebellion entschuldigt, und sein zweierlei Maß wurde von Mao aufgegriffen: »Wir Kommunisten widersetzen uns allen ungerechten Kriegen, die dem Fortschritt im Weg stehen, aber wir sind nicht gegen gerechte Kriege. Wir nehmen aktiv an ihnen teil.«

Der Große Meister hatte die komplizierten konfuzianischen Begräbnis- und Hochzeitszeremonien auf das heftigste verurteilt. In diesem Punkt fand er die volle Billigung der Maoisten, die die Einäscherung befürworten, aber auch Bräuche wie die in Yenan praktizierten loben, wo Bauern die Toten in ihren eigenen Feldern ohne Grabstein begraben, damit das Land gepflügt werden kann und die Leichen die Saat düngen. Die kostspielig veranstalteten Hochzeiten von früher gehören ebenfalls der Vergangenheit an. Anfang 1972 führte die Pekinger *Volkszeitung* aus, daß das neue kommunistische Idealmädchen sich selbständig zur Heirat entschließt, ohne Vermittler einen Partner wählt, keine Geldgeschenke wünscht, keine Mitgift hat und niemand braucht, der sie dem Bräutigam zuführt. Am Hochzeitstag nimmt sie nur die *Werke* des Vorsitzenden Mao und ihre Arbeitsgeräte (vielleicht nicht mehr als eine Tragestange aus Bambus) mit sich und geht in das Haus ihres Mannes. Dort werden Photographien des glücklichen Paares in eine Urkunde geklebt, auf der in acht großen Zeichen steht: »Fleißige und sparsame Haushaltsführung und geplante Elternschaft.« Verwandte und Freunde werden mit Tee und kandierten Früchten bewirtet, und am Tag darauf gehen Mann und Frau wieder wie immer zur Arbeit.

Indem Mo Dsï Kindesliebe und das chinesische System der Sippentreue anprangerte und nicht nur die unterschiedslose allumfassende Liebe, sondern auch die Opferung des Individuums zum Nutzen der Gemeinschaft forderte, nahm er wiederum Mao vorweg. Die Kommunisten haben das Familiengefühl feudalistisch genannt und als eines der »verderblichen Elemente« des Konfuzianismus geschmäht: das Kollektiv muß zuerst kommen. Vor einem Hintergrund von Kommunefeldern und -schweineställen, Kommunekinderkrippen und -politikunterricht müssen sich Privatinitiative und sogar private Gefühle den Forderungen der Partei und der »Produktionsbrigaden« unterwerfen.

Kommunistische Kader müssen persönliche Sympathien unterdrücken und ein höheres »Parteigefühl« entwickeln. »Das Leben eines jeden, der sich der Partei anschließt, gehört der Partei. Wenn die Parteidisziplin es verlangt, muß ein Mitglied sein Leben freiwillig opfern«, schrieb der frühere Präsident Lju Schao-tschi. Hatte nicht der große Meister der Mohisten behauptet, daß er »seinen Getreuen befehlen konnte, durch Feuer zu gehen und über Schwerter zu laufen«? Während der Großen Kulturrevolution der sechziger Jahre prahlten fanatische junge Rotgardisten, sie würden für den Vorsitzenden Mao »einen Berg aus Schwertern besteigen und ein Meer aus Feuer durchqueren«.

Man sollte dennoch meinen, daß Mo Dsï sensible maoistische Ohren beleidigte, weil er so eindringlich den Willen des Himmels betonte. Allumfassende Liebe wird vom Willen des Himmels diktiert, die Rechtschaffenen, die ungeachtet ihrer Herkunft gefördert werden sollen, sind rechtschaffen, weil sie dem Willen des Himmels gehorchen, und der König ist König, weil es der Wille des Himmels ist. Denn wenn der König sich seine Minister aussucht, muß es der Himmel sein, der den König aussucht. Außerdem ist es der Wille des Himmels, der einen »gerechten Krieg« als einen »gerechten Krieg« und nicht einfach als einen Akt unverhüllter Aggression ausweist. Als die früheren Heiligen Könige ihre gerechten Feldzüge begannen, offenbarten schreckliche Zeichen, den drei Hexen in *Macbeth* ebenbürtig, daß ihre verabscheuenswerten Widersacher nicht »angegriffen«, sondern »gestraft« wurden. Die Sonne ging nachts auf, und es regnete drei Tage lang Blut. Heiß und kalt kamen durcheinander, und Kraniche schrien zehn Nächte und noch länger. Eine Frau wurde zum Mann, und Fleisch fiel vom Himmel.

Mo Dsï mag einem wie ein Hausierer in schädlichem feudalem Aberglauben vorkommen, aber er sagt noch mehr: »Für mich ist der Wille des Himmels wie der Zirkel für den Stellmacher und der Winkel für den Zimmermann, die diese Geräte als Maße brauchen und sagen: ›Was nach diesen paßt, ist richtig, was nicht paßt, ist falsch.‹« Wenn wir für Zirkel und Winkel die Marxsche Dialektik, das Denken Maos und den Historischen Materialismus einsetzen, wird klar, daß diese ihrerseits den Maoisten feststehende Maße liefern, nach denen bestimmt wird, wer regieren soll, wer »rechtschaffen« ist und welche Kriege »gerecht« sind. Das allgemeine Prinzip ist das gleiche.

Als philosophisches Phantom ist Mo Dsï den Chinesen durch alle Jahrhunderte immer gegenwärtig gewesen, und in den grausamen Bauernaufständen und unter den eifernden Brüdern geheimer Gesellschaften leuchtete seine Lehre flüchtig auf. Sein Geist lebt auch heute und beeinflußt Chinas Schicksal zu Hause und draußen – der Geist des chinesischen Weltverbesserers, der Frieden und Liebe in alle Menschen pflanzen will, ob sie es wollen oder nicht, in Übereinstimmung mit einem Willen des Himmels, den er selbst gestaltet hat.

Die Hunde aus Stroh

Nichts scheint sich von den drastischen Predigten eines Mo Dsï mehr zu unterscheiden als der schwer faßbare Mystizismus des Lao Dsï (Laotse). Aber wer war eigentlich Lao Dsï? Seine einzige, wenig umfangreiche Schrift, das Dao De Dsching (Tao-te-king), beginnt mit den Zeilen:

> *Der Weg, der sich nennen läßt,*
> *ist nicht der wahre Weg;*
> *Die Namen, die man sagen kann,*
> *sind nicht die wahren Namen.*

Und diese dunklen Worte passen am besten auf den »Alten Meister« selbst.

Seinen Geburtsort hat man mit einem Mann identifiziert, seine Tätigkeit mit einem anderen. Er soll Konfuzius persönlich gekannt haben, es wird aber auch berichtet, er sei Archivar am Königshof von Dschou gewesen, ein Jahrhundert nachdem Konfuzius gestorben war. Einige sagen, er habe tatsächlich zweihundert Jahre gelebt (bevor er auf einem grünen Ochsen durch ein Tor in der Großen Mauer ritt, den Wind bestieg, gen Westen entschwand und unsterblich wurde). Aber das Dao De Dsching entstand wiederum ein Jahrhundert danach.

Was Ehrlichkeit, Gerechtigkeit und Harmonie zwischen dem Menschen und seiner Umwelt betraf, empfand Lao Dsï ganz konfuzianisch. Wie Konfuzius bedauerte er alle, die es nach Reichtum und Macht gelüstete. Ob aber nun Lao Dsï mit dem Wind davonflog oder nicht, die zwei Weisen waren am Ende in entgegengesetzte Richtungen davongeeilt, um ihre widerstreitenden und gleichzeitig miteinander verflochtenen Lehren zu begründen.

Die Heimat des Alten Meisters lag angeblich südlich des Gelben Flusses, und er scheint das begabte, wenn auch leichte und träumerische Naturell des »Südländers« geerbt zu haben. Dessen Verschlagenheit hatte er allerdings nicht mitbekommen. Auch die geschäftige Energie eines Konfuzius fehlte ihm. Vom Äußeren her wirkte er beinahe tölpelhaft: er hatte wulstige Lippen und auseinanderstehende Zähne, abstehende Ohren und vorstehende Augen, eine breite Stirn und ein kräftiges eckiges Kinn. Auf den ersten Blick hatte er den Machiavellis des Reichs der Mitte wenig zu bieten.

Dao, »der Weg«, war für ihn der Zustand eines leeren, sich spontan entfaltenden Kosmos, in dem alles von selbst geschah – ähnlich dem Baum, der wächst, ohne es zu wollen – wie die gegensätzlichen, sich jedoch ergänzenden Impulse von *jang* und *jin* (hell und dunkel, Sonne und Mond, männlich und weiblich) *ad infinitum* aufeinander wirkten, schaffend und vernichtend. Der Mensch sollte deshalb essen, wenn er Hunger hatte, schlafen, wenn er müde war, tun, was zu tun war und nicht mehr. Er sollte sich vor allem dem Strom dieses fließenden Universums aus Zeit und Raum anpassen und sich von der ständigen Veränderung treiben lassen.

Lao Dsï führte ein zurückgezogenes Leben und predigte das »Nicht-Sein« und »Nicht-Handeln«. Die Menschen waren starrsinnig für das »Sein« eingenommen, sagte er, nur weil sie es sehen und berühren konnten. Sie vergaßen, daß etwas vom Nichts kam und nicht umgekehrt, daß es sinnlos war, dreißig Speichen in ein Rad einzusetzen, wenn man in der Mitte keinen Platz für die Achse ließ, und ebenso sinnlos, ein Haus zu bauen, ohne in den Mauern Raum für die Tür frei zu lassen.

Genau wie ein Übermaß des vorhandenen »Seins« eher schmälernd als steigernd wirken konnte, so konnte eine Übertreibung zielstrebigen »Handelns« die natürliche Entfaltung des Kosmos stören. Der Mensch mußte wissen, wo er stehenbleiben sollte. Denn nur, wenn alle den Kardinalfehler unnatürlicher Anstrengungen mieden, würde es keinen Hader mehr geben. Der Daoist setzte voraus, daß er nicht scheitern könne, wenn er nicht nach Erfolgen strebte. Weil materieller Genuß den Menschen nie befriedigte, sondern eher seine Probleme mehrte, sollte er in allem bescheiden sein.

Lao Dsïs idealer Staat war »ein kleines Land mit wenigen Einwohnern, die reichlich über Handwerkszeug, Boote, Wagen und Waffen verfügen, sie aber nicht benutzen. Es gibt keinen Krieg, und es gibt keine Schrift, denn sie halten die Ereignisse in Knotenschnüren fest. Die Menschen sind mit ihrer Nahrung, der Kleidung und ihren Häusern zufrieden, und weil die Entfernungen gering sind, hören sie im Nachbardorf die Hähne krähen und die Hunde bellen, und doch werden sie alt und sterben, ohne es besucht zu haben.«

Es ist deshalb nicht überraschend, daß Lao Dsïs lebhafterer und mitteilsamerer Jünger Dschwang Dschou – zumindest in seiner apokryphen Gestalt als »Dschwang Dsï«, Meister Dschwang – der Welt die kalte Schulter zeigte und nichts höher schätzte als die Freiheit, »allein zu kommen und zu gehen, nur mit den Geistern von Himmel und Erde«.

Soviel man weiß, wurde er im 4. Jahrhundert v. Chr. als Sproß einer adligen, aber in schlimmen Zeitläuften verarmten Familie in Sung geboren. Dschwang Dsï wurde als Gelehrter von umfassender Bildung beschrieben. Vermutlich verfügte er über einige Beziehungen, aber er verachtete die ehrgeizigen Wichtigtuer und Streber. Eine Zeitlang betreute er als niedriger Beamter die Lackbaumgärten von Sung, gab aber diese Stelle auf, um zu lehren und zu schreiben. Danach bewohnte er eine Hütte in einer schäbigen Gasse. Er flocht seine Strohsandalen selbst und borgte ab und zu etwas, um nicht zu verhungern. Er war mager und leichenblaß und kleidete sich mit einem geflickten Rock aus rauhem Leinen. Seine Armut aber trug er mit Würde, selbst in Gegenwart des Herzogs.

Dschwang Dsï verglich alle Gegenstände mit den beiden

Flächen einer kreiselnden Münze, auf deren einer Seite *jang* zu lesen stand, auf der anderen *jin:* so waren selbst Leben und Tod »nicht beunruhigender als das Vergehen von Nacht und Tag«. Wer wußte auch, was besser war? Der Tod war vielleicht wie das Austrocknen einer Wunde, das Aufbrechen eines Geschwürs.

So trauerte er auch nicht, als seine Frau starb, sondern trommelte auf einem Faß und sang dazu. Als er selbst ernstlich krank war, sprach er über sein Begräbnis: »Himmel und Erde sollen meine inneren und äußeren Särge sein, Sonne, Mond und Sterne meine Perlen, Juwelen und Jade. Alle Dinge werden meine Nahrung sein. Wozu brauche ich eine prunkvolle Totenfeier? Ihr habt Angst, daß mich die Krähen fressen, deshalb wollt ihr mich in der Erde begraben, wo mich die Ameisen bekommen. Ist das nicht ein wenig ungerecht?«

Was sich auf Leben und Tod, auf Krähen und Ameisen anwenden läßt, paßt zu allem. In einem Universum, das aus einem Guß war, versuchte nur der Mensch, zwischen Gut und Böse, Freude und Schmerz, Gerechtigkeit und Ungerechtigkeit, hoch und niedrig zu unterscheiden, wo doch »das Angenehme und das Unangenehme an einem Faden hängen«. Alles waren Offenbarungen des »Wegs«, und deshalb war alles gleichwertig. Urteilen war eine bloße Frage der Perspektive und folglich wertlos. Von einem Blickpunkt aus waren Himmel und Erde »winzige Punkte im All«, von einem anderen aus das Ende eines Haares »eine Gebirgskette«. Mit einem Holzbalken konnte ein Mann eine Mauer einreißen, aber er nutzte ihm nichts, wenn er ein kleines Loch zustopfen wollte. Ein Vollblutpferd war ein Gottesgeschenk für einen, der es eilig hatte, aber ein Rattenfänger hatte nichts davon.

Daraus ergibt sich, daß es für Dschwang Dsï keine Wahrheit gab: »Die Menschen essen Ochsen- und Hammelfleisch. Der Hirsch frißt Gras. Der Hundertfüßer mag Insekten. Die Ohreule ergötzt sich an Ratten. Welches dieser vier Tiere kennt seine richtige Nahrung?« Was »wahr« für die Konfuzianer war, hieß »falsch« bei den Mohisten. Wörter hatten folglich keinen bestimmten Sinn.

Dschwang Dsï ging mit seinen Schülern über die Hügel, als er auf einen gewaltigen Baum traf. Seine Blätter und Zweige gediehen üppig, aber die Holzfäller waren an ihm vorbeigegangen. »Das Holz ist nicht gut, er ist nutzlos«, erklärte einer. An diesem Abend ließ ein Freund seinen Diener zu Ehren Dschwang Dsïs eine Gans schlachten. »Eine Gans kann schreien, die andere nicht«, sagte der Junge. »Welche soll ich nun töten?« Der Gastgeber befahl ihm, die zu töten, die es nicht konnte.

Am nächsten Tag sagten die Schüler: »Der Baum blieb stehen, weil er ›nutzlos‹ war, aber die Gans, die schreien konnte, durfte leben, weil sie ›nützlich‹ ist. Sollen wir ›nutzlos‹ oder ›nützlich‹ sein?«

»Richtet euch zwischen den beiden Möglichkeiten ein und geht dem Unglück aus dem Weg«, antwortete der Meister. »Wie der göttliche Drache, heimlich und verborgen, sollt ihr euch wie die Jahreszeiten wandeln, aber mischt euch in nichts ein.«

Dschwang Dsï riet, sich von der Welt zurückzuziehen, weil die führenden Männer seiner Zeit nur beißenden Spott für das *Dao* übrig hatten. Nach ihrer selbst zurechtgelegten Moral bestimmten sie, was gut und was schlecht war, und schufen die Gesetze zur Bemessung von Lohn und Strafe. Diese Gesetze waren schließlich die Basis der Regierung, dieses künstlichen Ungeheuers, durch das sie das Leben der Menschen lenkten.

Während die Konfuzianer von Pflicht und Ehrbarkeit sprachen, behaupteten die Daoisten, daß jede Art gesellschaftlicher Organisation verderblich sei. »Je mehr Gesetze es gibt, desto mehr Räuber und Diebe werden wir haben«, sagte Lao Dsï. Je mehr Regierung es gab, desto mehr Habsucht und Ehrgeiz und Korruption würde sie entstehen lassen. Vier Beine waren für das Pferd natürlich, nicht aber der Reiter auf seinem Rücken. Alle Daoisten bewunderten jenen alten Weisen, der angeblich davongeeilt war, die schmutzigen Worte aus seinen Ohren zu waschen, nachdem ein Kaiser ihn gebeten hatte, seinen Platz einzunehmen.

Es wird berichtet, daß der Herzog von Tschu Boten nach Sung sandte, um Dschwang Dsï zu bitten, sein erster Minister zu werden. Sie fanden ihn im Uferschilf, klein und vergeistigt, wie er mit entrücktem Blick in den Augen angelte. Als er ihre Botschaft erfuhr, wandte er sich nicht von der Angelrute ab, sondern sprach: »Ich habe gehört, daß es eine heilige Schildkröte in Tschu gibt, die vor dreitausend Jahren starb. Der Herzog bewahrt sie in einem Kästchen, das er mit einem Tuch umhüllt und in einen Tempel gestellt hat. Darf ich euch fragen, ob die Schildkröte tot sein wollte, um ihre Knochen von Menschen verehren zu lassen? Oder wäre sie lieber am Leben geblieben und, ihren Schwanz hinter sich herschleifend, im Schlamm herumgekrochen?«

»Natürlich wäre sie lieber im Schlamm herumgekrochen«, antworteten die Boten.

»Geht nach Hause«, sagte Dschwang Dsï. »Ich krieche auch lieber im Schlamm herum.« Hunger nach Macht und Reichtum paßte nicht in den Kosmos der Daoisten, zudem war er quälend und sogar gefährlich. »Die Menschen finden keinen Frieden, weil sie vier Dinge wünschen«, bemerkte sogar ein Hedonist unter ihnen, »langes Leben, Ehren, ein hohes Amt und Besitz. Wer immer diese vier Wünsche hat, lebt in Angst vor Geistern, anderen Menschen, Behörden und Strafen.« Alle sollten sich um eine »klare und heitere« Einstellung bemühen, selbst während sie Reichtum und Ruhm nachjagten. Sie sollten erkennen, daß diese Güter nicht mehr als ein Wolkenfetzen waren, der vor dem Auge vorbeizieht.

Ein anderer Daoist war bestürzt, weil er auf dem Weg nach Tschi »in zehn Gaststätten aß und in fünf davon als erster bedient wurde«. Beruhige dich, sagten die Weisen. Ein großer Baum zieht den Sturm an und ein fettes Schwein den Schlächter. Da alles Geschick auf den wechselnden Impulsen von *jang* und *jin* beruht, muß fallen, was aufsteigt.

»Wird ein Schwert so scharf wie nur möglich geschliffen, beginnt es, seine Schneide zu verlieren«, sagte Lao Dsï. »Wenn deine Halle mit Gold und Jade gefüllt ist, ist sie nicht mehr sicher.« Armut ist das Erbe des Reichtums, Leiden das Erbe des Glücks. Weder dem einen noch dem anderen kann man entfliehen. Alles muß sich umkehren. Der Weise kümmert sich nicht um Gewinn oder Verlust, und am sichersten ist, weder »nutzlos« noch »nützlich« zu sein.

Eine Schwäche? Aber Schwäche schlägt die Stärke, widersprechen die Daoisten. Am vollkommensten zeigt Wasser das Nicht-Handeln. »Nichts unter dem Himmel ist weicher als Wasser, jedoch nichts kann besser über das Feste siegen.« Wenn man es mit einem Schwert schlägt, verletzt man es nicht, aber wenn es sich in Sturzbächen ergießt, erheben die Täler und Berge, dann durchbricht es die Deiche und überflutet die Ebenen. Wenn es sich sammelt, ist es grenzenlos, wenn es nur ein Tröpfchen ist, sickert es in jede Ritze. Der Mensch soll mit dem *Dao* treiben, wie das Wasser den Berg hinabfließt, jedem Felsen ausweicht, doch alles in seiner Bahn davonträgt.

Gemeinsam trugen Konfuzianer und Daoisten zu einer Geisteshaltung bei, die ihre widerstreitenden Philosophien als die komplementären *jang* und *jin* gelten ließ und beide in sich aufnahm. So hat im chinesischen Soldaten und Ränkeschmied immer ein Was-schert-mich-das-alles-Träumer gesteckt und in materieller Armut oft Seelenfrieden.

Der Dichter Lin Bu, der während der Sung-Dynastie lebte, baute sich eine Grashütte auf einem niedrigen Hügel am Westsee und wohnte dort zurückgezogen. Den Abhang des Hügels bepflanzte er mit Pflaumenbäumen. Er war nicht verheiratet und blieb sein ganzes Leben allein, nur von den wilden Kranichen begleitet. Trunkene Freude bereiteten ihm die frischen Winde und der klare Mond, der sich im See spiegelte. Zwanzig Jahre lang betrat er keine Stadt, und in dieser Zeit fand er heitere Verse von solcher Schönheit, daß sie alle Alltagssorgen vertrieben. Die Menschen hatten eine ehrfürchtige Scheu vor ihm und nannten ihn wehmütig den großen Einsiedler mit der »Pflaumenbaumfrau und den Kranichkindern«.

Immer wieder in der Vergangenheit hat es Chinesen gegeben, die es nach Einsamkeit verlangte. Sie lebten zwischen Hügeln, Bergbächen und Wasserfällen, betrachteten die Wolken, ließen sich in Booten auf Seen und Flüssen treiben, pflückten Blumen, züchteten Fische und lauschten den Vögeln. Es ist eine daoistische Flucht vor dem *Dao* gewesen: vor dem blinden Schicksal, das sie zu geldraffenden Kaufleuten oder machthungrigen Politikern machte und ihnen von vornherein keine Möglichkeit ließ, deren Habsucht und Ehrgeiz zu wählen oder von sich zu weisen. Denn Lao Dsï hatte gesagt:

Himmel und Erde sind unbarmherzig,
sie behandeln alle wie Opferhunde aus Stroh.

Jeder war an das eine gestaltlose, doch unerbittliche Drama gefesselt. Er mußte seine Rolle nach einem unsichtbaren Regiebuch spielen, seinen Weg durchs Leben improvisieren und fatalistisch jede Wendung der Fabel hinnehmen. War er heute oben, konnte er morgen unten sein. Je besser er sich also im Hintergrund hielt, desto weniger riskierte er.

Das vielleicht populärste Vorspiel in der Geschichte des chinesischen Theaters ist »Wu Sung tötet den Tiger« gewesen, eine Episode aus dem großen Räuberroman »Die Geschichte vom Flußufer«[2]. Auf der Bühne erzeugen Gong und Trommeln einen ohrenbetäubenden Lärm, während der Held und die Bestie ihre gründlich studierten Rollen spielen. Der Tiger geht auf die Hinterbeine und springt herum und schlägt mit den Tatzen um sich. Wu Sung schwingt die Keule, bis er zum letzten Schlag ausholt und das Tier pünktlich tot zu Boden geht. Hat der Darsteller des Wu Sung sich allerdings dickköpfig geweigert, den Handel perfekt zu machen und das Trinkgeld im voraus zu zahlen, dann wird der Tiger seinen letzten Atemzug nicht im vorgesehenen Augenblick tun, sondern den Kampf ausfechten und einen abgekämpften, total erschöpften Wu Sung zurücklassen, wenn er sich schließlich fallen läßt.

Wenn ihr also Wu Sung spielt, dann seid nicht arrogant und kleinlich, raten die Daoisten. Denn obwohl ihr der Held seid, hängt euer Erfolg vom Tiger ab. Weigert sich der Tiger zu sterben, steht ihr nicht tapfer, sondern dumm da. Und ist der Tiger bereit zu sterben, dann deshalb, weil ihr vorher handelseinig geworden seid. Zudem dürft ihr nicht vergessen, daß es üblich ist, die Rollen nach einiger Zeit zu vertauschen: ihr stellt vielleicht heute Wu Sung dar, aber morgen werdet ihr den Tiger spielen müssen. Und weil die Schauspieler austauschbar sind, werden sich die Zuschauer vor euch weder für den einen freuen, noch mit dem anderen traurig sein.

Die daoistische Beweglichkeit ist hilfreich, in einer sich ständig wandelnden Welt zu überleben: sie ähnelt dem Verhalten des Boxers, der geschickt den Fausthieben ausweicht. Und China ist immer noch eine in ständigem Wandel begriffene Welt, wo ein Kader zerbrochen wird, wenn er sich als zu zerbrechlich erweist. 1958 startete der Vorsitzende Mao den »Großen Sprung nach vorn«, mit dem China innerhalb von

fünfzehn Jahren Großbritannien in der Kohle- und Stahler-
zeugung überholen sollte, und faßte gleichzeitig die Millionen Bauern in Superkollektiven zusammen, die er Volkskommunen nannte. Aus dem Sprung wurde ein Stolpern, die
landwirtschaftliche Produktion ging zurück, die Industrie
kam durcheinander, und viele Provinzen erlebten drei
Elendsjahre am Rande einer Hungersnot. Mao trat als Präsident der Republik zurück, und Lju Schao-tschi rückte an
seine Stelle.

Mao betrachtete jedoch die pragmatische, weniger radi-
kale Politik Ljus mit Mißvergnügen. 1965 entzündete er die
Lunte seiner »Großen Kulturrevolution«, in deren Verlauf
Lju in Ungnade fiel und rausgeworfen wurde. Die gesamte
Hierarchie der kommunistischen Partei wurde zerschlagen.
Bei diesem politischen Massaker hing Mao von der militärischen Unterstützung des Verteidigungsministers, des Marschalls Lin Piao ab. Lin wurde Maos engster »Waffenbruder«, und im April 1969 stand er im neuen Verfassungs-
entwurf als designierter Nachfolger des Vorsitzenden.

Schicksal und eigenes Verschulden arbeiteten dennoch gegen Lin Piao, und zwei Jahre später war er tot und von jenen
verdammt, die ihm erst gestern als ihrem zukünftigen Führer
zugejubelt hatten. 1972 waren die Generäle und die Sachwal-
ter der kommunistischen Bürokratie, die fünf Jahre zuvor gedemütigt worden waren und ihre Ämter verloren hatten,
wieder auf ihren Kommandoposten und in den Vorzimmern
der Macht. Statt dessen waren die Roten Garden des linken
Flügels, von denen sie so haßerfüllt kritisiert worden waren,
draußen auf dem Land und schaufelten Mist mit den Bauern.

Der herausragende Vertreter jener Geschmeidigkeit, die
ein Überleben garantiert, war in dieser Tragikomödie Tschou
En-lai. Tschou war kein Fanatiker, sondern Realist und Di-
plomat. Er verfügte in hohem Maße über politische Klugheit
und die Erfahrung eines langen Lebens, das der Kunst der Revolution gehört hatte. Er entwickelte keine radikalen oder
riskanten Pläne. Er war wendig, taktvoll, aufrichtig und
charmant im Auftreten. Er war der brillanteste, Kopf und
ruhte sich doch nicht auf seinen Lobeeren aus.

Anfang der siebziger Jahre war er auch der mächtigste
Mann, aber er deutete nicht mit dem Finger darauf, daß er in

China die Ordnung wiederhergestellt hatte, nachdem die von Mao angezettelte turbulente Kulturrevolution die Republik an den Rand der Anarchie gebracht hatte. Denn dadurch hätte er sich mit dem Vorsitzenden verfeindet. Bei jedem Schritt, den er erwog, suchte er zuerst die Zustimmung Maos, dem er dabei die Überzeugung ließ, er bestimme persönlich das Programm seines Premiers. Infolgedessen machte die militante Außenpolitik Chinas mühelos der »Diplomatie des Lächelns« eines Staatsmannes Platz, der die Eigenschaft des Wassers kannte, wie sie Lao Dsï als erster begriffen hatte.

Im Grunde war der sogenannte »Machtkampf« in Peking – wie es immer gewesen war – eine gegenseitige Kraftprobe zwischen pragmatischen »Gemäßigten« und militanten »Maoisten«. Es ging in der Hauptsache darum, mit welchem Tempo und auf welchem Weg China der idealen klassenlosen Gesellschaft engegengehen sollte. Da im übrigen alle Beteiligten Chinesen, Kommunisten und Revolutionäre waren, wünschten sie am Ende alle dasselbe.

Es war deshalb kein Kampf, sondern ein Wechselspiel von *jin* und *jang*, und es ist symptomatisch, daß es innerhalb einer Partei stattfand. Im Westen dagegen käme jede beliebige Zahl zwischen zwei und zwanzig in Frage. Denn während das Universum für den Westen immer in einander widersprechende Kräfte gespalten war (angefangen bei der griechischen Philosophie und dem jüdischen Gott in Menschengestalt), war es in China die »große Einheit«. Der Westen fand es verwirrend und bedrohlich, wie sich die chinesische Außenpolitik ständig in spiraligen Linien bewegte, von rechts nach links, von der Unmutsfalte zum Lächeln, von Selbstzerfleischung zu Mäßigung und umgekehrt. Für die Chinesen war diese Fluktuation natürlich – eine Spirale führte schließlich immer nach oben.

Unter der Führung Tschou En-lais nahm die Außenpolitik Chinas jene wasserähnlichen, alles durchdringenden Eigenschaften an, die einen auffallenden Kontrast zu den »soliden« Standpunkten in weniger fein empfindenden Ländern bilden. Aber kein Chinese glaubte, daß die Politik, hätte sie erst den höchsten Punkt erreicht, sich nicht wieder »umkehren« würde, und alle planten diesen Faktor mit ein, auch Tschou En-lai.

Der Instinkt des Daoisten ist jedoch ebenfalls dem *jin* und *jang* unterworfen, und die schöne Resignation auf dem Gesicht des unmenschlichen Schicksals kann manchmal häßlich werden, wenn sie eine Tyrannei gewähren läßt, die nur allzu menschlich ist, besieht man sie im gespenstischen Licht politischer Wirklichkeit. Seid nicht starrsinnig, wenn ihr einer Ungerechtigkeit begegnet, warnte Lao Dsï. Gebt nach. »Die sich hinstellen und nach Gerechtigkeit schreien, werden nur größere Ungerechtigkeit erleben.« Tretet heute den Rückzug an, um später vorzurücken. »Weicht nicht von euren Regeln ab«, sprach Dschwang Dsï. »Schickt euch in das Unvermeidliche.« Tief vom Daoismus erfüllt, beugten sich die chinesischen Millionen jahrhundertelang erdrückenden und vernunftwidrigen Regierungen, bis das Leben unerträglich wurde. Da aber war es zu spät für Reformen, und es gab keinen anderen Weg als die blutige Revolution.

Jedoch steckte in dieser quietistischen Philosophie weit mehr, was einen Tyrannen locken konnte, als nur Ermahnungen an alle Menschen, das Elend jetzt still zu ertragen, weil die Dinge sich ja zum Besseren wenden mußten, wenn sie nicht mehr schlimmer werden konnten. Später nahmen die Daoisten von eigenen Gnaden, die Anhänger der Jin-Jang-Schule, als gegeben an, daß die kaiserlichen Dynastien einander ebenso unvermeidlich verdrängten wie die »fünf Elemente«, die ihre Geschicke jeweils lenkten (Metall schneidet Holz, Feuer schmilzt Metall, Wasser löscht Feuer, Erde bändigt Wasser, Holz besiegt Erde). Zu jedem beliebigen Zeitpunkt war deshalb der Herrscher der einzig mögliche Herrscher, und alle Proteste waren sinnlos.

Zudem konnte, wie Dschwang Dsï zu verstehen gab, ein Souverän nicht als »edel« oder »gemein« etikettiert werden. Er sollte nicht einem guten Ruf nachjagen, indem er sich an die herkömmlichen Begriffe von Gut und Böse hielt. Wenn er es dem daoistischen Weisen gleichtun will, möge er im Dao De Dsching nachlesen. Dort steht, nicht nur Himmel und Erde, sondern

> *Der Weise ist unbarmherzig.*
> *Er behandelt die Menschen wie Opferhunde*
> *aus Stroh.*

Die Menschen sollten sich um Schlichtheit bemühen und

»wenig Wünsche« hegen. Sie sollten ohne Wissen sein und verhindern, daß ihr eigener Verstand sie fehlleitete.

Er leert ihre Herzen
Und füllt ihre Mägen,
Schwächt ihren Willen
Und stärkt ihre Sehnen.

Kurz, er ist gegen Ehrgeiz und Lernen, sogar gegen das Denken – bei anderen.

Selbstverständlich sind alle Moralvorschriften unnatürlich. Lao Dsï hatte Konfuzius im Visier, als er die ethischen Grundsätze verspottete, die sich auf legendäre Helden (oder Schurken) aus der guten alten Zeit stützten: »Die Alten sind schon lange tot, sogar ihre Knochen sind vermodert. Worten, die sie überlebt haben, übertriebenes Vertrauen zu schenken, ist nichtig. Wenn ihr euch von eurem Stolz auf die eigene Klugheit freimachen könnt, mögt ihr edle Menschen werden... Aber wenn ihr einem Tyrannen Vorträge über Nächstenliebe und Rechtschaffenheit, Gesetze und Regeln haltet, wollt ihr doch nur an den Unzulänglichkeiten anderer Menschen eure eigenen Vorzüge vorführen.«

Nach Meinung des daoistischen Weisen mußte das ganze herkömmliche Vokabular der Tugend und des Lasters weggeworfen werden, da es kein *jang* ohne *jin* gab, das Gute nicht ohne das Böse. Jedenfalls sollten die Menschen »Pflicht«, »Menschlichkeit«, »Nächstenliebe« und »Rechtschaffenheit« beiseite lassen, denn diese Begriffe bekommen nur in Zeiten des Unfriedens Bedeutung. Lebt jede Familie in Harmonie, gibt es keine »liebevollen Väter« und »pflichtbewußten Söhne«, und nur, wenn das Land in Aufruhr ist, hören wir von »loyalen Dienern«. Ungewöhnliche Tugend sollte nicht gepriesen werden, denn Tugend darf nicht ungewöhnlich sein. Reißt euch alle diese scheinheiligen Begriffe aus, sagen die Daoisten, und ihr werdet wieder lernen, einander zu lieben.

Man mag einwenden, diese Lehren wären säuberlich aus ihrem Zusammenhang gepflückt worden, um die in ihnen steckenden quietistischen Absichten zu verzerren und die Despoten zu erfreuen. Doch genau das ist es, was die Despoten mit dem Daoismus gemacht haben, verlockt von der mystischen Allmacht, die er dem Weisen zuschrieb, und von dem Versprechen der Unsterblichkeit, das seine späteren Priester bereithielten. »Der fliegende Drache reitet auf den Winden, steigt in den Nebeln auf und schwebt unter der Kuppel des Himmels, aber wenn die Wolken zerreißen und die Nebel sich auflösen, verliert er die ›Macht‹, mit der er emporgestiegen war...« Das liest sich wie ein weiterer daoistischer Wachtraum. Aber es wurde von einem Legalisten geschrieben, einem Verfechter der kaltblütigen autokratischen Herrschaft, die auf einem rigorosen System prompter Belohnungen und schrecklicher Strafen beruhte. Seine häßliche Philosophie liegt wie ein vielgetragenes Halseisen über der Geschichte Chinas.

Den Weg vom Daoismus zum Legalismus bahnten die Gelehrten der Dschi-hsja-Akademie[3]. Sie behaupteten, nur ein strenges Strafgesetz, das alle Wünsche und Ausschweifungen unterdrückte, könne den Menschen ein Leben des unschuldigen Nicht-Handelns bescheren und so dem Herrscher erlauben, selbstherrlich zu regieren. Der große Legalist Han Fej übertrug die absolute metaphysische Macht des daoistischen Weisen auf den absoluten Monarchen. Wie der Weise stand der König über Recht und Unrecht. Als Verkörperung des Weltgeschicks behandelte er die Menschen wie »Hunde aus Stroh«. Er definierte das Recht und überließ es dann seiner Eigenwirkung und seinen Häschern, denen er nicht mehr Entscheidungsfreiheit zugestand als Maschinen. Hatte Konfuzius nicht verlangt, alle Menschen sollten nach dem *Li* leben, bis es zur zweiten Natur würde? Der legalistische Herrscher wollte rücksichtslos sein Recht anwenden, bis alle Menschen sich ihm instinktiv angepaßt und somit auch die Übereinstimmung mit dem *Dao* gefunden hätten. Denn laut Definition waren seine Gesetze Ausdruck der kosmischen Gesetze und sein »Recht« und »Unrecht« Ausdruck des kosmischen »Rechts« und »Unrechts«.

Lao Dsï war schon längst nach Westen der Unsterblichkeit entgegengeritten. Er konnte sich deshalb nicht im Grabe herumdrehen, geschweige denn, die Fäulnis aufhalten.

Die Güte an der Macht

Der Rest der Menschheit hatte sich durchaus als sterblich erwiesen. Eine grausame Zeit schien den Daoisten recht zu geben, wenn sie eine organisierte Gesellschaft verspotteten, und den Konfuzianern, wenn sie glaubten, das Gestern berge den Schlüssel zum Morgen. Bis zum Beginn des 4. Jahrhunderts v. Chr. hatte man die Regeln der Loyalität und Ritterlichkeit, die in der »Frühling und Herbst«-Zeit noch in Ehren gehalten worden waren, verächtlich zu den Akten gelegt. Die Ordnung des Lehnswesens zerfiel, von unten her ausgehöhlt, zu einem geopolitischen Trümmerhaufen. Bei dem Ruf »Respektiert den König und wehrt die Barbaren ab!« konnte man jetzt zynisch zurückfragen: »Welchen König?« Es reichte noch nicht, daß sich der Herrscher aus der Dschou-Dynastie auf eine kleine Domäne beschränken mußte, sondern jeder Herzog ernannte sich auch noch selbst zum Monarchen seines Lehnsstaats.

Großen Flöhen sitzen jedoch kleine Flöhe im Pelz, die sie zwicken. Die anmaßenden Duodezfürsten mußten sich in ihren Ländern nun ihrerseits mit ehrgeizigen Adelsfamilien herumschlagen, die ihre Autorität mehr und mehr untergruben. Noch vor der Jahrhundertwende hatten mächtige Emporkömmlinge den Feudalstaat Dschin in Han, Wej und Dschao gespalten. Dem ohnmächtigen »Sohn des Himmels« aus dem Haus Dschou blieb keine andere Wahl, als die künstlichen neuen Lehen zu bestätigen.

Die Zeit der »kämpfenden Staaten« stand im Zeichen eines wilden Ringens der sieben großen Staaten Tschi, Tschu, Tschin, Jen, Han, Wej und Dschao um die Vorherrschaft, doch das war alles andere als ein Ringen unter Wilden. Die Feudalherren rüsteten ihre Soldaten schon mit Armbrüsten mit Abzug aus, wie sie in Europa erst tausend Jahre später aufkommen sollten. In den Hauptstädten stellten die Kunsthandwerker Lackarbeiten, Goldfiligran und Silberintarsien in Bronze her. Die Chinesen hatten ein geschriebenes Recht und ein Jahr mit 365 1/4 Tagen. Sie aßen mit Stäbchen statt mit den Fingern.

Der Herzog von Wej mag ein Emporkömmling gewesen sein, seine Regierung aber war wohltätig und sogar fortschrittlich, wie eine Reihe von Reformen zeigt. Er riß die Herrschaft über die Große Ebene an sich, ging dabei aber anders vor als seine kriegerischen Vorfahren, die mit ihren Truppen aufs Geratewohl zu Kampfspielen oder Gemetzeln ausschwärmten. Er holte sich einen glänzenden Strategen, unter dessen Führung die disziplinierten Truppen von Wej mit sparsamsten Mitteln Tschi und Jen schlugen und Tschin und Tschu schmerzliche Niederlagen beibrachten. Ein paar Jahre nach seinem Tod heuerte der König von Tschi einen ebenso fähigen Fachmann an, und jetzt war Wej reif für eine Niederlage.[1]

Die Chinesen waren einen weiten Weg gegangen, und der Krieg war kein Spiel mehr. Es war charakteristisch für diese Zeit der Gewalt, daß die Lehnsherren darauf aus waren, die wandernden Philosophen und Glücksritter, die durch das verwüstete Reich der Mitte zogen und diesem oder jenem Fürsten ihre Erfolgsrezepte anboten, in ihre Dienste zu nehmen. Häufig waren es Söhne aus adligem Haus, die ihren Besitz verloren hatten, als die sieben größeren Lehen die kleineren schluckten. Die neuen Herren hörten auf die Ratgeber und behandelten sie mit Respekt, solange sie keine Fehler machten. Dann freilich konnte es vorkommen, daß sie gesotten oder zweigeteilt wurden. Zu ihnen zählte eine ganz besondere Gattung, die *jou schwej* oder »wandernden Redner«.

Die Wanderredner hatten einen besonderen Sinn für »internationale« Angelegenheiten. Sie verstanden sich meisterhaft auf Winkelzüge und diplomatische Listen, waren erfinderisch und wagemutig und spielten um ihr Leben gern an den militärischen und politischen Schalthebeln der Macht. Es gab viele Parallelen zwischen ihnen und den weisen Wanderern, den Philosophen der »Hundert Schulen«, die Theorien über alles von der Astronomie bis zur Kunst des Regierens parat hatten. Konfuzius war vielleicht der erste von ihnen gewesen, und Mencius[2] war derzeit der berühmteste Konfuzianer.

Dieser Ruhm machte jedoch auf die meisten Fürsten keinen Eindruck mehr. Als der König von Tschi Mencius um Rat fragte, ging es ihm in erster Linie um ein rein persönliches

Problem: Er wollte wissen, wie er es den Diktatoren der Vergangenheit gleichtun könnte, die sich die Hegemonie über die anderen Feudalstaaten erkämpft hatten. Aber er konnte nur schwachen Trost in den Worten des Wanderphilosophen finden, denn Mencius glaubte, selbst im 4. Jahrhundert v. Chr., immer noch mehr als an alles andere an die Güte. Und wo es um einen König ging, bestand Güte nicht darin, die Nachbarn mit dem Knüppel zum Gehorsam zu zwingen oder die Tugend seines Tuns am Gewinn zu messen. Das sagte er auch einem anderen Monarchen: »Wenn du anfängst zu fragen, wie du deinem Reich nutzen kannst, werden deine Offiziere bald fragen, wie sie ihren Familien nützen können, und deine Untertanen, wie sie sich selbst nützen können. Und während oben und unten alle um ihren eigenen Vorteil kämpfen, zerfällt dein Reich.«

Es gab nur einen Weg, auf dem der Herrscher von Tschi das Reich der Mitte unter seiner Oberhoheit einigen konnte, sagte Mencius. Er solle sich in Mitgefühl und Rechtschaffenheit üben, dann werde er das Vertrauen des Alls unter dem Himmel gewinnen. Die Menschen seien dafür empfänglich, weil sie von Geburt her gut waren. Erst der rauhe Weg durchs Leben nahm ihren Seelen die Anmut, so wie die Zerstörungswut gewinnsüchtiger Holzfäller einen schattigen grünen Hügel in einen öden nackten Felsen verwandeln konnte.

Aber so lange es keine wohltätige Regierung gab, die für ein gutes Auskommen des Volkes sorgte, konnten sich nur die Gebildeten und Wohlhabenden Prinzipien leisten, fuhr Mencius fort. Genau das hatte auch schon Gwan Dschung gesagt. Die Menschen durch Not und Mißachtung zu Verbrechen zu treiben, hieß, sie wie Tiere in einem Netz zu fangen. Sorgte andererseits einmal ein guter König dafür, daß sie auch in mageren Jahren ihre Familien ernähren konnten, würden die Menschen auch gut sein. Und welche Faktoren entschieden über Sieg oder Niederlage? »Des Himmels Wetter zählt geringer als der Erde Beschaffenheit, der Erde Beschaffenheit zählt geringer als der Menschen Eintracht.«

Die schärfste Waffe des Fürsten sollte deshalb das Wohlergehen seines Volkes sein. Steuern, Zwangsarbeit und grausame Strafen sollten reduziert oder völlig abgeschafft werden. »Laß jeder Familie fünf *Mu*[3] für Maulbeerbäume, damit alle über fünfzig seidene Kleider haben können. Laß ihnen genug Zeit, sich um Hühner, Schweine und Hunde zu kümmern, und die Männer über siebzig werden genug Fleisch zu essen haben. Gib ihnen hundert *Mu* Ackerland und Zeit, es zu bestellen, und die acht Haushalte werden niemals hungern müssen. Und wenn Schulen errichtet werden, wo die Jungen ihre Pflichten gegenüber den Älteren lernen, dann müssen die Alten keine schweren Lasten mehr auf dem Rücken schleppen.«

Die dörfliche Kooperation hat eine verworrene, aber ehrwürdige Geschichte bei den Chinesen. Als ihre gegenwärtigen Führer den Bauern zunächst Land gaben und sie in kleine »Hilfsgemeinschaften« organisierten, bevor sie sie in den großen Topf des kommunistischen Kollektivsystems warfen, führten sie nichts Unvertrautes ein. Mencius, der vermutlich von 386 bis 312 v. Chr. gelebt hat, versuchte, eine Wirtschaftsform wieder zu beleben, die schon zu seiner Zeit fast legendär war: Acht Bauernfamilien sollten acht Landlose mit einem zusätzlichen neunten erhalten. Die acht Familien sollten sich in die Arbeit an dem neunten Los teilen und mit dem Ertrag daraus ihre Steuern bezahlen, anstatt von den eigenen Feldern einen festgesetzten Anteil in Naturalien abführen zu müssen, und das auch in Jahren mit Überschwemmungen, Dürren oder Hungersnöten.

Der Weise hatte einen Blick für soziale Ungerechtigkeit und die scharfen Gegensätze zwischen den Klassen, der ihm in einer Zeit bewußter Bürger und der Herrschaft der kommunistischen Doktrin zur Ehre gereichen müßte, und er nahm vor denen, die die Macht innehatten, kein Blatt vor den Mund. »Du hast fettes Fleisch in deinen Küchen«, sagte er dem Herzog von Wej (mittlerweile »König Hwej«), »und die Pferde in deinen Ställen sind wohlgenährt und kräftig. Aber aus den Gesichtern deiner Untertanen starrt der Hunger, und draußen vor der Stadt liegen die Leichen derer, die verhungert sind. Das ist das gleiche, wie wenn du deine Tiere mit Menschen mästest.«

Sein realistischer Gerechtigkeitssinn schützte ihn jedoch nicht vor falschen Anschuldigungen. 1973 klagte ihn die Philosophische Abteilung der Universität Peking an, er habe gemeinsame Sache mit dem erpresserischen Adel gemacht und die Bauern an das Land binden wollen, damit sie nicht rebellieren konnten. Denn Mencius hatte in der Tat nichts gesagt, um sich die Maoisten geneigt zu machen. Er hatte nicht zu sozialer Revolution aufgerufen, sondern für die Bauern »einen vollen Magen und Kleidung« verlangt. Und diese reformistische Ketzerei ermutigte sie zu dem, was sich schließlich als die hartnäckigste aller Verschwörungen gegen den Kommunismus herausstellen sollte – eine Verschwörung des bäuerlichen Pragmatismus, der den Maoisten aus einer mehr als zweitausendjährigen Vergangenheit entgegentrat.

Die kommunistischen Versuche von 1958, total kollektivisierte Volkskommunen einzurichten und durch bestimmte Maßnahmen den bäuerlichen Massen ihre Sucht nach privatem Gewinn, privatem Land und privatem Leben auszutreiben, wurden bald lautlos, aber konsequent sabotiert. Die Regierung mußte das Kommunesystem drastisch ändern und zulassen, daß die Bauern ihre einträglichen »kapitalistischen« Geschäfte unter der Hand machten, ihr eigenes Stück Land bebauten, Schweine und Geflügel in eigener Regie züchteten und ihre Produkte auf einem legalisierten örtlichen freien Markt verkauften, dessen offizielle »richtiggestellte« Bezeichnung »Bauernmarkt« war.

Außerdem sah Mencius die Menschheit in zwei Kasten geteilt: die einen regierten und wurden gefüttert, die anderen fütterten und wurden regiert. Für den klassenbewußten Mann, der an eine klassenlose Gesellschaft glaubte, machte er keine gute Figur neben den Nachfolgern Mo Dsïs, die meinten, dieselben Männer könnten »mit der einen Hand den Acker pflügen und mit der anderen den Staat regieren.« Aber gegen diese Behauptung führte er schlagende Beweise ins Feld.

Machte ein Bauer, der Reis anbaute, damit er zu essen hatte, seine Kleider und Kochtöpfe und Eisengeräte selbst? Nein, war die Antwort, das käme dem Pflügen und Säen ins Gehege, deshalb tausche er sie gegen Getreide ein. Aber warum war er nicht sein eigener Töpfer und Schmied, sondern halste diese Arbeit anderen auf? Nun, wenn er das machte, hätte er doch keine Zeit, sich um seine Felder zu kümmern, nicht wahr?

»Das trifft den Kern. Wie könnte ein Mann, der ein Königreich regiert, gleichzeitig die Felder pflügen und sich um den Staat kümmern?«, fragte Mencius triumphierend. »Manche brauchen ihren Kopf für die Verwaltung öffentlicher Angelegenheiten, andere ihre Kraft für die Feldbestellung. Alle müssen sich die Arbeit teilen und zusammenarbeiten. Jeder muß auf seinem Posten bleiben... Würde sonst nicht die gesamte Gesellschaft im Chaos versinken?«

Ungeachtet der langen »demokratischen« Tradition des chinesischen Mandarinsystems, eines theoretisch allen offenstehenden Staatsdienstes, erwies sich diese berühmte Beweisführung als äußerst hilfreich. Mit ihr konnten die Menschen zwei Jahrtausende lang auf das konfuzianische Autoritätsschema festgenagelt werden. Die Maoisten versuchten schließlich in den 1970er Jahren dagegen anzugehen, als sie Professoren und Studenten hinaus aufs Land schickten, um »von den Bauern zu lernen«, junge Leute proletarischer Herkunft bei der Vergabe von Studienplätzen an den chinesischen Universitäten bevorzugten und die Massen aufriefen, sich in der Verwaltung zu engagieren. Die Rechnung ging nicht auf. Die meisten Bauern fanden sich unter jenen, die »mit dem Kopf arbeiten«, nicht zurecht, die meisten Intellektuellen waren der gleichen Ansicht, und die Führung setzte sich weiterhin hauptsächlich aus Kämpfern kleinbürgerlicher Herkunft zusammen, wie schon am Anfang der kommunistischen Revolution ein halbes Jahrhundert zuvor.

Mencius war keineswegs ein Heiliger. Er trug keinen rauhen Mantel aus Hanf wie Mo Dsï. Er reiste in einer vornehmen Kutsche und hatte die besondere Gabe, über alle, deren Meinung er nicht teilte, gehässige Halbwahrheiten zu verbreiten. Mo Dsï schien ihm gefährlich: der wollte die »Väter abschaffen«, nur weil er die allumfassende Liebe, ohne Bevorzugung der Eltern, gepredigt hatte. Auch die Daoisten waren gefährlich: die wollten die »Fürsten abschaffen«, nur weil sie nichts vom Regieren hielten. Indem sie obendrein Pflicht und Güte verunglimpften, waren sie wie König Hwej und »mästeten Tiere mit Menschen«.

Auch trennte Mencius seine humanitären Moralpredigten nicht gänzlich von den heimlichen Begierden der Mächtigen. Seine »Güte« hatte immer einen Drang zur Größe, und er war auch nicht über kleine Spitzfindigkeiten erhaben. Als der König von Tschi Sung überrannte, deutete Mencius an, dieser grundlose und unverzeihliche Angriff sei dennoch ein »gerechter Krieg«. Der König von Sung hatte offensichtlich sein eigenes Schicksal besiegelt, weil er nicht gerecht regiert hatte. Denn wäre das der Fall gewesen, war sein bestechendes Argument, »hätten alle zwischen den vier Meeren auf ihn geblickt und ihn und keinen anderen zum Herrn haben wollen. Warum hätte dann Sung vor den mächtigen Staaten Tschi und Tschu Angst haben sollen?« In Wirklichkeit war der König von Sung nicht so schwarz, wie er gemalt wurde. Er war vielmehr das Opfer einer häßlichen Verleumdungskampagne, die seine Beseitigung rechtfertigen sollte.

Als Tschi 314 v. Chr. Jen annektierte, entschuldigte Mencius diesen sträflichen Schritt wiederum als »Strafe«. Daß es keineswegs eine »Aggression« war, hätten auch Konfuzius und Mo Dsï gesagt. Der König von Tschi versicherte fromm, daß sein Sieg ganz offensichtlich der »Wille des Himmels« war, denn die Truppen beider Staaten waren gleich stark gewesen. Und er hätte den Himmel verspottet, hätte er nicht als erster den Angriff befohlen. Bei den Chinesen rechtfertigt der Erfolg die Tat. Ein Mißerfolg setzt einen ins Unrecht.

Es muß dennoch erwähnt werden, daß Mencius seinen habsüchtigen Gönner schon gewarnt hatte: alle Pläne, ein Reich durch Kriege auszudehnen, seien so aussichtslos wie »Fische von Bäumen ernten zu wollen«. Nach der Eroberung von Jen sagte er dem König: »Du hast deinen Besitz auf das Doppelte vergrößert, ohne daß du gut regiert hättest. Sicher wird sich das All unter dem Himmel gegen dich wenden.«

Trotz seiner gelegentlichen Doppeldeutigkeiten und quasimilitärischen Aphorismen wandten sich die Fürsten deshalb lieber an jene, die weniger zahme und langweilige Rezepte bereithielten, um die jeweiligen direkten Ziele, die sich jeder gesetzt hatte, nämlich Reichtum, Land, Macht und die Oberherrschaft zwischen den vier Meeren, zu erreichen. Besonders attraktiv war die vom »Meister von der Teufelsschlucht« gegründete Schule.

Die Kissingers

Es heißt, dieser Gwej-gu Dsï sei ein daoistischer Mystiker gewesen, ein Einsiedler, der ganz für sich an einem tiefen klaren Wasserlauf in einem abgelegenen Tal der Großen Ebene lebte, das als Teufelsschlucht bekannt war. Aber seine Schüler waren »Wanderredner« von scharfem politischen Verstand, gerühmt wegen ihrer Klarheit und Unvoreingenommenheit, wenn sie das Für und Wider des einen oder anderen Plans abwogen. Um so besser konnten sie nachträglichen Einwänden derer begegnen, die einen anderen Weg einschlugen als jenen, den sie von Anfang an insgeheim für richtig gehalten hatten. Die größten unter ihnen waren Su Tschin und Dschang I, deren geistige Duelle sich in der zweiten Hälfte des vierten vorchristlichen Jahrhunderts über das gesamte chinesische Schachbrett erstreckten.

Als rechtgläubiger Konfuzianer behielt Mencius das Prinzip bei, daß der *hsien*, der echte Ratgeber-Weise, sogar über dem König stand, den er beriet. Also sollte der König den Weisen ausfindig machen, wenn er um dessen Dienste bitten wollte; der Weise sollte nicht etwa selbst unterwürfig zum König kommen. Allerdings sah er Wanderredner nicht als Weise an, und er machte sich einmal über die Andeutung lustig, die beiden herausragenden Schüler des Meisters von der Teufelsschlucht seien »außergewöhnliche Männer«, die den Respekt eines Herrschers verdienten. Doch der Mann, der diese Andeutung machte, hatte recht, als er von einem der beiden sagte: »Wenn er nur ein zorniges Wort sagt, zittern alle Fürsten.« Wen könnten die Vereinigten Staaten leichter entbehren, fragten sich die politischen Beobachter 1974, Präsident Richard Nixon oder Henry Kissinger?

Als Su Tschin und Dschang I zum erstenmal die Klingen kreuzten, war Tschin der mächtigste der »kämpfenden Staaten«. Besorgt blickten alle auf ihn und fürchteten, er sei drauf und dran, das »All unter dem Himmel zu verschlingen«. Von den anderen großen Lehen waren nur noch Tschi und Tschu in der Lage, es mit diesen »Tigern und Wölfen« aufzunehmen. Mencius hatte schon einen schwachen Fürsten davor warnen müssen, allmählich immer mehr Land an den drohenden Feind abzutreten (»Was den Menschen ihre Nahrung liefert, darf nicht ihren Ruin enthalten«), aber Beschwichtigung und Aufschub lagen jetzt in der Luft. Der klassische chinesische Rat gegen den Versuch, den Frieden zu erkaufen – »Das ist, wie wenn man Holz nimmt, um ein Feuer zu erstikken« – stammt aus dieser Zeit.

Su Tschin faßte daher den ehrgeizigen Plan, die sechs anderen Staaten des Reichs der Mitte in einem Sicherheitspakt gegen Tschin zusammenzuschließen. Sein erster Schritt führte ihn zum Herrscher von Jen, der damals gerade versuchte, sich mit Tschin zu verständigen. Er wies zunächst darauf hin, was für ein blühendes und friedliches Land Jen war, und fuhr fort: »Und warum, glaubst du, ist das so und nicht anders? Weil es im Süden Dschao als Puffer gegen Tschin hat. Wenn die Armee von Tschin Jen angreifen will, muß sie durch Dschao marschieren. Selbst wenn sie deine Hauptstadt erobern sollten, wäre Jen doch nur schwer zu besetzen, weil es zu weit entfernt ist. Mit Jen kann Tschin also nicht viel anfangen.

Ganz anders liegen die Dinge für Dschao. Wenn Dschao Jen angreift, können die Truppen in zehn Tagen in deiner Hauptstadt sein. Du aber knüpfst keine Kontakte mit Dschao, das du direkt vor deiner Nase hast, sondern willst dich im Gegenteil von Tschin, das tausend *li* entfernt liegt, anwerben lassen. Würdest du dich aber mit Dschao anfreunden, wäre Tschin erst recht nicht in der Lage, etwas gegen Jen zu unternehmen, und du hättest einen diplomatischen Sieg errungen.«

Der König von Jen sah das ein, und Su Tschin wurde nach Dschao gesandt. Dort machte er eindringlich klar, daß die vereinten Armeen der sechs Herrscher bei weitem größer seien als die von Tschin. Wenn sie nur Seite an Seite zusammenständen, würden sie gewinnen. Alles Gerede, Tschin durch Landabtretungen zu besänftigen, sollte überhört werden, denn es sei keine Invasion mehr zu befürchten, wenn sie nur bereit wären, sich zu einer »vertikalen Allianz« zusammenzuschließen (so genannt, weil sich diese Staaten in einer Zweierreihe von Norden nach Süden erstreckten).

Dann reiste Su Tschin als Gesandter Dschaos nach Han weiter, wo er dem König vorwarf, sich in einer geradezu lächerlichen Weise vor Tschin zu ducken. Dadurch reize er seinen räuberischen Nachbarn nur, jedes Jahr noch mehr Land und Städte zu fordern, bis nichts mehr übrig bliebe. Dem König von Wej sagte er, vor Tschin zu kriechen sei das gleiche, wie ohne jede Gegenwehr einen Krieg zu verlieren. Er unterstellte den Beamten, die den König zu dieser Politik gegenüber den Halbbarbaren drängten, sie seien von Tschin bestochen.

Als er nun vier Könige dazu gebracht hatte, auf seine Linie einzuschwenken, bat er um eine Audienz beim König von Tschi. Anders als die Staaten an Tschins Grenze, sagte er fast verächtlich, liege Tschi weit entfernt und sei noch dazu stark. Trotzdem beuge sich der König dem Aggressor. Warum erniedrige er sich auf so unziemliche Art? Wenn er den anderen Staaten den Rücken stärke, könnten die näher bei Tschin gelegenen dem Tyrannen kräftig die Stirn bieten, und Tschin sei seinerseits sicherer. Wenn Tschin dagegen die anderen Staaten überrenne, liege Tschi offen vor der vorrückenden Armee.

Zuletzt machte sich Su Tschin nach Tschu im Süden auf. »Wenn du die Vorherrschaft von Tschin anerkennst«, sagte er zum König, »müssen sich alle anderen ebenfalls unterwerfen. Aber denke daran, daß Tschu der größte Feind von Tschin ist. Für beide ist kein Platz. Die einzige Möglichkeit ist, daß du dich mit den fünf anderen Staaten gegen Tschin verbündest. Anderenfalls greift Tschin dich zuerst an. Und dann wird es zu spät sein.«

Die »vertikale Allianz« kam rechtzeitig zustande. Su Tschin erhielt das Oberkommando und kehrte mit einem meilenlangen Geleitzug zurück. Fahnen und Standarten verdunkelten den Himmel, und jeder Staat schickte vornehme Gesandte, ihn zu begleiten. Von Dschao aus, das ihn zum ersten Minister ernannte, ließ er Tschin den Vertragstext zukommen. Der König von Tschin war ernüchtert, und die Bedrohung durch seinen Anspruch auf die Hegemonie wurde geringer. Doch nicht für immer. Denn der zweite hervorragende Schüler des Meisters von der Teufelsschlucht stand jetzt auf seiner Seite.

Nachdem Su Tschin erster Minister in Dschao geworden war, erhielt Dschang I das gleiche Amt in Tschin. Er nahm sich vor, die »vertikale Allianz« durch ein »horizontales

Bündnis« zu ersetzen, indem er Keile zwischen die sechs Staaten trieb, um sie dann einzeln durch zweiseitige Verträge an Tschin im Westen zu binden. In seiner Einmannmission war dieser Kissinger der Antike ständig auf Achse. Sein erster Schachzug war, daß er die Heirat einer Prinzessin von Tschin mit dem Thronerben von Jen in die Wege leitete. Seine Erfolgsaussichten wuchsen, als Su Tschin von politischen Gegnern umgebracht wurde, aber seine größte Sorge blieb die Bedrohung durch Tschi und Tschu. Da Tschu eine gemeinsame Grenze mit Tschin hatte, während Tschi weiter weg lag, konzentrierte er sich zunächst auf Tschu. Er tat, als wolle er mit Tschu freundschaftliche Beziehungen aufnehmen, tatsächlich aber versuchte er, auf diese Art die Bundesgenossen auseinanderzubringen.

Er begann seine Zermürbungstaktik 313 v. Chr. mit dem dreisten Angebot, Tschu als Preis für einen Bruch mit Tschi sechshundert *li* des ihm früher weggenommenen Gebiets wieder zurückzugeben. Aber als Tschu auf die Bedingungen einging, schützte er einen Unfall mit seinem Wagen vor und blieb dem Hof von Tschin drei Monate lang fern. Damit war es dem König von Tschin möglich, so zu tun, als kenne er die Einzelheiten des Handels nicht, und Tschu bekam kein einziges Stückchen Land zurück.

Bestürzt merkte der König von Tschu schließlich, daß er getäuscht worden war und wandte sich nach Tschi an seiner anderen Grenze: manche sagen, um wieder ein neues Bündnis zu suchen, andere meinen, um Tschi zu drohen und damit um die Gunst von Tschin zu buhlen. Isoliert und aufgeschreckt durch die vermeintliche Aussöhnung zwischen Tschin und Tschu, hatte sich der König von Tschi jedoch beeilt, selbst einen Pakt mit Tschin zu schließen. Ein äußerst verletzlicher Tschu sah sich zwischen zwei feindlichen Nachbarn in der Klemme.

Nachdem Dschang I aus dieser Situation den größtmöglichen Nutzen gezogen hatte, betrieb er später eine neuerliche Versöhnung zwischen Tschin und Tschu, die durch zwei Fürstenhochzeiten besiegelt wurde. Dann hielt er dem König von Tschi hinterlistig vor, daß alle anderen Staaten als Pfand ihrer Freundschaft Städte an Tschin abgetreten hätten und Tschi ganz allein dastand. »Sollte Tschin die Staaten Han und Wej veranlassen, dich im Süden anzugreifen, und Dschao vom Gelben Fluß her auf deine Hauptstadt marschieren lassen, dann dürfte es zu spät sein, noch handelseinig zu werden«, schloß er hinterhältig. »Ich bitte daher Eure Majestät, gründlich nachzudenken.«

Der König von Tschi begriff, worum es ging. Dschang I reiste darauf nach Dschao, das in Wirklichkeit noch gar nicht ans Mobilmachen gedacht hatte, und erklärte dem Herrscher kurz und bündig, die »vertikale Allianz« bestehe nur noch auf dem Papier und Dschao habe keine Möglichkeit mehr, sich Tschin zu widersetzen. Tschin beabsichtige daher, eine Strafexpedition zu schicken. »Bevor die Armee allerdings in Marsch gesetzt wird, werden wir uns noch einmal höflich über alles unterhalten. Wenn Dschao freundschaftliche Beziehungen mit Tschin haben will, ist Tschin bereit, von einem Angriff Abstand zu nehmen und Frieden zu schließen.«

Dschao kapitulierte, und danach war es für Dschang I ein leichtes, Jen so einzuschüchtern, daß es, im höheren Interesse des Friedens, sogar Land an Tschin abtrat, obwohl die Königshäuser durch Heirat verbunden waren.

Vielleicht sind die Worte, die Su Tschin und Dschang I zugeschrieben werden, das Werk der phantasiebegabten Chronisten der »Pläne der kämpfenden Staaten«. Die Argumente, Taktiken und Winkelzüge sind es nicht. Su Tschin brachte seine Zuhörer mit einer Mischung aus kalter Logik, schrecklichen Warnungen und kränkendem Hochmut über ihre Verzagtheit dazu, in alles einzuwilligen. Dschang I ging seinen Weg zum Erfolg mit List, Einschüchterungsversuchen und Lügen. Wie die meisten, die zu klug sind, fiel Dschang I später in Ungnade und zog sich zurück. Doch Tschin behielt die »horizontale Allianz« als Grundlage seiner Politik bei und praktizierte weiter das Prinzip, »mit den weit Entfernten Freund zu sein und die Nächsten anzugreifen«.

Dschang I hatte Tschu verleitet, mit dem entfernteren Staat Tschi zu brechen, und dem König von Tschi dann erklärt, wie verletzbar sein Reich geworden sei, und ihn so in das Bündnis getrieben. Nachdem Tschi ausgeschaltet war, besetzte Tschin der Reihe nach die vier kleineren Königreiche und rundete die Zahl mit dem Sieg über Tschu ab. Am Schluß wurde Tschi überrannt. 221 v. Chr. waren sie schließlich alle in einem

Reich unter der Herrschaft von Tschin zusammengefaßt. Die lange Agonie der »kämpfenden Staaten« war vorbei.

Die »vertikalen« und »horizontalen« Strategien in der unschönen Kombination der Künste, die sich Diplomatie und Krieg nennen, sind für die Chinesen so komplementär wie *jin* und *jang*, wie Schwäche und Stärke, und sie haben ihren Ehrenplatz unter den klassischen Leitfäden der Staatskunst. Wenn ein Staat schwach ist, muß er sich mit den Staaten in der Nähe gegen einen entfernteren Feind zusammentun und auch mit Nachbarn, die er nicht mag, taktische Bündnisse schließen, um Zeit zu gewinnen. Er freundet sich nicht mit einem entfernten und unzuverlässigen Tschin an, wenn er sich nicht einmal gegen Dschao nebenan verteidigen kann, denn unter solchen Bedingungen »löscht fernes Wasser kein Feuer«.

Modern ausgedrückt heißt das, ein Land oder eine Partei soll eine vertikale »Einheitsfront« mit Feinden bilden, die man später liquidieren kann, um den Feind, der zuerst ausgeschaltet werden muß, zu besiegen. 1936 wurde der Generalissimus Tschiang Kai-schek in dem berühmten »Sian-Zwischenfall« gekidnappt und erst wieder auf freien Fuß gesetzt, als er grundsätzlich einem gegen die japanische Invasion gerichteten Waffenstillstand zugestimmt hatte. Nach der Niederlage der Japaner wandten die Kommunisten ihre ganze Kampfkraft gegen Tschiang und fegten seine demoralisierte nationalistische Armee vom chinesischen Festland.

Aber wie das Schwache stark wird, wie *jin* zu *jang* wird, macht die »vertikale« Strategie der »horizontalen« Platz, und das Prinzip, einen Rivalen gegen den anderen auszuspielen, »mit den Entfernten Freund zu sein und die Nächsten anzugreifen«, beginnt zu wirken. Der Herrscher geht zur Offensive über. Jetzt ist es sein Ziel, einen feindlichen Nachbarstaat mit seiner eigenen Armee und einem Verbündeten, den er in dessen Rücken gefunden hat, zu umklammern. Dann kann er seine Truppen unter den denkbar besten Bedingungen über die Grenze werfen, denn statt auf Hilfe aus dem Hintergrund zu hoffen, muß der Nachbar nervös über die Schulter schielen. Oder er kann den rechten Augenblick abwarten, denn der Nachbar wird der Invasion nicht mit einem Angriff zuvorkommen können, weil der potentielle Feind im Rücken ihn »an einem Bein festhält«.

Dieser Instinkt, »ferne Verbündete« zu suchen und »sich der Barbaren zur Befriedung von Barbaren zu bedienen«, hat zweimal Kaiser der frühen Han-Dynastie veranlaßt, Offiziere auf sensationelle Expeditionen zu schicken. Sie sollten im fernen Westen sichere Freunde im Rücken der Hunnen suchen, die China ständig von jenseits der Großen Mauer bedrohten. Einer dieser beherzten Gesandten erreichte den Oxus[1], der andere das Kaspische Meer.

In den siebziger Jahren dieses Jahrhunderts schmiedeten die Chinesen wieder zwei Eisen zur gleichen Zeit und verbanden gekonnt vertikale und horizontale Diplomatie. Die Umstände waren zwar andere: Zweiundzwanzig Jahrhunderte waren vergangen, und statt des einen »Mächtigen Tschin« gab es jetzt zwei »Supermächte«. Doch die Pekinger Führung gebrauchte immer noch die Schlagworte der Vergangenheit. Die internationale Situation war durch eine »große Unordnung in der Welt« gekennzeichnet[2], eine Formel, mit der vor langer Zeit die Periode der »kämpfenden Staaten« beschrieben worden war. Die Außenpolitik Pekings wurde in die Worte »Beziehungen mit den Fernen und Wachsamkeit gegenüber den Nahen« zusammengefaßt. Die »Nahen«, das war eine Supermacht, deren erklärtes Ziel es war, sich wie Tschin »gegenüber allen als Herr aufzuspielen, aggressive Akte zu begehen und andere zu unterminieren, zu kontrollieren und zu täuschen«. So drückte es der stellvertretende Außenminister Tschjao Gwan-hwa am 15. November 1971 in seiner Rede vor der Vollversammlung der Vereinten Nationen aus.

Abzulesen war die »Wachsamkeit« an der öffentlichen Aufforderung, Getreide zu horten, an der marschierenden Miliz, an den Falltüren im Boden von Geschäften, die sich zu dem phantastischen Tunnellabyrinth unter Peking öffnen, um im Falle eines Luftangriffs drei Millionen Genossen aufzunehmen, und an ähnlichen Bienenwaben unter anderen großen und kleinen Städten. »Das Fehlen eines äußeren Feindes führt zum Ruin des Staates«, hatte Mencius gesagt, und zwei Jahrtausende später wurde er von Marschall Tschen I, dem Außenminister eines kommunistischen China, zitiert. China fand seinen unentbehrlichen öffentlichen Feind Nummer eins in der »Renegatenclique der sowjetischen Revisionisten, die noch falscher sind als der Imperialismus alten Stils« – im Heiligen Mütterchen Rußland.

Der »Imperialismus alten Stils« bezog sich auf die Vereinigten Staaten, deren Präsident Anfang 1972 Peking seinen spektakulären Besuch abgestattet hatte. Wieder einmal suchten die Chinesen Verbündete in der Ferne als Gegengewicht gegen Feinde an ihrer Grenze. Wieder einmal wollten sie mit einem Barbaren den anderen aufwiegen und sicherstellen, daß sich beide »gegenseitig am Bein festhielten«.

Der »Wanderredner« in diesem Drama moderner »kämpfender Staaten« wurde von den Chinesen, obgleich nicht einer der ihren, sofort anerkannt und geachtet. Henry Kissinger war ein deutscher Emigrant, der drei amerikanische Präsidenten beraten hatte. Er war ein Akademiker mit dem Drang, seinen Prinzipien Wirkung und Macht zu verleihen, dem aber doch die Vergänglichkeit von Macht bewußt war. Er reiste pausenlos und hatte überall Verbindungen. Doch obwohl er lautstark einer offenen Außenpolitik das Wort redete, betrieb er seine Diplomatie geheim und eigenhändig.

Wie die Schüler von der Teufelsschlucht beschloß er für sich, was getan werden mußte, und überredete dann die anderen, es zu tun, während er selbst sich unvoreingenommen gab. Er drängte anderen nie Beschlüsse auf, sondern hörte zu und ging auf die Argumente ein. Mit dem Feingefühl eines Steuermanns, der sich über ein Riff tastet, steuerte er seinen Kurs durch die schwierigsten Verhandlungen. Er achtete wachsam auf den Standpunkt seines Gesprächspartners und variierte seine Taktik dementsprechend. Er merkte schnell, daß die Russen ihre Verhandlungen stets mit unmöglich zu erfüllenden Forderungen begannen. Die Chinesen dagegen nannten einfach den Listenpreis eines Vertragsobjekts (wer vergaß, nach dem Preisnachlaß bei Barzahlung zu fragen, war selber schuld daran).

Seine hochtrabenden Hinweise auf die Notwendigkeit, Lebensformen jenseits von Macht und Stärke zu finden, waren zum größten Teil Gerede. Er war bereit, mit jedem Geschäfte zu machen, Feinde faszinierten ihn mehr als Freunde, ein Gleichgewicht zwischen Staaten, wie Su Tschin oder Dschang I es hergestellt hätten, mehr als das moderne oder mohistische Konzept gegenseitiger Abhängigkeit.

Chinesen haben gesagt, daß Kissingers Verhandlungstaktik vor allem im Verzögern bestand. »Man sitzt mit ihm am Tisch, und er redet pausenlos unwesentliches Zeug, ohne die tatsächlichen Probleme auch nur zu streifen«, soll Tschou En-lai einmal geäußert haben. Die Zeit zog sich hin, und die Gegenpartei wurde ungeduldig, worauf Kissinger nur gewartet hatte. Dann packte er der Reihe nach mit seinen Ideen aus. Während die erste noch diskutiert wurde, kam er schon mit der nächsten, um zu zeigen, wie sehr es ihm um eine Klärung ging. Seine offensichtliche Aufrichtigkeit brachte ihm Sympathie und breite Unterstützung ein, und seine Gegner sahen sich oft gezwungen, Zugeständnisse zu machen, um ihr internationales Ansehen zu wahren.

Den Chinesen gefiel die Heimlichkeit, mit der Kissinger bei delikaten Aufgaben die ersten Schritte unternahm. Das war so erfrischend nach all der Offenheit jener lärmenden Herren aus dem Westen mit ihrem absurden Geschwätz von »offen erreichten offenen Abkommen«. Die öffentliche Schlußvorstellung der Diplomatie sollte wie die Balgerei von Wu Sung und dem Tiger sein: wichtig war allein, daß die beiden Darsteller den Handel hinter der Bühne abschlossen und vor dem Auftritt alles abmachten, damit die Aufführung ohne wildes improvisiertes Keulenschwingen, bei dem man sich vor den Augen eines weltweiten Publikums den Arm brechen oder ein blaues Auge bekommen konnte, über die Bühne ging.

Das chinesische Rezept ist einfach. Verhandle nur, wenn es Aussichten auf Erfolg gibt. Stelle im voraus ein Einverständnis mit der anderen Seite her, und jeder wahrt sein Gesicht. Als sich Kissinger zum erstenmal in das Flugzeug nach Peking setzte, wußten der Vorsitzende Mao und Präsident Nixon bereits, daß seine Versöhnungsmission erfolgreich sein würde.

Kissinger wurde auch wegen seiner östlichen Fähigkeit bewundert, gleichzeitig zu reden und zu kämpfen, die Nordvietnamesen mit Überredungskunst und Bomben zum Waffenstillstand zu zwingen. Geheime Vorgespräche und eine starke Armee waren die Schlüssel zum reibungslosen und erfolgreichen Verhandeln, hatten die Chinesen in ihrer ganzen langen Geschichte immer betont, und Kissinger war für sie erfreulich leicht zu verstehen: er glaubte ebenfalls daran, aus einer Position der Stärke heraus zu reizen, dabei aber seine

Karten fest in der Hand zu halten. Nach seiner Meinung mußten die Vereinigten Staaten für den Notfall auf einen begrenzten nuklearen Krieg vorbereitet sein. Amerika sollte realistisch und unsentimental sein und seine enorme Stärke als »Ansporn zur Aussöhnung« oder zur »Bestrafung für Unversöhnlichkeit« nutzen. Diese Art von Exerziermeisterton war eine Schöpfung von Tschin, dessen Könige seinerzeit gelernt hatten, genauso heimlichtuerisch und verschwiegen zu sein, wie es jetzt der amerikanische Außenminister war.

Anders als Tschin wollte Kissinger die Welt nicht in der Gewalt haben, sondern nur im Gleichgewicht wissen. Doch selbst das ist eine übermenschliche Aufgabe, denn die Beziehungen zwischen den Nationen, namentlich zwischen Amerika, Rußland und China, wachsen und wandeln sich wie der daoistische Kosmos. China war mit seiner embryonalen Nuklearmacht immer noch relativ schwach. Seine »horizontale Allianz« mit den Vereinigten Staaten wurde nicht aus der Absicht, die Sowjetunion anzugreifen, geboren, sondern sie sollte den russischen Expansionsdrang im Fernen Osten bremsen. China wollte Zeit gewinnen und Muskeln ansetzen. Amerika, weniger die Volksrepublik, spielte in diesem Bündnis die Rolle von Tschin. Chinas Rolle war ambivalent, die Horizontale wurde von einer Vertikalen ergänzt, und im Schnittpunkt lag Westeuropa.

Die Chinesen bereiteten dem nicht enden wollenden Besucherstrom aus Europa einen fein abgestuften Empfang, da ein vereintes »Europa« ein weiterer »ferner Verbündeter« im Rücken Moskaus werden konnte. Sie handelten gegen alle westliche politische Logik, als sie 1974 und 1975 den rechten Oppositionsführern mehr Wohlwollen entgegenbrachten als den »linken« Regierungsparteien. Der Vorsitzende Mao empfing den unterlegenen früheren britischen Premierminister Edward Heath zweimal in zwei Jahren, obgleich Heath inzwischen nicht nur die Führung seines Landes, sondern auch seiner Partei verloren hatte. Er empfing auch Franz Josef Strauß, den Ultrarechten der westdeutschen Opposition, drei Monate bevor Kanzler Helmut Schmidts Gang über den roten Teppich in Peking fällig war.

Aber Heath war ein Fürsprecher »Europas«, als Harold Wilson und seine regierende Labour Party drohten, Großbritannien aus dem gemeinsamen Markt herauszulösen, und Strauß verwarf unerschütterlich die Politik der sowjetisch-deutschen Annäherung, deren fehlgeleiteter Architekt Schmidt war. Außerdem konnte Heath wieder hochkommen, und Strauß war eine rührige Person in einer Zeit, in der erschöpfte Männer an der Macht unter der Last übergroßer Probleme zusammenzubrechen drohten.

Die Pflege der Beziehungen zu irregeführten bürgerlich-reaktionären oder pseudosozialistischen Politikern aus London, Paris und Bonn gehörte zu einem größeren Programm, den Rest der Welt gegen die zwei Supermächte zusammenzuschließen, wie Su Tschin die sechs Staaten gegen Tschin geeint hatte: ein Programm, das China nicht nur veranlaßt hatte, sich der Dritten Welt anzunehmen, sondern es auch dazu brachte, sich gegenüber dem alten Feind Japan ein Lächeln abzuringen.

Das kündigte nicht unbedingt die letzte Windung der *jinjang*-Spirale an, denn da gibt es keine letzte Windung. Es bleibt abzuwarten, was geschieht, wenn eines Tages die innere Autorität der Kommunistischen Partei Chinas absolut ist, die Volksrepublik eine größere Nuklearmacht ist und das moderne China mit dem alten Tschin gleichgesetzt werden kann: dem Tschin, das einst Herr des Alls unter dem Himmel geworden war.

Die Alchimisten

Die Moral des Weisen Mencius und des Ränkeschmieds Dschang I scheint so unvereinbar wie Seide und grelle Farben. Sie wurden dennoch in dasselbe Gewebe chinesischen politischen Denkens verwoben, nachdem der große Hsün Dsï begonnen hatte, sie zusammenzufassen.

Die Menschen werden gut geboren, sagte Mencius. »Wer kein Erbarmen kennt, wer kein Gefühl für Scham oder Haß, für Demut oder Höflichkeit hat, kann nicht Mensch genannt werden.« Tyrannen waren bloß »Ausbeuter des Volkes« und die Bürokraten ihre »Konkubinen«.

Nein, der Mensch wurde böse geboren, sagte Hsün Dsï (Hsün Kwang, geboren 312 v. Chr., als Mencius schon ein bärbeißiger Alter in den Siebzigern war). Er mußte erzogen werden, um zu erfahren, was recht war, wie Werkzeuge geschliffen werden mußten, um scharf zu werden. Von Haus aus krumm, konnte er nach den Weisungen der alten Könige geradegebogen werden. Die hatten gewußt, daß die durch Gesetze geschaffene Disziplin und die Autorität des Herrschers so unentbehrlich waren wie das Senkblei in einer schiefen Welt.

Überlasse die Menschen sich selbst, und die Starken tyrannisieren die Schwachen, die Mehrheit schüchtert die Minderheit ein, und die Gesellschaft gleicht bald einem Chaos. Doch die Bösen wollten gut werden, wie die Armen reich und die Häßlichen schön sein wollten. Ihre Natur konnte durch bewußte Pflege gewandelt werden, so wie der Bauer, der sorgsam pflügte und säte, eine ungewöhnlich reiche Ernte einbringen konnte. Wenn Mencius in bezug auf sein Menschenbild Plato näherstand, so war Hsün Dsï näher bei Aristoteles. Beide waren sie Konfuzianer, aber der Lärm ihrer Streitgespräche sollte durch die ganze chinesische Geschichte widerhallen, vielleicht bis in alle Ewigkeit.

Hsün Dsï kam aus Dschao, aber wie Mencius vor ihm lebte er viele Jahre in Tschi, dessen Könige Gelehrte an ihren Hof zogen, indem sie ihnen Gehalt und Wohnung boten und dazu die Gelegenheit, in Muße zu studieren und zu diskutieren. Böwillige Verleumdungen zwangen ihn später, nach Tschu weiterzuziehen, aber er blieb dennoch als Denker hochgeachtet. Unter allen Konfuzianern war er am meisten auf das Praktische ausgerichtet. Und das traf auf alle Bereiche zu, gleich ob er sich über die beklagenswerte Natur des Menschen ausließ oder sich über die Vorzüge von Disziplin und Bildung, die Phantastereien der Militärs oder die Bedeutung wirtschaftlicher Expansion verbreitete.

Versorgungsengpässe seien allein die Schuld einer schlechten Regierung, behauptete er. Kontrollinstanzen sollten geschaffen werden, um die unerhörten Profite der Salz- und Eisenmagnaten zu begrenzen und Angebot und Nachfrage zu regeln. Statt die Bauern, Kaufleute und Handwerker durch Steuern zu erdrosseln und ihre Zeit und Energie mit Frondiensten zu vergeuden, sollte der Herrscher ihnen Anreize geben, mehr zu pflanzen, zu kaufen und zu verkaufen.

Denn der Reichtum seines Volkes machte den Staat stark, nicht der Reichtum des Staates selbst. »Je voller die Kornspeicher des Staates sind, desto ärmer wird das Volk, und ist das Volk arm, wird auch der Staat verarmen«, interpretierte er Konfuzius. »Jede Regierung, die ihren Untertanen Gewinn erlaubt und selbst nicht übereifrig hinter dem Reichtum her ist, kann das Reich der Mitte vereinen… aber eine Regierung, die Gewinn aus dem Volk herauspreßt, hat den ersten Schritt zur Selbstzerstörung getan.« Glück, Sicherheit und Wohlstand von Volk und Staat waren untrennbar miteinander verknüpft. Der weise König beförderte deshalb den aufrechten und fähigen Bürger und degradierte die Feigen und Niedrigen, auch wenn sie von blauem Blut waren, denn Männer, die ihren Herrn fürchten, sind genauso gefährlich wie Pferde, die vor dem Wagen scheuen.

Das klang alles sehr konfuzianisch, aber Hsün Dsï lebte im letzten Jahrhundert der »kämpfenden Staaten« und kannte die positiven und negativen Erfahrungen der Generationen von Weisen und Wanderrednern, die von den Feudalherren um Rat gefragt worden waren. Daher hört man aus seinen Lehren auch die Ideen anderer heraus, einschließlich einiger seiner Kollegen von Dschi-hsja, der Gelehrtenakademie, die die Könige von Tschi in der Nähe des Westtors ihrer Hauptstadt unterhielten. Die Vertreter der Jin-Jang-Schule ließ er allerdings nicht zu Wort kommen.

In Dschi-hsja war es, wo die Schüler des Daoismus und Mohismus rationales Denken in einen metaphysischen Nebel hüllten und eine verlockende »Philosophie« schufen. Deren Gründer war Dsou Jen, etwa zwanzig Jahre älter als Hsün Dsï. Zu seinem Kummer hatte er entdeckt, daß die klaren konfuzianischen Prinzipien der Nächstenliebe und Aufrichtigkeit und die unbequeme scharfe Kritik Mo Dsïs taube Ohren fand, wenn sie hochnäsigen Aristokraten logisch vorgetragen wurde. Dsou Jen hatte eine geniale Lösung gefunden, um sie dazu zu bringen, auf ihn zu hören. Die Jin-Jang-Lehre setzte die banalen menschlichen Probleme und die Naturerscheinungen, den Weg des Himmels und die Mäßigkeit, in Beziehung zu dem geheimen Wirken des daoistischen Kosmos und den sibyllinischen Prophezeiungen des *Buchs der Wandlungen*. Der Erfolg ließ nicht lange auf sich warten.

Das war an sich vorherzusehen, denn vor Gefahren und Unsicherheit flüchten die Menschen sich gern in Mysterien und Magie. In diesen unruhigen Zeiten degenerierte der Daoismus immer mehr zu einem Volksglauben mit Göttern und Geistern, mit Zauberei und Dschang Dao-ling, dem ersten daoistischen »Papst« (der 156 v. Chr. im Alter von hunderzweiundzwanzig Jahren auf einem Drachen in den Himmel aufgefahren sein soll). In China wimmelte es von wandernden Scharlatanen, die mit billigen Zaubersprüchen und Mittelchen gegen alle Arten von Gebrechen handelten. Denn auf die abergläubischen Herrscher zur Zeit Hsün Dsïs hatten die Daoisten als Vermittler okkulter »Macht« schon eine fast unwiderstehliche Anziehungskraft gewonnen, die aus der ewigen Suche nach dem Kraut für Unsterblichkeit und dem Rezept zur Verwandlung gewöhnlichen Metalls in Gold rührte, viele Jahrhunderte bevor sich die Alchimisten des Westens auf die Suche danach machten.

Nach der Lehre Dsou Jens und seiner Anhänger aus der Jin-Jang-Schule bewirkten die fünf Naturkräfte oder Elemente – Erde, Holz, Metall, Feuer und Wasser – den ewigen Wandel des Kosmos, der begonnen hatte, als der Himmel von der Erde getrennt wurde. Jedes Element hatte eine Zeit der Entfaltung und des Verfalls, ein Element wich dem nächsten, wenn seine Kraft erschöpft war.

Die Hsja-Dynastie stand im Zeichen des Holzes, ein grüner Drache hatte sie angekündigt, und ihre Herrscher trugen immer Grün. Aber Metall schneidet Holz. Als die Schang-Dynastie die Hsja ablöste, floß als Vorzeichen Silber die Berge hinunter. Der Herrscher ging in Silber, denn sein Element war das Metall. Aber Metall schmilzt im Feuer. Bei der Gründung der Dschou-Dynastie flogen rote Vögel unter dem Himmel, und der Herrscher trug Rot, denn sein Zeichen war das Feuer. Die fünf Elemente waren jedoch nicht nur mit »glückbringenden« Farben, Zahlen und Monaten wie die Zeichen des Tierkreises verbunden, sondern auch mit Planeten, Tieren, Jahreszeiten, Opferstätten, Getreidearten, Geschmacks- und Geruchsrichtungen, menschlichen Organen und sogar mit Ministerämtern. Während der Han-Dynastie hatte dieses umfassende System den Hof fest im Griff.

Die Wohngemächer des Kaisers waren nach genauen, alle

Einzelheiten berücksichtigenden Plänen gebaut. Jeden Monat mußte er in einem anderen wohnen, so wie er seine Kleider und Speisen, seine Musik und Opfer, ja sogar seine Regierungsgeschäfte dem jeweiligen Monat anpaßte. Achtzehn Tage in jeder der vier Jahreszeiten (zusätzlich einer, um die Zahl der Elemente zu erreichen) wohnte er in einem besonderen Zimmer, das nach dem entsprechenden »glückbringenden« Strich des Kompasses (die Zahl war ebenfalls auf fünf erhöht worden, indem der Mittelpunkt dazugenommen wurde) ausgerichtet war. Während der Sung-Dynastie, beinahe tausend Jahre später, war das Ritual sogar noch komplizierter.

Konnte dieser Hokuspokus, daß Holz zum Osten gehört und den Frühling regiert, Metall mit Westen und Herbst, Feuer mit Süden und Sommer verbunden werden, überleben? »Feuer bewohnt den Süden«, versicherte einer der vielen orakelnden Chinesen, die immer noch glauben, die Autorität des Herrschers sei göttlicher Herkunft. »Mao kommt aus dem Süden. Das gegenwärtige Zeitalter steht im Zeichen des Feuers. Deshalb weht überall die rote Fahne.«

Die Kommunisten verhöhnen und verdammen jeden feudalen Aberglauben, einschließlich – scheinbar – den Mythus vom Übermenschen, dem »roten Drachen«, dessen Ankunft durch Vorzeichen verkündet wurde. Sie haben aber nicht gezögert, mit dem chinesischen Sinn für Scheu und Ehrfurcht zu spielen. Sie glorifizierten den jungen Mao, der den Elementen trotzte und die Berge in Sturm und Regen bestieg, den alten Mao, der 1966 im Yangtse schwamm, und die »rote Sonne in unseren Herzen«, deren »Denken« die schmerzlose Entfernung von fünfzig-Pfund-Tumoren und die Heilung von Taubstummen ermöglichen konnte.

Gemäß der offiziellen »proletarischen revolutionären Linie« gibt es jedoch keine individuellen Genies: Es ist der Mensch in der Masse, der alle Wunder bewirkt und das Universum mit seiner Willenskraft besiegt. Mao selbst schrieb die Sätze:

Kämpfe mit dem Himmel für grenzenloses Glück!
Kämpfe mit der Erde für grenzenloses Glück!
Kämpfe mit den Menschen für grenzenloses Glück!

– ein Echo von Hsün Dsï, der die Mystiker geißelte und erklärte, der »Himmel« sei einfach das Firmament und die Geister einfach die Naturgewalten.

Der Himmel birgt immer noch den Winter, auch wenn die Menschen Kälte hassen, erklärte er, und der Himmel bleibt groß, auch wenn die Menschen Entfernungen hassen. Der Mensch ist etwas Zufälliges. Er kann dumm sein und doch reich, weise und doch bedürftig, aber eine gute Regierung bringt Glück, eine schlechte bringt Unordnung, und »wenn man die Felder bestellt und sparsam ist, kann der Himmel einen nicht arm machen«. Gebete sind sinnlos: es regnet, ob man betet oder nicht. Vorzeichen soll man nicht fürchten: Sterne fallen von alleine, und Sonne und Mond verfinstern sich auf natürliche Weise.

Mit menschlichen »Zeichen« verhält es sich allerdings anders. Wenn Bauern in der Zeit der Aussaat zu Frondiensten von den Feldern geholt werden, wenn man Kühe und Pferde sich kreuzen läßt, wenn Männer und Frauen sich zügellos vereinigen, so daß die Väter mißtrauisch gegen die Söhne sind und die Beamten sich darüber streiten, dann wird das Unglück nicht ausbleiben. Die Riten, die das Leben der Menschen regeln und sie zur Mäßigung anhalten, indem sie jeden an den ihm zukommenden Platz stellen, sind daher die wesentliche Voraussetzung für Wohlstand und Frieden.

Für Mencius war das Ritual eine Anstandsübung für Menschen, die gut geboren waren, für Hsün Dsï dagegen war es die Kandare für die ungezügelten Gefühle von Menschen, die in das Böse hineingeboren wurden. »Weil alle ihre Triebe befriedigen wollen, sind Konflikte zwischen den Menschen unvermeidlich«, sagte er. »Die alten Heiligen Könige haben deshalb Richtlinien aufgestellt, damit die menschlichen Sehnsüchte in einer harmonischen Gesellschaft innerhalb bestimmter Grenzen gestillt werden und das Gleichgewicht erhalten bleibt. Das ist der Ursprung des Rituals.« In angemessener Form drückt ein Mann seinen Kummer durch Trauern aus, seine Freude durch Musik und seine Entrüstung »durch abgestufte Strafen, die gewährleisten, daß kein Verbrechen ungesühnt bleibt«.

Hsün Dsï überbrückte so die Kluft zwischen *Li* und Gesetz. Er war ein Feind von Grausamkeit, er brandmarkte das ungerechte System der Sippenhaftung, bei dem die Verwandten eines Verbrechers mit diesem getötet wurden. Als guter Konfuzianer neigte er zur Nachsicht. Er betonte, daß die Hüter der Gerechtigkeit charakterlich über alle Zweifel erhaben sein mußten, und verurteilte gefühllose Moralisten, die in ihrer Verwirrung der Begriffe so weit gingen, zu sagen, »wenn man einen Dieb tötet, tötet man keinen Menschen«.

»Aber wenn der Mörder nicht stirbt und der, der einem anderen etwas antut, nicht gezüchtigt wird«, fügte er hinzu, »wird die Macht des Bösen wachsen.« Die zivilisierenden Übungen in den Riten mußten deshalb durch ernüchternde Maßnahmen der Vergeltung unterstützt werden, wenn die Riten nicht ausreichten, die Menschen zu zivilisieren.

Im idealen Staat brauchten die Menschen keine Gesetze, nur das *Li*, hatte Konfuzius gesagt. In einer idealen Welt würde der Heilige König ohne Waffen siegen, weil alle Menschen sich freiwillig um ihn scharten, hatte Mencius gesagt. Aber Hsün Dsï ging mit der Zeit. Er sprach nicht nur über nützliche Strafen für fehlbare Menschen, sondern auch über praktische Regeln für fehlbare Herrscher, nicht nur über die wünschenswerten Tugenden eines gesetzmäßigen Heiligen Königs, sondern auch über die einer ganz anderen königlichen Spezies: des ehrgeizigen Feudalherrn, der die Herrschaft über alle »kämpfenden Staaten« zwischen den vier Meeren erringen wollte.

Der »gute« Hegemon, meinte er, erschloß das gewonnene Land als Ackerland, baute Getreidespeicher und sorgte dafür, daß alle hatten, was sie brauchten. Er wählte sorgfältig seine Untergebenen aus und suchte sich begabte Männer, die er mit Belohnungen ermutigte und mit Strafen maßregelte. Er richtete zusammengebrochene Staaten wieder auf, unterstützte sieche Königsgeschlechter, schützte die Schwachen und zügelte die Gewalttätigen. Wenn er zeigte, daß er nicht daran dachte, seine Nachbarstaaten zu annektieren, würde er die anderen Feudalherren freundlicher stimmen, und wenn er sie als ebenbürtig behandelte, fände er ihr Wohlwollen. Dann bliebe er immer siegreich.

Hier war wenig zu holen für einen ehrgeizigen Fürsten, der von Träumen blutiger Eroberungszüge besessen war. Hsün Dsï war darauf bedacht, jedem ungeschliffenen Burschen, der nur darauf aus war, seine eigenen Truhen zu füllen und fremdes Territorium an sich zu reißen, das sichere Unglück vorauszusagen. Er würde sich den eigenen Adligen entfremden, zum Gegenangriff geradezu einladen, und am Ende hätte er »immer mehr Städte zu verteidigen und immer weniger Männer dazu«.

Er gab dennoch Anleitungen für jeden beliebigen Usurpator, der die Autorität des »nominellen Königs«, des rechtmäßigen Monarchen aus der Dschou-Dynastie, wegwischen und die tatsächliche Macht selbst übernehmen wollte. Er hatte jenen, die aus seinen Predigten das für sie Brauchbare herausgriffen und den Rest über Bord warfen, eine konfuzianische Tür zur Alleinherrschaft geöffnet.

Auf ihrer Suche nach dem philosophischen Grundelixier rührten die dogmatischen Alchimisten in Dschi-hsja aus den verschiedensten Elementen alten chinesischen Denkens eine neue, häufig instabile Mixtur. Während Hsün Dsï eine anscheinend konfuzianische Welt postulierte, in der die Menschen dennoch mit strengen Gesetzen und »abgestuften Strafen« diszipliniert werden mußten und ein Hegemon trotzdem tugendhaft sein konnte, setzten die Daoisten einen unbarmherzigen Kosmos voraus, in dem der Despot des Tages vorherbestimmt und Nächstenliebe verderblich war und der Weise alle Menschen wie Hunde aus Stroh behandelte. Die beiden Schulen mochten miteinander im Streit liegen, aber für den machthungrigen Eklektiker schlossen sich ihre Ideen nicht gegenseitig aus.

Nachdem Hsün Dsï nach Tschu gegangen war, unterrichtete er zwei Schüler, Han Fej und Li Ssï. Nach dieser Lehrzeit fanden ihre raffinierten, wenn auch abstoßenden »legalistischen« Theorien die Bewunderung des rücksichtslosesten Tyrannen im Reich der Mitte. Und noch etwas später machte eben jener Tyrann sich auf, die Hegemonie über das All unter dem Himmel zu erringen.

Der Legalismus war nichts Neues für ihn. Die »horizontale« Strategie eines Dschang I hatte lange zuvor das Fundament für sein Programm eines Großangriffs gelegt, und die Folge der Ereignisse scheint deshalb beinahe ebenso unvermeidlich wie die gegenseitige Ablösung der fünf Elemente gewesen zu sein, die mit dem Wasser endet. Und die Eigenschaften des Wassers waren: Jahreszeit: Herbst; Tier: Schwein; Zahl: sechs; Farbe: schwarz; Himmelsrichtung: Norden; Planet: Merkur; Dynastie: Tschin.

Machiavellissimo

Es zeigt die Schlauheit, mit der die verschiedenen Elemente chinesischer Philosophie gemischt worden waren, wenn der Legalismus die Ideen Gwan Dschungs für sich in Anspruch nehmen konnte – jenes Mannes, von dem der humane Konfuzius fast ehrfurchtsvoll gesagt hatte: »Hätte es Gwan Dschung nicht gegeben, würden wir unser Haar noch lang tragen und unsere Kleider nach links falten.« Denn Gwan Dschung bemühte sich nicht nur darum, Tschi zum mächtigsten Staat seiner Zeit unter einem mit absoluter Macht ausgestatteten Fürsten zu machen, sondern maß auch der unwandelbaren Autorität des Gesetzes mehr Gewicht bei als dem *Li*: »Ob Herrscher oder Untertan, hoch und niedrig, Adliger und Gemeiner, alle müssen den Gesetzen gehorchen, dann wird der Staat in Frieden regiert.«

Während Gwan Dschung im siebten Jahrhundert das Gesetz besonders hervorhob, betonte Schen Bu-hwai im vierten Jahrhundert das Handwerk des Herrschers, denn wenn die »Technik« des Königs schlecht war, warnte er, wurde er ein Sklave des eigenen Königreichs. Wenn beispielsweise seine Beamten nicht gut ausgewählt und unzuverlässig waren, wenn sie heimlich die königlichen Privilegien dazu mißbrauchten, sich ihrer persönlichen Rivalen zu entledigen und ihre privaten Gefolgsleute zu schützen, öffentliche Mittel verschwendeten und die Untertanen schikanierten, dann gehorchte ein verängstigtes Volk eher den Ministern als dem Monarchen. Der Herrscher sollte seinen Handlangern nie Einblick in seine Gedankengänge gewähren, sie nie außerhalb des begrenzten Bereichs ihrer besonderen Zuständigkeit handeln lassen und nie einem von ihnen seine Befugnis übertragen, Strafen und Belohnungen festzusetzen.

Schen Bu-hwai bewies, daß er wußte, wovon er sprach, denn während der fünfzehn Jahre seines Ministeramtes in Han wurde die Regierung reformiert, die Verteidigung verstärkt, und kein Feind wagte, Han anzugreifen. Er starb 337 v. Chr., ein Jahr nach dem mitleidslosen Zuchtmeister, den viele als den ersten echten Legalisten ansehen: Schan Jang.[1]

In Makedonien im Westen, einem Randstaat des griechischen Kulturkreises, war Alexander von Aristoteles, dem Verfechter einer unbeugbaren Logik, unterrichtet worden und war dabei, sich zum Herrn seiner Welt zu machen. In Tschin im Osten, einem Randstaat des chinesischen Kulturkreises, war der Herrscher von Schan Jang, dem Verfechter eines unbeugbaren Gesetzes, beraten worden, und Tschin sollte ganz China beherrschen.

Schan Jangs Erfolgsrezept war bewundernswert umfassend. Unter seiner Leitung wurde der alte Stand der landbesitzenden Vasallen in Tschin abgeschafft, das Land in einunddreißig Bezirke eingeteilt, die von Gouverneuren verwaltet wurden, und die Macht war auf diese Art in den Händen des Monarchen konzentriert. Das Volk wurde in Gruppen aus fünf oder zehn Haushalten gegliedert, die gegenseitig für die jeweilige gute Führung verantwortlich waren. Die Gruppen wurden für das Verbrechen eines einzelnen Mitglieds kollektiv bestraft. Wenn ein Mann einen Bösewicht nicht denunzierte, wurde er zweigeteilt, jene aber, die über die Vergehen der Nachbarn getreulich Meldung machten, wurden belohnt, »wie wenn sie einen Feind geköpft hätten«.

Um große Familien auf einen handlichen Umfang zu bringen, bestimmte Schan Jang, daß Haushalte mit zwei oder mehr erwachsenen Söhnen doppelt besteuert werden sollten. Niemand durfte das Land verlassen. Wer auf Wanderschaft war, mußte sich an jedem Aufenthaltsort registrieren lassen. Alle waren in bestimmten Abständen zur Fronarbeit gezwungen. Die gesamte Bevölkerung mußte sich mit Ackerbau, Weben und Kämpfen beschäftigen, und die Kaufmannsfamilien wurden zu Sklaven gemacht. Männer wurden nur nach ihrem Wert auf dem Schlachtfeld in den Adelsstand erhoben, und Adlige verloren ihre Titel und Privilegien, wenn sie schlechte Soldaten waren.

Die strengen Gesetze des Staates wurden durch pünktliche Belohnungen und eine kurze Liste abschreckender Strafen noch wirkungsvoller: der Missetäter wurde geköpft, über der Hüfte zweigeteilt, mit Wagen auseinandergerissen, oder man bohrte ihm ein Loch in den Schädel, riß ihm unfeierlich die Rippen aus dem Leib oder röstete ihn lebendig auf einem Herd.

Am Anfang klagte jeder, aber Chinas großer Historiker Ssï-ma Tschien berichtete: »Nach zehn Jahren waren die Menschen zufrieden, die Berge waren frei von Banditen, die Männer kämpften beherzt im Krieg, und die Dörfer und Städte wurden gut verwaltet.« Als jedoch die Vorwitzigen begannen, das System zu loben, ließ Schan Jang die »Störenfriede« wegen ihrer Anmaßung des Landes verweisen. Gwan Dschung hatte gesagt, daß das Gesetz sogar noch über dem Herrscher stand, und Schan Jang schlug einmal den Sohn des Königs, weil der es verspottete. Als der König starb und sein nachtragender Erbe an die Macht kam, versuchte Schan Jang daher, ungesehen aus dem Land zu entkommen. Aber er wurde im Netz seines eigenen Polizeiapparates gefangen und gezwungen, sich in einer Schenke in den Bergen unter seinem richtigen Namen einzutragen. Er wurde dann selbst von Wagen auseinandergerissen.

Aber Tschin hatte noch nicht genug vom Legalismus. Fast genau hundert Jahre später hieß der regierende König Han Fej an seinem Hof willkommen, gerade wie sein Vorfahre einst Schan Jang empfangen hatte. Denn Han Fej hatte die einzelnen Drähte dieser finsteren Philosophie zu einem festen Tau gedreht, weil er meinte, daß jeder für sich ein zu schwacher Faden war, um den Staat daran aufzuhängen.

Weil ein strenges einheitliches Gesetz fehlte, hatte Schen Bu-hwais »Technik« Han nicht vor den Plünderungen korrupter Beamter bewahrt, sagte er. Und weil die »Technik«, die geheime Kunst des Regierens, fehlte, hatten die früheren Könige von Tschin den Ruhm militärischen Heldentums überbewertet und ihre tapferen Kämpfer so reich mit Lehen ausgestattet, daß sie sie im Falle einer Rebellion nicht mehr unter Kontrolle halten konnten. »Gesetz« und »Technik« waren so unverzichtbar wie Kleider und Speisen. Aber noch ein Drittes mußte dazukommen: »Macht«, die unstreitige Autorität, geboren aus Einfluß, Rang, Gesetzgebungsprivileg und militärischer Stärke. Denn ohne diese Eigenschaft des »fliegenden Drachens« mußten sich die hervorragendsten Männer den Unwissenden und Gemeinen beugen. Han Fej ging noch weiter, denn seine Lehre umfaßte auch den »Konfuzianismus« von Hsün Dsï und den »Daoismus« von Lao Dsï.

Der aufgeklärte Herrscher übt sich in der Kunst, ein furchterregender, tatenloser, unergründlicher leerer Raum zu sein, steht im *Han Fej Dsï*. Er ist »so leise, daß er nirgendwo zu wohnen scheint, so leer, daß niemand ihn suchen kann«. Er »ruht oben im Nicht-Handeln, und seine Minister unten zittern vor Angst«. Er zieht das Kluge aus ihrer Klugheit, das Wertvolle aus ihrer Tugend, das Beherzte aus ihrer Beherztheit. Ihre Aufgabe heißt Arbeit. Er personifiziert ihre Weisheit, ihre Tugend und ihren Mut und genießt den Erfolg ihrer Mühen.

Han Fej Dsï stimmt mit Schen Bu-hwai überein, daß der Heilige König seine Gedanken nie offenbaren soll, sondern seinen Ministern ein Rätsel bleiben muß. Er soll wie das *Dao* des Kosmos sein und darf die eine oder andere Richtung nicht mehr bevorzugen als die Waage, die Leicht und Schwer anzeigt, sich aber mit keinem von beiden identifiziert. Er ist unzugänglich für die Listen der Weiber und Speichellecker, für die Bande der Blutsverwandtschaft, für Habgier, Luxus und Verschwendungssucht, für die Versuchung der Popularität und den Drang, auf der einen Seite zu tyrannisieren und auf der anderen Fehler zu übersehen.

Er muß in seinem Urteil kaltblütig sein und darf keinem trauen. Der Kutschenbauer wünscht sich die Leute reich, der Sargmacher wünscht sie sich tot. Hier geht es nicht um Liebe oder Haß, sondern um Gewinn oder Verlust, und dasselbe Prinzip gilt für jene, die einen Herrscher lieber lebend oder lieber tot haben wollen. Der Souverän fährt daher am besten mit Untergebenen, deren Loyalität einen festen Preis hat, den er auch bezahlen kann.

Daraus folgt, daß der rätselhafte Fürst bei der Wahl seiner Ratgeber allen mißtrauen muß, die Ehren und Geld verachten. Er darf unter den Ministern, die er auswählt, keine Günstlinge haben, denn sie sind alle käuflich, sie lieben ihn nicht und sind nur am Gewinn interessiert. Sie sollen nie die Möglichkeit erhalten zu erfahren, womit sie seine königliche Gunst gewinnen könnten. Er darf Tugend, Tapferkeit und Schönheit nicht preisen, denn dann werden sie sich verstellen und so tun, als seien sie tugendhaft, tapfer und schön, ihr wahres Wesen aber verbergen.

Männer, die bereits für ihre guten Taten und ihre Nachsicht bekannt sind, sollten abgelehnt werden, denn sie werden sich auch weiterhin bei anderen einschmeicheln wollen. Das könnte zur Bildung verräterischer Cliquen führen, die Autorität und Leben des Fürsten bedrohen. Aus demselben Grund sollte ein Beamter keine außergewöhnliche Macht bekommen, denn das hieße, das Schienbein dicker als den Schenkel zu machen. Und wer zu stark geworden war, mußte herabgesetzt werden, so wie ein Mann seine Hecke stutzen muß, damit sie ihm nicht über seinen Pfad wuchert.

Der Despotismus Han Fej Dsïs beruht auf dem Prinzip »ein Mann, ein Amt«. Kein Beamter sollte zwei Ministerämter innehaben, und ein Herrscher sollte sich vor einem Höfling hüten, der mehr als seine Pflichten tat. Was trieb ihn an? Arbeitseifer? Oder Ehrgeiz? »Als der Fürst von Han sich betrank und ohnmächtig wurde, breitete der königliche Hutverwahrer einen Mantel über ihn. Als der Fürst wieder zu sich kam, freute er sich zuerst, aber als er hörte, wer ihn zugedeckt hatte, bestrafte er seinen Hutverwahrer, weil er seine Befugnisse überschritten, und den Mantelverwahrer, weil er seine Pflicht nicht erfüllt hatte. Der Übergriff eines Beamten auf die Zuständigkeit eines anderen schien ihm gefährlicher, als in der Kälte zu liegen.«

Wenn ein Minister weniger leistet, als er versprochen hat, muß er bestraft werden, aber wenn er mehr als versprochen leistet, muß er ebenfalls bestraft werden. Ein Herrscher darf sich nicht täuschen lassen, und seine Mitarbeiter dürfen nicht nur an dem, was sie sagen, gemessen werden, sondern auch an dem, was sie nicht sagen.

Technik ist jedoch sinnlos ohne »Macht«, und Han Fej Dsï untersucht, wo die »Macht«, die einen König auf dem Gipfel hält und dem Land den Frieden bewahrt, zu finden sei. Sie liegt nicht, wie er betont, in der Menschlichkeit und Rechtschaffenheit, die dem Namen nach von den Weisen des Altertums geübt wurden.

Eines steht fest, die Zeiten ändern sich: »Als die Menschen nicht mit den wilden Tieren fertig werden konnten, erschien ein Weiser und baute ihnen Schlupfwinkel aus Holz. Sie freuten sich so sehr darüber, daß sie ihn zum Herrscher des Alls unter dem Himmel machten.« Aber wer wohnt heute noch in einem Versteck aus Holz? Menschlichkeit und Rechtschaffenheit mögen zu einer anderen Zeit ihren Sinn gehabt haben, als es wenig Menschen und alles im Überfluß gab, das Leben unbeschwert war und es keinen Grund zum Streiten gab. Aber sie nützen nicht mehr in einer Zeit, wo jeder gegen jeden kämpft, mehr Menschen sich um weniger Dinge balgen und nur noch Schlauheit und Mut zählen. In einer solchen Zeit mit Milde zu regieren, sagt Han Fej Dsï, ist genauso verhängnisvoll, wie ein durchgegangenes Pferd ohne Zügel und Peitsche bändigen zu wollen.

Deshalb zählt er »fünf Schädlinge« auf, die von konfuzianischem Mitgefühl ausgebrütet werden, darunter einen übertriebenen Respekt vor kindlicher Liebe. Er berichtet von einem ehrlichen Mann in Tschu, der seinen Vater denunzierte, ein Schaf gestohlen zu haben, aber der konfuzianische Verwalter behandelte diesen treuen Untertanen als schändlich lieblosen Sohn und befahl seine Hinrichtung. Als andererseits ein Offizier aus Lu angeklagt wurde, vor dem Feind davongelaufen zu sein, und zu seiner Entschuldigung vorbrachte, niemand könne sich mehr um seinen alten Vater kümmern, falls er umkäme, lobte Konfuzius seine Haltung als Sohn und ließ ihn befördern. Danach zeigte in Tschu keiner mehr einen Dieb an, und wenige in Lu hatten noch Lust, auf dem Schlachtfeld zu kämpfen.

Die, welche das Gesetz brechen und den Staat spalten, indem sie pedantisch ihren privaten Fehden nachgehen, werden geehrt, fährt er fort. Die, welche zu Reichtum und Ehre kommen, ohne das Land zu pflügen oder einen Finger zur Verteidigung zu krümmen, werden mehr als alle anderen bewundert. Und konfuzianische Gelehrte, die Monarchen mit ihrem Appell, durch Liebe statt durch das Gesetz zu regieren, betrunken machen, erhalten Regierungsämter, obwohl ihre Geschichten von barmherzigen Heiligen Königen, die angeblich bei der Bestrafung von unartigen Untertanen weinten, böswilliger Unsinn sind.

Der echte Weise zeigt keine Milde. Er regiert einen Staat nicht, indem er sich auf Menschen verläßt, die gut sein sollen, denn wenn ein Pfeilschnitzer »wartet, bis sich die Pfeilhölzer von allein geradebiegen, wird er in hundert Menschenaltern keinen Pfeil machen«. Der Weise sorgt dafür, daß sie nichts Böses tun dürfen: er wendet ein einheitliches, umfassendes Rechtssystem an, nach dem die Würdigen großzügig belohnt und die Missetäter schrecklich bestraft werden. Und er darf dabei keine Ausnahmen zulassen. Da es also eine einzige Richtschnur geben muß, muß es auch einen einzigen Herrscher geben, und die »Macht« des Herrschers beruht, wie Schen Bu-hwai gefordert hat, vor allem darauf, daß er sich »die beiden Rechte der Bestrafung und der Gunstbezeigung« vorbehält, das Recht zu töten und zu verstümmeln, zu ehren und zu lohnen, gemäß dem einheitlichen unbeugbaren Gesetz, das er allein schafft. Überträgt er nämlich dieses Vorrecht seinen Beamten, wird das Volk die Beamten fürchten und den Herrscher verachten, und er kann sich darauf gefaßt machen, ermordet zu werden. »Strafe und Belohnung sind wie die Klauen und Zähne des Tigers, die den Hund gefügig machen können. Gibt man die Klauen und Zähne dem Hund, ist es am Tiger, sich zu unterwerfen«, warnt Han Fej Dsï.

In anderer Hinsicht erinnert auch Han Fej Dsïs zentralisierte Herrschaft durch Verdienst stark an das Tschin zur Zeit Schan Jangs. »Es gibt keine Bücher, denn das Gesetz ist das einzige Unterrichtsfach, und die Beamten unterrichten es.« Minister und Generäle gehen aus dem Mannschaftsstand hervor, und weil Ackerbau und Kampf am höchsten zählen, sind alle Menschen begierig darauf, ihr Land zu bebauen und zu kämpfen. Es gibt keine privaten Fehden, und Heldentaten können laut Bestimmung nur im Dienst des Königs vollbracht werden. »Deshalb blüht der Staat in Friedenszeiten und hat eine starke Armee für den Krieg.«

Und das ist der springende Punkt dabei. Da Han Fej Dsï und alle anderen Vertreter der »Hundert Schulen« des Denkens, die um Rat gefragt werden, dieselben Fragen beantworten, die ihnen von demselben Schlag von Fürsten gestellt werden, ist das oberste Ziel ihrer Ratschläge, so paradox es klingen mag, ebenfalls dasselbe. Ob Mencius irgendeinen ungläubigen Potentaten zu überzeugen versucht, daß sich alle Welt um ihn scharen und niemand wagen wird, ihn anzugreifen, wenn er durch Güte regiert, oder Han Fej Dsï seine eigenen, gleichermaßen drastischen Lösungen anbietet, der

Zweck der Übung ist derselbe: alle wollen einem Königreich zu innerer Stärke verhelfen, die es vor Invasionen schützt und alle anderen beherrschen läßt.

Gegenseitige Abhängigkeit bietet keinen Ersatz. »Vertikale« und »horizontale« Bündnisse bleiben immer riskante Unternehmen, sagt das *Han Fej Dsï*, denn erstens muß jeder Staat allen anderen trauen, im Ernstfall loyal zu bleiben, und zweitens muß ein schwacher Staat sein Schicksal in die liebevolle Obhut eines starken geben. Und wenn ein Staat stark ist, hat er keinen Bedarf an derartigen Neigungen. Denn »ein mächtiger Herrscher kann seine Nachbarn besiegen, und ein wohlgeordnetes Reich kann nicht geschlagen werden«, vorausgesetzt, daß Macht und Ordnung von innen heraus kommen.

Han Fej Dsï erhielt keine Gelegenheit, seine abschreckenden Theorien in Tschin in die Praxis umzusetzen. Er hatte betrügerische Beamte, die begabte Männer von ihren königlichen Herren fernhielten, mit »wilden Hunden« verglichen, die gute Kundschaft von einer Schenke verscheuchten. Seine Tragik war, daß er selbst das Opfer eines »wilden Hundes« wurde.

Schan Jang war von Wej nach Tschin gekommen. Han Fej kam von Han nach Tschin. Er litt an starkem Stottern und hatte seine Gedanken deshalb schon immer für seinen Herrscher aufgeschrieben. Seine Schriften waren dem König von Tschin in die Hände gefallen, der zutiefst davon beeindruckt war und sich freute, als der glänzende Legalist an seinem Hof ankam.

Der oberste Richter von Tschin war allerdings nicht erbaut. Denn der Richter war Li Ssï, Han Fejs Mitschüler bei Hsün Dsï, und er war eifersüchtig auf die außergewöhnliche Begabung des Eindringlings, der jetzt womöglich sein Rivale um die königliche Gunst werden konnte. Li Ssï flüsterte deshalb seinem Fürsten ein, die Loyalität des Neulings sei äußerst zweifelhaft, weil er ja ein Adliger aus Han war, er sei ein gefährlicher Spion, der später in seinen Heimatstaat zurückkehren und ein Stachel im Fleisch von Tschin sein werde. »Deshalb ist es meiner Meinung nach das beste, wir klagen ihn irgendeines Verbrechens an, lassen ihn hinrichten, und der Fall ist erledigt.«

Der Herrscher stimmte zunächst zu, zögerte dann aber. Doch inzwischen hatte Li Ssï Gift zu Han Fej geschickt. Im Gefängnis isoliert und nicht in der Lage, sich zu verteidigen, trank Han Fej es ordnungsgemäß. Er war etwa 280 v. Chr. geboren und starb 233. Aber seine legalistischen Lehren blieben am Leben.

Der König von Tschin war ein gewissenloser Despot. Er hatte »die Nase einer Wespe, Augen wie Schlitze, eine Hühnerbrust, die Stimme eines Schakals und das Herz eines Tigers oder Wolfs«. Er war bescheiden, wenn die Zeiten schwer waren, aber er »verschlang die Menschen ohne jeden Skrupel«, wenn alles glatt ging. In einer Reihe von Feldzügen, die für ihren zynischen Verrat und ihre abstoßende Grausamkeit berüchtigt sind, eroberte er zwischen 229 und 222 v. Chr. die sechs anderen feudalen Königreiche und gründete das große Reich, das nach seinem ursprünglichen Lehen genannt werden sollte: »China«.

Im Westen hatte Alexander die griechischen Staaten geeint und in nur vierzehn Jahren ein riesiges Reich geschaffen, das bald nach seinem Tode zerfiel. Im Osten hatte Tschin die chinesischen Staaten zu einem anderen riesigen Reich verschmolzen, unter einer Dynastie, die ebenfalls nur vierzehn Jahre bestehen und bald nach dem Tod ihres Gründers stürzen sollte. Einigkeit kann nur zu Uneinigkeit und Uneinigkeit nur zu Einigkeit führen, sagen die Chinesen.

Aber das neue »China« sollte sich nicht so leicht wieder auflösen. Der »Erste Kaiser«, wie der Eroberer aus Tschin sich nannte, zerbrach das Feudalsystem und teilte sein Reich in Präfekturen und Militärbezirke, die durch von ihm persönlich ernannte Beamte verwaltet wurden. Um unerwünschten zentrifugalen Tendenzen von Seiten der Besiegten vorzubeugen, verpflanzte er ihre einhundertzwanzigtausend wichtigsten Familien in die Hauptstadt.

Er war der schreckliche Tyrann, der die Große Mauer baute und dem ausgedehnten Gebiet »innerhalb der Mauer« jene kulturelle Einheit aufdrängte, die bis heute die größte Stärke der Chinesen geblieben ist. Er vereinheitlichte die Gesetzgebung, die geschriebene Sprache, Gewichte und Maße, bäuerliche Geräte und sogar die Wagenachsen. Aber er tat noch mehr, nachdem ihn Li Ssï, inzwischen sein erster Minister, eine Denkschrift mit diesen unsterblichen Worten überreicht hatte: »Das Reich ist befriedet, die Gesetze sind vereinheitlicht worden. *Möge es Eurer Majestät gefallen zu bestimmen, was recht und unrecht ist*, alle abweichenden Meinungen zu ächten, alle historischen Aufzeichnungen außer denen von Tschin zu verbrennen, anzuordnen, daß jeder, der die Schriften der Hundert Schulen und der alten Literatur besitzt, diese den Behörden zur Verbrennung übergibt und daß jeder, der es wagt, diese Werke mit anderen zu diskutieren, hingerichtet und sein Kopf öffentlich zur Schau gestellt wird; daß die Sippe eines jeden, der die alten Gesetze zitiert, um die der gegenwärtigen Dynastie zu verleumden, ausgerottet wird, und daß Beamte, die solche Fälle nicht anzeigen, ähnlich bestraft werden. Nach dreißig Tagen sollen alle, die ihre Bücher nicht haben vernichten lassen, gebrandmarkt und zur Zwangsarbeit an der Großen Mauer verurteilt werden. Wer die Gesetze lernen will, möge sich die Beamten als Lehrer wählen.«

Um noch größere Solidarität unter seiner zentralen Herrschaft zu fördern, befahl der Erste Kaiser nicht nur, alle, die aus den konfuzianischen klassischen Schriften zitierten, zu enthaupten und alle Bücher (außer einigen technischen) zu verbrennen. Er ließ auch mehrere hundert Gelehrte, die erwischt wurden, wie sie die verbotenen Bücher sammelten, lebendig begraben. Das literarische Erbe Chinas ging also zum größten Teil in Rauch auf.

Als die Tschin-Dynastie von ihren ruhelosen Opfern gewaltsam beseitigt worden war, erhoben die Kaiser der Han-Dynastie, die (mit einer kurzen Unterbrechung) von 202 v. Chr. bis 220 n. Chr. in China regierten, den Konfuzianismus zur Staatsphilosophie. Aber hinter der menschenfreundlichen Fassade – der Ahnenverehrung, der humanen Verwaltung, der in den Klassikern bewanderten Mandarine – lag die bittere halbversteckte Wirklichkeit legalistischer Praxis wie ein unter dem Talar des Priesters verborgenes Messer.

Der Erste Kaiser der »konfuzianischen« Han-Dynastie legte die Verwaltung sorgfältig ausgewählten Gelehrten und die blutige Unterdrückung lokaler Aufstände fähigen Generälen in die Hände. Während er seinen Untergebenen zu vertrauen schien, ließ er sie jedoch streng überwachen. Überkam ihn nur der leiseste Verdacht, jemand führe Böses im Schilde, befahl er umgehend dessen Hinrichtung. Die Tradition riß nicht ab. Die jeweils Ersten Kaiser der Sung- und Ming-Dynastien, die später herrschten, erwarben sich einen nicht gerade beneidenswerten Ruf: ersterer für seine höfliche, aber rücksichtslose Übernahme absoluter Macht, der zweite für seine finsteren »Techniken« und grausamen Strafen, so daß die Leute sagten, »einem König Gesellschaft zu leisten, ist das gleiche, wie wenn man mit einem Tiger zusammen ist«. Doch in der ganzen chinesischen Geschichte ist es beinahe von vornherein sicher gewesen, daß der erste Herrscher eines neuen kaiserlichen Hauses der beste war.

Die legalistischen Vorstellungen von »Macht« und »Gesetz« starben auch nach dem Ende des Kaiserreichs nicht aus. In den dreißiger Jahren unseres Jahrhunderts wurde ein junger Beamter in einen bestimmten Verwaltungsbezirk im Süden der Provinz Kiangsi versetzt. Der korrupte und extravagante dortige Gouverneur hatte sich wie ein unabhängiger Monarch aufgeführt und jede Kritik früherer ungebetener Gäste aus der Hauptstadt mit der Pistole abgeblockt. Dennoch ächtete der Neuling Glücksspiel, Prostitution, Opiumgenuß und ähnlichen Zeitvertreib, und als die Frau des Direktors der Salzabteilung seine Befehle nicht beachtete und weiter spielte, ließ er sie drei Wochen lang vor einem Totenmahnmal in einem öffentlichen Park knien und danach sechs Monate lang Straßen fegen.

Als nächstes ließ er den Sohn einer wohlhabenden und einflußreichen Familie durch ein Erschießungskommando hinrichten, weil er Opium geraucht hatte, und binnen kurzem hatte das Spielen ein Ende, und die Opiumraucher verließen die Gegend. Mit Hilfe der Polizei-»Technik« konnte er das unbeugbare »Gesetz« anwenden, aber beides war durch »Macht«, die Macht des fliegenden Drachen, ermöglicht worden, denn seine Autorität war unbestreitbar. Er hieß Tschiang Tsching-kuo und war der Sohn Tschiang Kaischeks.

Mao Tse-tung war während seiner ganzen Laufbahn ein glänzender Vertreter der »Technik«. In Zeiten der Prüfung schloß er Freundschaft mit dem einen Feind, um den anderen, mit dem er sich nicht anfreunden konnte, zu vernichten. In

Zeiten des Triumphs bewahrte er sich seine alleinige »Macht«, und wenn er Vollmachten übertrug, machte er andere für die Folgen verantwortlich und wartete, oft schweigsam oder gar geheimnisvoll, auf das Ergebnis. Erfolge buchte er auf sein Konto, bei Mißerfolgen wurde ein Sündenbock geopfert.

Scheinbar von weitem erhielt er das Gleichgewicht zwischen ewig streitenden Cliquen (»Eins muß durch zwei geteilt werden« ist das mechanische Grundprinzip der maoistischen Revolution ohne Ende). Auf diese Art beschnitt er die Möglichkeit jeder Gruppe, sich gegen ihn zu wenden, und erntete Dankbarkeit, wann immer die eine oder andere Seite seinen Beifall fand.

Denn letzten Endes hielt er allein »die beiden Rechte der Bestrafung und Gunstbezeigung« in der Hand, da in einem ideologischen Staat die Ideologie Gesetz ist, und in China ist die Ideologie das Denken des Vorsitzenden Mao. Damit werden alle Worte und Taten gewogen und als gut oder schlecht beurteilt (»*Möge es Eurer Majestät gefallen zu bestimmen, was recht und unrecht ist* ...«).

Der beißende Geruch des Legalismus strömt aus jeder Ritze des chinesischen kommunistischen Systems. Das politische »Gesetz« ist das wichtigste Unterrichtsfach, und die Kader der Partei unterrichten es. Alle anderen »Schulen« sind verboten, ihre Bücher sind, zumindest bildlich gesprochen, verbrannt worden. Die alten Lehren, alten Riten und die alte klassische Bildung sind verbannt – wie damals in Tschin.

Der Staat ist unter einer zentralen Regierung geeint. Die privilegierten Klassen existieren nicht mehr, und die Menschen werden nach ihrem Verdienst befördert. Bauer, Arbeiter und Soldat sind die Lieblinge des Staates. Kaufleute und andere Müßiggänger sind ordnungsgemäß enteignet worden, und streitsüchtige Gelehrte unter den Intellektuellen werden mißtrauisch beobachtet. Wie in Tschin hängt die Verteidigung des Landes gegen Eindringlinge wieder von dem Mann ab, der seinen Pflug fallen läßt und zum Schwert greift, wenn es sein muß.

Alle werden zur Sparsamkeit angehalten. Söhne werden aufgefordert, die Sünden ihrer Väter anzuzeigen, Straßenkomitees sind für das Verhalten der Familien unter ihrer Aufsicht verantwortlich. Die Registration der Bevölkerung wird streng gehandhabt. Die Namen und persönlichen Angaben aller Mitglieder einer jeden Familie werden sorgfältig erfaßt. Die Ankunft von Reisenden muß der örtlichen Polizeistelle mit allen Angaben zur Person und dem Grund ihres Besuchs gemeldet werden, selbst wenn es sich um Verwandte und enge Freunde handelt, die häufig kommen und nur eine Nacht bleiben. Niemand darf ohne Erlaubnis in eine andere Stadt umziehen, keine Privatperson das Land verlassen. Schan Jang hätte aus dem modernen China genausowenig wie aus dem alten Tschin unbemerkt entkommen können.

Es ist nicht erstaunlich, daß die Kommunisten schon 1961 Hsün Dsï, Schan Jang und Han Fej Dsï wohlwollend als »Materialisten« und »Linke« bezeichneten. Ebensowenig überrascht es, daß sie 1974 Konfuzius als Fürsprecher der aristokratischen Sklavenhalter verdammten und den Ersten Kaiser von Tschin als den »progressiven« Einiger Chinas priesen.

Aber der Vergleich darf nicht zu weit getrieben werden. Wenn die Gedanken Maos das Gesetz von Tschin als einzige Doktrin des zentralisierten Staates ersetzt haben, sind sie zugleich auch an die Stelle der konfuzianischen Bildung getreten, die so viele Jahrhunderte lang Chinas einziges offizielles politisches Glaubensbekenntnis war. Ein kommunistischer Kader, sattelfest in Marx, Engels, Lenin und Mao, ist in vieler Hinsicht der Erbe des von klassischer Bildung erfüllten konfuzianischen Mandarins.

Außerdem folgt die chinesische Rechtsprechung auch nicht einem unbeugbaren Kodex, wie er den logischen Franzosen so lieb und wert ist. Zwei ganz besonders rücksichtslose Legalisten, Schan Jang und Wu Tschi, wurden von Wagen auseinandergerissen, berichtet Han Fej. Und warum? Weil »beide zwar sagten, was klug und richtig war, die Minister ihnen aber ihre Gesetze übelnahmen und das gemeine Volk eine wohlgeordnete Regierung haßte«.

Die Chinesen sind auf Grund der humanen konfuzianischen Tradition überzeugt, daß »gerecht« wichtiger als »legal« ist, und was den Barbaren von draußen betrifft, ist diese Einstellung nicht nur für die chinesischen Millionen, sondern auch für ihre politischen Lehrmeister charakteristisch. Ob kommunistische oder nationalistische Führer, alle verurteilen sie die »ungleichen Verträge«, in denen die schwache Mandschu-Dynastie den westlichen Mächten und Japan im neunzehnten Jahrhundert Land abtrat. Sie verurteilen sie nicht etwa, weil sie praktisch ungültig sind, sondern weil sie sie für unmoralisch halten. Aus dem gleichen Grund rechtfertigen sie ihren Anspruch auf die Inseln im Südchinesischen Meer nicht mit irgendwelchen Besitzurkunden. Sie erinnern vielmehr daran, daß sie ein »natürlicher« oder »historischer« Bestandteil Chinas sind und »immer innerhalb seiner altehrwürdigen Grenzen gelegen haben«. [1]

Die Kommunisten mögen die Gedanken von Mo Dsï, Hsün Dsï, Han Fej Dsï, ja sogar von Lao Dsï für weniger unannehmbar als die eines Mencius oder Konfuzius halten. Sie mögen den anhaltenden Einfluß konfuzianischer Ideen, die immer noch in der ganzen Republik leben, beklagen. Sie müssen sie jedoch zur Kenntnis nehmen. Das Volk blickt zu seinem Führer auf, wie Tschin es sich gewünscht hätte, aber es schreckt vor dem strengen Regiment des Gesetzes zurück. Millionen halten immer noch an einer altgewohnten sozialen Struktur fest, die auf den abweichlerischen »alten Überzeugungen« wie Kindesliebe und Familienzusammenhalt aufbaut. Sie kennen noch die »feudale« Treue zu ihrer heimatlichen Provinz und ihrem Arbeitgeber, und sie verehren sogar die Riten noch: prunkvolle Hochzeiten, konventionelle Begräbnisse und verstohlene Gebete für verehrte Vorfahren.

Die maoistische Verwaltung mit ihrem im wesentlichen chinesischen Aufbau hat sich das Feingefühl der früheren Philosophien bewahrt. Denn die »Technik« verlangt Aufschub, wenn nicht gar den Kompromiß. Eine Regierung, die das Vertrauen und die Begeisterung aller gewinnen will, muß geduldig und geschmeidig mit den Massen umgehen. Sie muß ein gewisses »Wohlwollen« zeigen und das Volk mehr mit Reden als durch Terror auf die Linie des neuen Glaubens bringen.

Eine sanfte Maske von Großmut verhüllt spöttisch die feste, knöcherne Struktur einer autoritären Herrschaft, im kommunistischen China beinahe wie im Kaiserreich. Revolution ist Revolution, aber in einer komplexen Epoche, die einen Computer zur Lösung der Gleichung gebrauchen könnte, ist die Gegenwart immer noch nur die Summe der Vergangenheit.

Die noble Kunst des Krieges

MIT BEKLEMMENDER HÄUFIGKEIT schließen Berichte über die Siege Tschins mit der Zeile: »... und einhunderttausend Köpfe wurden abgeschlagen.« Ein scheinbar einfältiges altes Sprichwort, das die grundsätzliche Einstellung der Chinesen zum Kriegführen ausdrückt, erhält durch diese Schlußzeile jedoch einen schärferen Ton: »Schlachten sind gefährliche Geschäfte.«

Im vierten vorchristlichen Jahrhundert warfen die kämpfenden Staaten des Reichs der Mitte schon eine halbe Million Soldaten auf einmal in den Kampf. Die Krieger waren mit gesteifter Haifisch- oder Nashornhaut, die »wie Metall klang«, gepanzert. Als Waffen hatten sie nicht nur jenes kleine Wunderwerk, die mit Abzugshebel versehene Armbrust, sondern auch Schwerter und Speere aus haltbarem Stahl, »scharf wie der Stachel einer Wespe«, um die der Westen sie später beneiden sollte. Die Kommandeure verfügten über Stoßtrupps, leichte und schwere Kolonnen, konventionelle Armeen und »Spezialtruppen«. Sie wurden von Stabsoffizieren unterstützt, die in Logistik und der Ausnutzung von Witterung, Rauch, Feuer und Flut ausgebildet waren. Sie wandten verfeinerte Taktiken an und starteten ausgeklügelte Feldzüge, die auf einem präzisen Zeitplan beruhten, um den Feind zu überwältigen.

Aber je tödlicher der Zeitvertreib wurde, desto größer wurde die pragmatische Überlegtheit, mit der die Chinesen die Sache angingen. Um so stärker setzte sich auch die Überzeugung fest, daß der eigentliche Zweck des Krieges die Verteidigung des Heimatlandes sei. Er sollte keine Gelegenheit für brutale Eroberungen und leere Heldentaten bieten.

»Waffen sind Werkzeuge mit schlechtem Omen«, hatte Lao Dsï gesagt. Sie sollten nicht im Tagesgeschäft des Staates, sondern nur bei drohender Gefahr gebraucht werden. »Dann ist ein kühler Kopf und kein kriegerischer, blutdürstiger Geist vonnöten. Ein Sieger soll nicht überheblich sein, denn damit zeigt er nur offen seine Lust am Morden. Und kein mörderischer Tyrann kann die Unterstützung des Volkes gewinnen... deshalb sind tugendhafte Männer nicht aggressiv und kriegserprobte werden nicht schnell zornig und zetteln nicht leichtfertig Kriege an.«

Obwohl er den Daoisten mißtraute, sprach der Konfuzianer Hsün Dsï dem Alten Meister nach: Ein Staat konnte keinen einzigen Tag ohne Armee überleben, aber sie sollte nur eingesetzt werden, um Aufstände zu unterdrücken und Angriffe abzuwehren. Der Herrscher durfte nie vergessen, daß seine siegreiche Waffe der Wille des Volkes war, »denn wenn Bogen und Pfeil nicht zusammenpassen, kann auch der berühmteste Bogenschütze sein Ziel nicht treffen.«

Alles übrige war zweitrangig. Die Männer von Tschi erhielten acht Unzen Gold für jeden Kopf eines Feindes, den sie heimbrachten; den Männern von Wej wurden die Steuern erlassen, wenn sie in schwerer Rüstung, mit Armbrust, Schwert und drei Tagesrationen im Gepäck hundert *li* in vierundzwanzig Stunden marschieren konnten; die Männer von Tschin wurden mit Belohnungen geködert und mit Strafandrohungen eingeschüchtert, damit sie wild und grausam kämpften. Doch verglichen mit Soldaten, die gemeinsame Liebe zu einem milden Herrscher verband, waren sie alle gemietete Arbeiter, waren die Kriegslisten und Täuschungsmanöver ihrer Herren nicht mehr als die Tricks von Räuberbanden. Sie würden mit Sicherheit geschlagen werden, »denn so ist es mit allen Menschen: wenn sie etwas nur um des Gewinns willen tun, lassen sie ein Vorhaben sofort fallen, sobald es sich als unrentabel oder gefährlich erweist«. Und ungeachtet seines Mißtrauens gegenüber allen Konfuzianern hat der Vorsitzende Mao immer wieder Hsün Dsï wiederholt, wenn er unterstrich, ein Sieg hänge von der Geisteshaltung der Menschen in der Masse ab, nicht von dem Söldner mit seinem Maschinengewehr oder seiner Megatonnenbombe.

Hsün Dsï war jedoch wie ein Schlüssel, der sich nach der

falschen Seite dreht. Theoretisch wollte er Gesetz und Strafe angewandt wissen, um die Menschen zu züchtigen, bis sie edel genug waren und sich zu einem Leben nach dem konfuzianischen *Li* bekehrten. Tatsächlich aber überbrückte er die Kluft zwischen *Li* und Legalismus, und die Menschen gingen dem schrecklichen Drill von Tschin entgegen. Er war daher nicht uneins mit den großen chinesischen Strategen seines Jahrhunderts, deren berufliches Markenzeichen eine kalte, mathematische Rücksichtslosigkeit war.

Wie Han Fej Dsï berichtete, hatte Schan Jang das Schicksal eines gewissen Wu Tschi geteilt. Beide waren auf Befehl von Adligen, die auf ihre erbarmungslose Härte wütend waren, von Wagen entzweigerissen worden. Schan Jang hatte seinen Fürsten nicht ausgelassen, aber Wu Tschi, der 381 v. Chr. starb, hatte nicht einmal die eigene Frau verschont. Als der Herzog von Lu sich scheute, ihn zum Kommandeur seiner Armee zu machen, weil die Frau aus einem feindlichen Staat stammte, brachte Wu Tschi sie zum Beweis seiner Zuverlässigkeit um. So konnte er eine glänzende militärische Karriere beginnen, die von Generationen von Chinesen gepriesen wurde.

Seine Lehren klingen vertraut. Der Erfolg bei der Truppenführung hängt von vier Faktoren ab, darunter die »beiden schweren Geschütze«: schweres Geld für das Vorrücken, schwere Strafen für das Zurückweichen. »Auf Lohn und Strafe müssen sich die Truppen verlassen können, sonst werden sie nicht haltmachen, wenn der Gong geschlagen wird, oder nicht vorrücken, wenn sie die Trommel hören. Und was nutzt in so einem Fall selbst eine halbe Million? Alle werden mit dem Feind in Berührung kommen, und deshalb ist Ängstlichkeit die größte aller Gefahren. Aus Unschlüssigkeit entstehen die Katastrophen, die über Armeen hereinbrechen.«

Wu Tschi war bereit, seine Frau einem Staatsamt zuliebe zu opfern. Genauso schnell und leicht opferte Sun Wu die Lieblingskonkubinen eines Herrschers im Interesse der Disziplin, sogar auf die Gefahr hin, seinen Posten loszuwerden. Denn als der König von Wu, einem Staat an der chinesischen Küste, seinen angesehenen General auf die Probe stellen wollte und ihn bat, seine Haremsdamen zu drillen, ließ Sun Wu die beiden bezaubernden Anführerinnen der Gesellschaft enthaupten, weil sie während der Parade gekichert hatten und auch nach viermaliger Wiederholung den Befehlen nicht gefolgt waren. Der entsetzte Monarch machte ihm Vorhaltungen (»Ohne sie verlieren meine Speisen ihre Würze«), aber Sun Wu antwortete: »Ein General im Feld ist nicht an die Befehle seines Souveräns gebunden.« Nachdem die anderen Schönheiten der doppelten Exekution beigewohnt hatten, reagierten sie wesentlich besser auf Befehle.

Hsün Dsï, der für »geeignete und konsequente« Strafen eintrat und die Regel aufstellte, ein Kommandeur im Feld dürfe sich dem König nur widersetzen, wenn ihm befohlen wurde, eine nicht zu verteidigende Stellung zu verteidigen, ohne Hoffnung auf Erfolg anzugreifen oder die Mannschaften hinters Licht zu führen, hätte wohl Einwände erhoben. Aber er hatte selbst betont, daß Gehorsam wichtiger war als Leistung. Das System der kollektiven Verantwortlichkeit und die abschreckenden Strafen, die Schan Jang einst so lieb und teuer waren, gehörten jetzt zum Stil in chinesischen Armeen. Und nicht nur die Kommandanten einer Einheit, sondern ganze Trupps wurden kurz und bündig geköpft, wenn sie ohne Befehl zurückwichen (was ihnen auch noch bei den Kuomintang-Streitkräften unter Tschiang Kai-schek blühen konnte).

Sun Wu forderte für den General die alleinige und unmittelbare Entscheidungsgewalt über Leben und Tod, ähnlich wie Han Fej Dsï den Herrscher ermahnt hatte, sich »die beiden Rechte der Bestrafung und der Gunstbezeigung« vorzubehalten. Und wo Han Fej Dsï gefordert hatte, der Monarch solle ein unergründlicher leerer Raum sein, sagte »Sun Dsï«: »Der General muß rätselhaft und unparteiisch sein... Er soll seine Offiziere im unklaren lassen ... und seine Methoden ständig ändern, damit niemand weiß, was er zu tun gedenkt.«

Und wer war Meister Sun? »Ich wollte, ich hätte die *Kunst des Krieges* zwanzig Jahre früher gelesen«, soll Kaiser Wilhelm nach seiner Niederlage im Ersten Weltkrieg bedauernd gesagt haben, und er meinte damit nicht das Werk Machiavellis, sondern die *Kunst des Krieges* Sun Dsïs. Niemand kann mit Sicherheit sagen, wann die dreizehn Teile dieses Meisterwerks geschrieben wurden oder wann Sun Dsï lebte. Da er die Armbrust erwähnt, aber nichts über die Kavallerie sagt, muß man ihn wohl in der Mitte des vierten vorchristlichen Jahrhunderts ansiedeln. Die traditionelle Geschichtsschreibung sagt, er sei hundert Jahre früher in Tschi geboren und habe Wu stark und gefürchtet gemacht, nachdem der König von Wu ihn trotz des Unfalls mit den Konkubinen in seinen Dienst genommen hatte.

Das mag eine Legende sein, aber Legende ist auch der ganze Sun Dsï. Er ist Chinas unbestrittener Clausewitz; Napoleon (der Europa davor warnte, den »schlafenden Löwen des Orients« zu wecken) hat ihn studiert und die militaristischen Japaner verehren ihn. Sein Genie ist zeitlos. Man mag die *Gespräche* des Konfuzius als Anachronismus ablehnen, aber den lebendigen Regeln der *Kunst des Krieges* mit ihren knappen Kapiteln zu allen Aspekten des Handwerks, von der Planung bis zur Ausführung, von der Ausnutzung des Terrains bis zum Einsatz von Spionen, kann man sich nicht verschließen.

Ungeachtet ihrer disziplinarischen Ansichten sind sich Wu Tschi und Sun Dsï mit den konfuzianischen Philosophen und mit Mao Tse-tung darin einig, daß zuerst der Mensch kommt. Greife keinen Staat an, in dem es dem Volk gut geht, wo die Herrscher mild regieren, Lohn und Strafe gerecht verteilt und Personen nach ihren Fähigkeiten befördert werden, warnt Wu Tschi. Danach erst erwähnt er eine starke feindliche Armee als weiteren Hinderungsgrund.

Ritual und Rechtschaffenheit sind Schlüssel zur Unüberwindlichkeit, »denn wenn die Menschen in ihren Häusern sicher sind und mit den Beamten auf gutem Fuß stehen, ist die Verteidigung schon stark genug; wenn die Sippen den eigenen König über alle anderen stellen, sind die Schlachten schon gewonnen«. Und Mencius hatte zu einer schmählichen Niederlage erklärt: »Nicht daß die Mauern niedrig, der Stadtgraben flach, die Waffen stumpf oder die Lebensmittel knapp gewesen wären, aber die *Menschen* ließen die Stadt im Stich und flohen.« Chinesen an der Großen Mauer und Franzosen in der Maginotlinie machten klar, was dieser Satz bedeutet, wenn auch zweitausend Jahre Geschichte dazwischenlagen.

Aber während Mencius eine großmütige Regierung für ein Mittel, die Leute glücklich zu machen, hielt, sah Sun Dsï darin eine Möglichkeit, wirkungsvoll Krieg zu führen – vorzugsweise ohne einen Finger zu rühren. Weil nämlich »Schlachten gefährliche Geschäfte« und »Waffen Werkzeuge mit bösem Omen« sind, ergibt sich als die wahre Kunst des Kriegs die heimtückische Kunst des Nicht-Kriegs, die Kunst, die Loyalität der eigenen Leute durch eine genau kalkulierte Politik der Milde auf einem Höchstmaß zu halten und gleichzeitig Moral und Einigkeit des Feindes zu vernichten, so daß er nicht einmal mehr zum Kampf antreten kann. Dann kann er in einem Unternehmen, das höchste Wirkung mit einem äußerst geringen Risiko für Menschen und Material verbindet, in die Knie gezwungen werden. Sun Dsï war mehr als ein Taktiker mit einer Kiste voller militärischer Tricks, der ein Handbuch für Helden schreibt. Er schrieb für Könige und Kommandeure, deren Ziel nicht der Kampf, sondern der Sieg war, und wie Machiavelli befaßte er sich mit einträglicheren Aspekten seines äußerst wettbewerbsorientierten Geschäftes als mit leichtsinnigen Gefechten.

Kein Land sollte sich auf einen größeren Feldzug einlassen, ohne sorgfältig die Kosten zu berechnen, bemerkt er, denn »es hat noch nie einen langwierigen Krieg gegeben, der dem Staat Gewinn gebracht hätte«. Das Proviantproblem bereitet Kopfschmerzen, die Truppen machen das Land arm, weil sie zu lang von seinen Erträgen leben, und am Ende werden sie selbst hungern müssen. Die Preise steigen, und der Nachschub an Kriegsgerät verschlingt sechzig Prozent der gesamten Staatsausgaben. Lege den Kampf so an, daß er in einer Jahreszeit abgeschlossen werden kann, rät Hsün Dsï, und vermeide vor allem, dich in langwierige Belagerungen vor Städten festzufahren. Sun Dsï ist der gleichen Ansicht (»Die Truppen werden erschöpft sein, und deine Nachbarn werden aus dieser Situation ihren Vorteil ziehen«) und Mao ebenfalls.

Außerdem sagt einem der gesunde Menschenverstand, mit dem Feind schonend umzugehen. »Die Armee verheert keine Felder. Sie bestraft nicht das einfache Volk, sondern nur jene, die sie irreführen, und Soldaten, die vom Feind überlaufen, dürfen nicht gefangengenommen werden«, sagt Hsün Dsï. Behandle Gefangene gut, fordert Sun Dsï. Das Ziel ist, sich Freunde zu schaffen, nicht noch mehr Feinde. Sein Kapitel mit der Überschrift »Kriegführung« bringt gräßliche Beispiele dessen, was passieren kann, wenn man siegreichen Truppen erlaubt, Gefangene zu verstümmeln oder so unverschämt Beute zu machen, daß der aufs äußerste gereizte Feind sich wieder erhebt, um sie aufzureiben. Wu Tschi gibt ähnliche Ratschläge, die Herzen der anderen Seite zu gewinnen, und Hsün Dsï verurteilt die verbreitete Sitte, die Einwohner jeder eroberten Stadt niederzumetzeln.

Es gibt keine größere Torheit als einen unrentablen Feldzug gegen den einen Feind, wenn dadurch der Staat für den Angriff eines anderen entblößt wird, glauben die Chinesen. Sie erinnern an den schlimmen Fall des Herrschers von Wu, der im 6. Jahrhundert v. Chr. mehrere langwierige Kriege mit seinen zivilisierten Nachbarn im Reich der Mitte führte, dabei aber den barbarischen Staat Jüeh in seinem Rücken vergaß. Sein berühmter erster Minister, Wu Dsï-hsju, hatte nicht nur seine Bestürzung über diese Torheit ausgedrückt, sondern seinen Sohn nach Tschi in Sicherheit gebracht. Der König war erbost über dieses Mißtrauen und befahl ihm, sich das Leben zu nehmen. Der Ratgeber folgte dem Befehl, aber bevor er sein Leben aushauchte, rief er: »Reiße mir die Augen aus und hefte sie an das Tor von Wu, damit ich den triumphalen Einzug von Jüeh sehen kann.« Wenig später wurde Wu von Jüeh vernichtet. Der König beging Selbstmord und »verhüllte sein Gesicht, um nicht in einer anderen Welt dem vorwurfsvollen Blick seines Ministers zu begegnen«.

Verschwendung ist eine unverzeihliche Sünde – die Verschwendung durch unnötige, langwierige und blutige Kriege, in denen aus Dummheit Menschenleben und Geld hinausgeworfen werden, aus Grausamkeiten eher neue Feinde erwachsen, als daß sie ausgeschaltet würden, und wertlose Siege unregierbaren Landgewinn einbringen. Wu Tschi verspottet die »Nächstenliebe« derer, die um mutwillig auf dem Schlachtfeld geopferte Männer trauern. Denn ein verantwortungsbewußter Kommandeur hat die Aufgabe, alles zu tun, was den ganzen Vorgang so schmerzlos wie möglich macht.

Und wie stellt man das an? Setze zuerst Geheimdiplomatie und Geheimagenten ein, um »die Strategie des Feindes anzugreifen«, wie Sun Dsï es ausdrückt. Säe Zwietracht zwischen König und Minister, stachle das Volk zum Aufstand an, untergrabe die Disziplin der Armee. Die Ermordung des besten Generals eines Herrschers könne schon ausreichen, um seine Pläne durcheinanderzubringen und ihn zum Nachgeben zu zwingen. Brich danach seine Bündnisse auf, indem du den Freund auf den Freund mißtrauisch machst: buhle um die Gunst des einen, vergifte den Sinn des anderen, bringe den einen Feind dazu, den anderen in Schach zu halten. Wenn alle ihre Pläne durchkreuzt und sie selbst isoliert sind, unterwerfen die Gegner sich womöglich, ohne einen einzigen Pfeil abzuschießen.

Auch wenn das nicht so glatt geht, hat man mit Lügen und Beamtenbestechung ein Mißverhältnis der Kräfte geschaffen, so daß ein Feind ohne schwere Verluste auf beiden Seiten schnell im Feld geschlagen werden kann. Als nächstes muß also seine Armee angegriffen werden. Aber man darf sich nicht blind und Hals über Kopf auf ihn stürzen. »Beobachte die Absichten und Bewegungen des Gegners«, sagt Hsün Dsï, »versuche, genaueste Berichte über ihn zu erhalten und prüfe unbedingt deren Zuverlässigkeit.« »Kenne deinen Feind und kenne dich selbst, und in hundert Schlachten wird dir keine Gefahr drohen«, ergänzt Sun Dsï und läßt sich dann über die Bedeutung der Spionage aus. Spare nicht am Geld für den Nachrichtendienst, betont er, denn das Vorherwissen bekommt man nicht von Göttern und Geistern, sondern von Menschen.

Man muß fünf Arten von Agenten einsetzen, und wenn sie alle gleichzeitig arbeiten, kann man die Informationen wie ins Netz gegangene Fische an einer einzigen Leine einziehen. Erstens gibt es einheimische Agenten, die gewöhnliche Einwohner des feindlichen Landes sind. Zweitens verfügt man über »Innenagenten«, Beamte des Feindes, die für dich arbeiten, weil sie aus ihrem Amt rausgeworfen oder bei einer Beförderung übergangen worden sind, die Geld brauchen oder habgierig sind oder einen Fuß in beiden Lagern haben wollen. Wenn du sie bezahlst, hast du sie in der Hand.

Dann kommen die Doppelagenten, die der Feind in dein Land geschickt hat und die du umdrehst und gegen ihn verwendest, danach die »entbehrlichen Agenten«. Entbehrliche Agenten sind Spione, bei denen du falsche Informationen durchsickern läßt und sie dann auf ihre Mission in Feindesland schickst. Werden sie dort gefangen und kräftig genug gefoltert, geben sie deine irreführenden Erfindungen mit überzeugendem Widerwillen an deinen Gegner weiter (wenn der Feind herausbekommt, daß alles nicht stimmt, wird er den Agenten leider umbringen, aber dieser Preis muß bezahlt werden). Schließlich gibt es noch die Agenten mit guten Beziehungen, die klug genug sind, sich dumm zu stellen, und die zwischen Staaten im Kriegszustand beliebig pendeln können.

Das alles ist eng miteinander verflochten. Der Kommandeur braucht die Doppelagenten, um einheimische Agenten anzuwerben und herauszufinden, wie der Gegenspieler zu seiner Selbstzerstörung verleitet werden kann. Dann kann ein entbehrlicher Agent hingeschickt werden, der ihn auf die erwünschte falsche Spur bringt. Wichtig ist, daß die Spione nicht nur die Eigenarten, Stärken und Schwächen, sondern auch die Verbindungen, die schwachen Seiten und die Ehrlichkeit aller führenden Persönlichkeiten im Feindesland, auch der Stabsoffiziere, Hofbeamten, Torhüter und Wachen aufdecken, wenn man, wie Sun Dsï sagt, »Armeen schlagen, Städte stürmen – oder Menschen umbringen will.«

Die Abwärtsstrategie

»Jeder Krieg beruht auf Täuschung«, erklärt Sun Dsï kurz und bündig, und der erfolgreiche Kommandeur darf deshalb nicht nur mit seinen Spionen, sondern auch mit seinen Soldaten mogeln. Wenn du im Feld stark bist, versuche, schwach zu scheinen, fordert er. Wenn du nahe bist, tu so, als wärest du noch weit entfernt und umgekehrt. Marschiere auf Umwegen, um den Feind ahnungslos zu überraschen. Täusche Verwirrung vor und schlage dann plötzlich zu. Gib dich unterlegen, um den Feind selbstsicher zu machen. Lege ihm Köder aus und erwarte ihn im Hinterhalt. Treibe seine Generäle zu leichtsinnigen Handlungen an: Als einmal ein Herrscher an der Spitze von hunderttausend Mann eine Stadt belagerte, schickte der schlaue Kommandeur dem angreifenden Potentaten als Geschenk einen versiegelten Krug mit »Wein«, der in Wirklichkeit Urin enthielt. Wutschnaubend warf darauf der Monarch seine gesamte Streitmacht in einem massiven

Dauerangriff gegen die Stadt, die der Witzbold hielt, bis er nach dreißig Tagen über die Hälfte seiner Armee verloren hatte.

Sun Dsï ist, wie überall, auch auf dem Gebiet der Täuschung ein Fachmann ersten Ranges. Kommandeure, die Schwäche, Unordnung und Feigheit vor dem Feind simulieren wollen, erinnert er daran, sich erst einmal zu versichern, ob ihre Truppen auch wirklich bestens organisiert, mutig und stark sind. Immer noch ist es typisch chinesisch, daß eine Szenerie lärmender, zielloser und verworrener Aktivität das Produkt von Menschen ist, die ganz genau wissen, was sie zu tun haben und es mit erschreckender Geschwindigkeit erledigen.

Sun Dsï wäre von der im Ersten Weltkrieg in Flandern angewandten Fleischwolftaktik entsetzt und angewidert gewesen, ebenso von vielen der dafür verantwortlichen Generäle. In der chinesischen Tradition sind furchtlose Holzköpfe und ordenssüchtige Menschenschinder stümpernde Amateure in einem gefährlichen Unternehmen, das Sachkenntnis und Sorgfalt verlangt. »Jeder Erfolg hängt von der Umsicht ab«, sagt Hsün Dsï mit Nachdruck. »Sei vorsichtig und niemals nachlässig: in deiner Strategie, bei deinen Offizieren, den Mannschaften und deinem Feind.« Der gute General ist besonnen und mißtrauisch vor Hinterhalten, sagt Sun Dsï. Er weiß, daß man »manche Straßen nicht benutzt, manche Armeen nicht angreift, manche Städte nicht belagert, manche Stellung nicht herausfordert«.

Zwei der schlechtesten Eigenschaften eines Kommandeurs sind Voreiligkeit und ein aufbrausendes Wesen. Ungestüme Offiziere, die mit einem Gewaltmarsch den Gegner in einem unbekannten Land verfolgen, werden mit ihrer umherirrenden Kolonne, die reif für einen Überfall ausgeruhter Truppen aus dem Hinterhalt ist, schnell verloren sein. Aufklärungsverbände, die den Feind auskundschaften sollen, müssen sich wieder zurückziehen, sei es auch noch so verlockend, weiter vorzustoßen. »Ihr einziger Zweck ist es, zu fliehen«, hält Wu Tschi fest. Einmal rückte ein Hauptmann unter Wu Tschis Kommando vor, ehe die Schlacht begonnen hatte, weil er seinen Eifer nicht zügeln konnte, und kehrte mit den Köpfen zweier Feinde zurück. Der General ließ ihn auf der Stelle enthaupten. »Ein begabter Offizier«, war sein betrübter Kommentar, »aber ein ungehorsamer.« Männer, die ohne Befehl vorrücken, müssen genauso streng bestraft werden wie jene, die ohne Befehl zurückweichen.

Die Tradition, daß Mut und Vorsicht im Beruf Hand in Hand gehen, war viel älter. 684 v. Chr. befanden sich die Staaten Lu und Tschi im Kriegszustand, und als sich ihre Armeen auf dem Schlachtfeld trafen, blies Tschi zum Sturm auf ganzer Front. Die Kriegstrommeln dröhnten im Gleichklang, mörderische Schreie erfüllten die Luft, und die massierten Truppen brandeten wie eine Flutwelle nach vorn. Der Herzog von Lu wollte seinen Truppen gerade das Signal zum Angriff geben, als ein Ratgeber[1] rief: »Langsam! Der Feind ist jetzt zu stark. Du darfst nicht unbesonnen sein.« Darauf wurden die Truppen angewiesen, nicht vorzugehen, sondern die Stellung zu halten. Kein unbedachter oder voreiliger Schritt war erlaubt.

Die Armee von Tschi rannte dreimal vergeblich gegen die Verteidigungslinien von Lu an. Dabei warfen sie dem Feind Beleidigungen an den Kopf, er sei zu feige, um herauszukommen und zu kämpfen, bis schließlich der Berater des Herzogs das Signal zum Angriff gab. Die Trommeln wurden gerührt, die frische Armee von Lu lieferte eine wilde Attacke, und die abgekämpften Truppen von Tschi wurden gleich herdenweise niedergemetzelt. Als aber der Herzog wollte, daß seine Leute dem abgeschlagenen Feind nachsetzten, hielt sein Ratgeber den Vormarsch erst einmal auf, bis er die Spuren der Streitwagen und Pferdehufe untersucht hatte. Erst dann gab er den Truppen von Lu den Befehl, die Feinde zu verfolgen und zu töten, aber nicht weiter als zehn Kilometer vorzudringen.

Der Herzog lobte seinen schlauen Adjutanten für diese Ratschläge. Da das Ergebnis einer Schlacht in erster Linie vom Eifer und der Energie der Truppen abhing, war es eine vernünftige Vorsichtsmaßnahme, die Ungleichheit der Kräfte umzukehren, indem man dem Feind in drei Attacken den Wind aus den Segeln nahm und die eigenen Truppen noch ausruhen ließ. Genauso umsichtig war es, seine Spuren zu prüfen, wenn er sich zurückzog, damit man mit Sicherheit wußte, ob seine Streitwagen in wirrem Durcheinander waren und seine Regimentsfahnen überall verstreut lagen, ob er also wirklich Hals über Kopf floh und den Gegner nicht etwa in einen Hinterhalt lockte.

Man darf sich von der übertreibenden Bravour vollendeter chinesischer Rhetorik nicht dazu verleiten lassen zu denken, die militärische Theorie sei im Reich der Mitte hauptsächlich blauer Dunst gewesen und sei es immer noch. Sie enthält eine Menge eiskalter Logik. »Erhebe dich rasch wie ein starker Wind«, predigt Sun Dsï. »Greife an wie ein rasendes Feuer. Hältst du still, sei wie ein Berg. Bewegst du dich, sei wie der Donner, der schneller rollt, als ein Mensch sich die Ohren zuhalten kann, sei wie der Blitz, der schneller ist, als ein Mensch blinzeln kann.« Noch mehr fliegende Drachen? Aber sehen wir, wie er einem Kommandeur rät, diese geheimnisvolle und schreckliche Wirkung zu erzielen:

»Kämpfe bergab«, sagt er knapp. Der besonnene General kämpft nur, wenn die Bedingungen günstig für ihn sind und er sicher ist, zu gewinnen. Übertrifft er den Feind um das Zehnfache, umzingelt er ihn; steht es fünf zu eins, greift er direkt an; bei zwei zu eins versucht er, ihn zu spalten; sind beide Seiten gleich stark, kann er den Feind vielleicht binden. Wird er aber zahlenmäßig übertroffen, muß er eine Rückzugsmöglichkeit haben: »Eine kleine Truppe ist eine leichte Beute für eine größere.«

Er greift keinen Gegenspieler an, der in guter Ordnung vorrückt, sich auf höher gelegenem Gelände befindet oder die Hügel hinter sich hat. Tut der Gegner, als wolle er fliehen, fällt er nicht auf den ausgelegten Köder herein, ihn zu verfolgen. Er kommt einer Armee, die schon auf dem Rückzug in ihr Land ist, nicht in die Quere. Niemals bedrängt er einen Feind, der mit dem Rücken zu einer Wand oder einem Fluß steht (»Gestellte wilde Tiere wehren sich verzweifelt. Um wievieles mehr trifft dies auf Menschen zu? Wenn sie wissen, daß es kein Ausweichen gibt, kämpfen sie bis zum letzten«).

Der gute Kommandeur ist auf alles gefaßt, geschmeidig, schnell und schwer faßbar, er schlägt zu, wenn die Hiebe zählen, duckt sich, wenn der Feind zurückschlägt, und hält den Kopf nicht hin. Er behält sich durch reine Beinarbeit die Initiative vor, manipuliert und »formt« seinen Gegner und läßt sich niemals von ihm manipulieren. Er veranlaßt den Feind zum Gefecht (und nicht umgekehrt), indem er ihn mit der Aussicht auf leichtes Spiel lockt, oder er überrascht ihn durch einen schnellen Vormarsch auf unbewachten Straßen und durch große Umwege, um plötzlich aus einer unvorhergesehenen Richtung aufzutauchen. 1975 hatten die Russen etwa fünfundzwanzig Divisionen nahe der Grenze zur Mandschurei stationiert, aber der größte Teil der chinesischen Streitkräfte zur Verteidigung des Nordostens war mehrere hundert Kilometer südlich der Grenze konzentriert. Die Region war zwar eine Schatzkammer mit ihren Rohstoffen und gigantischen Industriekomplexen, aber die Chinesen hatten nicht vor, den Feind die Provinz über ihre Leichen einnehmen zu lassen. Sie hatten nicht die Absicht, um jeden Fußbreit Land zu kämpfen und dabei zu riskieren, von den wendigen mechanisierten sowjetischen Panzerkolonnen eingekreist zu werden. Sie wollten sie in voller Stärke erwarten und erst zurückschlagen, wenn sie den erschöpften und verausgabten Feind bei einem Kraftstoffstand von Null packen konnten.

Ein General, der nur angreift, was der Gegner nicht hart verteidigt, gewinnt immer, denn der Gegner weiß nicht, was er verteidigen soll. Er wird sich gezwungen sehen, seine Kräfte zu zersplittern, um alle möglichen Ziele zu schützen, und »wenn ich zusammenziehe, während er teilt, kann ich mit meiner vollen Stärke einen Teil seiner Truppen angreifen, wo auch immer ich will … denn wenn er sich überall vorbereitet, wird er überall schwach sein.«

Der Kommandeur vermeidet unökonomische direkte Konfrontationen und verwirrt seinen Gegner mit falschen Informationen. Zur Täuschung vervielfacht er die Zahl der Trommeln und Fahnen und Lagerfeuer, wo nur wenige Männer sind, wendet ständig andere Listen an und gibt seinen Truppen keine erkennbare Form. Denn »eine Armee kann mit dem Wasser verglichen werden, und wie fließendes Wasser Steigungen meidet und bergab läuft, geht eine Armee der Stärke aus dem Weg und schlägt die Schwäche«.

Mehr als ein Jahrhundert später als Sun Dsï gelebt haben soll, gab sein Nachkomme Sun Bin eine klassische Vorführung, wie die Vorschriften des Ahnen in die Praxis umgesetzt werden konnten und wie gerade die Stärke eines Feindes mit beinahe übernatürlicher Wirkung gegen ihn verwandt wurde. Sun Bin wurde Stabschef der Armee von Tschi, als sie mit den gewaltigen Streitkräften von Wej im Kampf lag. Sun Bin beriet den Kommandeur: »Die Soldaten von Wej sind wild und tapfer und verachten die Männer von Tschi als Feiglinge. Ein geschickter Stratege sollte das ausnutzen und sie mit der Aussicht auf leichten Erfolg ködern. Nach der *Kunst des Krieges* verliert eine Armee, die hundert *li* hinter dem Erfolg hereilt, ihren General, und wenn sie nur fünfzig *li* dahineilt, erreicht höchstens die Hälfte das Ziel.« Um also den siegessicheren Feind anzulocken, schlug Sun Bin vor: »Wir wollen hunderttausend Feuer anzünden, wenn wir in Wej einmarschieren, fünfzigtausend am nächsten Tag und nur dreißigtausend am dritten.«

Dieser Plan wurde ausgeführt, und Pang Dschwan, der Kommandeur der gegen die Truppen von Tschi aufgestellten Armee von Wej, rief voller Freude: »Ich wußte doch, daß die Männer von Tschi Feiglinge sind. Schon nach drei Tagen ist die Hälfte von ihnen desertiert!« Also ließ er seine schwere Infanterie zurück, ging dem offenbar dezimierten Feind mit leichtbewaffneten Elitetruppen entgegen und rückte doppelt so schnell wie gewöhnlich vor.

Sun Bin schätzte, daß die Verfolger etwa bei Einbruch der Dämmerung die enge Schlucht erreichen würden, in die er sie lockte. Er löste also die Rinde von einem großen Baum, malte auf den Stamm: »Pang Dschwan stirbt unter diesem Baum« und stellte zehntausend Bogenschützen versteckt auf. Pang Dschwan erreichte den Platz in der Dämmerung und zündete eine Fackel an, um lesen zu können, was auf den geschälten Stamm geschrieben war. Die Falle fiel zu, die verlorenen Truppen von Wej gerieten in völlige Verwirrung, und der gedemütigte General Pang Dschwan schnitt sich die Kehle durch. Sun Bin, der lange für den Autor der *Kunst des Krieges* gehalten worden war, hatte seinen mächtigen Feind bis aufs Haar »geformt«.[2]

Die konfuzianische Ethik von Hsün Dsï, dem Militärphilosophen, hält den Kniffen Sun Dsïs die Waage. Hsün Dsï vertrat die Meinung, Betrug und Täuschung seien der Armee eines menschenfreundlichen Herrschers unwürdig. Riskante Taschenspielerei, die keine größere Sicherheit habe als die Hoffnung, der Feind werde sich an der Nase herumführen lassen, könne im Feld nicht geduldet werden. Alle legitimen Kriegslisten müßten durch angemessene Stärke und fehlerfreie logistische Beweise gestützt werden.

Kommandeure müssen vorsichtige, nachdenkliche Männer sein, die ihr Wort halten, nie dem Ruhm nachjagen, nie nach einem offensichtlichen Vorteil greifen, ohne in Ruhe die Nachteile abzuwägen, und in ihrer Siegesfreude nie vergessen, sich zu fragen, warum die andere Seite verloren hat, sagt Hsün Dsï. Sie müssen vor allem die Fähigkeit besitzen, das Vertrauen ihrer Leute und gleichzeitig Respekt vor ihrer Autorität zu gewinnen. Sie müssen gewissenhaft den Feind und seine Vorhaben studieren und, ob sie an der Grenze stationiert oder auf dem Marsch sind, dafür sorgen, daß die Verteidigung ihrer Lagerplätze und Vorrats- und Waffenlager unbezwingbar ist. Wenn man bei Sun Dsï an Rommel denkt, erinnert Hsün Dsï an Montgomery, und immer wieder in der chinesischen Geschichte haben Generäle unter dem starken Einfluß dieser beiden geistigen Schulen gestanden und sich häufig mit einer von beiden identifiziert.

Der halb legendäre Dschugë Ljang, den viele für den größten chinesischen Strategen nach Christi Geburt halten, soll seinen besten Kunstgriff angewandt haben, als seine Armee einmal weit entfernt war und eine feindliche Streitmacht von hundertfünfzigtausend Mann auf die isolierte Stadt zumarschierte, in der er nur mit einer kleinen Besatzung zurückgeblieben war. Um mit dieser heiklen Lage fertig zu werden, befahl er seinen wenigen Soldaten, alle Fahnen einzuholen und sich zu verstecken. Dann ließ er die Stadttore weit öffnen, setzte sich in der Kleidung eines Daoisten auf die Mauer, zündete ein paar Räucherstäbchen an und begann auf der Laute zu spielen. Die feindlichen Scharen näherten sich in einer Staubwolke, so groß war ihre Zahl. Als aber ihr erfahrener Kommandeur seinen berühmten Gegenspieler unbewaffnet auf der Mauer einer offenen Stadt sitzen sah, kam ihm sofort der Verdacht, das sei eine gefährliche Falle, und er zog sich zurück.

Diese Geschichte wird gewöhnlich als glänzendes Beispiel dafür erzählt, wie ein verwundbarer Dschugë Ljang einfach auf Grund seines weitverbreiteten Ruhms als militärischer Zauberkünstler mit einem mächtigen Gegner fertig wurde.

Aber das war doppelt durchtrieben von ihm. Denn Dschugë Ljang war ein »Hsün-Dsï-Mann«, der normalerweise niemals versucht hätte zu bluffen, ohne ein paar Trümpfe auf der Hand zu haben. Der feindliche Kommandeur wußte, daß er ein Schüler Hsün Dsïs war, und Dschugë Ljang war klar, daß er es wußte. Nun saß er aber ohne Verteidigung in der Klemme, und dies war die einzige Gelegenheit, bei der er zu einem solchen Mittel greifen mußte. Da er entgegen seiner sonstigen Gewohnheit handelte, konnte er den Gegner mit Erfolg täuschen.

Wie Hsün Dsï es fünfhundert Jahre vorher empfohlen hatte, baute Dschugë Ljang seine Getreidespeicher und Feldlager besonders stark, und seine Brunnen, Kochstellen und Latrinen waren ebenfalls stabil. Er nahm größte Rücksicht auf die Bevölkerung, und »wenn er mit seiner Armee auszog, war er wie ein fremder Gast, der im Ausland reist, denn es gab unter ihm weder Gewaltanwendung noch Plünderungen; oder wie ein Holzfäller, der die Bäume fällt, ohne die wilden Tiere in den Bergen zu stören«.

Durch seine Ehrlichkeit erwarb er sich die uneingeschränkte Treue seiner Leute, mit denen er streng, aber gleichzeitig gnädig umging, und seine Offiziere waren ihm aus ganzem Herzen ergeben. Als einmal der Feind angriff und seine Untergebenen vorschlugen, die Soldaten, die gerade ihren Heimaturlaub antreten wollten, zurückzuhalten, erwiderte Dschugë Ljang: »Ich befehlige eine große Armee, die auf gegenseitigem Vertrauen aufgebaut ist. Die Gedanken jener, die Reiseerlaubnis bekommen haben, sind schon wie Pfeile auf dem Weg nach Hause. Ihre Frauen und Kinder zählen die Stunden, die sie noch warten müssen. Mag die bevorstehende Schlacht noch so viele Gefahren bringen, dieses Vertrauen darf nicht gebrochen werden.« Darauf drängte er selbst die Soldaten zu gehen, aber sie bestanden darauf, dazubleiben und zu kämpfen, und der Feind wurde entscheidend geschlagen.

Auch Wu Tschi stand in dem Ruf, seine Mannschaften wie Brüder zu behandeln. Er trug die gleiche Kleidung und aß die gleiche Verpflegung. Wenn die Armee unterwegs war, ritt er nicht auf seinem Pferd, sondern marschierte mit den Soldaten, trug sein Gepäck auf dem Rücken und teilte all ihre Mühsal. Wenn einer ein Geschwür bekam, saugte Wu Tschi den Eiter heraus. Die Soldaten waren bereit, ihr Leben für ihn hinzugeben, ebenso wie sie es für Dschugë Ljang getan hätten, und sein Ruf als Krieger war makellos.

An den chinesischen Militärschulen werden nicht nur Beispiele aus der Geschichte Chinas zitiert, sondern auch aus Darstellungen westlicher Feldherrnkunst. Damit soll – schon einigermaßen chauvinistisch – bewiesen werden, daß alles glatt geht, wenn man die Prinzipien von Sun Dsï und Hsün Dsï respektiert, und wenn nicht, das Gegenteil eintritt. Im eisigen norditalienischen Winter von 1796, erfahren die Schüler, befehligte der noch junge Napoleon eine halbverhungerte Armee von dreißig- bis vierzigtausend Mann. Die Versorgung war knapp, die Ausrüstung mangelhaft, sie verfügten nur über vierundzwanzig schwere Geschütze und viertausend klapprige Pferde. Griff er aber Österreich jetzt nicht an, konnten die Österreicher jederzeit in Frankreich eindringen.

»Soldaten«, redete er deshalb zu seinen Leuten, »ihr habt Hunger und kaum noch Kleider auf dem Leib. Die Regierung schuldet euch viel, kann aber nichts für euch tun. Eure Geduld, euer Mut ehren euch, aber sie bringen euch weder Ruhm noch Gewinn. Heute jedoch werde ich euch in die fruchtbarste Ebene der Welt führen. Dort findet ihr große Städte und reiche Provinzen. Soldaten der italienischen Armee, fehlt euch der Mut?« Seine Soldaten waren dabei, denn er verlangte zwar strenge Disziplin, stand aber in dem Ruf, ein gerechter und mutiger General zu sein, der in den kritischsten Augenblicken einer Schlacht plötzlich neben seinen bedrängten Leuten auftauchen konnte. Er war tatkräftig, ein hervorragender Stratege, der sich selbst nie schonte, und hatte die Sympathie aller seiner Untergebenen.

Er plante nun, die südlichen Alpen vor der Schneeschmelze zu überqueren, um den Feind zu überraschen, und schickte zweihundert Soldaten vor, einen Weg über die Pässe auszukundschaften. Dann führte er den Hauptteil der französischen Armee auf die vereisten Berge, damit sie auf der anderen Seite auf die Österreicher herunterstoßen konnten, als kämen sie aus dem Himmel, und errang so einen glänzenden Sieg. Hundertsechsundsechzig Jahre später umging der kommunistische chinesische General Ding Scheng während des chinesisch-indischen Kriegs den strategisch wichtigen Sela-Grat und führte eine ganze Division über einen 4000 Meter hohen schneebedeckten Berg, von dem aus seine Soldaten den nichtsahnenden Indern in den Rücken fielen und ihnen eine demütigende Niederlage beibrachten.

Obwohl sich Napoleon um seine Leute sorgte, rückte er in Eilmärschen auf einer unbewachten Straße vor, um den Feind von einer unvermuteten Seite her zu überraschen. Er hatte wie ein Musterschüler Sun Dsïs gehandelt, und bis 1812 war sein Name in aller Munde. Aber von Zorn und Ehrgeiz verführt, plante er eine Strafexpedition und warf vierhundertfünfzigtausend Mann in die rauhe Grenzenlosigkeit des Russischen Reiches. Das konnte nur ein trauriges Ende nehmen. In den Augen der Chinesen hatte er Sun Dsï verspottet. Er hatte die Geduld verloren und eine erschöpfte Armee gegen einen Feind geführt, der ihn auf vertrautem Gelände erwartete, der sich sein Schlachtfeld aussuchen und »gewöhnliche« und »außergewöhnliche« Streitkräfte wirkungsvoll einsetzen konnte. Die Russen wichen Napoleon aus und verwandelten das Aufmarschgebiet in verbrannte Erde. Die Franzosen erfroren und verhungerten.

Die »gewöhnlichen« und »außergewöhnlichen« Streitkräfte, die Napoleons Armeen in Rußland und Spanien zu schaffen machten, waren die regulären Truppen, die gegen ihn aufgeboten wurden, und die örtlichen Partisanen. Aber das sind Begriffe Sun Dsïs, und sie haben eine weiterreichende Bedeutung. Beide arbeiten zusammen: »Wer kann sagen, wo die einen aufhören und die anderen beginnen?« Im Feld sind die »gewöhnlichen« Streitkräfte meist die Hauptarmee, die den Feind bindet, und die »außergewöhnlichen« die Spezialtrupps von Guerillas bis zu Panzern, die ihm in die Flanke fallen und ihn aufreiben. Nimmt man den Krieg als Ganzes, ist das Militär vielleicht das »Gewöhnliche«, das »Außergewöhnliche« aber die fünfte Kolonne, jene Spezialisten der wirtschaftlichen Kriegsführung, der politischen Spaltung, der Spionage und der Attentate. Es ist das Wechselspiel dieser Elemente, das den Feind zwingt, seine Kräfte zu zersplittern, und so dem scharfsinnigen Kommandeur erlaubt, seine ganze Stärke auf ein Zehntel der gegnerischen Macht zu werfen.

Angesichts einer modernen japanischen Armee im Zweiten

Weltkrieg entschieden sich die Chinesen für einen hinhaltenden Widerstand. Sie gingen häufig einer Schlacht aus dem Weg und ließen den Gegner seine Kräfte überspannen, als er immer mehr Städte besetzte, die aus einer von Guerillas geplagten ländlichen Umgebung versorgt werden mußten. Als die Japaner versuchten, die Guerillatätigkeit zu unterbinden, wandten die Chinesen die »Magnettaktik« an: sie lockten den Feind in die Berge, indem sie Fühlung aufnahmen und wieder abreißen ließen, und flohen dann durch vorbereitete versteckte Stellungen wieder zurück.

Hsü Jüeh befehligte als nationalistischer General die »gewöhnlichen« und »außergewöhnlichen« Truppen, die Tschangscha verteidigten. Die Japaner hatten dreimal vergebens versucht, die Hauptstadt der Provinz Hunan einzunehmen. Der General erklärte uns seinen Erfolg mit folgenden Worten: »Es handelt sich hier um Randgebiete mit Bergen und Seen, die Straßen sind uneben und steil, und wir können sie leicht unbegehbar machen. Der Feind muß weit vorstoßen, um an uns heranzukommen, aber die Berge stehen zusammen wie Hundezähne, und es ist für eine abwartende Armee leicht, sich überall in dem zerklüfteten Terrain zu verbergen. Unsere Leute liegen auf beiden Seiten im Hinterhalt, um dem Japaner Zangenangriffe zu liefern, und er sitzt fest wie in einem Netz. Der Transport von Verpflegung und Munition kann nur mit Lasttieren abgewickelt werden, und mechanisierte Truppen sind zwecklos. Deshalb kann der Feind vernichtend geschlagen werden.« Das war der Landschaftstyp der »steilen Felsen, tiefen Höhlen, undurchdringlichen Dickichte und trügerischen Sümpfe«, den der umsichtige Kommandeur, wie Sun Dsï es ausdrückt, »so schnell wie möglich verlassen muß, ohne tiefer einzudringen.«

Der General hatte eine typisch chinesische Mischung aus »gewöhnlichen« und »außergewöhnlichen« Streitkräften zusammengewürfelt. Die »gewöhnliche« nationalistische Armee stellte sich dem Feind nördlich von Tschangscha entgegen, während die »außergewöhnlichen« Guerillas hinter den japanischen Linien operierten. Aber andere »außergewöhnliche« Guerillaeinheiten waren gleichzeitig in der unmittelbaren Umgebung der Stadt aktiv und unterstützten die »gewöhnliche« Armee, und innerhalb dieser Guerillakontin-

117

gente waren wiederum »gewöhnliche« Truppen. »Die Kombinationsmöglichkeiten sind unbegrenzt«, hatte Sun Dsï bemerkt. »Niemand kann sie erfassen.«

Mao Tse-tung, der einmal sagte, »die Einsätze der Volksguerillas und der Hauptstreitkräfte der Roten Armee ergänzen sich wie der linke und der rechte Arm eines Menschen«, war der geschickteste Repräsentant der Anwendung von »Gewöhnlichen« und »Außergewöhnlichen«. Die Etappen, in denen die Handvoll Irregulärer, die er 1927 auf den Höhen des Dschinggangschan anführte, innerhalb von zweiundzwanzig Jahren zu einer unwiderstehlichen Dampfwalze von fünf Feldarmeen wuchs, waren ein Beispiel, wie man zwei Streitkräfte im Rahmen eines »Volkskrieges« kombiniert, der fast ebenso kompliziert war wie das Wirken von *jang* und *jin*.

Mao lieferte den überzeugenden Beweis dafür, daß die Theorien von Sun Dsï noch leben – und Erfolg haben. Seine flexible Guerillataktik unterscheidet sich von den Lehren des Meisters nur in einem bedeutenden Punkt: Sun Dsï ist gegen einen langwierigen Krieg, wie ihn Mao gegen Nationalisten wie Japaner führen mußte, denn fast während der ganzen Zeit war er zahlenmäßig bei weitem unterlegen. Doch war es gerade diese Schwäche, die ihn dazu brachte, sich treu an die Lehren Sun Dsïs zu halten. »Meine Strategie ist einer gegen zehn«, sagte er, »meine Taktik zehn gegen einen.« Das entsprach haargenau Sun Dsïs Rat, den Feind aufzusplittern und dann alle verfügbaren Kräfte auf einen Bruchteil der feindlichen Armee zu konzentrieren. Das berühmteste von Maos militärischen Versen faßt Sun Dsïs Rat, der Stärke auszuweichen, die Schwäche zu treffen, den Gegner zu ermüden und sich nur, wenn der Sieg gewiß ist, auf einen Kampf einzulassen, hübsch zusammen:

> *Der Feind rückt vor, wir gehen zurück;*
> *Der Feind kampiert, wir stören ihn;*
> *Der Feind wird müde, wir greifen an;*
> *Der Feind weicht zurück, wir gehen ihm nach.*

»Wenn du gewinnen kannst, kämpfe, wenn du nicht gewinnen kannst, flieh!« rät Mao tatsächlich, und seine militärischen Schriften paraphrasieren immer wieder Sun Dsï, ob er über die unbedingte Notwendigkeit, den »Feind zu kennen«, spricht oder über die Vorteile der Täuschung, die Gefahren überstürzten Handelns (aber die Vorteile von Schnelligkeit und Entschlossenheit), die Vorzüge, die andere Seite hinzuhalten, die logische Einsicht, mit Gefangenen gnädig umzugehen und die Bevölkerung für sich zu gewinnen, die Torheit, gegen einen überlegenen oder in einer befestigten Stellung liegenden Gegner zu kämpfen, oder den Kardinalfehler, zuerst die Städte anzugreifen.

Der Chinese von heute ist empfänglich für die pragmatische Gefühllosigkeit der alten Strategen (Sun Dsï: »Es gibt fünf Arten, mit Feuer anzugreifen: die erste ist, die Besatzung zu verbrennen«), für ihre pragmatische Vorsicht (Lin Piao: »Die Kriegsführung muß, zusätzlich zu den persönlichen Anstrengungen, zu drei Teilen aus Risiko und sieben Teilen aus Sicherheit bestehen«) und für die pragmatische Bedeutung, die sie vor allem dem Elan der beteiligten Soldaten beimessen.

»Was ist ein echtes eisernes Bollwerk?« fragte Mao. »Das sind die Massen, die Millionen und aber Millionen von Menschen, die aufrichtig und ehrlich die Revolution unterstützen. Das ist die Bastion, die von keiner Macht der Erde zerschmettert werden kann. Wenn wir Millionen und aber Millionen von Menschen um unsere Revolutionsregierung scharen und den revolutionären Krieg ausweiten, werden wir die Konterrevolution ersticken und ganz China gewinnen.«[3]
Und er gewann es.

Der Ritter und der Parvenu

Hsün Dsï erteilte allen eine Abfuhr, die behaupteten, eine Herrschaft der Angst schaffe größere Stabilität als eine Herrschaft der Liebe. Er wies ironisch auf das klägliche Schicksal eines Tyrannen hin, der durch das ganze Jahr hindurch »mordete und schlachtete, so daß seine Minister und das Volk von Grauen erfüllt waren. Doch als der Feind über ihn herfiel, wurde kein einziger seiner Befehle befolgt.« Monarchen sollten kraft ihrer Autorität Ehrfurcht einflößen, aber ihre Autorität selten geltend machen. »Tschin ist vier Generationen lang siegreich gewesen, und doch hat es in ständiger Angst und Erwartung der Vernichtung gelebt.«

Der Erste Kaiser von Tschin, der mächtigste Mann seiner Welt, lebte in solcher Furcht vor seiner Umgebung, daß er alle zweihundertsiebzig Pavillons seines phantastischen Palastes in Hsienjang durch geschützte Gänge verbinden ließ, um ungesehen von einem zum anderen eilen zu können. Jede Nacht schlief er in einem anderen Gemach, und jeder, der die Torheit besaß, über seine Schritte im voraus zu sprechen, wurde auf der Stelle enthauptet. Als er während einer kaiserlichen Inspektionsreise starb, wußten nur sein legalistischer Minister Li Ssï und eine Handvoll Eunuchen davon. Sie verbargen ihr gefährliches Wissen, indem sie einen Karren hinter der Kutsche des Kaisers mit gesalzenen Fischen füllten, um den Gestank des verwesenden Leichnams zu überdecken.

Denn der gesetzmäßige Thronerbe hatte sich der Bücherverbrennung widersetzt, und sowohl Li Ssï als auch sein enger Bundesgenosse, der Obereunuch Dschao Gao, fürchteten nun, er werde sofort ihre Hinrichtung befehlen. Sie fälschten deshalb ein kaiserliches Dekret, das dem Sohn befahl, sich das Leben zu nehmen. Der Prinz gehorchte in der Annahme, sein Vater sei noch am Leben, und sein jüngerer Bruder wurde der »Zweite Kaiser«.

Dschao Gao drangsalierte dann diesen einundzwanzigjährigen Schwächling, bis der ihm alle Vollmachten übertrug. Darauf setzte er die engsten Ratgeber des Ersten Kaisers an die Luft, ließ Li Ssï zu Tode foltern, verschärfte die ohnehin schon schmerzlich drückenden Gesetze noch mehr, führte maßlose Steuern ein und machte sich anscheinend daran, das Land in der kürzest möglichen Zeit zu ruinieren. Bevor noch der Zweite Kaiser zwölf Monate auf dem Thron gesessen hatte, erhob daher der erste Rebell seine Stimme, das Reich »antwortete wie ein Echo«, und 207 v. Chr. stürzte die Tschin-Dynastie.

Das klischeehafte Szenarium kommt in Variationen immer wieder in der chinesischen Geschichte vor. Irgendwann kommt der Tag, an dem die Eunuchen die engsten und einzigen Gefährten eines jungen, leicht zu beeinflussenden Kaisers sind, der in seinem weitläufigen, durch Mauern geschützten Palast von seinen Millionen Untertanen isoliert ist, und sie machen sich an die unlösbare Aufgabe, ihre unersättliche Gier nach Macht, Luxus und Reichtum zu befriedigen. Das ist dann die Endstation. Ein Held steht auf, um das alte, korrupte Regime zu stürzen und an dessen Stelle eine neue, kraftvolle Dynastie zu gründen, die zwei oder drei Jahrhunderte übersteht, bis sie ihrerseits alt und korrupt wird.

Bevor dieser Mann des Schicksals jedoch auftritt, gibt es manchmal ein paar Fehlstarts. Jüan Schï-kai, der erste »Präsident« des republikanischen China, der sich 1912 den Mantel der Mandschu-Dynastie aneignen wollte, fiel einem fatalen Irrtum zum Opfer: er plante insgeheim, die eine kaiserliche Tyrannei durch eine andere zu ersetzen. Und mehr als zweitausend Jahre vor ihm hatte Tschen Sche den gleichen Fehler gemacht.

Tschen Sche war ein Bauernknecht, der seinen Wehrdienst abzuleisten hatte. Aus Furcht, enthauptet zu werden, weil er zu spät zum Dienst erschien, wählte er die Alternative, eine Rebellion anzuzetteln, und rief sich, dem Tschin-Kaiser zum Trotz, zum König des ehemaligen Lehnsstaates Tschu aus. Er regierte rücksichtslos sechs Monate lang, bis er ermordet wurde. Rebellierende Generäle folgten seinem Beispiel und erhoben sich in anderen Staaten. Und während die Ausscheidungsrunden zwischen den rivalisierenden Kämpfern um die Vormacht das Reich in immer größere Wirren stürzten, wurde das Feld für das letzte dramatische Duell freigemacht, in dem die Lehren der großen chinesischen Strategen eindrucksvoll auf die Probe gestellt — oder verhängnisvoll ignoriert werden sollten.

Es wird erzählt, Hsjang Jü habe doppelte Pupillen gehabt, in einer Pupille noch eine zweite, aber verläßlicher als diese Geschichte ist, daß er ein einziges Ziel hatte. Als er als junger Mann den Tschin-Kaiser in einer Prozession vorbeiziehen sah, bemerkte er verächtlich: »Dieser Bursche könnte leicht entthront und ersetzt werden.« Er war der Nachkomme einer langen Reihe von Generälen, die von Tschu belehnt worden waren, ein hochgewachsener, energiegeladener Aristokrat, der ohne Hilfe einen Bronzekessel aufheben konnte. Er hatte als Kleinkind seine Eltern verloren und lebte bei seinem Onkel Hsjang Ljang. Allerdings bereitete er seinem Gönner mehr Ärger als Freude, denn er machte sich über so edle Beschäftigungen wie Schönschreiben und Fechtübungen nur lustig: »Schreiben ist nur gut dazu, Namen aufzubewahren, und ein Fechter kann nur mit einem einzigen Gegner kämpfen«, protestierte er. »Ich möchte lernen, wie man gegen zehntausend kämpft.«

Zu seiner großen Freude erklärte sich also sein Onkel bereit, ihn in militärischer Strategie zu unterrichten. Aber er war viel zu ungeduldig, noch länger zu lernen, als er glaubte, die Grundbegriffe erfaßt zu haben. Er war im Grunde ein Mann der Tat mit einem unkomplizierten Wesen. Er war ritterlich, zuverlässig, voller hochfliegender Pläne, entschlossen, unnachgiebig und leidenschaftlich – hundertneunzig Zentimeter eines leicht reizbaren Helden und gewaltigen Kämpfers. Seine Karriere begann, als die Wellen der Revolte um seinen Heimatort in der Gegend von Wu Dschung[1] hochgingen und sein Onkel beschloß, selbst einen Aufstand anzuzetteln. Hsjang Jü eröffnete die Partie, indem er einem örtlichen Gouverneur den Kopf abschnitt und dann einige Dutzend seines Personals abschlachtete, um die übrigen gefügig zu machen.

Wilder kaltblütiger Mord gehörte zur Natur dieses verwegenen, draufgängerischen Banditen, der vor nichts zurückschreckte und bis zu seinem Tod nicht begriff, warum er die Schlachten gewann, aber das Reich verlor. Die Verteidiger der ersten Stadt, die ihm Widerstand leistete, wurden bis auf den letzten Mann niedergemacht. Er sollte später zweihunderttausend Soldaten von Tschin, die sich ihm ergeben hatten, massakrieren, die Hauptstadt von Tschin dem Erdboden gleichmachen und sämtliche Bewohner umbringen. Er hätte auch alle über fünfzehn Jahren in einer anderen standhaft verteidigten Stadt getötet, wäre es ihm nicht von einem Zwölfjährigen ausgeredet worden. Der Junge appellierte allerdings nicht an sein Mitgefühl, sondern an seinen gesunden Menschenverstand: »Wie kannst du auf diese Art die Herzen des Volkes gewinnen?« rief das Kind. »Es gibt weiter östlich noch mehr als ein Dutzend Städte, die jetzt natürlich zu große Angst haben, sich dir zu unterwerfen.«

Hsjang Jü ließ einen unvorsichtigen Spaßvogel in siedendes Wasser werfen, weil der ihn einen »Affen mit einem Hut auf dem Kopf« nannte, als er eine kleingeistige Sehnsucht nach seinem Heimatdorf gezeigt hatte. Er ließ einen feindlichen General verbrennen und einen anderen sieden, als er erfuhr, daß deren in die Enge getriebener König durch eine List entkommen war, und drohte einer vornehmen Geisel das gleiche an, falls deren Sohn sich nicht ergab. Doch er verachtete sein eigenes Leben genauso wie das anderer. Der Grausamkeit auf ganzer Linie war sein waghalsiger persönlicher Mut ebenbürtig: so hielt er einmal einen Meisterschützen davon ab, aus nächster Nähe einen Pfeil auf ihn abzuschießen, indem er ihn einfach wütend anbrüllte. Seine Grausamkeit diente ausschließlich der eigenen Armee und eigenen Zielen, dem Geschäft und nicht dem Vergnügen. In seinem privaten Umgang war er grausam oder freundlich, je nach seiner augenblicklichen Stimmung, und es war denn auch eher seine Milde als seine Härte, die ihn ins Verderben führte.

Das war nicht von Anfang an offensichtlich. Sobald Hsjang Ljang die Amtssiegel des toten Gouverneurs in seinen Besitz gebracht hatte, stachelte er das Gebiet zum Aufstand gegen die Tyrannei von Tschin an. Die Elite von Tschu lief ihm zu, und er griff zu einem vernünftigen Mittel, um die Rebellion nachträglich in ihren Augen zu legitimieren. Er machte nämlich den Enkel ihres letzten rechtmäßigen Herrschers, den Tschin entthront hatte, ausfindig und hob ihn mit großem Pomp und Zeremoniell als König Hwai von Tschu auf den Thron.[2] Seine Armee wuchs rasch auf hunderttausend Mann an, und mit vierundzwanzig Jahren war sein Neffe Hsjang Jü bereits ein respektierter und gefürchteter General. Aber er sollte noch weiter kommen.

Hsjang Ljang war zu selbstsicher geworden. Er wurde vernichtend geschlagen und kam dabei ums Leben. Die Armee von Tschin wandte sich dann nach Norden, um den ebenfalls rebellischen Staat Dschao anzugreifen, und der König von Dschao bat Tschu um Hilfe. Sung I, der Oberbefehlshaber von Tschu, rückte an der Spitze einer Entsatztruppe nach Dschao aus. Hsjang Jü war sein Stellvertreter, und das war die große Chance für den Säbelraßler.

Als sie erst den halben Weg nach Dschao zurückgelegt hatten, lagerte Sung I sechsundvierzig Tage lang. Es regnete und schneite, Lebensmittel waren knapp, und die Soldaten zitterten vor Kälte und waren hungrig. Hsjang Jü brannte vor Ungeduld. »Ich habe erfahren, daß die Armee von Tschin den König von Dschao schon belagert«, sagte er zornig. »Wenn wir jetzt den Gelben Fluß überqueren und von außen angreifen, während Dschao von innen heraus angreift, gehört uns der Sieg.«

Aber Sung I schüttelte den Kopf. »Wenn der Angriff auf Dschao erfolgreich ist, wird die Armee von Tschin trotzdem geschwächt sein, und wir können sie um so leichter schlagen. Erleidet sie eine Schlappe, können wir sie nach Hsienjang jagen. ›Wenn Schnepfe und Muschel sich streiten, freut sich der Fischer.‹ Warum soll unsere Armee nicht den Fischer spielen? Im tollkühnen Kampf kann ich es vielleicht nicht mit dir aufnehmen. Aber in Strategie und Taktik kommst du an mich nicht heran«, schloß er und lächelte herablassend.

Diese alte Fabel aus der Zeit der »kämpfenden Staaten« hätte Sun Dsï wohl geschmeckt: die Schnepfe schnappt sich die Muschel, aber die Muschel klemmt ihr den Schnabel zu, und der Fischer kann beide ganz gemütlich greifen. Es ist ein Grundprinzip chinesischer Strategie, rivalisierende Staaten zu ermuntern, sich gegenseitig aufzureiben, bis man beide beherrschen kann, das heißt, »sich der Barbaren zur Befriedung der Barbaren zu bedienen«. Aber Hsjang Jü fand das überhaupt nicht lustig, und Sung I sah sich genötigt, eine Order auszugeben: »Offiziere, die die zwingende Natur von Befehlen nicht anerkennen, mögen sie auch so wild wie Tiger und gierig wie Wölfe sein, werden gemäß dem Militärrecht enthauptet.«

Die Order zielte deutlich auf Hsjang Jü. Am nächsten Tag stürzte der mit seinem Schwert in das Zelt des Kommandeurs und rief erregt: »Obwohl wir uns mit Dschao gegen Tschin verbündet haben und der König von Dschao eingekreist ist, rückt die Armee von Tschu nicht vor. Das Jahr ist schlecht, die Soldaten essen schon Wurzeln, doch du willst sie nicht über den Fluß führen, wo wir Lebensmittel erhalten und uns mit Dschao vereinigen könnten, um Tschin zu schlagen. Wenn das starke Tschin inzwischen das ohne unsere Verstärkung schwache Dschao angreift, wird Dschao sicher unterliegen. Und wenn die Streitkräfte von Tschin Dschao vernichten, werden sie hinterher stärker, nicht schwächer sein. Unser König hat unsere ganze Armee verpflichtet, unter deinem

Kommando zu kämpfen. Die Sicherheit unseres Staates hängt jetzt ausschließlich von einem einzigen Schritt ab, doch du kümmerst dich nur um deine persönliche Geschäfte. Du verrätst deshalb die Soldaten von Tschu.«

Darauf zog Hsjang Jü sein Schwert und schlug seinem Oberbefehlshaber den Kopf ab. Seinen verschreckten Untergebenen erklärte er, er habe auf Befehl des Königs gehandelt, weil Sung I ein Verräter gewesen sei, und übernahm selbst das Kommando. Dann schaffte er seine ganze Streitmacht über den Gelben Fluß und warf sie gegen die Armee von Tschin. Zuvor aber hatte er alle Boote versenken, das Kochgeschirr zerschlagen und alle Unterstände seiner Truppen auf dem anderen Ufer verbrennen lassen.

Er wandte Sun Dsïs Prinzip der »Todesstellung« an: wenn man den Feind in die Klemme bringt oder ihn mit dem Rükken zum Fluß drängt, wird er sich wie ein Tiger bis zum letzten wehren, denn er hat keine andere Wahl. Und was auf den Gegner zutrifft, gilt auch für die eigenen Truppen eines Kommandeurs. Es gab kein Zurück mehr. Für Hsjang Jüs ganze Armee gab es nur noch Untergang oder Ruhm. Seine Leute fielen mit unwiderstehlicher Wildheit über die Tschin her, stellten sie neunmal zum Kampf und bedeckten das Feld mit den Leichen der Feinde, während die unschlüssigen Verstärkungstruppen aus Tschi und Jen verwundert zuschauten. Hsjang Jü hatte alles auf eine riskante Karte gesetzt und dabei gewonnen.

Als es vorbei war, saß er wie ein Eroberer in seinem Zelt. Er wurde als Oberbefehlshaber der vereinigten Armeen der Feudalherren anerkannt, deren beschämte Generäle zu ihm kamen, um ihm zu huldigen. Die drei höchsten Generäle des geschlagenen Tschin unterwarfen sich ebenfalls mit zweihunderttausend Mann. Er hatte jedoch Zweifel an ihrer Zuverlässigkeit und fürchtete, sie könnten sich immer noch als starke feindliche Macht innerhalb seines eigenen Lagers erweisen. Also beschloß er, ihre Unterwerfung lieber nicht anzunehmen und ließ statt dessen alle bis auf den letzten Mann niedermetzeln. Nur die Kommandeure blieben verschont.

Das war der Augenblick des Triumphes für Hsjang Jü. Er ließ seine mächtige Armee nun nach Tschin marschieren, dem »Land zwischen den Pässen«, nach Hsienjang, diesem Juwel von Hauptstadt, die der König von Tschu dem versprochen hatte, der als erster hinkäme. Als er ankam, mußte er feststellen, daß Lju Bang schon vor ihm dagewesen war.

Hsjang Jü hatte es weit gebracht, aber Lju Bang, sein verschworener Bruder, Waffengefährte und Mitgeneral im Dienst des Königs von Tschu, hatte es noch weiter gebracht. Denn Hsjang Jü kam aus einer adligen Familie, Lju Bang dagegen war ein Bauer, ein Dorfpolizist, der kleine Diebe festnahm und in der Bezirksstadt Pej[3] eine Poststation für die staatlichen Kuriere unterhielt. Hsjang Jü war sehr groß und kräftig, aber auch Lju Bang konnte man nicht übersehen. Er war ein breitschultriger Mann mit gerader vorspringender Nase, hoher Stirn, tiefliegenden lebhaften Augen und schickem Bart. Vielleicht hatte Hsjang Jü doppelte Pupillen in seinen Augen, aber Lju Bang hatte zweiundsiebzig schwarze Muttermale am linken Bein und die »Miene eines Drachen«.

Hsjang Jü war direkt, eigensinnig und herrisch, seinem eigenen sonderbaren Ehrgefühl treu, ein fähiger Kommandeur, entschlossen, sich den Weg an die Spitze zu bahnen. Lju Bang war dagegen ein mittelmäßiger General, aber er hörte immer auf Ratschläge. Mit seiner losen Zunge und seiner Freigebigkeit gewann dieser Tunichtgut leicht Sympathien. Er verbarg seine kühle Einschätzung und geschickte Manipulation der Mannschaftskameraden hinter einer Mischung aus lärmender guter Laune, trügerischer warmer Menschlichkeit und frecher Anmaßung, je nachdem, wie ihm gerade zumute war. Als er noch Dorfpolizist war, trug er ein fast meterlanges Schwert und stolzierte häufig mit einem hohen Bambushelm herum, um zu zeigen, daß er über der großen Masse stand. Aber einen beträchtlichen Teil des Tages hing er in Weinhäusern herum und ließ anschreiben, und was ihm dann noch an Zeit blieb, widmete er größtenteils der Damenwelt.

So unterwürfig dieser äußerst vielschichtige Mensch sein konnte, wenn es von Vorteil war, so völlig unverfroren trat er auf, wenn Unverfrorenheit mehr Gewinn versprach. Er vereinbarte eine vornehme Heirat, nachdem er bei dem Schwiegervater (den er nie getroffen hatte) eine Visitenkarte, die ein Geschenk von Zehntausend in bar (die er nicht besaß) ankündigte, abgegeben und sich in aller Ruhe vor allen anderen auf den Ehrenplatz gesetzt hatte. Doch war es weder sein reichlich freches Benehmen noch sein nicht vorhandener Reichtum, der ihm zu der Braut verhalf: Vielmehr hatte ihr abergläubischer Vater in seinem Gesicht die Zeichen zukünftiger Größe gesehen.

Größe hat manchmal einen seltsamen Ursprung. Als der Erste Kaiser gestorben war, sollte sein Grab in Zwangsarbeit ausgehoben werden, und Lju Bang erhielt den Auftrag, einen Trupp Gefangener aus Pej dorthin zu begleiten. Diese lästige Aufgabe sollte ihm zum Schicksal werden. So viele seiner Schützlinge rissen unterwegs aus, daß er mit gutem Grund fürchten mußte, dafür am Ziel gleich geköpft zu werden. Also legte er erst einmal ein Päuschen ein, um bei einer Flasche Wein alles zu überdenken, und kam wie Tschen Sche zu dem Schluß, daß es am sichersten sei, sich in die Berge abzusetzen. Ein paar Gefangene gingen mit. Während aber Mao Tse-tung mit vierhundert geflohenen Bauern begann, hatte Lju Bang am Anfang nur zehn.

Bald darauf stürzte die Erhebung Tschen Sches die Behörden von Pej in quälende Ungewißheit, denn wer konnte sagen, was sicherer war: loyal zu Tschin zu halten oder zu den Rebellen überzulaufen. Das eine wie das andere konnte den Tod bringen. Nach einigem Hin und Her beschlossen sie jedoch, den Aufstand zu unterstützen. Sie hatten sich überlegt, daß sie ja Lju Bang und ähnliche Haudegen aus den Bergen zurückrufen könnten. Da jene nach den Tschin-Gesetzen vogelfrei waren, mußten sie zwangsläufig die Rebellen unterstützen und konnten die anderen in Pej vielleicht so einschüchtern, daß sie sich ebenfalls anschlossen.

Aber als Lju Bang dann tatsächlich vor der Stadt erschien, wurden die ängstlichen Beamten anderen Sinnes und schlossen die Stadttore. Der Expolizist wurde wütend und schickte eine Botschaft per Pfeil über die Mauern, die die Einwohner aufrief, die Hasenfüße umzubringen und die Tore zu öffnen. Die Leute gehorchten sofort, und Lju Bang wurde ihr Beschützer. Bald konnte er, mit dreitausend Mann und dem Titel eines Herrn von Pej ausgestattet, seine Rolle in einer der verworrensten Revolutionen der Geschichte übernehmen.

Da die mächtige Armee von Hsjang Ljang in der Nähe war, hielt es der Herr von Pej für klug, sich unter die Führung des bis jetzt noch ungeschlagenen Generals zu stellen und erhielt den Befehl über fünftausend Mann. Bald darauf begegneten sich Hsjang Jü und Lju Bang zum erstenmal – beide in ihrem Benehmen beherzt und offen, der eine aber insgeheim verschwiegen – und begannen einen gemeinsamen Feldzug gegen die Streitkräfte von Tschin, in dessen Verlauf sie begeistert die Einwohner einer großen Stadt massakrierten. Dessenungeachtet erwarb sich Lju Bang den Ruf der Milde, nicht etwa, weil er weichherzig war oder die militärische Klugheit hatte, dem Rat Sun Dsïs zu folgen und sich eher Freunde als Feinde zu schaffen, sondern weil er in einem gewissen Dschang Ljang einen hervorragenden Ratgeber gefunden hatte.

Dieser Edelmann stammte von einer Familie vornehmer Verwaltungsbeamter aus dem Staat Han ab. Er hatte versucht, das Unrecht seiner Zeit auf dem kurzen Weg gutzumachen, indem er einen Mörder anheuerte, der den Ersten Kaiser mit einem Hammer töten sollte. Der Versuch schlug fehl, und Dschang Ljang entschloß sich zu einer längerfristigen Alternative, die ein zehnjähriges Studium der alten Strategen einschloß. Er war es, der sich für Mitleid einsetzte, wo es sich auszahlte.

Der König von Tschu wählte also Lju Bang als den richtigen Mann, direkt nach Tschin zu marschieren, als Hsjang Jü mit Sung I nach Norden vorrückte, um Dschao zu retten. Seine Ratgeber hatten ihm nämlich erklärt, daß gerade die Grausamkeit des überheblichen Hsjang Jü den Widerstandswillen Tschins möglicherweise so stärkte, bis er in den wilden Bergen zwischen den Pässen nicht mehr gebrochen werden könne. Lju Bang dagegen konnte sich wunderbar den Gegebenheiten anpassen, ob er redete oder schwieg. Zum Beispiel konnte er einmal wertvolle Informationen aus dem Torhüter eines Dorfes herausholen, indem er sich verneigte und um Verzeihung bat, als dieser ihm vorhielt, ihm nicht die einem älteren Mann gebührende Achtung erwiesen zu haben.

Es war jedoch Dschang Ljang, der sich die Kriegslisten ausdachte, mit denen Lju Bang auf dem Schlachtfeld seine Siege errang: er nahm andere Straßen, als man erwartete, änderte die Fahnen, um den Feind hinters Licht zu führen, und verdoppelte die Zahl der Flaggen, um zweimal so viele Männer vorzutäuschen, als der Herr von Pej tatsächlich unter seinem Kommando hatte. Dschang Ljang ersann auch die Listen, mit denen Lju Bang seine unblutigen Triumphe gewann: Er kaufte systematisch Stadtvorsteher mit versprochenen Lehen und Kommandeure von Tschin mit Gold (»Du wirst später noch genug Zeit haben zu sterben«, versicherte er einem verzweifelten Würdenträger), er zeigte sich dem Volk gegenüber mildtätig und schärfte seinen Leuten ein, keine Häuser zu plündern oder Zivilpersonen gefangenzunehmen. Die entmutigten Streitkräfte von Tschin wurden zersplittert und schließlich zerschlagen. Im Dezember 207 v. Chr. zog Lju Bang in Hsienjang ein.

Als das Reich zusammenbrach, die sechs ehemaligen Staaten gegen die Tyrannei von Tschin aufstanden und Nemesis in Gestalt des dicken Lju Bang nahte, zwang der Obereunuch Dschao Gao den Zweiten Kaiser zum Selbstmord, um die eigene Haut zu retten, und der Herr von Pej wurde von dem jungen Nachfolger, der erst seit sechsundvierzig Tagen auf dem Thron saß, vor der Stadt empfangen. Der letzte Tschin-Herrscher kam in einem schmucklosen Wagen, der von einem einzigen weißen Pferd gezogen wurde. Er hatte einen Strick um den Hals und das kaiserliche Siegel in der Hand. Er und sein Gefolge knieten vor Lju Bang im Staub, und er überreichte das Siegel als Zeichen der Unterwerfung. Es war ein herrlicher Augenblick für den Dorfpolizisten, der bei seinen früheren Besuchen in der Hauptstadt von arroganten Beamten nur Verachtung erfahren hatte und mit Beleidigungen überschüttet worden war.

Er zögerte dennoch, als ihm einige rieten, den vor ihm liegenden Monarchen enthaupten zu lassen. Der König von Tschu erwartete von ihm, daß er sich gnädig verhielt, und einen Mann zu töten, der sich schon ergeben hatte, würde nur Unglück bringen. Lju Bang erließ strikte Befehle an alle, sich große Zurückhaltung in der Stadt aufzuerlegen. Es durfte weder zu Vergewaltigungen noch zu Plünderungen und Mord kommen. Er geriet jedoch selbst in Versuchung, als er die phantastischen Berge von Reichtümern sah, die mit Gold und Silber randvollen Magazine. Die kostbaren Wandbehänge, die mit Perlen, Juwelen und Jadeschmuck gefüllten Schatzkammern, die prachtvollen Pferde und Jagdhunde und Hunderte traumhaft schöne Frauen berauschten ihn. Er war drauf und dran, seine Pflichten zu vergessen, und dachte, es ließe sich hier ganz gut im Luxus leben, wenn man die Stadt nach und nach plünderte.

Dschang Ljang brachte ihn davon ab. »Der Tschin-Kaiser verlor einen Thron, weil er seiner Sucht nach Wein, Frauen und Schwelgerei nachgab«, sagte er streng, »und wenn du den gleichen Weg einschlägst, wirst du den Despoten sogar noch übertreffen.« Das ernüchterte Lju Bang, und er ließ die Schatzkammern des Palastes versiegeln und kampierte vor der Stadt.

Er spielte feierlich die Rolle des edlen Eroberers, rief die Würdenträger der Stadt zu sich und erließ ein neues Gesetzbuch, das nur aus drei Artikeln bestand: wer mordete, hatte sein Leben verwirkt; wer jemanden schädigte oder beraubte, wurde je nach der Schwere des Vergehens bestraft; die Gesetze von Tschin wurden abgeschafft. Er ließ alle Beamten bei unverändertem Gehalt im Dienst und sagte ihnen: »Ich bin nur gekommen, um euch vor größerem Leid zu bewahren, nicht um euch auszubeuten oder zu tyrannisieren.« Alle waren sie glücklich und zufrieden, und jeder beeilte sich, Wein, Rinder, Schafe und andere Lebensmittel in das Lager der Männer aus Tschu zu bringen. Aber so märchenhaft diese Geschichte klingen mag, so glücklich sollten sie nie wieder leben. Tatsächlich sollten sie überhaupt nicht mehr lange leben.

Armeen für zwei

Nicht mehr als einen Monat später erreichte Hsjang Jü an der Spitze einer Armee von vierhunderttausend Mann den östlichen Paß nach Tschin und sah seinen Weg blockiert. Er mußte hören, daß Lju Bang die begehrte Hauptstadt bereits eingenommen hatte. In seinem maßlosen Zorn traf er Vorbereitungen, seine gesamte Streitmacht auf die Verteidiger zu werfen. Das mußte zwangsläufig ein Blutbad werden, denn er wog als General Lju Bang doppelt auf, er hatte viermal so viele Soldaten, und nicht der Herr von Pej, sondern er hatte damals die Hauptarmee von Tschin am Gelben Fluß entscheidend geschlagen.

Sein Zorn wurde durch Berichte genährt, nach denen dieser bäuerliche Parvenu, der als erster angekommen war, sich zum König von Tschin machen wolle. Zusätzlich wurde er von seinem siebzigjährigen Ratgeber Fan Dseng angestachelt, den Rivalen zu vernichten. Wie die alten chinesischen Strategen gemeint hatten und wie auch Machiavelli es eines Tages betonen sollte, glaubte Fan Dseng, ein Vorhaben müsse, falls nötig, mit absoluter Rücksichtslosigkeit durchgeführt oder gar nicht erst angepackt werden. »Dieser Dorfpolizist war früher nur lüstern auf Geld und Frauen, aber seit er den Paß überquert hat, haben ihn Reichtum, Wein oder Weiber nicht mehr gelockt«, bemerkte Fan Dseng. »Das zeigt, daß er höhere Ziele hat. Die Zeichen am Firmament weisen auf einen Sohn des Himmels hin. Du darfst keine Zeit verlieren, mit ihm fertig zu werden.«

Es schien, als solle Lju Bang durch seinen vernunftwidrigen Versuch, den Paß gegen alle Eindringlinge zu halten, vernichtet werden. Doch Dschang Ljang drängte ihn, Hsjang Jü zu versichern, er habe nicht die geringste Absicht, sich ihm zu widersetzen. Er brachte einen Mann ins Lager, der bereit war, diese Botschaft dem wütenden General zu überbringen. »Seit ich den Paß überquert habe«, sagte Lju Bang diesem Mann (der Hsjang Jüs Onkel war), habe ich niemandem ein Härchen gekrümmt. Ich habe das Gold und Silber in den Schatzkammern versiegelt und ein amtliches Register der Bevölkerung in Hinblick auf die Ankunft des Kommandeurs angelegt. Ich habe Offiziere an den Paß geschickt, um Banditen fernzuhalten, nicht um seine Armee am Weitermarsch zu hindern. Tag und Nacht warte ich schon auf ihn und bin bereit, ihm alles in bester Ordnung zu übergeben. Wie könnte ich es wagen, mich gegen ihn aufzulehnen und mich selbst zum König zu machen?« Lju Bangs Stimme bebte vor Ehrlichkeit, aber Hsjang Jüs Onkel riet ihm, seinen Neffen aufzusuchen und die Entschuldigung persönlich vorzubringen.

Lju Bang wußte sehr wohl, daß dieser Augenblick eine demütige Haltung verlangte, und ritt also an der Spitze von hundert Mann zum Lager Hsjang Jüs, der nur noch zwanzig Kilometer entfernt, das heißt schon beunruhigend nahe war. Er redete ihn in den höflichsten und schmeichelhaftesten Worten an. »Ich habe Leib und Leben gemeinsam mit dir aufs Spiel gesetzt, mein oberster General, um den Befehlen des Königs von Tschu zum Angriff auf Tschin Folge zu leisten«, begann er. »Deine Straße führte nach Norden, meine Straße ging nach Süden.[1] Ich hätte nicht geglaubt, den Paß zuerst zu erreichen, denn du bist es gewesen, der es der Armee von Tschu ermöglicht hat, die Truppen von Tschin so schnell, wie man Bambus splittert, zu zerschlagen. Jetzt treffen wir uns hier wieder, und übelwollende Menschen haben dir Zweifel eingeflüstert, aber du bist gewiß zu klug, dich von ihnen täuschen zu lassen.«

Diese geschickten Worte waren typisch für den verschlagenen, nüchternen Bauern und die Antwort typisch für den direkten, hitzköpfigen Fürsten. Hsjang Jü mußte zugeben, daß seine Aufgabe leichter geworden war, weil Lju Bang den Paß vor ihm freigekämpft hatte. Die netten Sätze stimmten Hsjang Jü freundlich, und er lud den Herrn von Pej ein, zu einem Festgelage im Lager zu bleiben. Fan Dseng war über die, wie er sah, unsinnigen Skrupel seines Herrn erbost und bat ihn, den hinter einem Wandschirm verborgenen Soldaten ein Zeichen zu geben, vorzustürzen und diesen durchtriebenen Kerl niederzumachen. Aber selbst als sie trinkend und plaudernd an dem niedrigen Tisch saßen, rührte Hsjang Jü sich nicht.

Schließlich war Fan Dseng außer sich und holte einen Verwandten, dem er sagte: »Unser Herr ist gar zu freundlich. Geh hinein, führe einen Schwerttanz auf und erschlage Lju Bang auf seinem Platz. Anderenfalls werden wir schließlich *seine* Gefangenen sein.« Der Vetter tat, was er geheißen wurde, und wenn die Chinesen heute den Ausdruck »Hsjang Dschwangs Schwerttanz« gebrauchen, bedeutet das, mit harmlosen Tricks abzulenken, wenn man töten will, oder einem Mann mit leichten Scherzen zu kommen, wenn man ihn im Innersten treffen will.

Als er jedoch seine blitzende Klinge vor der Nase des nun doch ein wenig aus der Fassung gebrachten Gastes wirbelte, sprang Hsjang Jüs Onkel, der keinen Mord unter dem Mantel der Gastfreundschaft sehen wollte, auf und fing ebenfalls an zu tanzen, aber so, daß er immer zwischen dem Totschläger und seinem Opfer war. Inzwischen war Dschang Ljang nach draußen gerannt, um das Gefolge zu warnen. Als der ehemalige Hundemetzger aus Lju Bangs Heimatort, jetzt sein vertrauter Leibwächter, das hörte, brach er durch die Wachen am Eingang wie ein toll gewordener Tiger und stürzte, Schild und Schwert in der Hand, in das Festzelt.

Angesichts dieser wilden Gestalt erhob sich Hsjang Jü langsam, langte nach seiner Waffe und fragte, wer der Eindringling sei. Als er es erfahren hatte, sagte er beifällig: »Ein prima Kerl! Gebt ihm einen Krug Wein und eine Schweinskeule! Kannst du noch mehr trinken?« fragte er, als sich der Mann hingesetzt hatte und mit dem Schwert das Schwein tranchierte.

»Ich habe keine Angst vorm Tod«, brummte der Leibwächter. »Warum sollte ich mir da den Wein entgehen lassen? Alle haben sich gegen die Tyrannei von Tschin erhoben, und der König von Tschu hat dem, der zuerst in Hsienjang ankäme, die Herrschaft über diesen Staat versprochen. Nun hat der Herr von Pej das Ziel als erster erreicht, aber trotzdem hat er die Schätze der Hauptstadt nicht angerührt, sondern auf den Oberbefehlshaber gewartet, damit der sie erhalte. Trotz der schweren Mühen und großen Verdienste willst du den Helden nicht mit einem hohen Rang belohnen, sondern hörst auf den Klatsch und planst, ihn zu töten. Ist dieses Benehmen etwa anders als das, welches zum Sturz des Ersten Kaisers geführt hat?«

Während Hsjang Jü diese Tirade sprachlos über sich ergehen ließ, nutzte Lju Bang die Verwirrung, sich schnell zu verdrücken. Und vermutlich war es sein großer Geldsack (der sich schon häufiger als bessere Waffe als sein großes Schwert bewährt hatte), der es Dschang Ljang und sogar dem Leibwächter möglich machte, zu verschwinden und sich ihm anzuschließen. Der Herr von Pej ritt dann eilends auf einer Abkürzung durch die Berge mit einer kleinen Eskorte zu seinem Lager zurück, schickte Dschang Ljang mit ein paar Jadeschalen zu Hsjang Jü und sagte ihm, er solle sich irgendeine Entschuldigung für das plötzliche Verschwinden seines Herrn ausdenken. »Denn in großen Dingen kann man nicht auf die kleinen Höflichkeiten achten«, hatte ihn sein Leibwächter energisch gemahnt, als er noch zögernd an einen förmlichen Abschied dachte. »Sie sind das Hackmesser und Hackbrett, wir sind das Fleisch und der Fisch.«

Mit großer Selbstsicherheit erzählte Dschang Ljang seinem Gastgeber, Lju Bang habe zuviel getrunken und könne deshalb nicht mehr zurückkommen, und überreichte in dessen Namen die Schalen. Wo er denn jetzt sei? »Er wußte, daß Eure Herrlichkeit ihn wohl rügen werde und ging allein weg. Ich denke, er wird inzwischen in seinem Lager sein.« Hsjang Jü war so gnädig, die Geschenke anzunehmen, aber Fan Dseng warf die Jadebecher, die er erhalten hatte, auf die Erde und hackte sie mit seinem Schwert wütend in Stücke. »Bah!« rief er angewidert. »Mit einem Einfaltspinsel kann man keine Pläne schmieden. Lju Bang wird dir doch das Reich stehlen und uns alle zu Gefangenen machen.«

Wut steckt an, und schließlich gab Hsjang Jü sein lobenswertes Zögern auf, den Herrn von Pej zu verurteilen (er sollte noch lange genug leben, um das zu bereuen). Darauf richtete er seine ganze Energie auf den sinnlosesten Akt von Grausamkeit in seiner blutrünstigen Karriere. Er marschierte nach Hsienjang und war nicht mehr zu zügeln: er tötete den jungen Tschin-Herrscher, metzelte sämtliche Bewohner nieder, plünderte alle Paläste, nahm die Frauen gefangen und zündete dann die Stadt an. Das Feuer schwelte nach drei Monaten noch.

Jetzt war er auf dem Gipfel seiner Macht. Er verlieh dem König von Tschu den Titel »Rechtschaffener Kaiser« und behandelte ihn mit angeblicher Hochachtung, denn die Rangerhöhung des nominellen Herrschers öffnete ihm den Weg, sich selbst und seine zuverlässigsten Generäle zu Königen zu befördern. »Als der Aufstand gegen Tschin ausbrach, setzten wir die Nachkommen der alten Königshäuser auf die Throne der jeweiligen Staaten. Aber das war nur als vorläufige Regelung gedacht«, sagte er tatsächlich. »Wir aber haben unser Leben aufs Spiel gesetzt, um die Dynastie zu stürzen. Der Rechtschaffene Kaiser hat nichts getan. Teilen wir also das Land unter uns und machen uns zu Monarchen.«

Dann ernannte er sich zum Hegemon des Westlichen Tschu, riß die Hauptstadt Pengtscheng und die tatsächliche Autorität des Rechtschaffenen Kaisers an sich und machte achtzehn seiner Generäle zu Königen. Er nahm Lju Bang jedoch Tschin weg und teilte es an die drei feindlichen Generäle, die sich am Anfang ergeben hatten, auf. Lju Bang erhielt stattdessen das früher von Tschin abhängige Handschung[2] im äußersten Westen. Das war das Beste und das Schlimmste, was Hsjang Jü tun konnte, ohne daß wieder der Streit zwischen ihnen ausbrach, der möglicherweise einige Generäle auf die andere Seite gebracht hätte. Denn in dem abgelegenen Gebirgsland Handschung, wohin schon immer Verbrecher verbannt worden waren, war Lju Bang faktisch hinter der Barriere von Tschin kaltgestellt. Nachdem Hsjang Jü diese geopolitischen Geschäfte zu seiner Zufriedenheit erledigt hatte, schmiedete er Pläne, den Rechtschaffenen Kaiser zu ermorden, und befahl allen seinen Königen, sich in die ihnen zugewiesenen Königreiche zu begeben.

Lju Bang machte sich mit den dreißigtausend ihm verbliebenen heimwehkranken Männern auf, in die abschreckende Weite seines neuen Reichs zu ziehen. Der schwierige und gefährliche Weg führte westwärts, wo Felsen und Bergspitzen den Horizont bevölkerten und alte Bäume in die Wolken wuchsen. In der beängstigend tiefen Li-Schlucht wurde die Straße schlechter und war schließlich nur noch ein wackliger Holzsteg, der sich, von in den Fels getriebenen Stangen gestützt und von Ketten gehalten, um die steilen Klippen wand. Auf den Rat Dschang Ljangs ließ Lju diese dünnen Bretter hinter sich verbrennen, nicht nur um eine eventuelle Verfolgung durch Hsjang Jü zu vereiteln, sondern auch, um dem Hegemon und den benachbarten Tschin-Generälen zu beweisen, daß er nicht daran dachte, wieder nach Osten zu marschieren, und sie also keine Angst vor einem Angriff aus Handschung zu haben brauchten.

Wie zu erwarten war, entlud sich die aufgestaute Wut der Herrscher aus den ehemaligen Königshäusern, die durch die von Hsjang Jü ernannten achtzehn zusätzlichen Herrscher aus ihren besten Domänen verdrängt worden waren, bald in örtlichen Aufständen. Als Lju Bang und seine traurige Gesellschaft ein paar Monate in Handschung waren, kam der Augenblick, den nächsten Schritt zu tun. Gemäß den von Dschang Ljang und einem anderen fähigen General namens Han Hsin ausgearbeiteten Plänen wurden Soldaten ausgeschickt, die hölzernen Hängepfade wieder herzurichten.

Die Nachricht wurde absichtlich den Kommandeuren von Tschin zugespielt, die sie gleichgültig, eher sogar belustigt, zur Kenntnis nahmen. Denn während das Verbrennen vielleicht nur ein paar Stunden gedauert hatte, würde die Wiederherstellung wenigstens achtzehn Monate in Anspruch nehmen, wie sie wohl wußten. Nachdem alles für ein Kabinettstück militärischer Täuschung vorbereitet war, führte Lju Bang seine Armee heimlich über einen alten und vergessenen Pfad über die Berge[3], fiel in die nichtsahnenden drei Königreiche ein, in die Tschin aufgeteilt worden war, und rollte sie auf wie einen Teppich. Es war eine altbekannte Operation à la Sun Dsï: vollkommene Täuschung, was Absicht, Zeitplan und Straße anbetraf, gekrönt von einem Überraschungsangriff aus einer unvorhergesehenen Richtung, nach einem Marsch auf einer unbewachten Straße. »Täusche im Osten und greife im Westen an«, wie Mao Tse-tung mehr als zweitausend Jahre später (denn jetzt sind wir im Winter 206 auf 205 v. Chr.) sagen sollte.

Im darauffolgenden Frühjahr hatte Lju Bang Lojang am Gelben Fluß erreicht, nachdem seine Generäle eine fast lückenlose Serie von Siegen gewonnen hatten. In Lojang teilte ihm ein Gelehrter die schlechte Nachricht mit, daß der Rechtschaffene Kaiser ermordet worden sei, und die gute Nachricht, daß er die schlechte leicht auf die Habenseite buchen könne. Er brauche einen gültigen und würdigen Grund für einen Feldzug gegen Hsjang Jü, sagte dieser ehrwürdige Alte. Und hier hatte er ihn. Der Hegemon hatte den rechtmäßigen Herrscher umgebracht, und Lju Bang würde ihn jetzt nicht »angreifen«, sondern »bestrafen«. Weise Ratschläge nahm Lju Bang immer dankbar an. Er verordnete seiner ganzen Armee demonstrativ Trauer, rief alle Menschen auf, sich um ihn zu scharen, schickte Gesandte zu den anderen Herrschern mit der Bitte, sich ihm anzuschließen, um den Mörder ihres auserwählten Kaisers für sein »verräterisches und abscheuliches Verbrechen« zu bestrafen.

Innerhalb eines Jahres hatte er fünfhundertsechzigtausend Mann und fünf Feudalherren als Verbündete, mit denen er Richtung Osten marschierte. Sie plünderten Hsjang Jüs am Fluß gelegene Hauptstadt Pengtscheng und nahmen alle Damen des Hofes gefangen. Lju Bang selbst hatte das Zeichen für die anschließenden hemmungslosen Festgelage gegeben. So war es Hsjang Jü möglich, mit dreißigtausend ausgesuchten Soldaten die Armee zu überraschen und unter den Streitkräften, die zur moralischen Vergeltung gegen ihn aufgeboten worden waren, ein Blutbad anzurichten. Sein berauschter Feind verlor hunderttausend im Kampf und weitere hunderttausend ertranken. Die Leichen türmten sich so hoch und lagen so dicht, daß sich der Fluß Ssï aufstaute. Lju Bang entkam nur dank eines von der Vorsehung geschickten Windes, der sich zum Sandsturm auswuchs und den »Tag zur Nacht machte«.

Die wankelmütigen Adligen gingen zu Hsjang Jü über, und das Kriegsglück hatte sich gewendet. Lju Bang sah sich in einer belagerten Stadt in der Falle. Die Lebensmittelvorräte waren schon erschreckend knapp geworden, und voller Angst bat er um Frieden. Hsjang Jü war bereit, über die Bedingungen zu verhandeln und die Belagerung aufzuheben, und wieder einmal setzte sich Fan Dseng für rücksichtsloses und entschlossenes Handeln ein. »Zerschmettere ihn jetzt!« riet er kurz und bündig. »Läßt du ihn jetzt laufen, wird es dir später leid tun.« Aber er schaufelte sich trotz seines Scharfblicks nur sein eigenes Grab.

Lju Bang nahm einen talentierten Deserteur aus Tschu namens Tschen Ping in seinen Dienst, der in der bewährten Tradition Sun Dsïs für ihn »Schlachten steuern« sollte. Er stellte ihm zum Aufbau eines Spionagenetzes aus dem Armeeschatz eine halbe Million Unzen Gold zur Verfügung. Dieser wertvolle Helfer schickte nun Agenten in das Lager von Tschu, die das Gerücht verbreiteten, Fan Dseng habe heimlich einen Pakt mit Lju geschlossen. Lju Bang gab dem Gerücht noch mehr Nachdruck, indem er Unwillen simulierte, als er entdeckte, daß der von ihm bewirtete Bote von Hsjang Jü und nicht von Fan Dseng geschickt war. Er ließ die üppigen Speisen abtragen und statt dessen einfachere Kost auftischen. Der Gesandte berichtete dem mißtrauischen Hsjang Jü von diesem auffälligen Zwischenfall. Fan Dseng wurden alle Befugnisse genommen, und bald darauf starb der unbezahlbare alte Krieger.

Lju Bang saß immer noch in der Falle, aber er entkam aus der umzingelten Stadt, wie er beim Schwerttanz entkommen war: er setzte einen zuverlässigen General aufs Spiel. Dann schickte er zweitausend als Soldaten verkleidete Frauen durch das Osttor. Als die Belagerungstruppen sie angreifen wollten, kam der General in der königlichen Kutsche, die an dem gelben Baldachin und dem Federbusch an der linken Seite kenntlich war, hinter den Frauen her. »Es gibt in der Stadt nichts mehr zu essen«, rief der Offizier, der sich für seinen Herrn ausgab. »Wir wollen uns daher unterwerfen.« Und während die Soldaten jubelten und herbeiliefen, um den »König von Handschung« zu sehen, entkam Lju Bang mit ein paar Reitern durch das unbewachte Westtor. Als Hsjang Jü merkte, wie er überlistet worden war, ließ er den General lebendigen Leibes verbrennen.

Im Lauf des folgenden Jahres gewann Lju Bang neue Verbündete und stellte wieder eine Armee auf. Wenig später mußte er wieder allein, diesmal durch das Nordtor, aus einer anderen belagerten Stadt fliehen. Bald darauf stand er Hsjang Jü jedoch aufs neue gegenüber, nur durch eine Schlucht von ihm getrennt. Jetzt war es allerdings Hsjang Jü, dem die Vorräte zur Neige gingen. Deshalb versuchte der Hegemon, das Duell zwischen ihnen auf der Stelle zu Ende zu bringen und spielte seinen einzigen Triumph aus. Während der Kämpfe hatte er Lju Bangs Vater gefangennehmen können. Jetzt stellte er den alten Mann allen sichtbar auf ein hohes Gerüst und rief: »Ergib dich sofort, sonst werfe ich deinen Vater lebend in siedendes Wasser!«

»Aber wir sind doch Blutsbrüder«, rief Lju Bang spöttisch zurück. »Mein Vater ist demnach auch dein Vater. Wenn du unbedingt deinen Vater kochen willst, schick mir eine Schüssel von der Suppe.«

Der wutschnaubende Hsjang Jü wollte seine kulinarische Drohung sofort wahrmachen, aber ein Ratgeber brachte ihn davon ab: »Ein Mann, der Kaiser werden will, kümmert sich nicht um seine Familie. Wenn du den Vater tötest, bringt dir das überhaupt nichts ein.«

Hsjang Jü forderte darauf Lju Bang zu einem Zweikampf heraus. Der Gewinner sollte das Reich haben, »anstatt alle diese Männer in den Kampf zu verwickeln.«

»Ich will mich in einem geistigen Kampf, nicht in einer Kraftprobe mit dir messen«, erwiderte Lju Bang und zählte auf eine unverschämt selbstgerechte Art alle Verbrechen auf, die Hsjang Jü auf dem Gewissen hatte. Der zutiefst getroffene Hegemon griff nach einer Armbrust und schoß auf Lju Bangs Brust, aber der listige Bauer war schnell in Deckung gegangen, faßte statt dessen seinen Fuß an und jammerte: »Der Schuft hat mich an der Zehe verletzt!«

Schließlich zog sich Hsjang Jü zurück, um die Rebellen niederzuwerfen, die seine Nachschublinien weiter im Osten unterbrochen hatten. Die Verteidigung seines nahegelegenen Hauptquartiers in Dschenggao am Fluß Ssï legte er in die Hände seines obersten Marschalls. »Schütze es gut«, befahl er. »Stelle dich nicht zur Schlacht, wenn du herausgefordert wirst. Ich bin in zwei Wochen zurück.« Aber nachdem die Armee Lju Bangs mehrmals vergebens versucht hatte, die Verteidiger von Dschenggao herauszulocken, wurden Tag für Tag Soldaten losgeschickt, die den Generälen Hsjang Jüs die gemeinsten Beleidigungen zuriefen. Schließlich hatten sie den Marschall so in Rage gebracht, daß er doch einen Groß-angriff über den Fluß startete. »Warte, bis die halbe Armee übergesetzt hat, dann schlage zu«, hatte Wu Tschi für solche Fälle vorgeschrieben. Lju Bangs Leute vernichteten den Feind, und als sie Dschenggao besetzten, fanden sie dort den gesamten Staatsschatz des Königreiches Tschu vor. Die drei Kommandeure des Hegemons, die den Bruch der Grundre-gel, nie im Zorn anzugreifen, zu verantworten hatten, begin-gen am Flußufer Selbstmord.

Das Blatt hatte sich wieder gewendet. Lju Bang verfügte jetzt über eine starke, gut versorgte Armee, während Hsjang Jü nur noch einen erschöpften und hungrigen Rest seiner einst so großen Streitmacht befehligte. Diesmal war er es, der einen Frieden wünschte. Er ließ Lju Bangs Vater frei, und die beiden Helden kamen überein, das Reich zu teilen. Hsjang Jü sollte den Osten haben, Lju Bang den Westen. Aber wie Fan Dseng früher Hsjang Jü gedrängt hatte, mit dem geschlage-nen Feind nicht gnädig umzugehen, empfahl Dschang Ljang jetzt Lju Bang, den Gegner zu vernichten: »Ihn laufen zu las-sen, ist das gleiche, wie einen Tiger aufzuziehen, der dich spä-ter verschlingen wird.« Da Lju Bang frei von den Skrupeln seines Gegners war, brach er ungerührt den Vertrag, und zwei Monate später hatte er Hsjang Jüs Armee eingekesselt und war bereit, die Schlinge zuzuziehen.

Hsjang Jü durchbrach die Absperrung mit achthundert Mann, wurde absichtlich von einem Verräter in einen Sumpf geführt, verlor sein Gefolge bis auf achtundzwanzig Mann und wurde schließlich von einem Verfolgungstrupp aus fünftausend Reitern gestellt. Er griff diese Kompanie zweimal an, erschlug eine beträchtliche Zahl von Feinden, darunter einen General, und schrie einen anderen General so wild an, daß das Pferd vor Schreck mitsamt dem Reiter durchging und erst nach ein paar Kilometern angehalten werden konnte.

Dann gab er sein Pferd einem Fährmann, der sich angeboten hatte, ihm zur Flucht über den Fluß Wu[4] zu helfen (»Ich kann es nicht über mich bringen, ihn zu töten«) und ging zu Fuß auf die Kavallerie los. Als er aber im Kampfgewühl auf einen alten Freund stieß, rief er: »Ich habe gehört, daß Lju Bang tausend Goldstücke und ein Lehen mit zehntausend Familien auf meinen Kopf gesetzt hat. Ich will dir einen Gefallen tun«, und durchschnitt sich die Kehle. »Ich war in mehr als siebzig Schlachten und wurde nie geschlagen«, hatte er vorher noch gesagt. »Doch jetzt hat man mich hier umzingelt. Der Himmel hat mich vernichtet, an meinem Handeln als General ist nichts auszusetzen.«

»Welch ein Narr!« kommentiert der große Geschichtsschreiber Ssï-ma Tschien diesen Ausspruch. »Er ächtete den Rechtschaffenen Kaiser, so daß sich die Fürsten gegen ihn wandten. Er verließ sich nur auf sein persönliches Urteil und folgte nicht den alten Vorbildern. Er hielt sich für einen Oberherrn und wollte ein Reich mit Soldaten erobern. Doch hat er niemals seine Fehler eingesehen und sich selbst die Schuld für diesen Wahnsinn gegeben.«

Das Reich für einen

»Kannst du dich, was Wagemut und Auftreten betrifft, mit Hsjang Jü vergleichen?« fragte Han Hsin einmal Lju Bang. »Ich fürchte, nein.«

»Hsjang Jüs achtunggebietende Erscheinung mag wohl viele Leute mit Ehrfurcht erfüllen, doch vermag er keine guten Generäle in seinen Dienst zu nehmen, weil er neidisch auf die Könner ist. Er lohnt gute Dienste nicht, teilt die Beute nicht und ist kurzsichtig. Er kann leutselig sein, auch freundlich zu den Kranken. Aber diese Art kleiner Wohltaten wird von jenen, die große Dinge tun, nicht verlangt. Andererseits hinterläßt er überall eine Spur von Tod und Zerstörung, und die Menschen hassen ihn.

Du dagegen nimmst die klügsten Beamten und tapfersten Generäle in deinen Dienst. Die Städte, die du erobert hast, sind alle in die Hand verdienstvoller Männer gegeben worden. Wer würde dir wohl nicht gern trauen? Du hast die grausamen Gesetze der Tschin-Dynastie abgeschafft und Zuneigung und Respekt des Volks gewonnen. Du kannst auf diesem Weg weitergehen und das Reich in Besitz nehmen.«

Han Hsins Analyse stellte sich als richtig heraus. Alle Königreiche Chinas unterwarfen sich Lju Bang. Nur Lu stand noch abseits, aber er verzichtete großzügig darauf, dessen Bewohner auf die übliche Art niederzumachen. Statt dessen zeigte er ihnen den Kopf Hsjang Jüs, um sie zur Kapitulation zu bewegen, und gab dann seinem alten Feind als »Herzog von Lu« ein Staatsbegräbnis. Dreimal lehnte er den Kaisertitel ab, bis er unter dem Namen Han Gao-dsu den Thron bestieg und damit die große Han-Dynastie begründete. Er entlohnte seine Generäle, löste die Armeen auf und verkündete eine Generalamnestie.

Nie verlor er den Kontakt zum Volk. Nachdem er schon acht Jahre lang als Kaiser regiert hatte, besuchte er seinen Heimatort Pej, lud alle seine alten Bekannten zum Festmahl ein, tanzte und trank und lärmte, sang ein selbstkomponiertes Lied und gewährte den Bürgern ewige Steuerfreiheit. Zehn Tage dauerten die Lustbarkeiten, und er ging nur weg, weil er spürte, daß sein großes Gefolge eine zu schwere Last für die kleine Gemeinde war. Doch fiel es ihm schwer, sich loszureißen, und er ließ vor der Stadt Zelte aufschlagen, um noch drei Tage länger bleiben zu können.

Die erprobten und zuverlässigen Freunde an seinem Hof waren Männer aus demselben niedrigen Stand, aus dem er kam: Hundemetzger, Tuchhändler, Stallknechte, Laufburschen, Diebe und Gefängnisaufseher und die Musikanten, die bei Begräbnissen die Trompete bliesen. Es war ein ständiges Durcheinander im Palast: Sie trieben Unfug und Schabernack, tranken und schrien und stritten sich und zerschlugen die Wandtäfelung mit ihren Schwertern. Er fluchte auf die Architekten der kaiserlichen Pavillons in seiner neuen Hauptstadt Tschang An, weil nach seinem Geschmack alles zu prunkvoll und ausgefallen war, und als ein Würdenträger einmal aus dem *Buch der Lieder* vorlas, reagierte er gereizt. »Ich habe das Reich auf dem Rücken meines Pferdes gewonnen«, prahlte er. Warum sollte er sich also mit den Klassikern abgeben? »Ja, aber kannst du es vom Pferd aus regieren?« war die dreiste Antwort.

Aus dem Dorfpolizisten war der tapfere Kaiser ganz Chinas geworden, weil er über die Worte seiner Mitmenschen nachdachte. Anfangs hatte er die gelehrten Männer verachtet, aber sein schlauer Instinkt veranlaßte ihn schon bald, das rohe bäuerliche Gebaren unter einem dünnen konfuzianischen Firnis zu verstecken, um den Menschen, die gegen die legalistische Tyrannei von Tschin gekämpft hatten, zu gefallen. Seinem Vater erwies er solche Ehrerbietung, daß ein anerkennendes Geraune durchs Land ging. Jeden fünften Tag besuchte er ihn und beachtete genau, was das *Li* von einem respektvollen Sohn verlangte. Und als ein Kammerherr dem alten Mann riet, ihn nicht als Sohn, sondern als seinen Souverän zu behandeln, war Han Gao-dsu mit diesem neuen Verhältnis einverstanden, verlieh aber seinem Vater den Titel »Großer Kaiser« (während er dem intelligenten Kammerherrn heimlich einen halben Zentner Gold vermachte).

Er sah auch ein, daß er sich mit mehr Prunk umgeben mußte, wenn er seine Autorität als Sohn des Himmels wahren und an seine Erben weitergeben wollte. Er ließ also ein feierliches Hofzeremoniell ausarbeiten, das die Freizügigkeit in seinem Palast durch das *Li* ersetzte. Am Morgen fuhren die hohen Beamten nacheinander, ihrem Rang entsprechend, in ihren bannergeschmückten Wagen durch die Tore. Der Herrscher saß auf seinem Thron, mit Hunderten von Dienern zu beiden Seiten. Der Zeremonienmeister sagte »Tretet vor!«, und die Minister und Edlen und Generäle gingen einer nach dem anderen auf den Thron zu, um mit gedämpfter Stimme und ehrerbietiger Haltung ihre guten Wünsche vorzubringen und sich darauf wieder in der richtigen und schicklichen Form zurückzuziehen. »Jetzt weiß ich, was es heißt, Kaiser zu sein«, seufzte Han Gao-dsu.

Aber konnte er das Reich vom Rücken eines Pferdes regieren? Allein der Preis des Tieres rechtfertigt die Frage, denn die Wirren hatten das Land völlig ruiniert, und ein einziges Pferd

kostete dreihundert Pfund Gold. 196 v. Chr. erließ er ein Dekret, in dem er alle Männer von Rang und Verdienst zu sich
rief, und suchte sich unter ihnen seine Ratgeber und Verwalter aus.

Er beurteilte sie nach dem Eindruck, den sie bei der Audienz auf ihn machten. Erst an die hundert Jahre später wurden von den Bewerbern um ein Staatsamt schriftliche Prüfungen über die Klassiker verlangt. Dennoch waren die meisten, die er berief, gelehrte Männer. Sie waren die Vorläufer
der gebildeten konfuzianischen »Mandarine« des berühmten
chinesischen Staatsdienstes, der das Reich noch zu Beginn des
zwanzigsten Jahrhunderts verwaltete. Der Titel eines »Edel-
manns« hatte früher den adlig Geborenen gehört. In Zukunft
sollten ihn Männer erhalten, die durch ihre moralischen Anstrengungen geadelt wurden, so daß es im Jahre 120 v. Chr.
einem Schweinehirten möglich war, erster Minister zu werden.[1]

Die herrlichen Paläste schufen den unverzichtbaren Hin
tergrund nicht nur für das *Li*, das den Sohn des Himmels
umgab, sondern auch für den Ausdruck seiner »Macht«. Und
die Hierarchie der kaiserlichen Mandarine versprach nicht
nur einen wohltätigen konfuzianischen Dienstadel, der sich
auf die Vorschriften der alten Bücher stützte, sondern kündigte auch das Ende des Feudalsystems an, das Konfuzius erhalten wollte, und die Wiederbelebung der allgewaltigen
Zentralregierung, die die Legalisten in Tschin als erste geplant hatten.

Han Gao-dsu mag eine Pilgerfahrt zum Tempel des Konfuzius gemacht und dem genügsamen Weisen unzählige Ochsen, Schafe und Schweine geopfert haben, aber er nahm den
Vasallenfürsten ihr Recht, hohe Ämter zu vergeben, und
schickte in jeden Winkel seines Reichs die neuen Beamten, die
er persönlich ausgesucht hatte, die seine alles übertreffende
kaiserliche Autorität repräsentierten und als seine Privat-
agenten ihm allein Bericht erstatteten. Und nicht einmal der
Erste Kaiser von Tschin hatte einen Handlanger besser ein-
schätzen können.

»Wie kam es, daß ich die ganze Welt gewann?« fragte er
einmal seine Herren und Generäle, und wie Han Hsin sagten
sie ihm, daß er, obgleich barsch zu anderen, es nie versäumt

habe, die Würdigen zu belohnen und die Siegesbeute mit seinen treuen Gefolgsleuten zu teilen.

»Das ist der eine Grund, aber es gibt noch einen zweiten«, entgegnete der Kaiser. »Ich kann nicht so kluge Kriegslisten wie Dschang Ljang ersinnen, ich kann den Nachschub für die Armee nicht so gut organisieren wie Hsjao Hë, und ich kann nicht so sicher Schlachten gewinnen wie Han Hsin. Das sind Männer mit außergewöhnlichen Fähigkeiten, aber ich war es, der die Welt in Besitz genommen hat, weil ich sie eingesetzt und ihren Rat angenommen habe. Hsjang Jü hat nicht einmal auf Fan Dseng gehört.«

Der Deserteur aus Tschu, den der Kaiser als Meisterspion angeheuert hatte, um einen Keil zwischen Hsjang Jü und seinen unglücklichen Ratgeber zu treiben, ist ein besonders gutes Beispiel dafür, wie Han Gao-dsu beinahe gefühllos Menschen als Werkzeuge auswählte. Dieser Bursche war ein gewandter und gutaussehender Renegat, ein gewohnheitsmäßiger Faulenzer, der den größten Teil des Tages dem Saufen, Huren und Einkassieren von Bestechungsgeldern widmete. Aber sein neuer Herr machte ihn zum Generalprofos (sehr zum Ärger seiner Generäle), aus dem plausiblen Grund, daß er ein Naturtalent an Doppelzüngigkeit war. Es gab keinen schlauen Kniff oder schmutzigen Betrug, den dieser verschlagene und intrigante Kopf nicht ersann, und sechsmal rettete er Han Gao-dsu mit gerissenen Tricks, die im Einzelnen nie aufgedeckt wurden.

Er sagte selbst einmal charmant: »Keine meiner schlauen Listen steht im Einklang mit dem *Dao*, und wenn das Glück meine Nachkommen einmal verlassen hat, wird es wegen meiner Missetaten nie mehr wiederkommen.« Aber Han Gao-dsu interessierte sich nicht für solche Kleinigkeiten. Wie der verdienstvolle Mensch, von dem ihm dieser Mann damals empfohlen worden war, erklärt hatte, brauchte man keinen tugendhaften Edelmann, sondern einen in seinem Fach glänzenden Strategen. Er war der rechte Gauner für diesen Posten. Was hatte sein Privatleben damit zu schaffen? Wen kümmerte es, daß er liederlich und korrupt war und mit seiner Schwägerin schlief?

Bei aller Brutalität, meinen die Chinesen, war Hsjang Jü noch nicht schonungslos genug. Der Söldner, der König werden will, muß bereit sein, den Geldhahn aufzudrehen und die Menschen wie Hanf niederzumähen. Bei aller berechnenden Milde auf der einen Seite, tötete Han Gao-dsu, wenn es darauf ankam, ohne Gewissensbisse, auch noch als er den Thron bestiegen hatte. Auf dem Weg nach oben sollte der Held gelegentlich Nachsicht üben und laut der Ehrlichkeit das Wort reden, um Unterstützung zu finden. War er erst einmal auf dem Gipfel, mußte er rücksichtslos sein, wenn er dort oben bleiben wollte. Er mußte alle, die seine Stellung anfochten, aus dem Weg räumen und so »die Brücke einreißen, nachdem er selbst den Fluß überquert hatte.«

Häufig muß er auch »Gutes vergessen, das Menschen für ihn getan haben«. Lju Bang – Exgendarm, Herr von Pej, König von Handschung – mochte unverzichtbare Anhänger an sich binden, indem er ihnen versprach, »Verdienste zu lohnen und die Beute zu teilen«. Aber der allmächtige Kaiser Han Gao-dsu nahm seinen Kommandeuren bald wieder die ihnen vermachten Königreiche weg. Sogar Han Hsin wurde degradiert und ermordet, und nur Dschang Ljang überlebte, weil er rechtzeitig den Hof verlassen hatte, um sich als daoistischer Mystiker in die Berge zurückzuziehen. Denn populäre und erfolgreiche Generäle können, wenn der Krieg zu Ende ist, noch gefährlicher werden als jene, die nur Schlachten verlieren.

Tod und Verdammung Lin Piaos 1971 bestätigten die Regel. Der Vorsitzende Mao blieb der Vorsitzende Mao, weil er konsequent alle Rivalen, die seine Vorherrschaft bedrohten, zur Rechenschaft zog. Obwohl seine Politik in den frühen sechziger Jahren Risse zeigte und ihm die Macht über China aus den Händen zu gleiten schien, schaffte er ein überraschendes und sensationelles Comeback, als er von seiner politischen Basis Shanghai aus die Große Kulturrevolution in Gang setzte, die alle seine Pekinger Opponenten aus dem Sattel warf. Diese Taktik des fingierten Rückzugs und plötzlichen Angriffs ist den Chinesen immer noch als »Verbrennen der Stege und Rückkehr auf einem geheimen Weg« geläufig. Aber Mao war eben auch, wie die Wahrsager erklärt haben, ein dicker, schlauer, Pfeffer kauender Bauer aus Tschu mit einem freimütigen, barschen Benehmen, der ein Glas Wein nicht verachtete und dem vier Frauen bestimmt waren, ein wendiger und großer General, der einen ebenso langen Arm wie Han Gao-dsu hatte.

Die Chinesen behaupten, Mao sei die herausragende Persönlichkeit seiner Zeit gewesen, und es gibt kaum Zweifel, daß damals Han Gao-dsu die herausragende Gestalt war. Er war gewissenlos, wo Gewissensbisse fehl am Platz waren, aber er zeigte kaum Überheblichkeit, Grausamkeit oder Zorn. Er stürzte eine schlimmere Tyrannei, um dem Volk eine weniger schlimme zu geben, und er gründete eine Dynastie, die vierhundert Jahre überdauern sollte, wenn sie auch das Vorspiel zu einem weiteren Chaos werden sollte.

Vorspiel zum Chaos

Nach dem Tod von Han Gao-dsu beherrschte die Kaiserinwitwe Lü den Palast sechzehn Jahre lang auf eine einfache Art und Weise: sie ersetzte die Verwandten ihres erlauchten Gemahls in allen einflußreichen Stellungen durch Mitglieder ihrer eigenen Familie. Als Lü dann starb, beseitigte der schlaue Deserteur aus Tschu, einst der verläßlichste Vollstrecker der Mordaufträge des Kaisers, ihre ganze Sippe, und der Sohn einer kaiserlichen Konkubine bestieg als Kaiser Wen den Thron. Seine Regierung brachte eine Zeit ungewohnter Ruhe: Schulen zum Studium der klassischen konfuzianischen Schriften wurden gegründet, der Hof übte sich in löblicher Sparsamkeit, die alten Opferbräuche wurden wieder eingeführt. Anscheinend war die kaiserliche Aufsicht über weite Teile Chinas nicht sehr streng, doch herrschte Wohlstand und Frieden im Lande.

Aber während rechtschaffene Gelehrte gewissenhaft die alten, von den Tschin verbrannten Bücher rekonstruierten, entstanden daneben auch viele Neuausgaben akademischer Fälscher. So schlichen sich in den humanistischen Konfuzianismus legalistische Zusätze ein, die kaiserliche Willkürakte sanktionierten. Als Han Wu-di 141 v. Chr. den Thron bestieg, begann er die willkommenen Rezepte zu nutzen, die diese Verfälschungen für eine legalistisch-autokratische Herrschaft unter der formalen Maske konfuzianischer Nächstenliebe boten, und wurde dadurch zum Vorbild für spätere

Kaiser. Im Palast zu Tschang An gab es eine besondere Auf-
sichtsbehörde, die im Auftrag des Herrschers die Mandarine
überwachte. Das Recht wurde kodifiziert und umfaßte gegen
Ende der Dynastie fast achtzehn Millionen Schriftzeichen.

Im Westen war Karthago vor kurzem von Scipio Africanus
zerstört worden, und Rom standen die Verheerungen durch
Marius und Sulla bevor. Für China dagegen begann eine Periode militärischer Expansion. Noch ganz damit beschäftigt,
sein Reich zu befrieden, hatte Han Gao-dsu einen Vertrag mit
dem ihn im Norden bedrohenden mächtigen Hunnenstaat
unterzeichnet und den Herrscher des ausgedehnten Königreichs Jüeh im Südosten dazu gebracht, seine Oberherrschaft
anzuerkennen. Unter Han Wu-di jedoch fielen chinesische
Armeen in Korea ein und kolonisierten es bis zum heutigen
Söul, machten das südwestliche Gebirgsland Yünnan tribut-
pflichtig und unterwarfen Nan Jüeh (oder »Nam Viet«), dessen neue Herren in der Gegend von Kanton die Macht bis
hinunter nach Tongking ausgeübt hatten.

Die schwierigste Sorge des Kaisers aber war, wie er mit den
Hunnen, die für dauernde Unruhe an der Nordgrenze seines
Reiches sorgten, fertig werden sollte. Deshalb schickte er 138
v. Chr. einen Offizier namens Dschang Tschien mit nur hundert Mann in den wilden Westen und gab ihm den Auftrag,
sich der Unterstützung »ferner Bundesgenossen« zu versichern. Er dachte dabei an ein Volk, das auf der anderen Seite
der feindlichen zentralasiatischen Wüsten jenseits der Großen Mauer lebte.[1]

Dschang fiel den Hunnen in die Hände und wurde zehn
Jahre gefangengehalten. Als er schließlich entkam, nahm er
seine Mission unverzagt wieder auf. Er stieß auch jenseits des
Oxus auf das gesuchte Volk, mußte aber erfahren, daß es
nicht mehr gegen die Hunnen kämpfen wollte. Zwölf Jahre
waren seit seinem Aufbruch vergangen, bis er nach seiner
abenteuerlichen Reise wieder in China war. Er brachte die
den Chinesen unbekannte Luzerne mit und außerdem eine
unscheinbare Pflanze mit einer eigenartigen süßen Frucht, die
Weintraube. Dschang Tschien war in den einst von Alexander eroberten hellenisierten Königreichen Sogdiana und
Baktrien[2] gewesen. Die chinesische Zivilisation war der griechischen begegnet.

»Die Leute dort haben viele prächtige Pferde, die Blut schwitzen«, schrieb er über Sogdiana. Han Wu-dis Appetit war geweckt, und er setzte Gesandte, dann eine Armee in Marsch, um ein paar dieser sagenhaften Tiere zu bekommen, aber die Gesandtschaft wurde umgebracht und die Armee geschlagen. Deshalb schickte der Kaiser 102 v. Chr. (im Geburtsjahr Julius Caesars) eine riesige Strafexpedition durch die Wüste, die Sogdiana zeigen sollte, wer der Herr im Hause war. Wenn auch halb verdurstet und ausgehungert, erreichten doch dreißigtausend Mann ihr Ziel und sorgten dafür, daß er seine Pferde bekam.

Ein halbes Jahrhundert später intervenierten die Chinesen wiederum und setzten Hermaios ein, den letzten griechischen König im nordwestlichen Indien. West und Ost rückten näher zusammen. Die ersten Buddhastatuen wurden von Bildhauern geschaffen, denen der Lichtgott Apoll als Modell diente. Die Chinesen begannen, Gold, Seide und Feingußeisen in das Abendland zu exportieren. Sie selbst kauften Perlen und Glas (das sie für ebenso wertvoll wie Jade hielten) und machten Esel und Kamel bei sich heimisch. Sie waren Oberherren der Mongolei und Ostturkestans. Ihre Kunst entwickelte sich binnen kurzem zu vollkommener Anmut, wie die Wandmalereien und glasierten Töpferwaren zeigen. Außerdem brachte China mit Ssï-ma Tschien, den Han Wu-di wegen seines Eintretens für einen in Ungnade gefallenen General hatte entmannen lassen, einen der bedeutendsten Historiker der Welt hervor.

Rom und China waren zur Zeit der Han-Dynastie durch den dazwischenliegenden Partherstaat getrennt und kamen nie wirklich miteinander in Berührung. Im Jahre 73, zwölf Jahre nach Boadiceas blutigem Aufstand gegen die römische Besatzung in Britannien, zog wieder ein Offizier namens Ban Tschao westwärts durch die kaum bekannte Wildnis hinter der Mauer, um »ferne Bundesgenossen« zu suchen und zu verhindern, daß sich die Hunnen ihrerseits gegen China verbündeten. Dieser findige Kommandeur veranstaltete eine regelrechte Modellübung, bei der er »Barbar gegen Barbar« ausspielte. Auf diese Art unterwarf er mehr als fünfzig turkestanische Kleinkönige und marschierte mit einer sechzigtausend Mann starken Vasallenarmee ungehindert bis an die

Küste des Kaspischen Meeres. »Da Tschin«, das Rom des Kaisers Nerva, lag drüben über dem Wasser und hinter den armenischen Bergen. Als aber Ban Tschao einen Gesandten zur Kontaktaufnahme zu den Römern schickte, wurde der von den Parthern (die ihm aus Furcht vor einem chinesisch-römischen Bündnis alles mögliche über die Gefahren der Reise vorlogen) derart eingeschüchtert, daß er auf der Stelle kehrtmachte.

Es wäre unangebracht zu meinen, die Chinesen hätte es nie nach Landgewinn gelüstet: ihre Existenz begann im Tal des Gelben Flusses, und am Ende besaßen sie ein riesiges Imperium. Aber auch wenn sie sich ein Land einverleibten, waren sie von Natur aus defensiv – man legte sich eben ein wärmendes Polster gegen die kalte Bedrohung durch Barbaria draußen zu – und ihre Expansionsbestrebungen letztlich kulturell bestimmt. Der Kaiser war mehr Oberherr als Eroberer der meisten Staaten, die sich ihm beugten, und oft verlangte er von ihren Fürsten nur Treueid und Tribut.

Die chinesischen Berichte über Rom waren schmeichelhaft. Sie zeichneten es als einen gerechten, wenn auch luxusliebenden Staat, doch bestand kein Zweifel daran, welches der beiden Reiche in einer besseren Verfassung war. Die Römer erschienen ihnen beklagenswert zügellos, und die kulturelle Solidarität mit dem, was man unter »Rom« verstand, schmolz in dem Maße dahin, wie die leichtlebige Bürgerschaft von Sklaven und der Staat von barbarischen Söldnern abhängig wurden. In China kam auf hundert Mann nur ein Sklave, und allen Chinesen war bewußt, daß ihnen das »Reich der Mitte« der Welt gehörte, verbunden durch eine Schriftsprache, eine wahre Philosophie, eine wahre Zivilisation.

Unter Han Wu-di wurde China durch die wirtschaftlichen Maßnahmen eines Kaufmannssohnes namens Sang Hung-jang, der des Kaisers engster Ratgeber geworden war, weiter stabilisiert. 120 v. Chr., ein Jahr nachdem Gaius Gracchus wegen seiner Steuerreform und Handelsgesetzgebung in den Straßen von Rom ermordet worden war, übernahm der chinesische Herrscher die Salz- und Eisengewinnung als Staatsmonopole und besteuerte Wagen, Boote und akkumuliertes Kapital, um seine Feldzüge zu finanzieren. Sang schuf eine

Regierungsbehörde, die den Handel »ausgleichen« sollte, und beendete damit viel Leid und Not (und füllte gleichzeitig die Getreidespeicher und Schatzhäuser des Kaiserreichs). Beamte wurden ermächtigt, bei einem Überangebot Waren aufzukaufen und sie billig auf den Markt zu werfen, wenn sie einmal knapp waren. Jede Provinz durfte nach eigener Wahl ihren kaiserlichen Tribut mit den Gütern bezahlen, die sie vorwiegend erzeugte. Diese Güter sollten dann in Gebiete gebracht werden, wo sie Mangelware waren, nicht mehr in die Hauptstadt, wie bisher üblich. Spekulation, Hamstern und Preismanipulationen wurden dadurch auf ein Minimum reduziert.

Der Lebensstandard hatte im China der Han nach Christi Geburt einen hohen Stand erreicht. Es gibt Wasseruhren von einer Genauigkeit, auf die Europa noch zwölf Jahrhunderte warten mußte, und ein Mondkalender ist eingeführt worden, nach dem man sich noch 1927 richten wird. Sonnenflecken wurden beobachtet (als erster Europäer wird Galilei darüber schreiben, aber erst 1613), 11520 Sterne wurden in Karten eingetragen und die elliptische Bahn des Mondes bestimmt. Der Webstuhl für Seide und die Sämaschine sind schon längst erfunden, und die Bauern haben jetzt Aufwerfhämmer mit Pedalantrieb zum Getreidedreschen, Brunnenhäuschen mit Seilwinden und Wasserpumpen.

Die Bevölkerung Chinas beträgt inzwischen schon sechzig Millionen. Das Kaiserreich umfaßt zwar noch zwanzig Minikönigreiche, die nominell von Verwandten des Herrscherhauses regiert werden, aber die tatsächliche Verwaltung liegt in den Händen konfuzianischer Mandarine in den mehr als achtzig Präfekturen. Das Leben auf dem Land ist dennoch hart. Der Bauer muß einen Monat pro Jahr Fronarbeit leisten und, wenn die Ernte einmal schlecht ausfällt, vielleicht Kinder verkaufen oder sich einer Räuberbande anschließen. Es gibt relativ wenig Sklaven, aber die Strafen sind grausam. Missetäter werden immer noch geköpft, zweigeteilt, kastriert oder sonstwie verstümmelt, wenn ihre Gesetzesübertretung vielleicht auch nur darin bestanden hat, daß sie die Mitte einer Straße benutzt haben, die dem Kaiser vorbehalten ist.

Über die Haushalte wird ein sorgfältiges Register geführt, denn alle männlichen Untertanen müssen ihre Zeit in der

Armee abdienen, bei freier Kost und Kleidung, aber ohne Sold. Werden sie einberufen, kommen sie als Infanterie in eine Garnisonsstadt oder an die Große Mauer oder in neugegründete Bauerndörfer. Der militärische Bereich ist bis ins letzte durchdacht. An der Mauer werden Namenlisten, die vollständige Angaben zur Person der Diensttuenden samt ihrer Ergebnisse im Bogenschießen enthalten, Urkundenregister, Vorratslisten und peinlich genaue Rechenschaftsberichte geführt. In jedem einzelnen Wachtturm gibt es schwere, mit Visier und Abzug ausgestattete Armbrüste, Schmierfett und Leim zur Wartung, Rüstungen und Helme, Codes für die mit Rollen aufzuziehenden Signalfahnen, Arznei und Werkzeug.

Die Männer sind Alleskönner. Sie können nicht nur kochen, flicken und zimmern; manchmal züchten sie auch Vieh, ziehen Gemüse und Getreide, bauen Bewässerungsanlagen, brennen Ziegel und errichten Scheunen für die eigene Ernte. Chinesische Einheiten sind immer Arbeitsorganisationen gewesen, die bauten und Felder bestellten, wenn sie nicht gerade kämpfen mußten. Die rund dreißig stehenden Armeen in den Provinzen des kommunistischen China unterhalten eigene Werkstätten und Bauernhöfe, sie züchten Schweine, bauen Straßen und Dämme, stellen ihre Kugeln und Stiefel selbst her.

Schwerter und Pflugscharen werden in den achtundvierzig über das ganze Han-Reich verteilten Eisenbetrieben mit ihren Türmen, Gruben, Gießereien, Schmelzöfen und Kühlbehältern hergestellt. In den Sümpfen gewinnen andere Staatsbetriebe Salz. Sie verwenden Rohrleitungen aus Bambus und Förderwinden und holen die erschlossene Sole aus bis zu sechshundert Metern Tiefe.

Die Chinesen haben elegante leichte Kutschen mit tellerförmigen Rädern aus Bronze und Holz und den Schubkarren, auf den Europa noch viele Jahrhunderte warten muß. Ihre Bücher sind auf Seide oder Bambusblättchen geschrieben und zu einem hübschen Bund zusammengerollt, aber um 100 n. Chr. tritt nach und nach Papier an deren Stelle, und das erste Wörterbuch mit neuntausend Zeichen wird dem Kaiser überreicht.

Die ziegelgedeckten mehrstöckigen Häuser haben ausgemalte Treppenhäuser, geschnitzte Dachsparren, auf den Böden liegen Felle, Teppiche und bestickte Kissen. Man sitzt auf Matten oder kniet zum Essen an einem niedrigen Tisch. Es gibt keine Stühle, aber die harten Betten sind mit feinem Tuch bedeckt und diskret hinter Wandschirmen verborgen. Die Wohlhabenden können Fuchspelz und Schuhe oder Pantoffel aus Seide oder verziertem Leder tragen. Die Frauen schmükken sich mit zierlich verarbeiteter Jade, mit Perlen und Schildpatt, und reiche Familien halten sich eigene Orchester mit Glocken, Trommeln, Zither und Syrinx, Flöte und Lyra.

Seide ist ein lukrativer Exportartikel. Die Hunnen verlangten sie schon 200 v. Chr., aber jetzt findet sie ihre begierigen Käufer sogar im Römischen Reich. Die langen, gefährlichen Karawanenstraßen gehen, mit gelegentlichen Änderungen, durch Kaschgar, Samarkand und Antiochia. Nach Christi Geburt bringen Schiffe auch Seide vom heutigen Haiphong durch die Straße von Malakka und um Indien herum ins Rote Meer. Von da aus geht sie nach Alexandria. Die Händler waren meist Inder und Araber, aber 166 n. Chr. kamen auch römische »Gesandte« von Mark Aurel nach Tongking und »boten Elfenbein, Hörner vom Nashorn und Schildpatt an«, die sie unterwegs gekauft hatten.

Die Seide wurde aufgefasert und in Syrien neu zu feinerem Stoff versponnen, so daß, nach Plinius, »die römische Dame öffentlich in durchsichtigen Gewändern erscheinen konnte«. Die Römer hatten keine Ahnung, wie Seide hergestellt wurde – Plinius schrieb über die chinesische Art, sie »von Blättern« zu gewinnen –, aber sie machten große Anstrengungen, das Geheimnis herauszubekommen. Denn nachdem die Perser den Markt aufgekauft hatten, war die Profitmacherei der zahlreichen Zwischenhändler unerträglich geworden. Das chinesische Manufakturmonopol wurde schließlich 552 gebrochen: Mönche aus dem Osten schmuggelten in Bambusstäben versteckte Seidenraupeneier an den Hof des byzantinischen Kaisers Justinian, ein früher Fall von Werkspionage.

Römisches und Chinesisches Reich sollten später eine Beute der Barbaren werden. Beide fielen in ihre jeweiligen »dunklen Zeitalter« zurück. Während aber die römische Zivilisation unterging, überlebte die kraftvolle Kultur Chinas. Sie überlebte auch die periodischen Katastrophen, die nicht

152

nur von Palasteunuchen heraufbeschworen wurden, sondern auch von den Damen des Hofes wie der Kaiserin Lü. Sie hätte nicht einmal ehrgeizig sein müssen: eine kaiserliche Gemahlin und ihre Familie mußten kämpfen, um sich am Hof zu behaupten, weil sie automatisch die Zielscheibe der häufig mörderischen Eifersucht der Sippe des Kaisers wurden. Wenn der Kaiser starb, mochte ihre einzige Rettung darin liegen, daß sie selbst das Mandat des Himmels an sich brachten.

Als Christus vielleicht fünf Jahre alt war[3], riß daher ein gewisser Wang Mang die Herrschaft an sich. Er war der Neffe einer anderen Kaiserinwitwe, die nach dem Tod des Gatten gewissenhaft alle Schlüsselstellungen mit ihren Verwandten besetzt hatte. Er konnte sich vierzehn Jahre auf dem Thron halten, bis ihn ein gewöhnlicher Soldat erschlug.

Ein Jahrhundert nach dem Tod Sang Hung-jangs saß mit dem neuen Kaiser wieder jemand auf dem Thron, der die chinesische Wirtschaft mit seinen Reformen aufrüttelte. Er stabilisierte die Preise wiederum, indem er Versorgungsgüter für knappe Zeiten einlagerte, forderte von den Mandarinen eine freiwillige Kürzung ihrer Gehälter, löste großen Landbesitz auf, verbot die private Sklavenhaltung und richtete ein Kreditsystem ein, das besitzlosen Bauern ermöglichen sollte, Land zu erwerben und zu bestellen. Aber der scheinheilige Emporkömmling führte diese Maßnahmen nur ein, um mögliche Rivalen ihres Reichtums zu berauben und die eigenen Truhen zu füllen, und rechtfertigte das alles mit Zitaten aus gefälschten klassischen Schriften, die in einem Mauerversteck des Hauses von Konfuzius »gefunden« worden waren und höchst zutreffend bewiesen, daß er nur die alten Weisen nachahmte.

Seine spektakulärste Tat war der Aufkauf von Gold. Er legte Hand auf fünf Millionen Unzen des Metalls, und Kaiser Tiberius, 14000 Kilometer weit weg im Westen, mußte seinen Patriziern sogar verbieten, chinesische Seide zu tragen, weil Rom unter dem Goldabfluß litt. Jedoch hatte niemand etwas für seine Familie oder seine Politik übrig, und seine Einmann-Dynastie (die Hsin) ist nicht mehr als ein kleiner Keil zwischen frühen (Westlichen) und späten (Östlichen) Han, die nach vielem Blutvergießen 25 n. Chr. schließlich wieder auf den Thron kamen.

China erholte sich. Die Chinesen eroberten das unbotmä-
ßige Yünnan zurück, unterwarfen Tongking und Annam, die
sie fast tausend Jahre lang halten konnten, und festigten ihre
Herrschaft über große Teile Koreas und der Mandschurei. In
Zentralasien drängten sie die Hunnen zurück und konsoli-
dierten ihren Besitz, indem sie nach und nach einen Teppich
von landwirtschaftlichen, durch die Armee abgesicherten
Siedlungen aufrollten. Auf ziemlich ähnliche Art stärkt heute
die kommunistische Führung den Siedlungen entlang der
chinesisch-sowjetischen Grenze in Sinkiang mit bewaffneten,
trainierten und uniformierten Pionieren der »Produktions-
und Aufbaukorps« den Rücken. Aber dieses kaiserliche
Muskeltraining überdeckte ein wucherndes Krebsgeschwür
von Palastintrigen, und als 189 ein chinesischer Kaiser ohne
direkten Nachkommen starb, löste sich das Reich in Aufruhr
und Anarchie auf.

Chinas politische Geschichte besteht nicht aus ständigen
kleinen Nörgeleien und Veränderungen, sondern aus äußer-
lich ruhigen Perioden zurückgestauter Verbitterung, die sich
dann in plötzlichen Ausbrüchen des heiligen Volkszorns Luft
macht. Dementsprechend war es eine von der mystischen Gesellschaft der Roten Augenbrauen geführte Bauernerhebung,
die erstmals die Herrschaft Wang Mangs bedrohte und die
Wirren verursachte, die zu seiner Ermordung führten. 184
erhoben sich die Gelben Turbane, und obwohl ihre Revolte
zerschlagen wurde, rissen sie die Han-Dynastie mit sich. Später war es dann die Sekte Weißer Lotus, die immer wieder
Aufstände anzettelte: gegen die Mongolenherrschaft Kublai
Khans, gegen die einheimische chinesische Ming-Dynastie,
die darauf folgte, und gegen die Tsching-Dynastie der fremden Mandschus, die die Ming ablöste.

Da der gewaltsame Sturz einer heruntergekommenen Dynastie in sich beweist, daß das Mandat des Himmels – jenes
chinesischen Himmels, dessen Zorn die Missetaten von
Monarchen so leicht entfachen – entzogen worden war, ist
folglich jede erfolgreiche Revolte zwangsläufig gerecht. Der
Fall der Östlichen Han (so bezeichnet, weil die Hauptstadt
nach Lojang verlegt worden war) brachte jedoch nicht sofort
einen anderen mit dem »Mandat« ausgestatteten Kaiser auf
den Thron. Statt dessen trat eine neue spaltende Kraft in Chi-

nas Geschichte auf, der Warlord[4], denn die gewaltige Aus-
dehnung des Landes ermutigte militärische Führer, nach der
Macht in den Provinzen zu greifen, wenn der Hof korrupt
und der Herrscher schwach war. Ehrgeizige Soldaten gründe-
ten zwischen dem vierten und sechsten Jahrhundert gleich
eine ganze Reihe kurzlebiger Dynastien, vernichteten die
Tang-Dynastie im frühen zehnten Jahrhundert, setzten Ende
desselben Jahrhunderts die Sung-Dynastie ein und teilten den
größten Teil des Kaiserreichs unter sich auf, als die Tsching-
Dynastie 1912 abtrat.

Am Ende dieser unruhigen Zeit, die mit dem Zusammenbruch der Han im Jahre 220 verbunden ist, wurde China
nicht wieder unter einem Kaiser geeint, sondern in drei Königreiche geteilt. Die blutigen Akte von Verrat und gefühllo-
ser Brutalität, die den folgenden Kampf der drei um die Vorherrschaft kennzeichnen, sind durch die herrlich ausgeschmückte Sage unsterblich geworden. Die Sage ist dennoch
ebenso wichtig wie die Tatsachen, denn beide haben die chinesischen militärischen und politischen Traditionen nachhaltig beeinflußt.

Der tendenziösen, auf Tatsachen beruhenden Geschichte
in der *Chronik der drei Reiche* steht das ausgewogene erdich-
tete Epos *Die Geschichte von den drei Reichen*, Chinas erster
vollständiger Roman, der im 14. Jahrhundert niedergeschrieben wurde, gleichrangig gegenüber. Hundert populären Opern hat diese große Saga den Stoff geliefert, und sie ist
die fast unversiegbare Quelle gewesen, aus der Millionen einfacher Chinesen ihr Wissen von Geschichte, Politik, Kriegskunst und Gemeinheit, aber auch von logischer Beweisführung und Moral geschöpft haben. Ihre Helden sind Allge-
meingut geworden, und militärische Führer von Tschiang
Kai-schek bis zum Vorsitzenden Mao haben sie gründlich
studiert, denn sie steckt voller praktischer Beispiele zur Anwendung der Lehren der alten Strategen.

Ihre Lektionen machten aus einem »christlichen« Mob
während der Tai-ping-Rebellion des vergangenen Jahrhunderts eine Armee, sagen die Kommunisten; und sie verwandelten einen kommunistischen Haufen in diesem Jahrhundert
in eine militärische Macht, sagen die Nationalisten. Die Zeit
brachte herausragende Talente hervor, wie es nur von

Krämpfen geschüttelte Momente vermögen. Wenn man sagt, die überlebensgroßen Gestalten dieser Periode seien unsterblich geworden, ist das keine bloße Metapher, denn einer von ihnen wurde schon vor langer Zeit vergöttlicht und ist heute der chinesische Gott des Krieges. Aber als erster betrat einer die Bühne, der zu seinen Lebzeiten zweideutiger beschrieben wurde: Tsao Tsao, »ein fähiger Minister in ruhigen, ein verräterischer Held in chaotischen Zeiten«.

Mal den Teufel an die Wand

Er ist ein sehr chinesischer Held, dieser geliebte und verfluchte, bewunderte und verabscheute Schurke, und es ist bezeichnend für seine Landsleute, die keinen christlichen Teufel kennen, daß sie statt dessen einen Ausdruck benutzen, der etwa »Mal Tsao Tsao an die Wand ...« bedeutet. »Ich würde eher die ganze Welt betrügen, als mich von ihr betrügen lassen«, erwidert er in der *Geschichte von den drei Reichen*, als ihm jemand die Ermordung der ganzen Familie eines Mannes vorwirft, den er fälschlich des Verrats verdächtigt hat. Vielleicht ist nichts Wahres an der Geschichte, aber die Philosophie, die dahintersteckt, gehört zu einer realen Person, die für ihre Kommentare zu Sun Dsïs *Kunst des Krieges* berühmt ist. Mao Tse-tung hat gesagt: »Revolution ist keine Dinnerparty«. Siebzehn Jahrhunderte vorher hatte Tsao Tsao genauso zynisch geschrieben: »Eine Armee kann nicht nach den Vorschriften der Etikette geführt werden.«

Die Chinesen haben viel übrig für einen vielseitigen Spitzbuben, der mit Feder und Schwert gleich gut umgehen kann, und Tsao Tsao war so ein Mann mit vielen Talenten. In seiner Jugend lebte er wie die meisten Sprößlinge des Adels, zog Falken, Hunde und Pferde auf und war ein meisterhafter Jäger. Doch war er auch lernbegierig und in den Klassikern bewandert, und als er älter war, dichtete er elegante Verse mit perlenden Rhythmen, die in Noten gesetzt werden konnten. Seine Tage verbrachte er mit Intrigen und Kämpfen und seine Nächte mit Lesen und Schreiben, aber nicht nur von Poesie. »Laßt aus, was der Feind verteidigt, schlagt zu, wo er euch nicht erwartet«, riet er den Studenten Sun Dsïs und, vielleicht etwas wehmütig im Hinblick auf sein eigenes Schicksal: »Wollt ihr Feuer anwenden, verlaßt euch auf Verräter.« Auch er wiederholte: »Der General muß sich nicht an die Befehle des Herrschers halten«, und das überrascht nicht, denn er sollte den Kaiser in die Hand bekommen und ihn als bloßen Strohmann im Machtspiel einsetzen.

Tsao Tsao war ein kleiner Mann mit überragendem Geist, stechendem Blick und langem, wehendem Bart. Er verwandte keine Sorgfalt auf Kleidung und Benehmen, seine Sprache war ausdrucksvoll und reich, sein Lachen laut und ungezwungen, und wenn er aufgeregt war, konnte er die unverschämtesten Sachen sagen, die ihm gerade einfielen. Er war äußerst sparsam. Seine Sitzkissen waren nicht bestickt, seine Vorhänge und Wandschirme wurden geflickt, wenn sie zerrissen, denn er wollte sie nicht durch neue ersetzen lassen. Er verbot seinen Frauen, Konkubinen und Schwiegertöchtern, sich mit besticktem Putz zu schmücken, und als Soldat, dem die sparsame Art des Gelehrten zur Gewohnheit geworden war, haßte er jeden Pomp.

Er hatte es auch nicht nötig. Als er einmal einen Gesandten der Hunnen empfangen wollte, kamen ihm plötzlich Zweifel: er fürchtete, seine Aufmachung würde dem Barbaren keine Ehrfurcht einflößen. Also bat er einen imposanten Beamten mit vornehmem Gebaren in seine Rolle zu schlüpfen und den Hunnen an seiner Stelle zu empfangen, während er sich als Leibwache neben den vermeintlichen Tsao Tsao stellte. Später erfuhr er, daß der Gesandte dennoch den Leibwächter mit dem großen Schwert von Anfang an für den wirklichen Helden gehalten hatte.

Tsao Tsao kam nicht aus dem Dunkel. Sein Großvater war der Erzieher des Thronfolgers gewesen, und als dieser Kaiser geworden war, wurde er dessen Ratgeber. Sein Vater hatte zehn Millionen in bar bezahlt, um den Posten eines Militärberaters des Herrschers zu bekommen. Die Familie war ungewöhnlich reich. Ihr Reichtum und ihre Macht wurden das Sprungbrett für den ehrgeizigen und begabten jungen Haudegen, der »nur jene, die hochgesteckte Ziele im Herzen und schlaue Kriegslisten im Leib hatten«, für Männer mit Zukunft hielt.

Wie es aber ein in China bis in unser Jahrhundert geübter

Brauch war, hatte sich sein Großvater entmannen lassen, um für ein Amt im Palast in Frage zu kommen, und sein Vater war adoptiert worden. Als der Sturm, der die Han-Dynastie wegfegte, über Lojang hereinbrach, mußte Tsao Tsao folglich zu seinem Ärger feststellen, daß man ihn nicht zu den unzufriedenen Soldaten und Gelehrten in der Hauptstadt rechnete, sondern zu den widerlichen Palasteunuchen, die den Kaiser umgaben.

Die Wolken hatten sich seit dem Jahr 159 zusammengezogen. Damals war die Kaiserinwitwe gestorben, und die Eunuchen hatten ausgemacht, ihre ganze Sippe zur Erleichterung des neuen Kaisers auszurotten. Der törichte Jüngling geriet dadurch in völlige Abhängigkeit von diesen Kreaturen und übertrug ihnen eine solche Machtfülle, daß sie das Reich wie eine reife Orange ausquetschen konnten. Sie schleusten ihre Verwandten in die Verwaltung ein, und jeder Beamte oder General, der in Dienst genommen oder befördert werden wollte, mußte dafür in Gold bezahlen. Als der Kaiser starb, war sein Erbe erst zwölf Jahre alt. Die Erpressungen der Eunuchen wurden noch schlimmer, und die verarmten Armeekommandeure und Mandarine sahen sich gezwungen, immer mehr aus der Landbevölkerung herauszuholen, um die unverantwortlichen Forderungen erfüllen zu können. Die bedauernswerte Lage der Bauern wurde zusätzlich durch eine Heuschreckenplage erschwert, die die Ernte vernichtete. Die Millionen Hungernden und Verzweifelten hielten Ausschau nach einer Zielscheibe für ihre Wut.

Ihr Messias wandelte schon unter ihnen. Es war ein wandernder Scharlatan mit dem Namen Dschang Dschüe, der alle Beschwerden mit einer magischen Mixtur behandelte, die aus klarem Wasser bestand, über dem er ein paar ausgesuchte Worte murmelte. Dieser daoistische Gesundbeter mit dem Ruf sensationeller Heilerfolge beutete die Ehrfurcht aus, die er bei den einfachen Leuten genoß. 184 rief er die Elenden und Hungernden zur Rebellion auf, und innerhalb weniger Monate zogen Hunderte und Tausende seiner zerlumpten und grob bewaffneten Anhänger aus allen Ecken des Reiches auf Lojang zu. Es waren die Gelben Turbane, deren Führer ein Beispiel für Bauernaufstände lieferten, das von einer ganzen Reihe von chinesischen Rebellen nachgeahmt werden sollte – bis hin zu einem anderen ideologischen Gesundbeter, Mao Tse-tung.

Zur Unterdrückung des Aufstands wurde eine große neue kaiserliche Armee mobilisiert, in der Tsao Tsao, mittlerweile vierunddreißigjährig, als untergeordneter General diente. Aber der Kaiser hatte das Oberkommando einem Eunuchen übertragen, zu dessen Stellvertreter er einen mächtigen und kompetenten Minister, Jüan Schao, ernannte. Die Folge davon war, daß sich die Armee spaltete. Die eine Hälfte beugte sich unterwürfig dem Einfluß der Eunuchen, die andere war darüber empört, denn die Operationen wurden durch Unfähigkeit, Korruption und Verrat der mitmischenden Verschnittenen behindert, die sich sogar von den Rebellen bestechen ließen.

Das alles weckte den unverhüllten Zorn der Mandarine und Adligen, die schon lange wußten, daß die Eunuchen alles zu tun bereit waren, damit nicht sie das Ohr des Kaisers und damit Einfluß am Hof gewinnen würden. Einige von ihnen waren deshalb aus der Hauptstadt weggezogen und hatten sich als halbautonome Herren der *dschou*, der großen Verwaltungseinheiten, in die China damals gegliedert war, niedergelassen. In dem Augenblick, als der Groll im Palast seinen Siedepunkt erreichte und die Warlords schon einen Großteil des Reiches beherrschten, starb der Kaiser 189 ohne männlichen Nachkommen.

Eine endgültige Konfrontation zwischen Soldaten und Eunuchen war unvermeidlich. Die führenden Gelehrten, die als Puffer zwischen beiden hätten wirken können, waren zu diesem Zeitpunkt schon geköpft worden, nachdem sie gegen die Schmähungen der verschnittenen Vertrauten des Kaisers protestiert hatten. Auf der Seite des Militärs standen der kaiserliche Oberbefehlshaber mit seiner Schwester, der Kaiserin, und der stellvertretende Kommandeur der gegen die Rebellen eingesetzten Armee, Jüan Schao. Um den Eunuchen ihre schändlichen Vorrechte zu entreißen, wandte sich der Oberbefehlshaber heimlich mit der Bitte an den mächtigsten der neuen Warlords, eine Armee zu seiner Unterstützung in die Hauptstadt zu führen.

Der Warlord Dung Dscho war ein schlauer und grausamer General aus dem Nordwesten Chinas mit fast übermenschli-

chen Kräften. Viele seiner Soldaten waren Hunnen. Als die
Eunuchen erfuhren, daß er auf die Hauptstadt marschierte,
ermordeten sie den Oberbefehlshaber, um die Militärs einzuschüchtern. Darauf trommelte ein wütender, erschrockener
Jüan Schao seine eigenen Leute zusammen, und sie metzelten,
ohne großes Federlesen zu machen, zweitausend Kastraten
nieder. Ein paar Unglücksraben verloren ebenfalls ihren
Kopf, nur weil sie keine Bärte hatten.

Dung Dscho hatte inzwischen mit seiner Armee aus Roh-
lingen von der Großen Mauer die Hauptstadt erreicht. Als die
Regierung unter einem Kaiser aus einer Nebenlinie der kaiserlichen Familie zusammenbrach, schnappte er den verblüff-
ten anderen Kämpfern die Macht vor der Nase weg und
machte sich zum Herrn des Palastes. Er schlüpfte in die Rolle
eines ersten Ministers und behandelte den Sohn des Himmels
wie ein bedeutungsloses Anhängsel, das nur wegen der Autorität des kaiserlichen Siegels zu gebrauchen war, stolzierte
mit seinem Schwert durch den Palast und benahm sich überhaupt zügellos und brutal, während seine Leute plünderten
und mordeten, wo und wann sie Lust dazu hatten. Schließlich
glaubte er, Lojang sei vor den Gelben Turbanen und seinen
persönlichen Rivalen unter den Militärs nicht sicher, ließ den
Kaiser höchst unzeremoniell nach Tschang An bringen,
plünderte und verbrannte die Hauptstadt und ritt dann selbst
nach Westen. Mit sich schleppte er mehr als eine Million unglücklicher Bürger, von denen die meisten vor Erschöpfung
und Hunger unterwegs umkamen.

Dung Dscho wurde 192 ermordet, worauf einer seiner
barbarischen Generäle den armen Kaiser »erbte«. Aber dieses Rauhbein verstrickte sich so sehr in blutige Kämpfe mit
seinen räuberischen Waffenbrüdern, daß er sein Mündel
wieder in den zerstörten Palast nach Lojang brachte und in
die Schlacht zog. Hier fand ein anderer General die kaiserliche Marionette und nahm sie in Gewahrsam: Tsao Tsao.

Der weitsichtigere Tsao Tsao hatte schon lange gemerkt,
daß die lepröse Eunuchenclique am Hof keine Zukunft hatte
und er seine kompromittierenden Verbindungen zu ihnen
abbrechen mußte: einmal hatte er ihnen demonstrativ seine
Feindschaft gezeigt, als er in den Empfangssaal des Obereu-
nuchen eindrang, während dieses verstümmelte Monster sich

noch auf der Höhe seiner heimtückischen Macht befand, und zum Schrecken aller Anwesenden sein Schwert wirbeln ließ. Später unter dem Kommando Jüan Schaos suchte er die Freundschaft des Ministers, um mit diesem die Vertilgung der Parasiten zu planen, und als die Eunuchen ins Jenseits befördert waren und Jüan Schao die Hauptstadt verließ, um eine Armee gegen Dung Dscho aufzustellen, schloß sich Tsao Tsao ihm an. Mit dem eigenen Vermögen beschaffte er Waffen und Pferde für ein Kontingent von fünftausend Mann.

Seine Loyalität zu Jüan Schao hatte jedoch ihre Grenzen. Als er erfuhr, daß die Gelben Turbane Jen Dschou in Nordostchina angegriffen und den Warlord dieser Gegend im Kampf getötet hatten, bot er sich an, die Marodeure zu vernichten, falls die lokalen Behörden ihn dann zu ihrem »Schutzherrn« an Stelle des Toten ernennen wollten. Die Beamten stimmten voller Eifer zu, und Tsao Tsao fiel über die Gelben Turbane her. Dreihunderttausend Offiziere und Gemeine ergaben sich ihm, und er organisierte aus ihnen eine disziplinierte Streitmacht.

Jetzt verfügte er über eine große Armee mit einer eigenen Basis und brauchte keinen Jüan Schao mehr. Er war bereit, gegen seinen früheren Kommandeur und alle anderen Kämpfer um die Herrschaft über die strategisch wichtige Große Ebene zu kämpfen, für die schon tausend Jahre lang Menschen gestorben waren. Aber er mußte sich noch mehr als eine Armee und eine Ausgangsbasis verschaffen. Als er hörte, der Kaiser sei unbewacht in Lojang zurückgelassen worden, beeilte er sich, ihn aufzusuchen, redete ihm ein, er könne nicht allein in dieser verfallenden und sterbenden Stadt bleiben, und verleitete ihn, mit nach Jen Dschou zu kommen.

Wiederum hatte die Autoriät der Han-Dynastie den Besitzer gewechselt. Tsao Tsao ernannte sich nun seinerseits sofort zum kaiserlichen Minister. Er schüchterte die anderen Warlords ein und rekrutierte im Namen des legitimen Herrschers noch mehr Männer zu seiner Armee. In den folgenden Jahren ritt er im Galopp auf seinem stolzen schönen Pferd über die blutgetränkten Felder, das tropfende Schwert hoch erhoben, und ließ sein unmäßiges , triumphierendes Lachen über den Erschlagenen erschallen. Dung Dscho war nur noch eine Erinnerung und Jüan Schao jetzt endgültig besiegt.

161

Aber wenn Tsao Tsao auch den Norden beherrschte, war das übrige China immer noch aufgesplittert: im Südosten breitete sich die Herrschaft Wu aus, das übrige Land war ein Flickenteppich aus kleineren *dschou*, jeweils unter einem örtlichen Gouverneur oder Kondottiere. Letztere blieben jedoch zumindest auf dem Papier dem Han-Herrscher treu. Deshalb wandte sich Tsao Tsao, bewaffnet mit der Macht des kaiserlichen Siegels, nach Süden, um dem ganzen Reich seinen Willen aufzuzwingen. Ein Mann von bescheidenem Auftreten und freundlichem Wesen sollte ihn aufhalten. Er hieß Lju Bej.

Die Schlüssel der Königreiche

1973 konnten Besucher der Royal Academy in London ein steifes, düsteres Leichenhemd betrachten. Es bestand aus zweitausendeinhundertsechzig Jadeplättchen, die mit Golddraht zu einer schimmernden Silikathülle aufgefädelt waren, um eine Prinzessin einzuhüllen, die vor zwei Jahrtausenden gestorben war. Der Gemahl der Dame war in China exhumiert und in einer ähnlichen Verpackung gefunden worden. Aber dieser kunstvolle und vergebliche Versuch, dem Verfall zu entgehen, gehörte zu den letzten Extravaganzen, die sich die Familie leisten konnte.

Der Mann, der in dem anderen Jadehemd zu Staub zerfiel, war der Fürst Lju Scheng. Es heißt, er habe einen Sohn gehabt, der die Opferzeremonien versäumt habe und dem deshalb der Kaiser seinen adligen Stand abgesprochen hatte. Seine Sippe mußte in ehrlicher Armut leben, und seine Nachkommen arbeiteten als kleine Beamte in Nordchina[1], bis Lju Bej als letzter der Familie geboren wurde.

Lju Bejs Vater war jung gestorben, und um seine Mutter ernähren zu können, verkaufte er Hanfsandalen und flocht Strohmatten. Er war ein großer ernster Bursche mit langen Ohren, feinen Gesichtszügen und roten, wie geschminkten Lippen. Ältere Verwandte sahen in ihm einen Mann mit Zukunft, unterstützten ihn später und ermunterten ihn zu lernen. Aber sobald das Leben leichter wurde, faulenzte er über seinen Büchern und verbrachte seine Zeit lieber mit Hunden und Pferden, trug hübsche Kleider und fand neue Freunde.

162

Diese Zeichnung von ihm ist jedoch nur eine irreführende Halbwahrheit, denn er war nicht nur ein warmherziger und großzügiger Mensch, sondern auch ein demütiger. Zwar machte er sich nichts aus dem Lernen, aber er interessierte sich auch nicht für Reichtum. Er war ein Mensch mit moralischem Bewußtsein. Er hatte mit den Armen gelitten und verstand ihre Nöte und Sehnsüchte.

Das ist eine weitere Halbwahrheit, und die ganze Wahrheit fehlt immer noch. Lju Bej hegte einen Traum. Er und zwei Zechkumpane hatten sich in einem Pfirsichgarten Brüderschaft geschworen.[2] Sie hatten gelobt, das Kaiserreich zu retten und den Frieden wiederherzustellen. Und für dieses unwahrscheinliche Ziel suchte er die Freundschaft verständnisvoller Gelehrter, Gutsbesitzer und reicher Kaufleute. Zwei dieser Freunde beschafften das Geld, die Waffen und Pferde, die es ihm möglich machen sollten, seine Verabredung mit dem Schicksal einzuhalten. Denn der in das Jadehemd eingenähte Mann war von königlichem Blut gewesen. In chinesischen Augen war Lju Bej ein Onkel des Han-Kaisers, der jetzt in den skrupellosen Händen von Tsao Tsao dahinsiechte.

Mit fünfhundert Mann brach Lju Bej auf, um seine Heimat von den Gelben Turbanen zu befreien und sich den Ruf soldatischen Heldentums zu verdienen, der andere Männer zu ihm hinziehen würde. Er hatte Erfolg. Denn obgleich er nichts von der Schlauheit und Begabung eines Tsao Tsao hatte, fand er mit seiner Ausdauer und der ständigen Besorgtheit um seine Anhänger Zuneigung und Vertrauen, wohin auch immer er kam. Er konnte die Nächstenliebe und Anständigkeit in den Menschen ansprechen, weil er die moralischen Werte, die, wie er glaubte, die eines Fürsten sein sollten, nie verriet.

Selbst als seine Feinde ihn verfolgten, flüchteten Tausende aus dem Volk mit seiner Armee, obwohl sie ihr Leben dabei aufs Spiel setzten. Am Tage einer schlimmen Niederlage baten ihn seine Offiziere, diesen hinderlichen Mob abzuschütteln, um schneller entkommen zu können. Aber sie verschwendeten ihren Atem, denn obgleich seine Sorge um diese nutzlosen Überzähligen noch andere praktisch veranlagte Soldaten ärgerte, war es ja gerade seine starke Seite, daß er zuverlässig blieb. »Alle großen Dinge stützen sich auf Menschen«, sagte er. »Wenn die Massen mir heute folgen, wie könnte ich sie da leichtfertig im Stich lassen?« Mao sollte später den gleichen Standpunkt vertreten.

Lju Bej scheint ein begeisterter Amateur gewesen zu sein, Tsao Tsao dagegen ein kaltblütiger Profi, und wo bei Lju Bej Mitleid den Ausschlag gab, war für Tsao Tsao die Tauglichkeit am wichtigsten. »Männer, die sich in der Kunst, einen Staat zu regieren oder Truppen zu kommandieren, auskennen«, ordnete er einmal an, »müssen von den örtlichen Behörden in Dienst genommen und befördert werden, selbst wenn sie in einem schlechten Ruf stehen, wenn sie niedrig und verachtenswert, unmenschlich oder pflichtvergessen sind.«

Eine von Tsao Tsaos Eigenschaften war, nicht auf jene zu hören, die fähige Leute verleumdeten, obgleich er selbst verräterisch, grausam und mißtrauisch war, wie es sein Schicksal verlangte. Ein kluger Kommandeur war von Natur aus genauso schwer zu zähmen wie ein feuriges Pferd, sagte er, und nur ein begabter Mann, der mit anderen begabten Männern geschickt umgehen könne, habe in diesen unruhigen Zeiten eine Überlebenschance. Außerdem öffnete die Begünstigung von Könnern, ungeachtet ihres vielleicht schlechten Charakters, allen die Möglichkeit aufzusteigen und verringerte die Bedrohung durch privilegierte Familien, die ein Recht auf Bevorzugung hatten und deren Macht dadurch automatisch allmählich wuchs.

Tsao Tsao hätte sicher den intriganten Deserteur aus Tschu, den Meisterspion von Han Gao-dsu, in seinen Dienst genommen, denn er konnte gelassen selbst vor Treulosigkeit in den eigenen Reihen ein Auge zudrücken, wenn die Situation es verlangte. Nachdem er die Stellungen Jüan Schaos in einem Großangriff überrannt hatte, entdeckten seine Ratgeber, daß ein paar seiner Generäle und hohen Beamten geheime Beziehungen zum Feind unterhalten hatten, und drängten ihn, alle festzunehmen und hinrichten zu lassen. Aber er befahl, die belastenden Papiere zu verbrennen und ging der Sache nicht weiter nach. Weder kalter Zorn noch heiße Rachegelüste konnten die Tatsache verdecken, daß alle Generäle, die einen Verrat erwogen hatten, an seiner Seite kämpften oder auf ihren Posten waren. Die Folgen einer sofortigen Untersuchung und vielleicht der Hinrichtung aller Schuldigen waren zu einem Zeitpunkt, als Jüan Schao noch mit mehreren hunderttausend Soldaten im Feld stand, nicht auszudenken. Die Vergeltung konnte warten.

Unter ähnlichen Umständen hatte Han Gao-dsu einen General geadelt, der eine Verschwörung gegen ihn geplant hatte. So brauchte er kein Attentat von dessen Mitverschwörern zu fürchten, die andernfalls vielleicht in Versuchung gekommen wären, ihn zu beseitigen, bevor er sie beseitigen konnte. Wenn ein Krieg zu Ende war, kam auf alle chinesischen Führer ein neues Risiko zu, denn ihre Kommandeure wußten sehr wohl, daß sie im Frieden entbehrlich waren, daß »Generäle, die den Gegner geschlagen haben, nicht mehr sind als verdienstvolle Hunde«, wie Han Gao-dsu einmal gesagt hatte. Und Hunde kann es leicht ereilen, wenn sie sich nicht schnell und zuerst rühren.

Eine entwaffnende »Großzügigkeit in großem Maßstab« ist deshalb die beste Verteidigungswaffe eines Herrschers, der Zeit gewinnen muß, sagen die Chinesen. Nach der Großen Kulturrevolution wurden die Kader, die auf Betreiben Maos von den linken »Rebellen« gedemütigt und aus ihren Stellen verdrängt worden waren, wieder in ihre Ämter eingesetzt, einschließlich des Vizepremierministers Deng Hsjao-ping (Teng Hsiao-p'ing). 1974 wurde er sogar photographiert, wie er rechts neben dem Vorsitzenden saß. Ob der Vorsitzende spürte, daß sich das Schicksal erfüllt hatte oder der Zeitpunkt für die nächste Drehung des Rades noch nicht gekommen war, ist eine andere Sache. Aber die überlieferte Vorsicht, die den Chinesen sagt, nur zu kämpfen, wenn sie gewinnen können, sagt ihnen auch, nur zu zerstören, wenn sie davon keinen Nachteil haben.

Umgekehrt konnte Tsao Tsao so ungerührt, wie man eine Fliege zerdrückt, einen zuverlässigen Offizier umbringen, wenn er dadurch seinen Zielen näherkam, und dabei gleichzeitig seine Hochachtung vor diesem Mann ausdrücken. Während er einen Belagerungsring um eine Stadt in der Großen Ebene legte und der Nachschub an Getreide noch nicht eingetroffen war, sah er sich gezwungen, eine Kürzung der Rationen anzuordnen, weil die Verpflegung knapp wurde. Bald hinterbrachte man ihm, daß die Truppen murrten und ihn beschuldigten, sie hinters Licht zu führen. Also rief er seinen Quartiermeister zu sich und sagte: »Ich muß dich

bitten, mir etwas zu borgen, und du darfst nicht ablehnen.«
»Was möchtest du?«
»Ich möchte deinen Kopf, um ihn den Soldaten zu zeigen.«
»Aber ich habe doch nichts Unrechtes getan!«
»Ich weiß, aber wenn ich dich nicht umbringe, gibt es eine Meuterei. Wenn du nicht mehr bist, nehme ich deine Familie in meine Obhut. Sei also nicht traurig!« Der Mann wurde enthauptet, und die Soldaten akzeptierten den offensichtlichen Sündenbock.

Bald darauf war die Armee wieder unterwegs. Um die Bauern anzuspornen, die Weizenernte einzubringen, verfügte er die Hinrichtung eines jeden, der die Felder zertrampelte. Die Soldaten gaben dann peinlichst acht, aber eines Tages scheute sein eigenes Pferd, sprang in ein Feld und drückte an einer Stelle das Getreide platt. Tsao Tsao befahl sofort seinem Generalprofos, ihn für dieses Verbrechen zu bestrafen, aber der General erwiderte, er könne ihn nicht enthaupten, weil die Armee ihren Oberbefehlshaber dringend brauche. Außerdem würden in den Klassikern die Edelmütigsten von der Strenge der Gesetze ausgenommen. Tsao Tsao ergriff darauf sein Schwert, schnitt sich »als Angriff auf den Kopf« das Haar ab und schickte einen Untergebenen zu allen Einheiten, um es vorzuzeigen.

Die Geste war für diesen Mann in mehr als einer Hinsicht typisch. In seinen Kommentaren zu Sun Dsï schätzte er, daß bei hunderttausend Einberufungen zum Militärdienst die Feldarbeit von siebenmal so vielen Familien in Mitleidenschaft gezogen werde. Er jagte nicht nur dem Ruhm hinterher. Er war auch ein tüchtiger Soldat und kaiserlicher Verwalter, der sich genau darüber im klaren war, daß Lebensmittel und ein stabiles soziales Gerüst die Waffen für den Sieg sein konnten. In den chinesischen Regionen unter seiner Kontrolle baute er eine Schule für jede Gemeinde mit wenigstens fünfhundert Familien. Und um das Leben für die Bauern sicherer zu machen, hielt er die Barbaren auf der anderen Seite der Grenze fest oder ließ sie in seiner Armee kämpfen.

Er appellierte immer wieder an die Landbevölkerung, die Feldarbeit nicht zu vernachlässigen, was auch immer um sie herum passierte. Er verteilte das Land neu und kommandierte Soldaten ab, die bei Aussaat und Ernte halfen. Die Bauern konnten bei der Ortsverwaltung Ochsen zum Pflügen ausleihen und trotzdem vierzig Prozent der Ernte für sich behalten, während jene, die selbst Ochsen besaßen, die Hälfte einbehalten konnten, die andere Hälfte ging an den Staat. Die Bauern, die verzweifelt mit den Wellen des Krieges von Ort zu Ort geflohen waren, wurden allmählich wieder seßhaft, verlassene und zerstörte Dörfer wurden wieder aufgebaut, und Tsao Tsao brachte einen großen Getreidevorrat zusammen, indem er wiederholt den Versorgungsnachschub des jeweiligen Feindes angriff. Das sollte das Geheimnis für seinen Erfolg werden – nachdem er tot war.

Dennoch wurde Tsao Tsao als der »verräterische Held« etikettiert, Lju Bej dagegen als der »gütige Meister.« Obgleich dem gütigen Meister bewußt war, nicht über die Fähigkeit des verräterischen Helden zu verfügen, wußte er auch, worin seine Stärke lag. Eine Zeitlang brachte das Kriegsgeschehen sie zusammen, aber als sie unwiderruflich auseinander gerieten, erläuterte Lju Bej seine Politik in einfachen Worten. »Tsao Tsao und ich sind jetzt so unversöhnlich wie Feuer und Wasser«, sagte er. »Tsao Tsao geht mit den Menschen unbesonnen, heftig und hinterlistig um, während ich nachsichtig, menschlich und zuverlässig bin. Um Erfolg zu haben, muß ich in allem das genaue Gegenteil von Tsao Tsao sein, und ich werde gewiß nicht das Vertrauen, das die Menschen zu mir haben, für einen kleinen Vorteil aufs Spiel setzen.« »Was der Feind bekämpft«, äußerte Mao kompromißlos, »unterstützen wir. Was der Feind unterstützt, bekämpfen wir.«

Mao hatte etwas von beiden in sich, ein wenig Held, ein wenig Schurke. Unmittelbar nach dem Aufstand von Wutschang gegen die Mandschus 1911 schloß er sich den Rebellen an, und seine Neigung zu leidenschaftlichen Gefühlsausbrüchen und naivem Heldentum, sein schweres Gesicht und seine massige Figur, seine kraftvolle Sprache und seine Entschlossenheit, die Welt mit seinen bloßen Händen zu erobern, hatten etwas von Lju Bej in sich. Aber hinter diesen herzlichen und anziehenden Zügen steckte ein eiskalter Verstand, und hätte er nicht Tsao Tsaos Begabung für die rücksichtslose Intrige gehabt, hätte er sich nie gegenüber seinen Gegnern durchsetzen können. Und wenn für Mao Befehle und

Gehorsam nicht immer klar umrissen waren – in den turbulenten Jahren am Ende der Han-Dynastie und den Glanzzeiten von Lju Bej und Tsao Tsao waren Treue und Verrat unentwirrbar vermischt.

Die zwei Antagonisten – Maos *jin* und *jang* als die grundlegenden, unveränderlichen Wesenszüge des Menschen – stießen im Jahre 194 zum erstenmal aufeinander, als Lju Bej, der immer noch ein unbedeutender Kondottiere war und nur einen einzigen Bezirk beschützte, erfolgreich einen Angriff von Truppen Tsao Tsaos auf die Mauern der Regionalhauptstadt Hsü Dschou[3] abwehrte. Aber Lju Bejs kleine Streitmacht war kein Gegner für die Hauptarmee des »kaiserlichen Ministers«, und er mußte sich bald unterwerfen. Tsao Tsao wies alle Ratschläge von sich, als vernünftige Vorsichtsmaßnahme diesen »Jüngling« zu töten, damit er ihm in Zukunft nicht zur Last fallen könne, und machte ihn statt dessen, wie es typisch für ihn war, zu einem untergeordneten General.

Der Kaiser gab jedoch Lju Bej den Befehl, Tsao Tsao umzubringen und damit die volle Autorität der Han-Dynastie wieder herzustellen. Lju Bej erhob sich also gegen den kaiserlichen Minister, und von diesem Augenblick an gab es zwei Anwärter auf die Herrschaft über China. Beide konnten sich auf Legitimität berufen, denn der eine war der Bewacher des Kaisers in Person, der andere aber der Hüter des kaiserlichen Willens.

Lju Bejs Macht war jedoch lächerlich im Vergleich zu der des Gegners. Er schloß sich zunächst mit Jüan Schao gegen Tsao Tsao zusammen, aber als Jüan Schao besiegt wurde, mußte er sich in den nördlichen Dsching Dschou zurückziehen. Der dortige Gouverneur begrüßte ihn als Protektor, hatte aber keine Lust, sich auf provokative militärische Abenteuer einzulassen. Da aber Lju Bej weder Geld noch Soldaten, Pferde und Proviant hatte und nicht sogleich eine große Armee aufstellen konnte, blieb ihm nichts anderes übrig, als in der Provinzhauptstadt zu bleiben und sich die Beine in den Bauch zu stehen.

Erst 207, fast acht Jahre später, scheint ihm bewußt geworden zu sein, daß er sich an eine ungesunde sitzende Lebensweise gewöhnt hatte, daß er einen Bauch angesetzt, aber seinen soldatischen Schwung verloren hatte. Und er hatte nichts unternommen, um den Befehl seines Neffen, des Kaisers, auszuführen und den schrecklichen Gegner zu stürzen. Er war mittlerweile siebenundvierzig Jahre alt und ein Versager. Es war an der Zeit, sich wieder zu rühren. Er begann, Soldaten anzuwerben und fähige Männer als Offiziere zu suchen. Damals hörte er zum erstenmal vom »Schlafenden Drachen«.

Der Schlafende Drache war ein von den Einwohnern von Dsching verehrter Einsiedler. Lju Bej bestellte ihn nicht in seine Hauptstadt, sondern pilgerte dreimal demütig zu der strohgedeckten Hütte, bis er den schwer faßbaren Mystiker zu Gesicht bekam und um Rat fragen konnte. Dschugë Ljang, dessen Name wie eine große Glocke durch die Jahrhunderte hallen sollte, war keineswegs eine besonders furchteinflößende Erscheinung. Er war groß, mager und erst sechsundzwanzig Jahre alt, ein ernster Mann aus dem Norden, aus Shantung. Er hatte ein unebenmäßiges Gesicht mit lederner Haut. Er bewegte sich mit gemessenen Schritten, kleidete sich schlicht und verabscheute Oberflächlichkeit. Aufgewachsen war er auf dem einsamen Bauernhof eines Onkels am Fuß eines Berges. Aber der Onkel war von durchziehenden Soldaten erschlagen worden, und er hatte dann allein die Bauernarbeit gemacht. Wenn er Zeit hatte, las und lernte er, und irgendwie war er zu dem Ruf eines politischen Denkers gekommen, obwohl er keine Erfahrung in Staatsgeschäften hatte oder andere sichtbare Voraussetzungen erfüllte.

Das also war der seltsame Bursche, dem Lju Bej sein Problem auseinandersetzte. Vom Haus Han war nur noch ein Scherbenhaufen übrig. Der Kaiser hatte seinen Thron verloren und war die Marionette eines rücksichtslosen, mächtigen Generals. Bei all seinen Träumen hatte er, Lju Bej, wenig erreicht. Was sollte er also tun?

Dschugë Ljang war jung, kühn und voller Schaffensdrang. Die Bitte rührte ihn. Er fühlte sich zu dem niedergeschlagenen General hingezogen und wollte gern dessen edle Absichten und Verpflichtungen teilen. Er ging, wie immer, kühl analytisch vor.

»Tsao Tsao hat eine Armee von einer Million. Du kannst ihn also nicht militärisch herausfordern. Der Han-Kaiser ist in seiner Hand. Du kannst ihn also nicht politisch herausfordern«, begann er (und für das Folgende muß man einen Blick auf die Karte werfen).

Es gebe dennoch keinen Grund zur Verzweiflung, fuhr der Schlafende Drache fort. Lju Bej war Kommandeur des *dschou* Dsching. Das nördliche Dsching war leicht zu verteidigen, das südliche Dsching mußte gewonnen werden, denn es verfügte über unerschöpfliche Reichtümer und war der Schlüssel zu der großen Kornkammer Schu im Westen. »Dsching Dschou ist eine ideale Basis, die politische Hauptstadt, die dir der Himmel geschenkt hat«, sagte Dschugë Ljang.

Schu war ein schwieriges Gelände, eine natürliche Festung, doch ein wunderbar fruchtbares Land. Gleichzeitig war es politisch geschwächt. Es war mehrmals vom Norden her heimgesucht worden und darüber hinaus von einer inneren Krise erschüttert, die zum Sturz des derzeitigen Machthabers führen konnte. Unter solchen Bedingungen würden sich die tapferen und guten Männer in Schu sicherlich bereitwillig um Lju Bej scharen, war er doch ein Verwandter des Kaiserhauses und für seine Menschlichkeit und Zuverlässigkeit bekannt.

»Wenn du also die beiden *dschou* Dsching und Schu in deinen Besitz bringen und die Barbarenstämme befrieden kannst«, schloß der Schlafende Drache, »und wenn du in diesen Gebieten politisch weise handelst, dann wird der Tag kommen, an dem sich deine Lage ändert. Dann kannst du einen zuverlässigen Kommandeur mit deiner Armee in Dsching auf Nanjang und Lojang marschieren lassen, während du deine Armee in Schu nach Handschung führst. Das Volk wird dich willkommen heißen. Auf diese Art kann das Haus Han vielleicht wieder eingesetzt werden.«

Als er diese klare Einschätzung der Lage hörte, fühlte er sich »wie ein Fisch im Schlick, der Wasser bekommt«, sagte Lju Bej später. Aber der wichtigste Rat Dschugë Ljangs betraf das ausgedehnte Gebiet östlich von Dsching, das von der mächtigen Sippe Sun beherrscht wurde. »Diese Familie kontrolliert schon seit drei Generationen den gesamten Unterlauf des Yangtse, und jetzt ist Sun Tschwan der Herr«, sagte er. »Seine Verteidigung ist stark, und er hat viele begabte und treue Untergebene. Du mußt die Sun auf deine Seite ziehen, damit sie dir Rückendeckung geben. Auf keinen Fall darfst du sie angreifen.«

Lju Bej hatte soeben sein Blatt in dem Halsabschneidespiel zu dreien erhalten. Das Spiel sollte siebzig Jahre dauern.

Kopf ab auf chinesisch

Diese Suns in Wu, die den ganzen Südosten Chinas beherrschten, waren die großen Nachkommen von keinem anderen als Sun Dsï, dem Autor der *Kunst des Krieges*. Der Vater hatte sich im Kampf gegen die Gelben Turbane hervorgetan, aber der ältere Bruder hatte sich noch mehr bewährt. Als er in langen Kämpfen gegen Tsao Tsao unter Jüan Schao diente, baute er seine Herrschaft am unteren Yangtse so stark aus, daß der kaiserliche Minister nichts mehr gegen ihn ausrichten konnte, als er sich nach der Ausschaltung Jüan Schaos mit ganzer Kraft auf Wu werfen wollte. Er war schon ein voll befiederter Adler in seinem eigenen Horst, und es gab keine bequeme Möglichkeit mehr, ihn aus seinem Nest zu werfen – außer Mord.

Er starb daher plötzlich mit nur sechsundzwanzig Jahren. Er hatte seinen jüngeren Bruder, Sun Tschwan, noch zum Erben bestimmen und ihm raten können, den ebenfalls zur Verwandtschaft gehörenden, geistig beweglichen und zuverlässigen Taktiker, bekannt als Dschou Jü, »Glänzende Jade«, zu seiner rechten Hand zu machen. Immer wieder haben Schriftsteller die Haltung und Schönheit dieses Generals gepriesen, seinen feinen Geschmack, seine Bildung, Intelligenz und unbezähmbare Energie. Und mit Glänzender Jade als Ratgeber verteidigte die mächtige Familie Sun die dritte Position in diesem Dreieckskampf mit Tsao Tsao im Norden und Lju Bej im Westen.

Es war ein Kampf, bei dem keine Griffe, Hiebe, Tritte und Würfe verboten waren. »Tu, was dein Feind sich schämen würde zu tun«, hatte Schan Jang empfohlen, und die Anwärter auf das Reich setzten Waffen, Wasser, Feuer und den bestellten Mörder mit totaler Rücksichtslosigkeit ein, um ihre Ziele zu erreichen. Sie mordeten Männer einfach als Vorsichtsmaßnahme, lockten Armeen mit der Aussicht auf leichte Kriegsbeute in tödliche Fallen, boten neutralen Städten an, sie gegen einen imaginären Feind zu verteidigen, um frei durch die Tore marschieren zu können und die Stadt von innen einzunehmen.

Aber ihre blutigen Massaker waren auch mit unblutigem Geplänkel durchsetzt. Denn dem chinesischen General war beigebracht worden, morgens wegzulaufen, damit er am Leben blieb, um abends in einem Hinterhalt auf der Lauer zu liegen. Es konnte vorkommen, daß zwei Armeen zusammentrafen und beide sich zurückzogen, wenn keiner der Kommandeure glaubte, dem anderen überlegen zu sein. Verliere jetzt, gewinne später, war die Losung des Tages, und nur Toren vergeudeten Soldaten, um ihr Gesicht zu wahren. »Schlucke die Zähne und das Blut«, sagten die Klugen. Riskiere nicht alles, um einen brutalen Schlag ins Gesicht heute zurückzuzahlen, wenn morgen ein Kaiserreich auf dem Spiel steht: »Wenn kleine Dinge nicht hingenommen werden, sind die großen Angelegenheiten in Gefahr.«

Aus dem gleichen Grund war es auch ein Kampf, in dem es kaum bestimmte festgelegte Loyalitäten gab. Denn zu einem Zeitpunkt, als der kaiserliche Anspruch auf Treue von dem verräterischen Tsao Tsao erhoben wurde, gebot dieselbe Flexibilität, daß sogar die engsten Mitstreiter ihren Befehlshaber wechselten, wenn die augenblickliche Lage es erforderte auszuscheren, statt geradeaus zu gehen. Lju Bej diente einmal unter Tsao Tsao, und als er zu Jüan Schao übergelaufen war, blieb einer seiner beiden »Brüder«, die mit ihm den feierlichen Eid im Pfirsichgarten geschworen hatten, trotzdem beim Feind.

Und warum? Weil Tsao Tsao diesen Mann gefangengenommen, gut behandelt und in den Adelsstand erhoben hatte. Seine Ehre verpflichtete ihn, die Schuld zurückzuzahlen. Das tat er, indem er zwei Generälen Jüan Schaos die Köpfe abschlug. Darauf fühlte er sich frei, Tsao Tsao zu verlassen und sich Lju Bej auf der anderen Seite anzuschließen. Auf diese Art war er weder seinem großzügigen Feind undankbar noch seinem bescheidenen Freund untreu – gemäß der Kunst des Rechnens auf dem chinesischen moralischen Rechenbrett.

In ihrer ganzen Geschichte haben die Chinesen größte

Hochachtung vor dem *dschung*, der Treue, gehabt, aber auch größten Respekt für das zweierlei Maß von Schein und Wirklichkeit, das ihr Leben war. Blutsbrüder mochten schwören, sich kein Leid zuzufügen, und trotzdem bekämpften sie sich auf dem Schlachtfeld bis aufs Messer, wenn sie sich in verschiedenen Lagern fanden. Denn ihre Treue gegenüber dem derzeitigen Führer überwog alles andere, selbst wenn sie planten, ihn zu ermorden, sobald der Ehre Genüge getan war und sie ihm nicht mehr treu sein brauchten. Untertanenpflicht war nicht leicht zu nehmen. Sie war genau zu definieren und gründlich zu messen, und jenen, die dem Gegner standhaft die Treue hielten, mußte man Gnade erweisen. Ein General belohnte die Frau eines feindlichen Kommandeurs, weil sie sich die Nase abschnitt, als ihr Gatte ums Leben kam. Und ein anderer ließ der Frau eines feigen Gegners ein ehrenvolles Begräbnis ausrichten, weil sie sich erhängte, als ihr Mann ihm die Stadt übergab.

Verräter wurden nicht immer als Freunde begrüßt, sondern häufig als »Werkzeuge eines bösen Omens« behandelt. Es konnte vorkommen, daß ein Kommandeur einen Überläufer hinrichten ließ, um dem gegnerischen General, den der Mann verraten hatte, einen Gefallen zu tun und ihn damit zu beschwichtigen. Die Klugen waren immer bereit, einen Bauern zu opfern, um einen Springer zu gewinnen – oder einen Sündenbock für einen Kompromiß. Die Köpfe der Gegner des Vorsitzenden Mao rollten während der Kulturrevolution, aber das gleiche passierte auch den Köpfen einiger seiner Parteigänger. Der Entzug der Gunst besiegelte oft einen Handel zwischen radikalen und gemäßigten Gruppierungen innerhalb der Kommunistischen Partei Chinas, der für beide Seiten zufriedenstellend war. Einer der Gestürzten war Tschen Bo-da (Ch'en Po-ta), Maos persönlicher Sekretär und Mitglied des Politbüros in Peking.

Von Sun Dsï inspiriert, brachten es die Chinesen zu einem unübertroffenen Geschick im Einsatz und Gegeneinsatz der Treulosen und Verräter. Dschugë Ljang (der bereitwillig der erste Berater von Lju Bej geworden war) erwies sich als ein wahrer Meister dieser Kunst, wie die Episode um den Deserteur Dscheng zeigte.

Als dieser Dscheng vom Feind herüberkam, erklärte er, er

sei höchst ungerecht bei der Beförderung zum Rang eines höheren Generals zugunsten seines besten Freundes übergangen und »wie ein Unkraut weggeworfen« worden. Er möchte daher in die Armee Lju Bejs eintreten. Aber während er noch sprach, kam die Meldung, der an seiner Stelle beförderte Offizier sei draußen vorm Lager und sage, Dscheng sei ein Verräter und Pferdedieb, der ihm zur Flucht sein Pferd gestohlen habe. Er solle herauskommen und mit ihm kämpfen.

»Wenn du hinausgehst und ihn tötest, räumst du damit meine Zweifel aus«, sagte der Schlafende Drache. Dscheng verließ also das Zelt, griff seinen Herausforderer an und erschlug ihn im ersten Treffen. Darauf rief Dschugë Ljang aus: »Enthauptet diesen Mann! Das war nicht der General, der den Posten erhielt, den du begehrt hast. Wie wagst du es, mich zu hintergehen!«

Dscheng gestand, sein Herausforderer sei ein ganz anderer Mann gewesen, und als Dschugë Ljang ihn beschuldigte, ein falscher Deserteur zu sein, den der feindliche Kommandeur aus Hinterlist geschickt habe, gab er es zu. »Wie ich das herausbekam?« erwiderte der Schlafende Drache, als man ihn später ausfragte. »Wäre der andere wirklich ein höherer General gewesen, wäre er gewiß nicht so ungeschickt gewesen, sich in der ersten Runde von diesem Dscheng überwältigen zu lassen.«

Der Schlafende Drache sagte dann, er werde den Hinrichtungsbefehl rückgängig machen, falls der Spion an seinen Kommandeur schreibe, Dschugë Ljang habe die Geschichte geglaubt und beabsichtige, in der kommenden Nacht das feindliche Lager anzugreifen. Dscheng werde ein Lichtsignal geben und gleichzeitig mit dem Angriff für Verwirrung in den Reihen Dschugë Ljangs sorgen. »Ich verschone dich unter der Bedingung, daß du diesen Brief aufsetzt«, versicherte Dschugë Ljang, »ich gebe dir mein ganzes Vertrauen und bezahle dich reichlich.«

Der Brief wurde persönlich von einem Offizier überbracht, der überzeugend tat, als habe es ihn versehentlich in das Land Lju Bejs verschlagen. Zur Täuschung des feindlichen Generals teilte er vertraulich mit, Dschugë Ljang habe Dscheng bereits für seinen Verrat belohnt und ihm das Kommando über die Vorhut gegeben. Nach anfänglichem Zögern schluckte der General den Köder, blies zum Angriff und erlitt mit seiner ganzen Armee, von vier Seiten aus dem Hinterhalt überfallen, eine schmerzliche Niederlage. »Der Sieg war vollkommen«, schließt der Bericht, »und als Dschugë Ljang wieder im Lager zurück war, befahl er als erstes, Dscheng hinzurichten.«

Der Schlafende Drache ließ sich nicht von den fadenscheinigen Versprechungen eines Mannes täuschen, der bereit war, seinen besten Freund zu töten, um seinem neuen Kommandeur seine Treue zu beweisen. Denn die *Frühling und Herbst-Chronik* erzählte die Geschichte eines Offiziers, der sich zur Bekräftigung seines Versprechens, einen Feind zu ermorden, einen Arm abschnitt, aber dann doch nichts dergleichen unternahm. Übrigens hatte Glänzende Jade auf eine ähnliche Art einen Sieg errungen, der dem kunterbunten Durcheinander im Kampf um die Herrschaft über China bereits eine plötzliche neue Wendung gegeben hatte, einen Sieg, der Tsao Tsaos Hegemonie ein Ende bereitete und das Kaiserreich in drei selbständige Reiche spaltete.

Diese Entwicklung wäre im Jahre 208 noch unvorstellbar gewesen. Tsao Tsao hatte Jüan Schao ausgeschaltet und den Norden befriedet. Seine Armeen wälzten sich auf Dsching Dschou zu, dessen Gouverneur sich schnell unterworfen hatte. Lju Bej hatte sich auf das Südufer des Yangtse zurückziehen müssen, und die Familie Sun war unmißverständlich gewarnt worden, den heranrückenden Truppen des kaiserlichen Ministers keinen Widerstand entgegenzusetzen.

Die Suns reagierten jedoch anders. Sie schickten einen Gesandten an Lju Bej und schlugen vor, eine Verbindung entlang dem Yangtse zwischen beiden herzustellen und soviel wie möglich von Dsching zu halten. Die Suns dachten nur daran, ihre Herrschaft über Wu zu sichern, während Lju Bej seine eigenen Pläne hatte, da aber beider Ziel auf eine entschiedene Konfrontation zwischen Norden und Süden hinauslief, kamen sie ohne Schwierigkeiten überein, ihre Truppen zusammenzulegen.

Inzwischen hatte Tsao Tsao vom Gouverneur von Dsching Dschou eine Flotte von mehreren tausend Flußschiffen gekauft und begonnen, seine mächtige Armee von achthunderttausend Mann auf dem Yangtse nach Osten zu verlegen.

Da Lju Bejs Stellungen die ersten Hindernisse flußabwärts waren, bat der Schlafende Drache Sun Tschwan um Hilfe. Das spaltete das Lager der Sun in zwei heftig miteinander ringende Parteien. Die Friedenspartei argumentierte, Tsao Tsao sei unbezwingbar, sein Feldzug werde im Namen des Kaisers geführt, dem man nicht trotzen dürfe. Es sei lächerlich, sich mit einem Mann wie Lju Bej, der nicht einmal sich selbst verteidigen könne, zu verbünden.

Der Oberbefehlshaber Glänzende Jade gehörte anfangs zu denen, die sich unterwerfen wollten. Aber der Schlafende Drache verspottete ihn und machte ihm einen Vorschlag, wie er seine Haut retten könne. Er solle seine Frau Tsao Tsao überlassen, den ein unmäßiges Verlangen nach ihr gepackt habe. Darauf machte der beleidigte General wie irgendein »Wanderredner« der alten Zeit, der beide Seiten eines Falles gleich überzeugend vorbringen konnte, eine Kehrtwendung und drängte Sun Tschwan, sein schwerverdientes Erbe zu schützen und den lüsternen Banditen fortzujagen.

Tsao Tsao sei sowieso in einer schlechten Ausgangsposition, brachte er kühl vor. Seine Armee bestand aus Leuten aus dem Norden, die nichts vom Flußkrieg verstanden, und aus Truppen von Dsching, die ihm nicht ergeben waren. Es war bitterkalt, die Männer waren von dem langen Marsch in den Süden erschöpft und nicht in der Verfassung zu kämpfen. Außerdem waren seine Nachschubwege zu lang, es gab Rebellen im Norden, die nur auf einen günstigen Augenblick warteten, ihm in den Rücken zu fallen, und er konnte nicht riskieren, den Hauptteil seiner Streitmacht in einem langen Feldzug am Yangtse zu binden. Lju Bej hatte immerhin noch zehntausend Mann, und wenn sie ihre Kräfte zusammentaten, konnten sie gewinnen.

Sun Tschwan hatte von Anfang an keine Lust gehabt, sich kampflos zu unterwerfen, und stimmte Glänzender Jade zu. Mit seiner in der Familie Sun erheblichen Sucht nach Heldentaten zog er sein Schwert, hieb eine Ecke des Tisches vor ihm ab und verkündete: »Sollte ein Offizier es wagen, von Kapitulation zu sprechen, behandele ich ihn genauso wie diesen Tisch.«

Bei Tschï-bi[1] traf Tsao Tsaos Vorhut auf dem Yangtse mit Glänzender Jade an der Spitze von vierzigtausend Mann zu-

176

sammen – und wurde geschlagen. Denn der Fluß war an dieser Stelle mehr als eineinhalb Kilometer breit, die Wellen gingen die ganze Zeit über hoch, und den Soldaten aus dem Norden war so übel, daß der größte Teil kampfunfähig war.

Mit diesem Anfangserfolg in der Tasche zog sich Glänzende Jade in sein Lager zurück und belohnte seine Leute. Am Abend stieg er auf einen Berg, um den Feind zu beobachten. Die Feuer und Lichter der Hauptarmee Tsao Tsaos machten den Westen beinahe taghell, und es wurde ihm klar, daß er in arge Verlegenheit käme, wäre er gezwungen, mit seinen paar Leuten lange gegen diese Übermacht zu kämpfen. Der Sieg mußte in einer einzigen schnell herbeigeführten und entscheidenden Schlacht gewonnen werden.

Der Plan für diese Schlacht nahm langsam Gestalt an, als Tsao Tsao damit begann, angebliche Deserteure als Spione hinter die Linien der Sun zu schicken. Obwohl Glänzende Jade diese Betrüger durchschaute, verhielt er sich zunächst ruhig, um sie in dem angenehmen Zustand vermeintlicher Sicherheit zu lassen. Tsao Tsao hatte inzwischen die Idee gehabt, die Boote in seinem schwimmenden Lager in Tschï-bi mit Eisenringen zu Gruppen von dreißig oder sogar fünfzig fest zu verbinden, weil seine Männer fast nur noch über der Reling hingen. Als Glänzende Jade das entdeckte, beschloß er, die Deserteure einem guten Zweck zuzuführen.

Als erstes rief er seine Generäle zu sich und befahl ihnen, mit ihren Einheiten und Verpflegung für drei Monate auf das Nordufer des Yangtse überzusetzen. Darauf protestierte ein General, der diese Rolle gründlich einstudiert hatte, ganz entschieden, behauptete, eine Niederlage im Kampf gegen Tsao Tsao sei so gut wie sicher, und schlug vor, sich sofort zu ergeben, um wenigstens die Haut zu retten. Glänzende Jade beschuldigte den Feigling wütend, die Moral der Armee zu untergraben, und schrie, er solle auf der Stelle enthauptet werden. Andere Offiziere baten um Gnade für ihren Kameraden, aber bis er sich widerstrebend dazu entschloß, war der Mann schon so schlimm geschlagen worden, daß er blutete und mehrmals das Bewußtsein verloren hatte. Tsao Tsaos Spione meldeten ihrem Herrn, was geschehen war und machten sich auf seine Anweisung hin an den verärgerten General heran. Der stimmte zu, sich flußaufwärts abzusetzen und ein Ge-

177

schwader von Schiffen voll mit Kriegsausrüstung mitzunehmen. Als Erkennungszeichen wollte er eine grüne Drachenflagge auf dem Hauptschiff hissen.

In der Stille der Nacht, als gerade ein Wind aus Südost aufkam, wurden zehn große Schiffe leise in die Flußmitte bugsiert, wo sie alle Segel setzten und mit einer steten Brise Kurs auf Tsao Tsaos Wasserlager nahmen. Die Schiffe hatten, unter Segeltuch versteckt, Kienspäne und mit Öl getränktes Schilf an Bord. Jedes schleppte achtern einen kleinen Kutter, in dem die Besatzung dieser explosiven Schiffe fliehen und ihr Leben retten konnte. Als Tsao Tsao sie kommen sah, war ihm immer noch unwohl bei dem Gedanken an den mißhandelten Verräter, der sie brachte, und wie er genauer hinsah, bemerkte er, daß sie nicht tief im Wasser lagen, wie es bei einer schweren Last an Verpflegung und Rüstung normal gewesen wäre, sondern daß sie flach lagen und schnell und leicht vorankamen.

Plötzlich war er überzeugt davon, daß es eine List war und der Feind den Südostwind nutzte, um einen Angriff mit Feuerschiffen zu machen. Er schickte sofort zehn Schiffe aus, die das ankommende Geschwader mitten im Strom aufhalten und zwingen sollten, in gehörigem Abstand von seiner Armee vor Anker zu gehen. Aber er war zu spät dran. Das Geschwader drehte unversehens zum Ufer ab, die Schiffe wurden angezündet und stießen mit ihren Rammspornen in die vordersten Schiffe Tsao Tsaos, so daß sie nicht mehr gelöst werden konnten. Die Flammen loderten im Wind hoch auf, und rasch leckten die Feuerzungen nach dem leicht entzündlichen schwimmenden Lager.

Die vereinigten Truppen von Sun Tschwan und Lju Bej griffen darauf von der Landseite her an und forderten ihren schrecklichen Tribut von müden Soldaten, die zwischen dem aus der Nacht auftauchenden Angreifer vor sich, dem Flammenmeer im Rücken und dem dunklen, bewegten Wasser des Yangtse unter sich in der Falle saßen. Männer und Pferde kamen in den Flammen um, wurden erschlagen oder ertranken. Die große Armee war vernichtet. Tsao Tsao mit seinem grenzenlosen Selbstvertrauen wurde wieder auf den Boden der Realität geholt.

Der ihn ständig vorantreibende Ehrgeiz und die davon

ausgehende gefühllose, ungezügelte Hast hatten ihn fehlgeleitet. In seiner Ungeduld hatte er seine Leute zu weit getrieben. Ihr ermüdender Krieg gegen Jüan Schao und seine Brüder hatte fünfzehn Jahre gedauert. Unmittelbar nach dem letzten Feldzug wurden sie reorganisiert, um Dsching Dschou anzugreifen, und von Dsching Dschou erschöpft in ihren Untergang nach Tschï-bi geschickt, in eine Schlacht, die bei Nacht unter fremden und denkbar schlechten Bedingungen gegen einen Feind gekämpft wurde, der die Initiative und alle Überraschungen in den Händen hatte.

Die Grausamkeit Tsao Tsaos war sprichwörtlich. »Die Bürger in umzingelten Städten, die sich nicht sofort ergeben, sollen ohne Gnade getötet werden«, befahl er. Und wenn der Befehl ausgeführt wurde, mußte die ganze Stadt mit Mann und Maus dran glauben. Die Disziplin in der Armee war äußerst streng. Offiziere und Soldaten, die Befehle mißachteten, wurden auf der Stelle enthauptet, und wenn ein Soldat desertierte, wurde seine ganze Familie, Männer wie Frauen, umgebracht.

Das war jedoch nichts besonderes. Als Dschugë Ljang eine Stadt rettete, indem er so tat, als sei sie offen und leer und daher eine verlockende Falle, drohte er jedem seiner Soldaten, der sich durch irgendein Geräusch verriet, den Tod an. Er ließ einen jungen General enthaupten, weil dessen Nachlässigkeit schuld an einer Niederlage war (versprach aber, den Hinterbliebenen eine monatliche Unterstützung zukommen zu lassen). Ein höherer General wurde unverzüglich geköpft, als ein Loch in einer Brücke, die er für sicher gehalten hatte, beinahe das Pferd des Oberbefehlshabers zu Fall gebracht hätte. Tod bei Nichtbeachtung eines Befehls war die Regel, nicht die Ausnahme, und ein geschlagener General mußte häufig die erlittene Schlappe mit dem Leben bezahlen. Auch Gesandte waren nicht unantastbar. »Kuriere werden getötet, um die eigene Würde und Unabhängigkeit zu unterstreichen«, wie Glänzende Jade es einmal hochmütig ausdrückte, als er einen von Tsao Tsao geschickten Boten ins Jenseits beförderte.

Kein einziger dieser Männer war ein unbarmherziger Dummkopf, alle waren sie Feldherren mit beachtlicher Doppelzüngigkeit und Arglist. Die Tücke nur eines einzigen von ihnen war grenzenlos, und der Schlafende Drache brachte nicht nur Tsao Tsao zur Raserei, er war auch der Grund, daß Glänzende Jade auf dem Sterbebett ausrief: »Warum mußte der Himmel noch Dschugë Ljang hervorbringen, da er doch schon Glänzender Jade das Leben geschenkt hatte?« Denn Dschugë Ljang war ein militärischer Geizkragen bester chinesischer Tradition, ein Stratege vom Stamme Nimm par excellence, der anderen die Rolle von Schnepfe und Muschel überließ und selbst den wartenden Fischer spielte, der die beiden ineinander Verhakten fing.

Er hatte Glänzende Jade angestachelt und beschwatzt, gegen Tsao Tsao zu kämpfen und den verwickelten Schlachtplan für Tschï-bi zu entwerfen. Großzügig hatte er ihm die Ehre des Sieges allein überlassen, während er die meisten seiner Soldaten behalten und Kräfte zugunsten Lju Bejs gespart hatte. Aber einen anderen dazu zu bringen, die Armeen des kaiserlichen Ministers zu zerschlagen, war eine Sache. Die Herrschaft über Dsching und Schu als Basis für die Eroberung ganz Chinas zu erringen, eine andere. Es gab daher für Glänzende Jade noch mehr Kastanien aus dem Feuer zu holen.

Dreiecksspiel

Der Schlüssel, der zum ersten Schloß des Reiches paßte, war die Stadt Nandschun. Sie war der Regierungssitz von Tschu in der Zeit der »kämpfenden Staaten« gewesen und jahrhundertelang umkämpft worden, denn sie lag an einem strategisch wichtigen Punkt am Yangtse und war das Tor nach Schu im Westen und zu den wichtigsten Städten von Dschin im Norden. Nachdem Glänzende Jade Tsao Tsao in die Defensive gedrängt hatte, war sein nächstes Ziel, ihm diese Stadt als Siegesbeute wegzunehmen. Er war ziemlich verärgert, als er sah, daß Lju Bej ebenfalls Truppen in die gleiche Richtung geschickt hatte. Man versicherte ihm jedoch freundschaftlich, diese Truppen seien nur zur Hilfe für den Notfall gedacht. Einer spontanen Eingebung folgend schwor er, sie seien herzlich willkommen, falls er die Stadt nicht allein einnehmen könne. Es war ein billiges Versprechen, weil er, wie er einem Vertrauten nachher sagte, »sowieso nur mit dem Finger schnipsen mußte, um die Stadt zu nehmen.«

Darauf schloß er Nandschun ein, und die Verteidigungsarmee Tsao Tsaos, die zum Gefecht herauskam, war schnell entscheidend geschlagen. Anstatt sich aber nach dieser Schlappe durch die Stadttore zurückzuziehen, floh der geschlagene Feind in völliger Unordnung. Auf den Mauern blieben die Fahnen zurück, aber kein Mensch war zu sehen. Glänzende Jade verzichtete deshalb auf eine Verfolgung und kämpfte sich den Weg in die Stadt frei, um dort in einen groß angelegten Hinterhalt zu geraten. Als die Pfeile von den Mauern herunterregneten, erwischte ihn einer in der Seite.

Um Rache zu nehmen, wollte er so tun, als sei er an der Wunde gestorben, und beauftragte zungenfertige »Deserteure«, dem Feind die traurige Nachricht zu überbringen. Auf diese Weise verleitete er Tsao Tsaos Kommandeure, seine angeblich demoralisierte, trauernde Armee anzugreifen. Die Verteidiger machten tatsächlich einen Ausfall in voller Stärke, um das Lager in einem Nachtangriff zu überfallen. Nun liefen sie ihrerseits in eine Falle, gerieten in völlige Verwirrung und wurden zersprengt.

Als aber Glänzende Jade triumphierend nach der preisgegebenen Stadt zog, sah er bestürzt neue Fahnen auf den Mauern und merkte, daß einer von Lju Bejs Generälen Nandschun »nur mit einem Fingerschnipsen« eingenommen hatte, während seine eigenen Leute in wildem Kampf mit der Besatzung der Stadt draußen gebunden waren. Um sein Kampfziel betrogen, stürmte der wütende General die Wälle, wurde aber von einem heftigen Pfeilregen empfangen, so daß er sich erst einmal zurückzog, um mit sich zu Rate zu gehen.

Während er immer noch die weiteren Schritte überlegte, kam eine niederschmetternde Nachricht. Dschugë Ljang hatte in der heiß umkämpften Stadt ein Siegel Tsao Tsaos erbeutet und damit Befehle an die untergeordneten Garnisonen des Feindes in den anderen wichtigen Städten im nördlichen Dsching Dschou erlassen. Darauf rückten die Besatzungen von Hsjangjang und Nanjang aus, um den Waffenbrüdern in Nandschun zu Hilfe zu eilen. Lju Bejs Kommandeure hatten schon auf der Lauer gelegen und konnten die von ihren Verteidigern entblößten Städte mühelos besetzen.

Mit diesem Bravourstück hatte der Schlafende Drache kostenlos drei Städte gewonnen, die ihm die Kontrolle über

Dsching Dschou und den Zugang nach Schu einbrachten. Glänzende Jade hatte das Kämpfen besorgen dürfen, er dagegen die Früchte geerntet. Tsao Tsaos Macht war stark beschnitten worden. Lju Bej hatte nun seine militärische Basis. Von jetzt an war China tatsächlich in drei rivalisierende Staaten geteilt: Wej im Norden unter Tsao Tsao, Wu im Osten unter Sun Tschwan und Schu-Han im Westen unter Lju Bej.

Glänzende Jade raste jetzt vor Wut und wollte seinem Quälgeist an die Kehle, aber seine kühleren Ratgeber machten ihm schnell klar, daß Lju Bej, bedrängte man ihn zu sehr, die drei Städte jederzeit an Tsao Tsao zurückgeben und sich mit ihm gegen Wu verbünden könne. Inzwischen hatte Lju Bej aus ähnlichen Überlegungen den verärgerten Sun Tschwan beschwichtigt, indem er ihm sagte, er brauche die drei Städte nur vorübergehend, und versprach, sie ihm später wieder abzutreten.

Als der um die Früchte seiner Mühen gebrachte Glänzende Jade im Alter von nur sechsunddreißig Jahren starb, ohne vorher noch den Schlafenden Drachen übers Ohr hauen zu können, tat Dschugë Ljang noch ein weiteres: er brachte Opfer an seinem Sarg dar und sprach mit großer Bewegung von dem toten Helden und seinen Siegen. Er entfaltete vor den versammelten Würdenträgern von Wu eine so tiefe Trauer, daß er sie dazu brachte, sich für alles zu entschuldigen, was er selbst ihnen angetan hatte, bevor noch die Trauerfeierlichkeiten für den Mann, den er so boshaft für seine Zwecke benutzt hatte, vorüber waren.

An sich war der Schlafende Drache der letzte, der sich mit einem schwachen Staat verbündet hätte, wenn dadurch ein starker gereizt worden wäre. Aber dieses Prinzip ließ sich hier nicht anwenden, da Tsao Tsao von Anfang an der erklärte unerbittliche Feind gewesen war. Seine Ziele für den Augenblick waren, Freundschaft mit dem kleineren Rivalen zu halten, um den größeren zu besiegen, Wu als Gegengewicht gegen Wej zu benutzen und beide davon abzuhalten, sich entweder gegen ihn zusammenzutun oder voreilig gegeneinander zu kämpfen. Denn würde der Schwächere dadurch ausgeschaltet, könnte sich der Stärkere über Schu hermachen.

Einerseits bemühte sich Sun Tschwan, Lju Bej nicht in die Arme von Tsao Tsao zu treiben, und sah davon ab, ihm wegen der drei Städte, die Dschugë Ljang in Dsching Dschou geklaut hatte, mit Krieg zu drohen. Andererseits gab sich Dschugë Ljang ebensoviel Mühe, Sun Tschwan nicht in die Arme des Feindes zu treiben, und versuchte, seinen Zorn nicht unnötig zu erregen. Denn wenn zwei Parteien ihre Streitkräfte vereinigten, war die dritte unweigerlich verloren.

Aber nicht alle besaßen den Scharfblick des Schlafenden Drachens, der kein Soldat war, sondern ein rätselhafter Stratege, ein Mystiker, der in seiner kleinen Kutsche auf dem Plan erschien, dabei einen Turban aus Tuch und einen Baumwollmantel trug und sich gelangweilt mit seinem weißen Federfächer Luft zufächelte. Es war eine Ironie des Schicksals, daß seine Berechnungen von dem Krieger der Krieger umgestoßen werden sollten, jenem makellosen, großartigen General, der den feierlichen Eid im Pfirsichgarten geschworen hatte, der seinem großzügigen Gegner Tsao Tsao die Ehrenschuld bezahlt und doch dem Blutsbruder Lju Bej seine unerschütterliche Treue bewiesen hatte: Gwan Jü.

Gwan Jü wurde als der schreckliche »Feind der Zehntausend« gepriesen. Einmal stand er von einem Glas warmen Weins auf, sprang auf ein Pferd und bahnte sich ganz allein einen Weg durch die wilde nordwestliche Armee von Dung Dscho, schlug einem hohen General den Kopf ab, ritt zurück und warf ihn seinem Oberbefehlshaber vor die Füße, bevor sein Wein im Becher abgekühlt war. Er war ein Riese von Mann, hatte ein rotes Gesicht, die großen rollenden Augen eines Phönix, Augenbrauen wie schlafende Seidenraupen, einen ausgefallen schönen Bart, eine Stimme vom Klang einer Bronzeglocke und die Ausstrahlung angeborener Autorität.

Seine kriegerische Beherztheit und Entschlossenheit und der geschickte Gebrauch seiner Hellebarde »Grüner Drache« wurden über alles gerühmt, doch verfügte er auch über Schlauheit und Erfindungsgabe. Aber während er klar erkannte, daß Sun Tschwan sich nur um die Verteidigung seines eigenen Landes kümmerte, langfristige Loyalität kurzfristigen Vorteilen opferte und ein zweifelhafter Partner Lju Bejs war, bemerkte er nicht, daß Sun in Ermanglung eines Besseren dennoch unentbehrlich für ihre Pläne war.

Folglich behandelte er den Herrn von Wu voller Verachtung und bezeichnete ihn als »diesen Fuchs« – ein Ausdruck, den die Chinesen immer noch gebrauchen, um einen niederträchtigen Mann, dem Reichtum und Macht zufallen, als spitznasige Kreatur in einem üppigen Pelzmantel darzustellen. Und als Sun Tschwans Sohn einen Gesandten schickte, der um die Hand seiner Tochter anhalten sollte, entließ Gwan Jü den Boten mit den Worten: »Wie könnte die Tochter eines Tigers den Sohn eines Hundes heiraten?«

Sun Tschwan war blaß vor Wut. Das Heiratsangebot deckte sich mit dem ausdrücklichen Wunsch des Schlafenden Drachens, »Wej im Norden Widerstand zu leisten und mit Wu im Osten den Frieden zu wahren«. Es hätte eigentlich der erste Schritt zu einem neuen Bündnis sein sollen, war aber mit einer so unerträglichen Beleidigung zurückgewiesen worden, daß »der Fuchs« sich von seinen natürlichen Verbündeten abwandte und suchend zu Tsao Tsao hinblickte. Gwan Jü sollte für seine Überheblichkeit noch bezahlen.

Um 220 hatten die Kommandeure Lju Bejs vielleicht eine Entschuldigung für ihre Überheblichkeit. Unter der Führung des Schlafenden Drachens waren sie in Schu im Westen einmarschiert und hatten die strategisch wichtige Stadt Handschung im Norden eingenommen. Im Herbst dieses Jahres hatte Gwan Jü einer großen Armee Tsao Tsaos vor der Stadt Fantscheng im nördlichen Dsching Dschou eine verhängnisvolle Niederlage beigebracht. Er nutzte die Regenzeit aus, staute den Fluß Han auf und ließ dann die Fluten in das Tal stürzen, wo der Gegner unüberlegt sein Lager aufgeschlagen hatte. Der feindliche Kommandeur wurde gefangen und enthauptet, nur ein kläglicher Rest der Truppen konnte fliehen, alle anderen ertranken. Gwan Jü stellte dann Flußschiffe bereit, um nun die Stadt zu belagern, deren Mauern unter dem heimtückischen Druck des sie umgebenden Wassers schon zu zerbröckeln begannen.

Ein anderer heimtückischer Druck war jedoch ebenfalls am Werk. Tsao Tsao konnte es nicht entgehen, daß Lju Bejs Offiziere für einigen Groll in der Sun-Sippe gesorgt hatten, den man ausnutzen konnte: sie hatten die drei Städte im nördlichen Dsching Dschou, für die die Armeen der Sun ins Feld gezogen waren, durch List in ihre Hand gebracht, sie hielten am südlichen Dsching Dschou fest, das Sun Tschwan nur »leihweise« als Basis an Lju Bej gegeben hatte, und schließlich hatten sie sogar Sun Tschwan beleidigt. Er sandte deshalb einen Botschafter zu dem Fuchs, der ihn überreden sollte, Gwan Jü in den Rücken zu fallen, während er seine Truppen zum Entsatz der unter Wasser stehenden Stadt nach Fantscheng schicken wollte.

Der Fuchs stimmte zu, und sie planten, die von der Besatzung verlassene Bezirkshauptstadt Nandschun an sich zu reißen, wenn Gwan Jü erst einmal den größten Teil seiner Truppen vor Fantscheng konzentriert hätte. Sie mußten jedoch feststellen, daß die Besatzung der Stadt immer noch stark war, daß die Verteidigungsanlagen in gutem Zustand waren und man eine Kette von Signaltürmen entlang dem Fluß gebaut hatte, die rechtzeitig vor einem Angriff warnen konnten. Gwan Jü hatte Lu Meng, den findigen Kommandeur von Wu, nicht unterschätzt und wollte sich nicht überrumpeln lassen. Was war da zu machen?

»Täusche Unterlegenheit vor und bestärke ihn in seiner Überlegenheit«, hatte der berühmte Vorfahre des Fuchses geschrieben. Ein Pfeil mit der Botschaft, Hilfe sei nahe, wurde in das belagerte Fantscheng geschossen, um die Moral der Verteidiger zu stärken, damit Gwan Jü die Stadt nicht so leicht einnehmen könne. In der Zwischenzeit stellte sich Lu Meng krank und wurde als Kommandeur von einem unbedeutenden jungen General ohne besonderen Ruf ersetzt. Ein Gesandter wurde mit schönen Pferden und herrlicher Seide als Geschenk zu Gwan Jü geschickt und beauftragt, den Abschluß eines neuen Bündnisses vorzuschlagen.

Als der Kurier fort war, brach Gwan Jü in schallendes Gelächter aus und tat den neuen Kommandeur als »bloßen Schüler« ab. Da dieser Mann offenbar kein ebenbürtiger Gegner war, zog er die Hälfte der Besatzung aus Nandschun ab, um seine Armee für einen Großangriff auf das belagerte Fantscheng zu verstärken. Darauf schickte Tsao Tsao eine Kolonne, die Gwan Jü vor Fantscheng in Schach halten sollte, während Lu Meng es heimlich in die Hand nahm, dem großspurigen Beschützer die Bezirkshauptstadt in seiner Abwesenheit zu entreißen.

Der schlaue Kommandeur aus Wu steckte seine Soldaten in die Laderäume von großen, flachgehenden Lastschiffen und verkleidete die wenigen an Deck sichtbaren Seeleute als Flußhändler. Seine Schiffe bewegten sich langsam stromaufwärts und gingen am Ufer in der Nähe der Signaltürme vor Anker. Die so harmlos aussehenden Mannschaften klagten auf den Anruf hin über ungünstige Winde. Aber als es Nacht geworden war, krochen die Soldaten aus den Laderäumen, nahmen die arglosen Kommandos, die die Signalfeuer bewachten, fest und sorgten dafür, daß kein Feuer angezündet und kein Alarm gegeben wurde.

Lu Meng brachte dann durch angemessene Geschenke und gnädige Behandlung die Gefangenen auf seine Seite und überredete sie, die Truppen nach Nandschun zu führen und die Wachen anzurufen, damit sie die Tore öffneten. Als die Wachen ihre Kameraden erkannten, machten sie auf, und Lu Mengs kampferprobte Männer stürmten in die Stadt. Die Überraschung war geglückt.

Der Kommandeur konnte jetzt seine Klugheit beweisen. Er bestätigte alle Beamten in der Stadt in ihren Stellen, bestellte eine Extrawache zum Schutz der Familie Gwan Jüs und befahl, jeden hinzurichten, der plünderte oder mordete. Als ein Untergebener an einem regnerischen Tag seine Runde auf der Mauer machte und einem Bauern einen breiten Bambushut abnahm, um seine Waffe trocken zu halten, ließ Lu Meng ihn enthaupten und seinen Kopf als Beispiel für alle öffentlich zur Schau stellen, obwohl sie Freunde aus dem gleichen Dorf gewesen waren.

Nach dem Fall der Hauptstadt des *dschou* ergaben sich zwei andere Städte, die ihren Nachschub von dort erhalten hatten. Die Entsatzarmee Tsao Tsaos hob die Belagerung von Fantscheng auf und zwang Gwan Jü zum Rückzug. Der verzweifelte General sammelte seine Kräfte, um Nandschun zurückzuerobern, aber seine Leute verließen ihn, als sie hörten, wie menschlich Lu Meng ihre Familien behandelt hatte, und schlichen heimlich in die Stadt, die sie eigentlich hätten angreifen sollen. Gwan Jüs Armee schrumpfte zusammen. Er saß in den Bergen in der Falle und wurde wie ein wildes Tier in Stricken und Angeln gefangen. Der Fuchs befahl widerstrebend seine Hinrichtung, nachdem ihn ein Ratgeber an die uralte chinesische Binsenwahrheit erinnert hatte: »Vernichte ihn jetzt, oder es wird dir leid tun. Nur Böses kann geschehen, wenn du ihn verschonst.«

Die meisterhafte Täuschung und das taktische Gefühl für Milde hatten Lu Meng zum Sieger gemacht, während der halsstarrige Gwan Jü gegen fast alle Regeln in Sun Dsïs Buch verstoßen hatte. Und doch ist Gwan Jü Chinas Kriegsgott. Das wilde rote Gesicht und die kompakte Gestalt eines Mannes in mittleren Jahren – er war achtundfünfzig, als er seinen letzten Schwertstreich tat – zieren chinesische Tempel und die Schreine von Soldaten, Polizisten und Gangstern der Geheimbünde. Denn genauso, wie sie den Verschlagenen bewundern, lieben die Chinesen den Furchtlosen.

Gwan Jü hatte Lju Bej die Herrschaft über Dsching Dschou gekostet, aber er blieb dennoch der Waffenbruder, und Lju Bej beging nun seinen allergrößten Fehler. Rasend vor Schmerz baute er eine große Armada auf, um den Fuchs von Wu zu bestrafen. Er ließ alle Vernunft außer acht und begann einen klassischen »unrentablen Krieg« mit dem Ziel, den Tod des Freundes zu rächen. Dschugë Ljang hätte versucht sein können, vorwurfsvoll zu wiederholen: »Reiße mir die Augen aus und hefte sie an das Stadttor«. Die Politik des Schlafenden Drachens lag bald in Scherben. Die Armee von Schu wurde vernichtend geschlagen, die Macht Lju Bejs gebrochen, aus dem Bündnis mit Wu gegen Tsao Tsao war Feindschaft geworden. Nun war es Wej als dem alleinigen Gewinner überlassen, sich alles zu nehmen.

Aber nicht Tsao Tsao selbst. Er litt an einer »bösartigen Stimmung« im Kopf. Sein Arzt wollte sie unter einer Haschischnarkose entfernen, aber er wurde ins Gefängnis geworfen und beschuldigt, seinen Mord geplant zu haben. Der übertrieben mißtrauische Tsao Tsao starb mit sechsundsechzig Jahren. Vor seinem Tod hatte er angeordnet, zweiundsiebzig verschiedene Stellen als sein Grab zu bezeichnen, damit niemand erführe, wo seine Leiche lag, und niemand seine Ruhe stören könne.

Tsao Tsao hatte nie den Thron an sich gerissen. Er hatte sich mit der tatsächlichen Macht und dem Rang eines Fürsten von Wej zufriedengegeben. Aber sein Sohn Tsao Pej legte nicht solche schickliche Bescheidenheit an den Tag und ersann eine einfache und geschmackvolle Zeremonie für die legitime Entthronung des rechtmäßigen Herrschers. Ließ man das ganze Drumherum weg, sah der Vorgang so aus: der Hof bat Tsao Pej immer wieder, der Sohn des Himmels zu werden, und Tsao Pej lehnte immer wieder ab, bis der Han-Kaiser merkte, woher der Wind wehte, persönlich seinen Rücktritt zu dessen Gunsten anbot und ihm das kaiserliche Siegel schickte. Er wies dieses Angebot dreimal zurück, um es beim viertenmal dann anzunehmen. Er nahm das Siegel förmlich in Besitz, brachte dem Himmel Opfer dar und empfing das himmlische Mandat für das neue Haus, das er zu gründen beabsichtigte.

Auf diese Art machte sich Tsao Pej 220 zum ersten Kaiser der Wej-Dynastie. Tatsächlich war er jedoch nur König von Wej, und Lju Bej und Sun Tschwan beeilten sich, seinem Beispiel zu folgen und sich selbst zu »Kaisern« von Schu und Wu zu ernennen. Die drei sich bekämpfenden Staaten, die seit Tsao Tsaos Niederlage in Tschï-bi selbständig existiert hatten, waren jetzt drei Reiche, die höchstwahrscheinlich nie zur Ruhe kommen würden, weil der erste Herrscher in Wej als regierender Kaiser einer neuen Dynastie Anspruch auf ganz China erhob, der zweite Herrscher in Schu als Streiter des entthronten Hauses Han gegen den Usurpator ebenfalls Anspruch auf das ganze Land erhob (»Ein Han und ein Bandit können nicht nebeneinander bestehen«) und der dritte Herrscher in Wu überhaupt keinen Anspruch geltend machen konnte, aber keinen der beiden anderen als Oberherrn haben wollte.

Gerade wie die »kämpfenden Staaten« von den Randvölkern, die ihre Zwietracht ausnutzten, heimgesucht worden waren, wurden jetzt die rivalisierenden Streiter der Drei Reiche von den Zudringlichkeiten der Barbaren an den Grenzen geplagt. Der Fuchs von Wu verschwendete mit seinen Feldzügen gegen die Barbaren im Südosten ganze Ströme von Menschen und Geld, allerdings ohne nennenswerten Erfolg. Tsao Tsao hatte dagegen das Problem im Norden weitgehend dadurch gelöst, daß er diese wilden Fremden in seine Armeen einreihte und ins Landesinnere marschieren ließ, um in seinen Kriegen gegen seine chinesischen Brüder zu kämpfen.

Dschugë Ljang verfolgte eine Politik des »Nutze den Barbaren zur Kontrolle des Barbaren«. Er führte Krieg gegen die aufständischen Grenzstämme, und wenn er sie geschlagen hatte, setzte er die gedemütigten Häuptlinge wieder in ihren

Gebieten ein, ließ ihr Land unbeschnitten und verlangte lediglich Loyalität gegenüber seinem König. Er erklärte, das erspare ihm die Mühen und Kosten, die eine Bewachung der unzugänglichen Grenzgebiete durch chinesische Soldaten und die Stationierung chinesischer Beamter bei den besiegten Stämmen verursachen würden. Außerdem sei die Gefahr groß, daß sich die Beamten gegenseitig an die Gurgel gingen, falls das nicht die Barbaren besorgten. Er gewann auf diese Art auch nützliche Verbündete unter den unzivilisierten Bergstämmen, die ihm seine Milde dankten. Seine Methoden liegen in der chinesischen Tradition: die Chinesen versuchen nicht, ein Territorium nur um des Besetzens willen zu besetzen, koste es, was es wolle (was zum Teil auch ihre Bereitschaft erklärt, ihre siegreichen Truppen 1962 aus Indien abzuziehen). Es ist anzunehmen, daß er die Verteidigung des Reiches aus purer Notwendigkeit durch Barbaren abzustützen suchte, denn Schu fehlte es an Menschen.

Das Land war rauh und zerklüftet, aber reich an Getreide, und solange er als erster Minister fungierte, erlebte es einen gewissen Wohlstand hinter der wirkungsvollen Abschirmung durch die Berge. Denn der Schlafende Drache hatte viele Talente und war erfinderisch. Er konstruierte Mehrfachbogen, die ganze Scharen von Pfeilen in schneller Folge abschießen konnten, und wandte die Gesetze von Rolle und Hebel zum Bau von Proviantwagen an, die ohne Ochsen und Pferde leicht von den Soldaten selbst über rauhes bergiges Terrain gezogen werden konnten. Er hatte eine geniale Begabung, alle Naturerscheinungen vom Nebel bis zum Feuer in Kriegswaffen umzuwandeln, und ist berühmt für seine Schlachtordnungen.

Die Chinesen hatten von jeher großes Geschick, ihre Armeen wirkungsvoll im Feld aufzustellen und die schwachen Punkte in der Schlachtordnung des Feindes zu erkennen. Ihr »Fischpaar« wurde von einer Mauer aus Wagen angeführt, und hinter jedem Wagen stand eine Reihe von Soldaten, so daß immer noch ein anderer Mann dazusein schien, der an die Stelle eines Gefallenen treten konnte. Die »Gans« war eine stürmende Keilformation, die »Dreimal-Verborgenen« ein dreifacher Hinterhalt, und es gab die »Fünfen«, die »drei Tore«, die »sechs Blumen«, alles in allem dreihundertfünfundsechzig Anordnungen, von denen Dschugë Ljangs »acht Trigramme« die berühmtesten waren.

Sie umfaßten acht Muster, die Himmel, Erde, Wind, Wolke, Drache, Tiger, Vogel und Schlange verkörperten. Dazu gehörte die Verteilung von kleinen beweglichen Einheiten mit besonderen Rollen innerhalb des konventionellen Rahmens der größeren Ordnungen, was dem Ganzen eine unbestimmte fließende Eigenschaft verlieh: Wenn der Feind vordrang, liefen die Soldaten auseinander und wieder zusammen, wechselten die Richtung und zogen sich zurück, um andere an ihrer Stelle vorgehen zu lassen, die Vorhut wurde zur Nachhut, die Nachhut zur Vorhut in einer Serie komplizierter Manöver. Was wie eine überstürzte Flucht aussah, verbarg in Wirklichkeit die plötzliche Konzentration einer überwältigenden Streitmacht.

Dschugë Ljang verlor nie seinen Spürsinn und suchte sich sogar den eigenen Nachfolger unter den feindlichen Generälen von Wej aus: mit einem Trick brachte er den Feind dazu, den Mann für einen Verräter zu halten, so daß diesem nichts anderes übrig blieb, als sich dem Schlafenden Drachen anzuschließen. Aber in Ssï-ma I, der lange die Armeen von Wej in ihrem Kampf gegen Schu befehligte, hatte er einen würdigen Gegenspieler.

Nachdem dieser gewitzte General eine empfindliche Niederlage erlitten hatte und sich in einer gefährlichen Lage befand, teilte er seinen Untergebenen warnend mit, er werde jeden hinrichten lassen, der sich zu einem unüberlegten und übereilten Angriff hinreißen ließe. Dschugë Ljang versuchte daher, ihn zu einer Schlacht zu verleiten. Er bezeichnete ihn als Feigling und unterstrich diese Beleidigung mit einem »angemessenen Geschenk«: diesmal war es ein Frauenkleid, kein Krug Urin, auf dem »Wein« stand. Diese Herausforderung mußte Ssï-ma I in eine Zwickmühle bringen, wie Dschugë Ljang sehr wohl wußte. Er konnte im Augenblick keinen Ausfall wagen, ohne eine weitere Niederlage zu riskieren. Er selbst war daher bereit, die Beschimpfung zu schlucken, aber seine wütenden Offiziere forderten lauthals das Recht, die Scharte auszuwetzen.

Seine Lösung war, ein Schreiben an den fernen König von Wej zu schicken, in dem er mitteilte, er werde eines Tages den

Ausfall wagen müssen, um den Schandfleck auszulöschen. Die königlichen Ratgeber in Wej merkten gleich, daß er sich tatsächlich nicht mit dem Feind einlassen wollte. Sie schickten sofort ein Edikt ab, das ihm den Kampf untersagte und den Soldaten vorgezeigt werden konnte.

Dschuë Ljang wußte ebenso wie die Ratgeber, daß Ssï-ma I das königliche Veto anforderte. »Er hatte nie die Absicht zu kämpfen«, bemerkte er abfällig, als er die Neuigkeit erfuhr. »Denn wie jedermann weiß, braucht sich ein General im Feld sowieso nicht an die Weisungen seines Herrschers zu halten.« Er wäre nicht verpflichtet gewesen, seinen König zu konsultieren. Er hatte Zeit gewinnen wollen, sein Gesicht gewahrt, seine Leute beschwichtigt, und keine Schmähung konnte ihn jetzt in Versuchung bringen, aus der sicheren Stellung herauszukommen.

Sun Dsïs Rat über die Anwendung der »Todesstellung«, der die Soldaten zwingt, bis zum bitteren Ende zu kämpfen, regte auch während des Feldzugs von Wej gegen Schu zwei wilde Aktionen an: einmal wurde eine starke Streitmacht, die Schu verteidigte, absichtlich mit dem Rücken zu einem Fluß aufgestellt, ein andermal hatte ein General von Wej seine Armee an einen Abgrund gedrängt, so daß sie nur noch voran gehen konnten. In beiden Fällen war dem Gegner keine Möglichkeit gelassen worden, nach dem Prinzip, »dem Feind immer einen Fluchtweg offen zu halten«, zu handeln – und er mußte entsprechend dafür bezahlen.

Die Geschichte von den drei Reichen ist verhüllende Dichtung, die nie den bitteren Kern der Geschichte freigibt. Tsao Tsao starb als kranker Sechziger im Bett, Gwan Jü und Lju Bej ließen sich gemeinsam ein Reich aus den Händen gleiten, und der Tag kam, an dem Dschugë Ljang und sein menschenfreundlicher, aber nur allzu menschlicher Herr starben, ohne Wej vernichtet zu haben. Die Kommandeure von Wej behielten dennoch immer die Möglichkeit einer Verschwörung der beiden anderen Königreiche im Auge. Als sie ihren, wie sich herausstellen sollte, entscheidenden Feldzug gegen Schu planten, gaben sie bekannt, er richte sich gegen Wu und machten zur Täuschung eine große Flotte auf dem Yangtse startklar. »Denn wenn Schu erfährt, daß wir angreifen wollen, werden sie Wu um Hilfe bitten. Wenn wir aber so tun, als

191

wollten wir Wu angreifen, werden dessen Führer es mindestens ein Jahr lang nicht wagen, Truppen für Schu abzuzweigen. Wenn dann Schu geschlagen ist, liegen die Schiffe schon für eine Expedition nach Wu bereit.«

List und Feldzug glückten, und 263 ergab sich Schu. Der regierende Nachkomme Lju Bejs ging mit seinen Höflingen und seinem Sarg durch das Nordtor seiner Hauptstadt, um sich untertänig von Dschung Hwej, einem der beiden kommandierenden Generäle von Wej, der die Stadt eingenommen hatte, auf die Knie zu werfen. Aber der General hob ihn auf und ließ den Sarg verbrennen. (Sein Kollege war mit einer weißen Flagge durch Schu vorgerückt, auf der in vier Zeichen stand: »Schütze den Staat, erfreue das Volk«.)

Der »Eroberer des Westens«, wie er später genannt wurde, deutete dann in einem Schreiben an seinen Monarchen die Möglichkeit an, Wu »ohne jede Kampfhandlung« zu besetzen. Dazu müsse man einen Gesandten vorausschicken, der der Familie Sun erklärte, wie isoliert und verletzlich ihr Besitz inzwischen sei. In Hinblick darauf wäre es angebracht, den König von Schu hochherzig zu behandeln und ihn vorerst zum Fürsten in seinem eigenen Land zu machen. Das würde die Leute in Wu beruhigen und davon abhalten, sinnlosen Widerstand zu leisten. Er »könnte im kommenden Winter in die Hauptstadt gebracht werden«, sobald Wu unterworfen sei.

Wu wurde also besiegt, wenn auch nicht ohne Gegenwehr, und der lasterhafte Vertreter der Sun-Sippe, der auf dem Thron saß, abgesetzt, an den kaiserlichen Hof gebracht und mit einem Fürstentitel beschenkt.

Inzwischen war jedoch ein letzter Akt in dieser Erzählung von der Ironie des Schicksals aufgeführt worden, um zu zeigen, daß alle die Helden und Schurken schließlich Verlierer waren — bis auf einen allerletzten. 265 erlebte der Nachkomme Tsao Tsaos, der auf dem Thron von Wej saß, das gleiche feierliche Possenspiel des Thronverzichts — die wiederholten Petitionen des Hofes, die vier Angebote des kaiserlichen Siegels, die abschließende öffentliche Zeremonie —, die sein Vorfahre erfunden hatte, um auf den Thron zu gelangen. Das Mandat des Himmels war an einen Sproß der mächtigen Familie von Ssï-ma I übergegangen. Die Summe aller Kämpfe dieser hundert Jahre unablässigen Blutvergießens und Intrigierens war die Gründung der Dschin-Dynastie, die unsicher durch die Zeit taumeln sollte, bis sie 420 zusammenbrach.

Aber die »Drei Reiche« lebten für immer weiter, und Mao Tse-tung persönlich sollte von gewissen prosowjetischen Kritikern beschuldigt werden, ihren Legenden und Lektionen zuviel Aufmerksamkeit zu widmen. Denn für viele Chinesen kämpfen ihre Ebenbilder heute noch, nur unter anderen Namen: »China«, »Rußland«, »Amerika« – oder »Japan«.

Das Drama im Mao-look

Der skeptische Barbare wird gefühlsmäßig zuerst wohl die Unterschiede aufzählen, die zwischen einem Dreieckskampf um die Vorherrschaft in der unterbevölkerten Vergangenheit und den Spannungen einer überbevölkerten, durch Rußland, Amerika, China, Japan, »Europa« und die Dritte Welt repräsentierten Gegenwart bestehen. Aber das historische Bewußtsein der Chinesen ist um vieles tiefer, der Sinn für Analogieschlüsse viel stärker ausgeprägt (wenn auch weniger auf die Unterschiede achtend) – in diesem ordnungsliebenden Volk, das eine fünfte Jahreszeit und einen fünften Strich auf dem Kompaß zu den ursprünglichen vier hinzufügt, um sie genau mit den fünf Elementen, den fünf Farben, den fünf Sinnen und den »fünf Planeten« abzustimmen.

Gebildete Personen von Peking bis Hongkong weisen ihren Zeitgenossen immer noch auf Grund ihrer physischen, geistigen und moralischen Ähnlichkeit mit den alten Helden bestimmte Rollen zu. Gelegentlich werden sie dabei sogar zerlegt: »Er ist zu zwei Dritteln Tsao Tsao und zu einem Drittel Han Gao-dsu.« Und da dieser chinesische Zug, sei er nun gut oder schlecht, eine Tatsache ist, ist der intellektuelle Spott, den man im Westen darüber äußern mag, völlig bedeutungslos.

Was viele Angelsachsen als ein neues Problem im Gleichgewicht der Mächte sehen, dessen Lösung vielleicht in einer gegenseitigen Abhängigkeit liegt, ist für die Chinesen eher eine präzisere Spiegelung ihrer eigenen Vergangenheit. In ihrer Sicht müssen politische Taktiken heute wie vor siebzehnhundert Jahren auf einer sorgfältigen Berechnung von Gewinn und Verlust beruhen. Der »Gewinn« kann in Form von Schutzbündnissen und zu Lasten des Hauptfeindes gewonnenen Vorteilen gemessen werden, der »Verlust« des Feindes in Form seiner *völligen* Isolierung.

Freunde und Feinde mögen inzwischen austauschbar sein, und was als Loyalität unter Nationen ausgegeben wird, mag genauso biegsam sein wie die Treuepflicht der Generäle vom Schlag eines Gwan Jü, der im einen Jahr Tsao Tsao diente und Jüan Schao im nächsten. Gwan Jü zahlte gewissenhaft seine angehäuften Schulden an Tsao Tsao zurück und ging dann ins feindliche Lager über. In den sechziger Jahren zahlte China gewissenhaft seine angehäuften Schulden an die Russen zurück und wandte sich dann lächelnd deren amerikanischen Rivalen zu.

Diese Versöhnung zwischen der kommunistischen Führung in Peking und den Erzimperialisten in Washington erinnert zuallererst an Dschugë Ljangs Politik, Freundschaft mit Wu als Gegengewicht zu Wej zu suchen und einen Zusammenschluß von Wu und Wej gegen Schu zu verhindern. Die Gefahr eines Krieges zwischen Rußland und China verringerte sich, denn die Moskowiter mußten jetzt über ihre Schulter nach Westen blicken, bevor sie eine Aggression im Osten ins Auge fassen konnten. Amerika war der geringere Feind, mit dem sich der kluge Kommandeur, wie die alten Strategen geschrieben haben, manchmal gegen den größeren verbünden muß. Die Amerikaner hatten versucht, China zu zügeln, sie hatten die nationalchinesische Republik Taiwan unterstützt, die chinesischen Kommunisten in Korea und die vietnamesischen Kommunisten in Vietnam bekämpft, und sie und ihr kapitalistisches System waren von der Ideologie her verhaßt. Diese gegenseitige Feindschaft, die sich zwischen Peking und Washington herauskristallisiert hatte, konnte dennoch wieder aufgelöst werden, wenn man nur etwas Wärme zuführte.

Als die sowjetische Nuklearmacht wuchs und die sowjetische Marine sich im Pazifik, im Indischen Ozean und im Mittelmeer breitmachte, die Vereinigten Staaten dagegen von einem ungleichen moralischen Zermürbungskrieg in Indochina, der mit großer Wahrscheinlichkeit nicht gewonnen werden konnte, erschöpft waren, mußten die Amerikaner einsehen, daß sie das umkippende Gleichgewicht am besten durch eine Verschiebung des diplomatischen Gewichts in Richtung Peking wieder herstellen konnten. Die Chinesen sahen daher im Besuch des Präsidenten Richard Nixon 1972 und allem, was darauf folgte, die natürlichen Konsequenzen aus allem, was vorausgegangen war, und billigten oder mißbilligten es, je nach dem individuellen Grad ihres Mißtrauens oder ihrer Freundschaft zu Rußland.

China und Amerika stritten sich nicht um Grenzverläufe, beanspruchten kein Territorium des anderen. Aber chinesische Landkarten sind immer noch ein stummer Protest gegen die »ungleichen Verträge« der letzten Jahrhunderte, in denen Rußland das Himmlische Reich um weit mehr als eine Million Quadratkilometer gerupft hatte. Chinesische und russische Truppen prallten immer wieder an den unruhigen Grenzen von Sinkiang und der Mandschurei zusammen. Mehr als einmal verspotteten die Chinesen sowjetische Soldaten auf die altbewährte Art, um sie zu verleiten, das Feuer zu eröffnen und sich damit in den Augen der Weltöffentlichkeit ins Unrecht zu setzen.

Präsident Nixon und seiner Republikanischen Partei gefiel der indirekte Respekt, den die Chinesen Gegnern, die ihrer Sache treu blieben, und strengen Kritikern, die an ihrer Meinung festhielten, immer gezollt haben. Ihre persönliche Verachtung gilt den naiven Salonrevolutionären von westlicher höherer Bildung, die sklavisch ihre Propaganda auflecken. Ihren echten Zorn heben sie sich für die bürgerlich-reaktionären Renegaten im Kreml auf, die nach ihrer Meinung die Sache der kommunistischen Revolution verraten haben und mit denen sie herzlich gern umgehen möchten, wie Dschugë Ljang den zweifachen Betrüger Dscheng behandelt hatte. Und da sie sich mit der herrschenden »revisionistischen sozialimperialistischen Clique« und nicht mit den russischen Massen stritten (mit Tsao Tsao und nicht mit den Menschen in Wej), richtete sich selbstverständlich ihre ganze Energie auf den Versuch, die sowjetische Partei zu spalten und ihr das russische Volk zu entfremden, die derzeitigen Usurpatoren in Moskau durch die »richtige Linie«, eine mit ihnen übereinstimmende marxistisch-leninistische Führung, zu ersetzen.

Die Chinesen konnten es sich leisten, die Sowjetunion in den frühen siebziger Jahren entlang der gemeinsamen Grenze zu provozieren, denn die russischen Nachschublinien waren noch schwach und die russischen Truppen an der mandschurischen Grenze zu weit von den Industriezentren der UdSSR entfernt, um ohne Schwierigkeiten einen langen konventionellen Krieg gegen ihre lästigen Nachbarn durchstehen zu können. Andererseits nahm jedoch die Verletzlichkeit der chinesischen Rohstofflager und Industrien im Norden der Volksrepublik im gleichen Maße zu, in dem die Russen Sibirien erschlossen und besiedelten. Aus diesem Grund war Peking alarmiert, als Moskau und Tokio Gespräche aufnahmen und die gemeinsame Erschließung dieser Region diskutierten, einschließlich des Baus von Eisenbahnen und Erdölpipelines, die in aller Unschuld ihren Volkswirtschaften nutzen sollten, aber auch den russischen Divisionen entlang der chinesisch-sowjetischen Grenze zugute kommen konnten.

Nach chinesischer Auffassung wollten die Russen China und Japan auseinanderhalten, die Japaner mit der Aussicht auf Öl locken, als der Nahe Osten sich als unzuverlässige Versorgungsquelle erwiesen hatte, die logistische Unterstützung für die Armeen im sowjetischen Fernen Osten verbessern und ein Gegengewicht gegen den amerikanischen Einfluß in Tokio schaffen. Die Russen hatten die Kurilen, die sie Japan am Ende des Zweiten Weltkriegs abgenommen hatten, als Pfand in der Hand, das sie zurückgeben oder behalten konnten, je nachdem, wie zugänglich die Japaner sein wollten.

Die Sowjetunion holte gleichzeitig Zuckerbrot und Peitsche aus der Tasche, als die Chinesen 1972 Pläne machten, diplomatische Beziehungen zu Tokio aufzunehmen, weil sie fürchteten, durch ein russisch-japanisches Abkommen – ähnlich wie seinerzeit Schu durch das Bündnis zwischen Wej und Wu – isoliert zu werden. Die Russen reagierten sofort und schlugen den Japanern vor, Gespräche über die Zukunft der Kurilen aufzunehmen.

Aber Premier Tschou En-lai wußte, was er tat. Der japanische Premierminister wurde in Peking freundlich aufgenommen. Die Chinesen ließen ihre Reparationsansprüche fallen, und im Verlauf des sechstägigen Besuchs kamen die beiden Parteien überein, einen Friedens- und Freundschaftsvertrag und Handels-, Schiffahrts- und Fischereiabkommen abzuschließen. Das alles kontrastierte so stark zu der früheren Feindseligkeit Chinas gegenüber Japan, daß die Menschen, wie von einem grellen Blitz getroffen, die Augen schließen mußten.

Wieder einmal konnten die Chinesen jedoch darauf bauen, daß der Exfeind bereit war, ihnen auf halbem Weg entgegenzukommen. Die japanische Verteidigung war von den Amerikanern abhängig, doch hatten die Amerikaner Peking bereits den Hof gemacht, ohne die Japaner über ihre Absichten zu informieren. Tokio wurde es ein wenig mulmig. Japan war reich, aber schwach, China war arm, aber potentiell stark. In diesem Zusammenhang glich Japan dem Wu aus dem Drei-Reiche-Stück, das jetzt im Mao-look gespielt wurde. Es war der schwächste der Rivalen und wurde daher von allen als derjenige umworben, der das Machtverhältnis zwischen ihnen verändern konnte, ohne eine Bedrohung für den eigenen Verbündeten werden zu können.

Tokio war dennoch vom chinesisch-sowjetischen Zwist beunruhigt. Er machte es den Japanern beinahe unmöglich, gleichzeitig Beziehungen zu Moskau und Peking zu pflegen. Als ein Gegengewicht mochte Japan der Schlüssel im Machtspiel sein, aber es verfügte nicht über die Initiative. Und wenn es durch eine Freundschaft mit Rußland China Schwierigkeiten machte, die Expansion des sowjetischen Einflusses im Fernen Osten aufzuhalten, lief es Gefahr, seinerseits ein Opfer dieser Expansion zu werden, wie Wu gefallen war, nachdem Wej Schu besiegt hatte. In dieser Situation hielten alle »einander am Bein fest«. Die Chinesen wußten deshalb, daß Amerikaner wie Japaner zustimmen mußten, das Kriegsbeil zu begraben – oder zumindest halb zu begraben – und daß die Russen gebunden werden konnten.

Aber das Spiel wurde nicht zu Ende gespielt.

Dschugë Ljang förderte den Handel zwischen Schu und Wu zum Nutzen beider Staaten und der unsicheren Freundschaft zwischen ihnen, die unter seinen Händen langsam aus den bitteren Erfahrungen der Vergangenheit wuchs[1]. Er erschloß Neuland, baute Bewässerungsanlagen, verbesserte

Brücken und Straßen und reformierte die öffentlichen Wohl-fahrtseinrichtungen. Er unterdrückte den Erbadel, adelte Männer nach ihren Verdiensten und verschaffte den Geset-zen unparteiische Geltung. Die öffentlichen Getreidespeicher waren gefüllt, die Armee gut ausgerüstet, und die Schwachen wurden gegen die Mächtigen in Schutz genommen.

Er starb, und etwa dreißig Jahre später fiel Schu. Aber so-lange er lebte, hatte er das Königreich auf den Augenblick vorbereitet, in dem die Freundschaft mit Wu gefestigt und es stark genug war, ein für allemal der Gefahr einer Beherr-schung durch den selbsternannten Oberherrn im Norden ein Ende zu setzen. Und alle Bemühungen der Kommunisten, in China einen gerechten, modernen, atomar bewaffneten Staat aufzubauen, der sich all den richtigen Verbündeten und Fein-den freundlich zeigte, wiesen darauf hin, daß die Führung in Peking jetzt das gleiche tat. Bis 1974 hatten die Chinesen Mehrstufenraketen entwickelt, die mit einer Reichweite von rund sechstausend Kilometern Moskau treffen konnten. Der Premier Tschou En-lai hatte mehrmals geschworen, China werde nie als erstes Land nukleare Waffen einsetzen, aber konnte nicht doch der unvorstellbare Tag kommen, an dem Peking eine Offensive gegen die UdSSR in Gang setzte?

Futurologen sind Schwindler, die immer ein Hintertürchen offen haben, weil sie tot sein werden, bevor ihr vorausgesag-tes Weltgericht eintrifft. Was immer vor uns liegt, ist nicht vorhersehbar, aber man kann sagen, daß die Traditionen des kaiserlichen wie des kommunistischen China eine Politik der Verteidigung diktieren. Kämpfe nur, wenn du weißt, du kannst gewinnen, hatten die Alten gewarnt, und China war immer noch schwach. Seit den Tagen, als Han Wu-di zum er-stenmal das heutige Nordkorea und Nordvietnam »befrie-det« und Armeen hinter die Große Mauer geschickt hatte, um die Hunnen zu züchtigen, waren die chinesischen militäri-schen Expeditionen gewöhnlich aus einem von drei mög-lichen Gründen nach draußen gegangen: um zu »strafen« (nicht um »anzugreifen«), um aggressive Nomaden in ange-messener Entfernung zu halten oder um ihre seßhaften Nachbarn zu zwingen, die chinesische Oberherrschaft an-zuerkennen und als Puffer gegen weiter entfernte Barbaren zu dienen.

Die alten Weisen hatten Eroberungen eines Möchtegern-Oberherrn als böse verurteilt, und Mitte der siebziger Jahre wiederholten die kommunistischen chinesischen Führer, daß sie niemanden beherrschen wollten. Ihre Armeen hatten in Korea gekämpft, um die Kapitalisten von China fernzuhalten, und sie waren in Indien eingedrungen, um den Indern Bescheidenheit beizubringen. Aber sie beanspruchten kein materielles Reich jenseits dessen, was sie als ihre territorialen Grenzen betrachteten, und das ideologische Reich des Maoismus mußte von einheimischen kommunistischen Guerillas gewonnen werden, die ihre eigenen »Volkskriege« in ihren eigenen Ländern kämpften, genauso wie chinesische Guerillaarmeen unter dem Kommando Mao Tse-tungs ihren »Volkskrieg« gegen Tschiang Kai-schek gekämpft hatten.

Die Erfahrung jener Armeen weckte auch in Mao Tse-tung eine Neigung für eine alles umfassende Verteidigung, die sich auf Prinzipien gründete, wie sie zuerst von Sun Dsï, Hsün Dsï und Wu Tschi formuliert und durch die Jahrhunderte kaiserlicher Geschichte nachgeahmt worden waren.

1927 machte Mao den ersten Schritt, das Mandat des Himmels zu gewinnen und einen neuen chinesischen Staat zu gründen, als er als junger revolutionärer Führer seine geschlagenen Anhänger auf den Höhen des Tschinggangschan reorganisierte und begann, sie mit einem Loyalitätsgefühl für den Ersatz des kaiserlichen Siegels – die Autorität der Kommunistischen Partei Chinas – zu erfüllen. Die Partei würde die Armee kommandieren, und ihre Kader mußten das »Parteigefühl« entwickeln, so daß das einzige und höchste Ziel, den entscheidenden Sieg für den Kommunismus zu erringen, alle anderen Neigungen auslöschte und sie wie Han Gao-dsu bereit wären, eher die aus ihrem eigenen Vater gekochte Suppe zu essen, als sich zu unterwerfen. »Bemüht euch um eine feste und korrekte politische Ausrichtung, einen fleißigen, einfachen Arbeitsstil und flexible Strategie und Taktiken«, lehrte sie Mao. »Seid einig, wachsam, ernsthaft, vital.«

Als bäuerliche Armee, deren Hauptaufgabe es war, die Millionen von unterdrückten Bauern wachzurütteln und »wie ein Fisch im Wasser« zwischen ihnen zu schwimmen, ernährte sich die Streitmacht so kärglich wie Mo Dsïs Kämpfer, und ihre Offiziere teilten die Entbehrungen der Soldaten, wie Wu Tschi es immer getan hatte. Sie bedeutete einfaches Leben und harte Arbeit, sie kam aus den armen Dörfern Chinas und konnte wieder in ihnen aufgehen. Und sie war eine Studie am lebenden Objekt in der Klugheit, aus der Klugheit Sun Dsïs zu lernen. Sie war aus den geschlagenen kläglichen Resten der revolutionären »Regimenter« gebildet worden, die, schlecht beraten, versucht hatten, Städte in direktem Angriff zu nehmen, aber jetzt wurde Mao ein genauso erfahrener Etwas-für-nichts-Stratege wie Dschügë Ljang. An Zahl und Waffen von Anfang an weit unterlegen, waren seine Leute als Guerillas organisiert, die rasch zuschlugen und ebenso schnell flüchteten. Sie mußten das Vertrauen der Bauern gewinnen und die Stärke der feindlichen Kuomintang dadurch ausgleichen, daß sie sie mit Kriegslisten täuschten, jede ihrer Bewegungen durch Spione verfolgten, ihre kleinen Abteilungen in Hinterhalte lockten und die großen Schlachten vermieden.

Unter Maos Führung gingen die Kommunisten mit ihren Kräften sparsam um und dezimierten gleichzeitig die des Gegners. Sie nahmen, was er nicht verteidigte, und machten einen Bogen um das, was er verteidigte, bis sie schließlich das flache Land beherrschten und die Städte eingekreist hatten, die ihre letzten Ziele sein sollten, nicht die ersten. Im September 1965 veröffentlichte Lin Piao einen Artikel, in dem er dieses Prinzip zu einer Formel für die Weltrevolution erweiterte: die Habenichtse der »Land«-Nationen, deren Rohstoffe und Arbeitskraft die Imperialisten ausbeuteten, würden allmählich die »Stadt«-Nationen des industrialisierten kapitalistischen Westens, die letzten Endes von ihnen abhängig waren, isolieren und besiegen.

Während des chinesisch-japanischen Krieges fuhr Maos Armee fort, »ihre eigene Stärke zu schonen, während sie den Feind vernichtete«, schlug wenige regelrechte Schlachten, operierte hinter den Linien, griff nur zweitrangige Ziele an und überließ es den Japanern und der Kuomintang, sich gegenseitig auszuzehren, wenn sie so töricht waren, das zu tun. Als das vorbei war und die Japaner kapituliert hatten, schoben die Kommunisten Tschiang Kai-schek in die »Todesstellung« von Formosa ab und ließen ihn dort quatschen (oder verschimmeln).

Bis Mitte der siebziger Jahre verfügte die Volksbefreiungsarmee über Panzer- und Luftlandedivisionen, Düsenbomber
und Düsenjäger und ihr erstes atomar betriebenes Kampf-
unterseeboot. Sie hatte eine ganze Menge Generäle, die in
Rußland ausgebildet waren und die schreckliche Feuerkraft
einer modernen westlichen Armee in Korea kennengelernt
hatten, und sie war mit Offizieren durchsetzt, die sich ein Be-
rufsheer wünschten, das für das Laserzeitalter gerüstet war.
1975 sah es langsam so aus, als hätten sie ihren Willen durchgesetzt. Die Volksbefreiungsarmee war – um einen amerikanischen Experten zu zitieren – für ehrgeizige Operationen gegen einen mächtigen Feind wie die Sowjetunion in einer
»schlechter Verfassung«. Ihre Ausrüstung veraltete allmählich, ihre Soldaten litten unter dem Übermaß an Indoktrinie-
rung, und ihre Moral war durch die Hetzkampagne gegen
den toten Lin Piao und ihm ergebene Offiziere schwer erschüttert. Aber es gab jetzt Anzeichen, daß chinesische Wissenschaftler versuchten, Miniatursprengköpfe herzustellen
und damit taktische Kernwaffen in die Hände der Soldaten zu
geben. In der Armee wurde weniger über Politik gesprochen
und dafür mehr trainiert, sie sollte mehr Lastwagen und Ge-
ländewagen, bessere Gewehre und bessere Panzer erhalten.
Im Grunde war sie jedoch immer noch auf einen »Volkskrieg« zugeschnitten, der sich auf die von Mao so wirkungsvoll gegen die Kuomintang in die Praxis umgesetzten Ideen
einer verschwommenen Vergangenheit stützte. Die Soldaten
wurden in erster Linie im Nah- und Nachtkampf, im Überfall
aus dem Hinterhalt in den Bergen, in Guerillaaktionen bei
größter Hitze oder Kälte, in blitzschnellen Überraschungsan-
griffen, in rascher Konzentration und Zerstreuung ausgebildet.
Die Rolle des regulären Infanteristen war der intensive Wi-
derstandskampf gegen alle Eindringlinge in Verbindung mit
der Miliz. Die Infanterie stellte den harten Kern, während die
Miliz bei der Verteidigung die Masse ausmachte. Sie rekrutierte sich aus Parteikadern, Bauern und Arbeitern und wurde
1974 auf wenigstens fünf Millionen – und vielleicht wesentlich mehr – geschätzt, die als örtliche Hilfstruppen entsprechend trainiert und bewaffnet waren.
Ihre Organisation stützte sich auf das Prinzip, daß »alle

Bürger Soldaten sein müssen«, und dahinter stand der Gedanke, daraus ein riesiges feinmaschiges »Netz zwischen Himmel und Erde«, in dem sich jeder Feind fangen, oder »ein feindseliges Meer«, in dem er ertrinken würde, entstehen zu lassen. Denn er mußte ohne aufwendige oder unrentable Konfrontationen verschlungen und erstickt und ausgerottet werden. Dazu brauchte man Männer, die das Terrain kannten, sich geschickt auf die Kunst der Täuschung verstanden und die mit ihren Bauernaugen und -ohren überall waren.

Die Kader der Miliz mußten der Sache des Kommunismus ergeben sein, kluge Männer, die sich nie aus Gereiztheit oder Arroganz zu etwas hinreißen ließen. Sie sollten die Gedanken und Gefühle der Massen prüfen und ihre Entscheidungen darauf stützen, wie Mo Dsï und Mao es jeweils für ihre Zeit empfohlen hatten. Die besten unter ihnen trainierten mit den regulären Armeebataillonen, nahmen an Manövern teil und durchliefen die politischen Abendschulen. Sie waren das unschätzbare Verbindungsglied zwischen der ortsansässigen Bevölkerung und den dort stationierten Berufssoldaten.

Dazu kamen Millionen von Studenten, Intellektuellen und Beamten, die »hinaus aufs Land« geschickt wurden, um die bäuerliche Wirklichkeit kennenzulernen. Sie erhielten dort eine Grundausbildung als Hilfstruppen in allen notwendigen Fertigkeiten, die vom Bauern-Soldaten verlangt wurden, vom Pflügen bis zum Werfen der Handgranaten. Man konnte die nach Tausenden zählenden Kolonnen auf den Straßen marschieren sehen. Sie trugen Tornister und Feldflaschen, Strohhelme, ein Paar Extraschuhe und kleine Wannen, die für alles gut waren: Sie konnten darin die Füße waschen oder Wasser holen, Erde transportieren oder Nudeln abkochen.

Im alten China wurde, wie bereits erwähnt, der Bauer-Soldat zum Soldaten-Bauern, der in den Grenzsiedlungen ansässig war und seine Verpflegung selbst anbaute. Diese Tradition regte nicht nur die Selbstversorgung der heutigen ortsfesten Divisionen an, sondern auch die Einrichtung der Produktions- und Aufbaukorps entlang der unermeßlichen Grenzen Chinas. Die Angehörigen ethnischer Minderheiten, die eng mit Völkern jenseits der chinesisch-sowjetischen oder chinesisch-mongolischen Grenze verwandt waren, wurden in das Hinterland Sinkiangs und der Inneren Mongolei umgesiedelt. Die Grenze wurde dann durch paramilitärische Kolonien dichtgemacht, in denen die bewaffneten Pioniere nicht nur das Land bebauten und die Wälder hegten, sondern auch das häufig öde Gebiet, in dem sie stationiert waren, bewachten und auf ihren Patrouillen den Russen auf die Finger sahen.

Inzwischen hämmerte die chinesische Propaganda den Massen ein, das oberste Gebot für alle sei die Vorbereitung auf einen sowjetischen Angriff. Ausgedehnte Netze von unterirdischen Tunnels und Unterständen wurden in allen Städten angelegt und mit Kommandostationen, Telefonzentralen, Rundfunksendern, Erste-Hilfe-Stellen und Lebensmitteldepots ausgestattet. Aber nur wenige, wenn überhaupt welche, waren sicher gegen Giftgas, Überschwemmungen oder radioaktive Strahlung, geschweige denn gegen den direkten Treffer eines atomaren Sprengkopfes. Im »unterirdischen Peking« sahen manche nicht mehr als eine gigantische Menschenfalle.

In vielen Köpfen keimte daher der Verdacht, daß die chinesische Führung gar keinen Krieg fürchtete - Moskau würde sich nicht leichtfertig auf einen Krieg einlassen, denn Kernwaffen waren ganz gewiß »Werkzeuge eines bösen Omens« –, sondern daß sie den Massen nur die Angst vor einem Krieg einreden wollte (»das Fehlen eines äußeren Feindes wird zum Ruin des Staates führen«). Rußland hatte China weder 1960 angegriffen, als es durch den unzeitgemäßen Großen Sprung nach vorn wirtschaftlich am Boden lag, noch 1967, als es durch die Große Kulturrevolution gespalten war. Und doch wurden die Russen als verräterische, räuberische Mörder dargestellt. Denn die Chinesen mußten dazu gebracht werden, härter zu arbeiten, jedes Opfer zu bringen, ohne mit der Wimper zu zucken, und sich zu bemühen, nicht auf fremde Hilfe angewiesene Patrioten zu sein, die »lieber Kernwaffen als Hosen haben«.

Peking impfte den Massen einen Stolz und eine Verzweiflung ein, die sie zu gemeinsamer Kraftanstrengung antrieben: mehr Stahl zu produzieren, mehr Unterstände zu graben, nach der Arbeit zu trainieren, nach dem Drill zu lernen und zu sterben, wenn es sein mußte. Wenn ein Atomkrieg die Hälfte aller Chinesen auslöschte, hatte Mao gesagt, bliebe immer noch die andere Hälfte, und der Sozialismus würde triumphieren. Wenn Rußland vom Norden her in China eindränge, Amerika vom Süden, Indien vom Westen und Japan vom Osten her, würde China dennoch siegen, sagte Tschou En-lai 1973 zu einer Delegation japanischer Politiker.

Die Chinesen würden den Krieg von einer Grundlage aus führen, die alle ihre Philosophen als eine einwandfreie moralische Position bezeichnet hatten. »Laßt den Feind einen Fuß auf unser Territorium setzen«, schrieb Mao Tse-tung in einer Weisung vom November 1972, »damit alle Völker der Welt sehen, daß wir vom Standpunkt der Gerechtigkeit aus kämpfen.« Die Moral der Russen würde schlecht sein, die Moral der Chinesen gut, denn sie würden »die Heimat schützen und die Nation verteidigen.« Er hatte seine Strategie mit den Worten beschrieben: »Wir kämpfen nicht in aussichtslosen Schlachten, und wenn wir nicht gewinnen können, laufen wir«.[2] Aber in diesem Zusammenhang hieß »laufen« soviel wie »den Feind verleiten, tiefer in China einzudringen«, damit er von seinem Nachschub abgeschnitten und vernichtet werden konnte. Für den Gegner sollte China ein einziger riesiger Hinterhalt sein. Für die Chinesen sollte es eine einzige riesige »Todesstellung« ohne Rückzugsmöglichkeiten werden.

Die tatkräftige Diplomatie und Propaganda, die das moderne Wej nördlich der Grenze in Mißkredit bringen und isolieren wollte, bewies deutlich, daß die kommunistische Führung in Peking darauf aus war, den Krieg ohne den Verlust eines einzigen Pfeiles zu gewinnen. So hätte es Sun Dsï gewünscht, und man darf unterstellen, daß sie insgeheim seinen Anweisungen folgte. Der chinesische Geheimdienst hat sich gerühmt, seine Agenten könnten überall hingelangen, wo Wasser hingelangt – und keine ausländische Macht sollte die Geschichte eines chinesischen Deserteurs für bare Münze nehmen, nur weil er ein paar ideologische Schrammen zeigt, um zu beweisen, daß die Maoisten ihn mißhandelt haben.

Jedoch haben alle großen chinesischen Denker von Mencius bis Mao betont, daß die Sicherheit des Staates nicht so sehr von seinem diplomatischen Geschick, der Stärke seiner Armee oder der Schlauheit seiner Spione abhängt, als vielmehr vom Verhältnis zwischen Volk und Regierung, also nicht von Denkern und Kämpfern – sondern von Herrschern.

Mord und Totschlag

DIE PSEUDOMARXISTEN des Westens, die unbeirrbar in den chinesischen kommunistischen Führern Übermenschen mit einer krankhaften Unfähigkeit zur Sünde sehen, stolpern über ihre eigene Entrüstung, wenn man sie an die fragwürdigen Aktivitäten Tschou En-lais in Shanghai erinnert. Denn Ende der zwanziger Jahre hatte der feinfühlige Schöpfer der »Diplomatie des Lächelns« den Untergrundkampf gegen die Kuomintang geleitet, und einige besonders abstoßende Morde aus dieser Zeit gingen auf das Konto seines Todeskommandos. Doch belasten sie das Gewissen vieler Chinesen nur wenig, denn wenn Aggression »gerechte Bestrafung« wird, falls sie sich gegen Schurken richtet, dann wird Mord zur gerechten Hinrichtung, wenn er das Böse beseitigt und den Weg für das Gute frei macht.

Mord ist billiger als Krieg, aber wie der Krieg wird er durch den Erfolg gerechtfertigt, und er war eine Waffe, die die schlimmsten und die besten chinesischen Kaiser rücksichtslos gebrauchten. Die schlimmsten erkennt man daran, daß ihr brutales Morden Einigkeit in Zwietracht verwandelte und sie das Mandat des Himmels kostete. Die besten erkennt man daran, daß ihr brutales Morden Zwietracht in Einigkeit verwandelte und ihnen das Mandat des Himmels bescherte.

Wie ein Katalysator ist das Wesen des Mordes an sich unveränderlich. Es kann, wie die Daoisten sagen würden, nicht als gut oder als schlecht bezeichnet werden. Was den Mörder betrifft, so hat er, zumindest wenn er ehrlich ist, keine andere Wahl als zu morden, denn er muß seine Verabredung mit dem Schicksal einhalten, auch wenn es für den anderen Mann eine Verabredung mit dem Tod ist.

Sogar Konfuzius rühmte die gewaltsame Beseitigung des letzten Tyrannen der Schang-Dynastie durch den ersten Helden der Dschou-Dynastie als eine »revolutionäre Tat im Einklang mit dem Willen des Himmels und den Gefühlen der Menschheit«. Im Sinne der chinesischen politischen Moral schrien deshalb die chaotischen Jahrhunderte, die dem Sturz von Schu und Wu und dem Aufstieg des Hauses Dschin folgten, geradezu nach ein paar konstruktiven Morden, um das Elend der Massen zu beenden.

Der erste Dschin-Kaiser war nicht nur über alle Maßen ausschweifend, sondern auch noch so dumm, das Feudalsystem zu erneuern und alle erwachsenen Mitglieder der kaiserlichen Sippe zu Lehnsfürsten und Oberbefehlshabern innerhalb ihres Besitzes zu machen. Die Folge war, daß die Hofrivalitäten sehr bald tödlich wurden und das Morden schon zu Anfang der Dynastie begann. Wolfram Eberhard hat das sehr schön knapp beschrieben: »Im Jahre 300 ermordete Prinz Lun die Kaiserin Dschja und beseitigte ihre Clique. 301 machte er sich zum Kaiser, wurde aber im selben Jahr vom Fürsten von Tschi umgebracht. Dieser Fürst wurde 302 vom Fürsten von Tschangscha ermordet, der seinerseits 303 vom Fürsten von Dunghai ermordet wurde. Der Fürst von Hodschien erhob sich 302 und wurde 306 ermordet. Der Fürst von Tschengdu erhob sich 303, eroberte die Hauptstadt 305 und wurde dann 306 selbst beseitigt...«[1]

316 machten die Hunnen diesem kaiserlichen Zank ein Ende. Sie eroberten einen großen Teil Chinas nördlich des Yangtse, brannten die Hauptstadt Lojang nieder, nahmen den derzeitigen Kaiser gefangen und ließen ihn ihren Generälen den Wein servieren. Der Hof der Dschin zog sich Richtung Westen nach Tschang An zurück, wurde dort eingeholt, und diesmal mußte der Kaiser nicht nur Wein servieren, sondern auch noch die Becher abwaschen und seinen Herrn als Treiber auf die Jagd begleiten. Anscheinend wurde dieser Spaß dem Hunnenkönig jedoch langweilig, und er tötete schließlich ihn und alle mit ihm gefangenen noblen Herren. Was von der Sippe der Dschin noch übrig war, ging über den Yangtse nach Süden, und der nächste Kaiser richtete seinen Regierungssitz in der Nähe des heutigen Nanking ein. Weitere Nomadenvölker strömten durch die Große Mauer –

Türkvölker, Mongolen, Tungusen, Tibeter –, und beinahe drei Jahrhunderte lang war Nordchina für die Chinesen verloren.

Am Gelben Fluß folgte auf das Hunnenreich ein tibetisches Reich. Aber die Chinesen hielten immer noch den Süden, und 383 beschloß Fu Dschien, der ehrgeizige Herrscher des Nordens, diesen unbefriedigenden Zustand durch eine Großoffensive gegen die Dschin zu beenden. Als seine Umgebung ihre Bedenken vor den zu erwartenden Hindernissen äußerte, verkündete er überheblich: »Ich kommandiere eine Armee von einer Million, und meine Männer brauchen nur ihre Peitschen in einen Fluß zu werfen, um seinen Lauf aufzuhalten.«

Seine Kolonnen wurden jedoch von politischen Intrigen, Verrat, Spionage und der Nadelstich-Taktik der Chinesen geplagt, als sie über das schwierige Gelände nach Süden ritten. Das von Bergen und Wasserläufen zerschnittene Terrain trug mit dazu bei, daß der Nachschub unterbrochen wurde und der abgestimmte Zeitplan des Vormarsches durcheinander kam. Als sie schließlich einen großen Fluß erreichten, zogen die Chinesen ihren Nutzen aus den Fehlern Fu Dschiens und holten noch eine andere List aus der Trickkiste ihrer hinterhältigen militärischen Tradition.

Der tibetische Führer schlug für die ersten dreihunderttausend Mann seiner zersprengten Armee ein Lager am Nordufer des Fej auf, um die anderen zu erwarten. Töricht wie er war, schickte er einen vornehmen Gefangenen als Boten zu den Dschin auf das südliche Ufer. Dieser Mann sagte seinen chinesischen Kameraden sofort alles, was er wußte, und heckte mit ihnen einen Plan aus, wie sie trotz ihrer viel kleineren Streitmacht von nur achtzigtausend Mann den Sieg davontragen könnten. Darauf kehrte er zu den Tibetern zurück und berichtete: »Die Dschin schwören, sich auf keinen Fall zu ergeben, und wollen eine Entscheidungsschlacht auf diesem Ufer. Wenn du deine Leute nur ein wenig zurückziehst, werden sie übersetzen und angreifen.«

Fu Dschien war hocherfreut, weil er darin einen fatalen Fehler des Gegners sah, und zog seine vordersten Reihen prompt zurück. Darauf lief das Gerücht, die Vorhut sei bereits geschlagen, durch die Armee bis zur Nachhut, die chinesischen Agenten, die es ausgestreut hatten, verbreiteten so schnell wie möglich Panik unter den Soldaten, und die Dschin griffen an. Durch den ausbleibenden Nachschub war die Kampfmoral der tibetischen Reiter ohnehin auf einen Tiefpunkt gesunken, und der Angriff brachte sie jetzt völlig aus dem Gleichgewicht. Sie wurden zu einem einzigen großen Knäuel verschreckter Menschen zusammengedrängt, »sahen den Feind in jedem Grashalm und jedem Busch«, und wer nicht von Feind oder Freund niedergemacht oder zu Tode getrampelt wurde, floh Hals über Kopf, um dann vielleicht an Hunger oder Kälte zu sterben. Von Fu Dschiens großer Armee überlebten nur ungefähr hunderttausend, und seine Macht war gebrochen. Er hatte teuer bezahlen müssen, daß er »den Feind nicht kannte«. Er war von Spionen übers Ohr gehauen worden, hatte einen Verräter als Gesandten benutzt, die Initiative aus der Hand gegeben und versucht, einen entmutigten Haufen gegen verzweifelte und einige Gegner, die einen Fluß im Rücken hatten, in den Kampf zu schicken.

Der Norden zersplitterte sich zunächst fast planlos, das tibetische Reich zerfiel, und ein mächtiges Tatarenreich entstand an seiner Stelle.[2] Im Süden dagegen folgte auf die Dschin eine Reihe schwächerer Dynastien. Die dunkle Zeit, in der die Hauptstädte Chinas und des Römischen Reiches den Barbaren in die Hände fielen, konnte dennoch der Blüte der chinesischen Kultur nichts anhaben.

Während in England die Angeln und Sachsen ihre kleinen Dörfer um das hölzerne Hallenhaus ihres Herrn bauten, schrieben die Chinesen die sechs Kanons der Kunst und sechs Regeln für Kartenzeichner auf, stellten hervorragende Lackmalereien und die erste Gitternetzkarte her, reisten in Sänften, nippten ihren Tee und heizten mit Kohle (»eine Art schwarzer Stein, der aus Adern in den Bergen gegraben wird«, bemerkte Marco Polo beinahe neun Jahrhunderte später erstaunt). Die Tage bestanden aus genießerischem Müßiggang, die Adligen und Gelehrten verbrachten ihre Mußestunden mit Chormädchen am Fluß und überboten einander im Dichten anmutiger Verse.

Aber mochten die Chinesen im Süden nur dekadent sein. Sie waren nicht die einzigen Vertreter chinesischer Art, denn China bewies nun zum erstenmal die Kraft seines kulturellen Stoffwechsels, seine Fähigkeit, die fremden Eindringlinge nacheinander zu verdauen. Die nomadischen Barbaren wurden so gründlich assimiliert, daß im Jahr 500 der tatarische Kaiser im Norden seinem Volk befahl, chinesische Namen und Sitten, chinesische Sprache und Kleidung zu übernehmen und die Mischehe empfahl. Das vorherrschende Blut war vielleicht noch tatarisch, die vorherrschende Kultur aber chinesisch. Dieser Vorgang sollte sich noch häufiger wiederholen. Im elften Jahrhundert drangen die Kitan[3] vom Norden her in China ein, im zwölften die Kin[4], im siebzehnten die Mandschus. Die Chinesen absorbierten alle, nur die unverdaulichen Mongolen Kublai Khans lehnten sie ab.

Sie absorbierten nicht nur Menschen. Im 5. Jahrhundert begannen Pilger und Missionare den Buddhismus in China zu predigen. Der Glaube verbreitete sich rasch, und hundert Jahre später gab es schon schätzungsweise dreißigtausend Klöster und zwei Millionen Mönche und Nonnen im Land. Die Daoisten sahen zuerst einen gefährlichen Rivalen in dem fremden Glauben, fanden aber unter der Vielzahl der Götter, die sie inzwischen verehrten, bald auch noch einen Platz für Buddha. Im 6. Jahrhundert trug Fu Hsi, ein für die Erfindung des drehbaren Bücherregals berühmter Chinese, demonstrativ eine daoistische Mütze, eine buddhistische Schärpe und konfuzianische Schuhe als Symbol für die Einheit der »drei Wege zu einem Ziel«.

Nach dreihundertsechzig Jahren des Zwietracht schaffenden Mordens war die Zeit inzwischen für ein paar konstruktive Attentate reif geworden, um auch die Einheit Chinas wieder herzustellen. Fast ununterbrochenes Morden hatte zum Ruin des großen Tatarenreiches geführt, und noch planloserer Verwandtenmord im Staat der »Nördlichen Dschou«, der es ablöste, brachte jetzt den Schwiegervater des letzten lokalen Kaisers als Helden des Tages an die Spitze des Leichenhaufens. Dieser Jang Dschien begann 581, die Geschichte wieder in Ordnung zu bringen, indem er seinen jungen Souverän samt neunundfünfzig Fürsten ermordete und sich selbst zum Herrscher erklärte. Darauf unterwarf er den Süden und wurde der erste Kaiser der Swej-Dynastie. Seine Macht reichte von der Großen Mauer bis nach Tongking. China war wieder China.

Mit dem blauen Blut von rund sechzig königlichen Persönlichkeiten an den Händen, erwies sich der Mörder als energischer und umsichtiger Verwalter. Vierundzwanzig Jahre lang regierte er kraftvoll, klug und sparsam, wirtschaftete sorgfältig, um die geleerten Schatzkammern seines lange geteilten Reiches wieder zu füllen, senkte dennoch die Steuern, um die Massen zu entlasten, die nun zum erstenmal die Freuden einer gewissen äußeren Ruhe kennenlernten. Staatliche Getreidespeicher wurden gebaut und die Arbeiten für ein ausgedehntes Kanalsystem begonnen, das ein Jahrhundert später fertig werden sollte. Die Grenzen wurden befestigt und die Türkvölker, die letzte Bedrohung durch Barbaren jenseits der nördlichen und westlichen Grenze, geschickt gegeneinander ausgespielt.

Aber dem höchst gerechten Mord folgte ein besonders gemeiner. Der Thronfolger war ein nachsichtiger, schwacher, luxusliebender Müßiggänger, der niemandem Böses wollte, aber von seinem Vater zutiefst verachtet wurde. Sein jüngerer Bruder dagegen war ein verschlagener und lasterhafter Intrigant, der die Unzufriedenheit von Adligen, die unglücklich über die schon beinahe knausrige Staatsführung waren, ausnutzte und sie in seine Clique zog. Diese Freunde setzten sich am Hof für ihn ein, und er selbst legte sich ein scheinbar vernünftiges und ergebenes Benehmen zu, bis der Kaiser so beeindruckt war, daß er den älteren Bruder überging und ihn zum Kronprinzen ernannte.

Sein vernünftiges und ergebenes Benehmen war jedoch durchsichtig genug, den Vater Verdacht schöpfen zu lassen, als er versuchte, die schöne Kaiserin zu verführen, die den Platz seiner verstorbenen Mutter eingenommen hatte. Der kranke Herrscher erfuhr von der Affäre, beschimpfte ihn erbost als »Bestie«, die unfähig zum Regieren sei, und setzte seinen ältesten Sohn wieder zum Erben ein. Darauf schickte der jüngere seine Soldaten, um den Bruder zu beseitigen, vergiftete den Vater und nahm seine Stiefmutter zur Konkubine.

In Jang Dis Herrschaft hielten sich despotische Grausamkeit und seine krankhaften Extravaganzen und ruinösen Launen die Waage. Er war ein ruheloser, lüsterner und gewalttätiger Mensch. Während der dreizehn Jahre, die er regierte, war er meistens unterwegs und beanspruchte den Staatsschatz und die Verwaltung bis zur Grenze des Erträglichen, weil der darauf bestand, auf allen Reisen den ganzen Verwaltungsapparat und Hof mitzunehmen. Er baute neue Paläste in drei verschiedenen Hauptstädten , stellte zwei Millionen Männer für den Bau seines wunderbaren Palastes in Lojang ab, in dem sich Türen automatisch öffneten und die Wandschirme und Markisen von selbst schlossen, wenn der Kaiser den Raum verließ. Im Boden am Eingang der umfangreichen Bibliothek ließ er eine Vorrichtung anbringen, die bewirkte, daß bei seinem Nahen ein mechanischer Gott herabschwebte und die bestickten Vorhänge teilte, die sich dann von allein aufrollten.

In der westlichen Vorstadt schuf er einen umzäunten Garten von zweihundert *li* mit Pfirsichbäumen, Weiden, fremdartigen Blumen und Sträuchern und setzte seltene Vögel und Tiere aus. Mitten in diesem Lustgarten lag ein Zierteich, der von einem gewundenen Wasserlauf gespeist wurde. An den Ufern standen sechzehn prächtige Pavillons aus Porzellan, in denen sich schöne Frauen aufhielten. Hier konnte er auf seinem Pferd spazierenreiten, inmitten von tausend Konkubinen, konnte trinken und singen und Verse machen, unter Bäumen, die immer blühten. Denn wenn im Herbst und Winter die Blätter welkten und die Blumen starben, wurden sie durch Blüten aus Seide ersetzt, so daß der Frühling in seinem künstlichen Paradies nie verging.

Die Bautätigkeit beschränkte sich nicht auf Paläste und Pavillons. Jang Di verband den Yangtse mit dem Gelben Fluß durch einen Kanal, der später Kaiserkanal genannt wurde. Er brachte nicht nur unschätzbare Vorteile für den Getreidetransport, sondern auch für schnellere Truppenverlegungen, denn der Hauptkanal war rund 1000 Kilometer lang, 35 Meter breit und konnte von Leichtern mit 500 Tonnen Last befahren werden. An beiden Ufern liefen auf der ganzen Länge mit Bäumen bepflanzte Landstraßen, an denen über hundert Poststationen lagen.

Am Kanal lagen aber auch vierzig herrliche Pavillons für den persönlichen Gebrauch des Kaisers, der die Kosten an Menschenleben für dieses ungeheure Projekt nicht zählte und auch nicht an den Unterhalt der Armen dachte. In den angrenzenden Gegenden wurden alle männlichen Untertanen zwischen fünfzehn und fünfzig zum Frondienst herangezogen. Wer sich davor drücken wollte, wurde geköpft, wer sich zur Arbeit stellte, wurde durch Peitschen und Holzkragen[6] daran gehindert, müde zu werden. Aus den Familien des Gebietes, durch das der Kanal gezogen wurde, mußten fast zwei Millionen Kinder und alte Leute den dreieinhalb Millionen Männern, die mit dem eigentlichen Bau beschäftigt waren, Essen bringen und ihnen helfen. Nach einer Schätzung starben an diesem Graben allein im langen heißen Sommer des Jahres 607 eine halbe Million unglücklicher Menschen an den elenden Bedingungen dieser halben Sklaverei.

Als der Kanal fertig war, weihte ihn der Kaiser in einer feierlichen Fahrt von Lojang am Gelben Fluß nach Yangchow am Yangtse ein. Er befand sich in Begleitung der Kaiserin, seiner Konkubinen und Hofleute, seiner Beamten, Palastwachen, Priester und Nonnen und segelte mit einem eigens zu diesem Zweck gebauten vierstöckigen »Drachenschiff«, das siebzig Meter maß und einen Thronraum und hundertzwanzig Kabinen hatte, alle überreich mit Gold und Jade ausgeschmückt.

Dieses Schiff fuhr aber nicht allein, sondern führte eine große Flotte an. Die Prozession der prächtigen Boote unter einem wandernden Wald aus Bannern war, Bug an Heck, hundert Kilometer lang. Die Mannschaft bestand aus neuntausend Bootsleuten, und achtzigtausend Bauern treidelten die Flotte. Eine berittene Wache begleitete auf beiden Seiten des Kanals das kaiserliche Flaggschiff. Alle Bauern im Umkreis von hundertdreißig Kilometern mußten die Lebensmittel für die große Reisegesellschaft beischaffen. Der Hof reiste nach Yangchow – um die Blüte der Mondwinden zu bewundern.

Die Swej-Dynastie hatte sich den beneidenswerten Ruf militärischer Tapferkeit erworben. Ihre Armeen hatten die Hauptstadt von Tschampa[7] auf der indonesischen Halbinsel eingenommen, die Unterwerfung der Türken im Norden erreicht, die Mongolen aus dem Nordwesten nach Tibet getrieben und Formosa besetzt. Aber die kostspieligen Feldzüge der Chinesen gegen die Koreaner blieben erfolglos. Zusammen mit den anderen Extravaganzen Jang Dis leerten sie die Schatzkammern des Reiches und machten das Volk bettelarm. Felder und Obstgärten verwilderten, und verarmte Bauern sahen sich gezwungen, Banditen zu werden. Schon meldeten sich wieder rebellische Emporkömmlinge, die das eine oder andere Gebiet an sich rissen und sich zu Anwärtern auf die königliche Macht erklärten.

Da der Kaiser nicht in der Lage war, den schwelenden Aufstand zu unterdrücken, fand er sich mit dem möglichen Verlust von Tschang An und Lojang am Gelben Fluß ab und suchte in Yangchow Trost bei Wein und Frauen. »Was für ein ausgezeichneter Kopf!« soll er einmal gerufen haben, als er sich berauscht in einem Spiegel betrachtete. »Ich möchte wissen, wer ihn wohl abschlagen wird!« Er brauchte nicht mehr lange zu rätseln.

Es wäre ihm schon einmal beinahe an den Kragen gegangen, denn 615 hatten die Türken ihn mit einer großen Armee in einem Überraschungsangriff einschließen können. Er war vor der fast sicheren Gefangennahme nur von einem verwegenen Offizier gerettet worden, der geraten hatte, sämtliche verfügbaren chinesischen Soldaten in einer dünnen langgezogenen Linie aufzustellen, damit der Feind am Tag ein grenzenloses Meer von flatternden Fahnen sah und bei Nacht die Trommeln nah und fern hörte, als sei eine riesige Entsatzarmee angekommen. Die Kriegslist glückte. Als ein Agent im Lager der Türken das Gerücht ausstreute, ein anderer Stamm sei ebenfalls auf dem Vormarsch, um sie anzugreifen, gaben sie die Belagerung auf und zogen sich zurück.

Ein Jahr danach rettete derselbe Offizier einen Vetter des Kaisers namens Li Jüan, einen für die Verteidigung Nordchinas verantwortlichen Vizekönig, dessen Armee bei Tai Jüan von den immer stärker werdenden Rebellen eingeschlossen war. Als alles schon verloren schien, stellte er sich an die Spitze einer Eliteabteilung seiner Reiterei, die schwarze Panzer trugen und auf schwarzen Pferden ritten, bahnte sich mit einem Regen von Pfeilen einen Weg durch die feindlichen Linien und sprengte den Ring. Er war jedoch kein ergebener Diener des Kaisers, und während Li Jüan noch zögernd überlegte, ob der historische Augenblick für einen Übergang des Mandats des Himmels gekommen sei und er sich besser den Rebellen anschließen solle, statt gegen sie zu kämpfen, nahm sich dieser junge Mann heraus, anderer Meinung zu sein. Und er war tatsächlich noch sehr jung. Sein Name war Li Schï-

213

min, er war Li Jüans zweiter Sohn und damals erst achtzehn Jahre alt.

Li Schï-mins Vater war Chinese, seine Mutter aber Tatarin. Er war ein kultivierter Aristokrat des Reichs der Mitte, aber es steckte auch eine ganze Menge von der ungestümen Art der Barbaren hinter der Mauer in ihm. Er wuchs mit einer Vorliebe für Literatur und Poesie auf, hatte sich historische und politische Bildung angeeignet, war ein fähiger Verwalter, der auch das Kriegshandwerk gelernt hatte und sich wie jeder Chinese im Bogenschießen und der Reitkunst übte.

Aber es steckte noch mehr in ihm. Seine scharfen, stechenden Augen verrieten einen außergewöhnlich beweglichen Verstand. Sein großer, kräftiger Körper gab ihm die Kraft, einen Bogen so stark zu spannen, daß der Bolzen eine dicke Tür durchschlug, und er schoß Pfeile, die doppelt so schwer wie die gewöhnlichen waren, mit erschreckender Schnelligkeit und Treffsicherheit. Aber noch erschreckender war sein Ehrgeiz. Er hatte sich vorgenommen, Kaiser von China zu werden.

Die Ereignisse schienen sich von selbst seinem Willen anzupassen. Als sein Vater in einer Schlacht gegen die Türken geschlagen wurde und fürchtete, der Kaiser werde ihn zur Rechenschaft ziehen, packte er die Gelegenheit beim Schopf und drängte ihn, die Fronten zu wechseln. »Das Reich ist am Ende«, erklärte er. »Die Leiden des Volkes überschreiten jedes Maß. Wenn du es in diesem Augenblick für richtig hältst, die Gepflogenheiten herkömmlicher Loyalität zu wahren, bist du blind für die Gunst des Augenblicks. Unter dir sind die Banditen, über dir die Gesetze des Kaisers. Du brauchst nichts anderes zu tun, als dem Willen des Volkes zu gehorchen und eine Freiwilligenarmee aufzustellen. Das ist eine Chance, wie sie nur einmal in tausend Menschenaltern vorkommt.«

Schï-min wurde des Verrats beschuldigt und gebeten, den Mund zu halten, aber am nächsten Tag ging er wieder zum Angriff über. »Du hast den Auftrag erhalten, die Rebellen zu vernichten«, sagte er. »Und kannst du sie auslöschen? Wenn du es nämlich nicht schaffst, hast du ein Verbrechen begangen. Schaffst du es aber, wird dein Verdienst nicht gewürdigt werden und die Gefahr für dich noch größer sein.«[8] Wie die

Alten gesagt hatten, forderte der erfolgreiche General sein Ende geradezu heraus, wenn der Krieg erst gewonnen war und er nicht mehr gebraucht wurde, sondern höchstens eine gefährliche Last war. Das kam nun endlich bei ihm an.

Im Zwielicht der Geschichte verliert sich Li Jüan im Schatten seines glänzenden Sohnes, doch war er ein kluger Feldherr. Im trockenen, heißen Sommer des Jahres 617 gärte es in der ganzen Gegend vor Unruhe. Aber er schlug sich nicht auf die Seite der lärmenden Rebellen, die nach der Absetzung der Swej-Dynastie schrien. Er betrieb die Vernichtung Jang Dis auf seine eigene Art. Als erstes schloß er einen geheimen Pakt mit den Türken (und behauptete fälschlich, sein wichtigster Gegenspieler habe das getan). Sie kamen überein, die Beute zu teilen, falls ihnen gemeinsam die Eroberung der Hauptstadt Tschang An gelänge: Die Türken sollten Geld und bewegliche Güter als Anteil erhalten, er wollte das Land und die Menschen. Gleichzeitig provozierte er eine allgemeine Unzufriedenheit, die zu einer Volkserhebung führte, indem er alle Männer zwischen fünfundzwanzig und fünfzig Jahren für ein neues militärisches Abenteuer in Korea rekrutierte und dabei durchblicken ließ, er gehorche widerwillig einer von Jang Di persönlich erlassenen Order.

Ein paar Monate später nahm er Tschang An mit Hilfe der türkischen Armee ein und setzte einen dreizehnjährigen Enkel des Kaisers als Sohn des Himmels auf den Thron. Er behandelte ihn mit übertriebener Ehrerbietung und redete ihn mit »Eure kaiserliche Majestät« an, so daß ihn niemand beschuldigen konnte, den Thron usurpiert zu haben. Als aber 618 andere Aufständische Jang Di in Yangchow gefangennahmen und ihn umgehend erdrosselten, gab Li Jüan seiner Marionette ein wenig Nachhilfeunterricht in der richtigen Prozedur für die Übergabe des Mandats an ihn und übernahm die Macht. Innerhalb von fünf Jahren hatte er die Rivalen um die Herrschaft bis in die letzte Provinz liquidiert und regierte China als erster Kaiser der großen Tang-Dynastie, die bis ins zehnte Jahrhundert an der Macht bleiben sollte.

Der wahre Held des Tages war Schii-min, aber es schien, als sollten ihm die Früchte seines revolutionären Eifers vorenthalten werden. Denn wie Jang Di war er nur der zweite Sohn und sein älterer Bruder der rechtmäßige Thronfolger. Sein

Vater tröstete ihn dennoch mit heimlichen Versprechungen, ihn zum Kronprinzen zu machen, und das mußte unweigerlich zu einem weiteren unerquicklichen Brudermord ermuntern. Der Thronfolger war sich seines Anspruchs auf das Reich sicher, aber die Zielstrebigkeit und Energie seines begabten und ehrgeizigen Bruders wurden ihm langsam unbehaglich. Der erste und der dritte Sohn des Kaisers taten sich daher gegen den zweiten zusammen, schufen sich ihre eigene Clique und machten den Konkubinen und Würdenträgern den Hof. Ein heimlicher Kampf um die Oberhand begann.

Der Thronfolger mochte nicht so viel Ansehen haben wie der heldenhafte Schï-min, aber er war der legale Nachfolger seines Vaters und konnte als solcher auf eine starke Gefolgschaft in Tschang An rechnen. Dazu gehörten die kaiserliche Verwandtschaft in ihrem Wunsch, die vom Sippenrecht vorgeschriebenen Konventionen zu beachten, die Hofbeamten und Generäle, die ihre Treuepflicht automatisch auf den rechtmäßigen Erben übertrugen, und die kaiserliche Wache in der Hauptstadt. Als der vertrauteste Ratgeber des Kaisers ihn immer noch zwischen seinen Söhnen schwanken sah, schlug er ihm außerdem vor, den ältesten zur Niederwerfung eines Aufstands in den Nordosten zu schicken. Der Thronfolger machte seine Sache gut, seine Partei nahm zu, und der Vater sprach nicht mehr davon, Schï-min vorzuziehen.

Wenn jedoch der Palast auf den Kronprinzen hörte, hatte Schï-min das Ohr des Volkes. Er hatte eine große Armee unter sich, einige der Offiziere waren früher Bauern, Tischler und Weber gewesen, andere stammten aus vornehmen Familien. Sie waren im Krieg gehärtete Vollblutkämpfer, und gemeinsam gewannen sie die Zuneigung und Achtung von Männern aller Stände. Schï-min war ein fähiger Kommandeur, berühmt für seine Heldentaten, ein leibhaftiger Talisman des Sieges, der die Besiegten mit bewußter Sorgfalt behandelte und so ihre besten Generäle und Beamten auf seine Seite zog. Als die Türken 624 mit einer großen Streitmacht eindrangen, wollten Kaiser und Thronfolger die Hauptstadt anzünden und fliehen und die Massen der nicht vorhandenen Gnade des Feindes überlassen. Da war es Schï-min, der sich ihrer annahm und die Barbaren mit solcher Wildheit angriff, daß sie sich zurückziehen mußten.

Die Hauptstadt war gerettet, aber die Rivalität am Hof verschärfte sich bedrohlich. Zwei Jahre später kamen die unbezähmbaren Türken wieder, und diesmal ernannte der Thronfolger den jüngsten Bruder zum Oberbefehlshaber der Truppen, die sie zurückwerfen sollten. Prompt bestand der jüngste Bruder darauf, die besten Generäle im Dienst Schï-mins in seine Armee zu übernehmen. Das Paar lud dann Schï-min zu einem großen Fest ein, bei dem sie ihn auf die bequeme Tour loswerden wollten. Aber Schï-min erfuhr rechtzeitig von der Verschwörung und unterrichtete den Kaiser insgeheim davon, der voller Zorn seine beiden anderen Söhne zu sich bestellte.

Das Blatt wendete sich. Schï-min bestach Palastwachen, die angeblich dem Kronprinzen ergeben waren, fing mit seinen Generälen die Brüder am Tor zur Verbotenen Stadt ab und stach sie nieder. Er trennte die Köpfe von den Leichnamen und ließ sie dem wartenden Kaiser bringen. Einen General beauftragte er, dem Vater zu berichten, die Söhne hätten einen Aufstand geplant, und forderte die Vollmacht, ihn zu unterdrücken. Zwei Monate später zwang Schï-min seinen Vater, zu seinen Gunsten abzudanken und machte dann die Sache rund, indem er alle männlichen Nachkommen seines toten Bruders ermordete.

»Macht ist wie gebratenes Fleisch. Je länger man es kaut, desto schmackhafter wird es«, sagen die Chinesen. »Man kann es keinen Tag missen.« Zwei zweite Söhne hatten sich den Weg zum Thron erkämpft. Aber während der Name Jang Di bis in alle Ewigkeit verrufen bleiben wird, ist der Name Schï-min in allen Jahrhunderten verehrt worden – denn er ist ein Synonym für die prächtigste Seite im Buch der chinesischen Geschichte.

Goldene Regel für Mörder

Li Schï-min bestieg 627 mit dem Herrschertitel Tang Taidsung den Thron in Tschang An. Schon bald hatte er die unschöne Erinnerung an die frühere Verbindung seiner Familie mit den Barbaren jenseits der Grenze ausgelöscht. Er trug den Krieg gegen die Osttürken in die Mongolei und besiegte ihre

Armeen so nachhaltig, daß die Ruhe an der Grenze fünfzig Jahre lang anhielt. Dann wandte er sich gegen die Westtürken und öffnete den Weg nach Indien und Persien. Die eingeschüchterten Nomadenstämme an den Rändern des Reichs der Mitte »hörten den Wind und kehrten zum Strom zurück«, ihre Führer pilgerten ehrerbietig in die chinesische Hauptstadt und unterwarfen sich dem »Himmlischen Khan«.

Tolerant und weitblickend, bereitete Tang Tai-dsung ihnen einen freundlichen Empfang, denn wie Han Gao-dsu beurteilte er die Menschen nicht nach ihrer Herkunft, sondern nach ihren Eigenschaften, und er wußte, wie er mit ihnen umzugehen hatte. Ein paar Tage, nachdem er seinen Bruder umgebracht hatte, ließ er Wej Dscheng, den politischen Berater des ermordeten Thronfolgers, zu sich kommen und wies ihn scharf zurecht, weil er zwischen den kaiserlichen Prinzen Zwietracht gesät habe. »Hätte der rechtmäßige Thronfolger von Anfang an auf mich gehört und alle nötigen Vorkehrungen getroffen, wäre alles völlig anders gelaufen«, war die hochmütige Antwort. Der Kaiser fand in diesem aufsässigen Berater eine Loyalität, die nicht bloß der Gegenwert für einen momentanen Gewinn ist, sondern bleibt, wenn auf der Habenseite rote Zahlen stehen. Hier stand ein Mann von seltener Beherztheit und Ehrlichkeit, und Tang Tai-dsung machte ihn zu seinem engsten Ratgeber.

Der neue Herrscher besaß die vollkommene Unparteilichkeit eines wahren Sohn des Himmels, dessen Reich die Vier Meere sind und der im Idealfall eine gottgleiche Freiheit von Vorurteilen zeigt, wie sie selbst unter den etablierten Göttern eine Seltenheit ist. Er wollte nicht wissen, woher ein Mann kam und welche Umstände ihn zum Freund oder Feind gemacht hatten (Tischler oder Sargmacher, wie Han Fej Dsï es ausgedrückt hatte). Er hielt sich nicht mit der Vergangenheit auf, sondern nahm mutig frühere Feinde in seinen Dienst, die unbedeutendere Monarchen um eines bißchen Friedens willen aus dem Weg geräumt hätten.

Er verkehrte offen und direkt mit seinem Hof und der Regierung und bestimmte, daß die Zensoren und kaiserlichen Chronisten bei seinen Audienzen mit den Ministern an seiner Seite waren. Die Geschichtsschreiber sollten sachlich niederschreiben, was der Kaiser sprach, gleich ob gut oder schlecht, und den Zensoren und anderen Beamten erklärte er: »Von Jugend an habe ich Bogen aus allen Gegenden gesammelt, aber erst als mich ein Handwerker belehrte, bemerkte ich, daß nicht alle gut waren. Bei manchen lief die Maserung nicht gerade, und sie waren vielleicht stabil, aber nicht treffsicher, wie er mir erklärte. Nun, die anfallenden Aufgaben des Reiches sind so zahlreich, daß es mir unmöglich ist, alle vollständig zu kennen. Deshalb hoffe ich, ihr werdet mir von jetzt an über die Not, unter der das Volk vielleicht leidet, berichten und mich auf alle Ausschweifungen und Unzulänglichkeiten hinweisen, damit ich Vorurteile und Unwissenheit vermeiden kann.«

Er hatte selbst gesehen, wie Verschwendungssucht, Zügellosigkeit und kostspielige Kriege den Swej-Kaiser in die Katastrophe gestürzt hatten, und war entschlossen, seine Macht auf eine Politik zu gründen, die von den Massen anerkannt wurde. »Denn ist der Kaiser ein Boot, dann sind die Menschen die Wasser eines Flusses«, sagte er. »Und die Wasser können das Boot tragen, aber sie können es auch untergehen lassen.«

Es heißt, er habe befohlen, alle an ihn gerichteten Bittschriften an den Wänden des Palastes aufzuhängen, damit er im Vorübergehen erinnert werde und darüber nachdenken könne. Er akzeptierte Vorwürfe ohne Groll, und bevor er das schriftliche Memorandum eines seiner Minister las, wusch er die Hände und zündete Räucherwerk an. Als die Zensoren ihn ins Gebet nahmen, weil er so verschwenderische Jagden veranstaltete, verbot er das Jagen, und als Wej Dscheng ihn in den kaiserlichen Gärten überraschte, wie er einen Falken streichelte, versteckte er diesen schuldbewußt unter seinen Gewändern (wo er erstickte). Er hatte größte Hochachtung vor seinem freimütigen Ratgeber. Einmal fragte er ihn, wie er vermeiden könne, betrogen zu werden. Laß die Leute über alles frei sprechen, antwortete Wej Dscheng prompt. Laß das gemeine Volk die Regierung kritisieren und überprüfe selbst ständig deren Tätigkeit, um sicher zu gehen, daß sie auf dem rechten Weg ist.

Und im großen und ganzen war die kaiserliche Verwaltung unter diesem musterhaften Brudermörder auf dem richtigen Weg. Das Reich wurde in zehn Provinzen unterteilt, die Beamten in öffentlichen Prüfungen ausgewählt, und ihre Verwaltungstätigkeit von Inspektoren überprüft, die das Land bereisten, um die Fähigen zu befördern und die Korrupten zu degradieren. Das komplizierte und ausgeklügelte Regierungssystem mit seinen neun Ministerien, darunter ein Wirtschafts- und Finanzministerium, schnitt bei Vergleichen mit den tausend Jahre später bestehenden Gegenstücken in Europa gut ab. Denn die erste Sorge des Kaisers galt der Bereicherung des Landes, um den Armen ein besseres Leben zu ermöglichen. Fachleute wurden mit der Ausarbeitung eines soliden Wirtschaftssystems beauftragt, das sich auf die Theorien menschenfreundlichen Herrschens stützte, die Mencius tausend Jahre vorher vorgetragen hatte.

Große Ländereien wurden aufgelöst und ein großer Teil ihres Bodens gleichmäßig an die Bauern verteilt. Jeder Mann über achtzehn erhielt ein Stück Land und wurde Pächter des Staates. Er bezahlte die Pacht in Form von Reis – manchmal auch Seide, Leinen oder Silber – und leistete zwanzig Tage im Jahr Frondienste an öffentlichen Projekten, zu einer Zeit, wo es keine Feldarbeit zu tun gab. Diese Pachtsätze und Verpflichtungen konnten in schlechten Jahren herabgesetzt werden, und die landlosen Arbeiter in den Städten wurden überhaupt nicht besteuert. Kaufleute und Handwerker durften kein Land besitzen. Sie mußten zwar ebenfalls etwas von ihren Einkünften abführen, aber der Satz konnte ermäßigt werden, um Handel und Gewerbe zu stimulieren. Die Einnahmen häuften sich dennoch, und das Reich blühte.

Die Philosophie Tang Tai-dsungs hatte einen starken legalistischen Zug. Während er sein Reich mit konfuzianischer Großmut verwaltete, waren Belohnungen und Strafen genau definiert, und das Gesetz wurde streng gehandhabt. Tod und Verbannung führten die Liste der Strafarten an, und eine ganze Sippe konnte in Fällen von Verschwörung und Aufstand kollektiv verurteilt und hingerichtet werden.

Die Strafen waren dennoch human, verglich man sie mit den früheren Verhältnissen. Als er auf einem medizinischen Diagramm sah, daß ein paar der »fünf Eingeweide« nahe am Körperrücken lagen, korrigierte er die Bestimmungen für das Auspeitschen (das oft tödlich ausging). Wo bisher ein Mann erdrosselt worden wäre, wurde ihm jetzt der rechte Fuß abgeschlagen, und wo er den rechten Fuß verloren hätte, wurde er in die Armee gesteckt. Zweiundneunzig Verbrechen, auf denen die Todesstrafe gestanden hatte, kamen auf die Liste für Verbannungen. War das Todesurteil ausgesprochen, mußte der Schuldspruch dreimal an verschiedenen Tagen überprüft werden, und der Richter durfte während dieser Frist kein Fleisch essen und keine Musik hören.

Als der Sohn des Himmels bei einer Gefängnisbesichtigung dreihundertneunzig Verurteilte auf die Hinrichtung warten sah, ließ er alle frei und zu ihren Familien zurückkehren. Die einzige Bedingung war, daß sie einen bindenden Eid ablegten, sich im kommenden Herbst wieder einzufinden und ihre Strafe auf sich zu nehmen. Alle kamen sie zurück, als die Hinrichtung fällig war, und der Kaiser war so tief bewegt, daß er ihnen die Strafe erließ. Nach der Chronik der Dynastie wurden im Jahr 630 im ganzen Reich nur neunundzwanzig Männer enthauptet.

China war nicht Utopia – ein landloser Adel lebte von den Steuereinnahmen, und den Militärgouverneuren in den Provinzen wurde so viel Macht übertragen, daß sie eines Tages das Reich wieder zersplittern würden. Aber in der Zwischenzeit wurde es auf der Grundlage »des Respekts vor dem Gesetz und der Liebe zum Volk« von einem Monarchen regiert, der sich durch seine Energie, seine Fähigkeiten und seinen aufgeschlossenen Verstand hervortat und dessen Ratgeber zum größten Teil aufrichtige Männer mit gutem Urteilsvermögen waren. Und der beste unter ihnen war sein früherer Feind Wej Dscheng.

»Mit polierter Bronze als Spiegel kann man seine Kleider richten«, sagte der Kaiser betrübt, als der große Zensor starb. »Mit der Geschichte als Spiegel kann man die Gründe für Blüte und Untergang kennenlernen. Mit einem Menschen als Spiegel kann man die Ursachen von Erfolg und Mißerfolg erfahren. Und jetzt, da Wej Dscheng tot ist, habe ich meinen Spiegel verloren.« Er verrichtete darauf selbst die Totenopfer, weinte bitterlich am Sarg und hielt fünf Tage nicht Hof.

1962 autorisierte Lu Ding-i, damals chinesischer Propagandaminister, eine Biographie Wej Dschengs, zeichnete als Herausgeber, schrieb ein Vorwort dazu und ließ sie dann, auch außerhalb der kommunistischen Partei, im ganzen Land verbreiten. Der »Geist von Wej Dscheng«, die Tugend, ohne Rücksicht auf den Zorn des Vorgesetzten freiheraus zu reden, wurde ein Unterrichtsgegenstand in Ministerien und Schulen, und die Leitartikel der Presse setzten sich damit auseinander. Als der Vorsitzende Mao die Sowjetunion angriff und die Chinesen ermahnte, härter zu arbeiten und sich zur Verteidigung der Republik bereitzuhalten, prägte Lu Ding-i den Slogan »Nimm den Untergang der Swej als Spiegel«. Er wollte damit sagen, die Dynastie sei gestürzt worden, weil sie die Massen ständig mit schwerer Arbeit belastet und unrentable Kriege geführt hatte. »Mobilisieren wir das Volk nicht zu sehr?« fragte er mutig.

Die Folgen lagen auf der Hand. Vier Jahre später wurde ihm öffentlich der Prozeß gemacht. Er wurde angeklagt, die politische Autorität Mao Tse-tungs untergraben zu wollen, und in Ungnade aus seinem Amt entlassen. Die Biographie Wej Dschengs wurde verdammt: sie war ein auf den Vorsitzenden zielender »vergifteter Pfeil«, ein kapitalistischer Versuch, »die Gegenwart mit Anleihen bei der Vergangenheit zu verspotten«. Der Geist Wej Dschengs war tot, wie es schien, und das aus einem einleuchtenden Grund: um leben zu können, bedurfte der Geist Wej Dschengs des Geistes eines Tang Tai-dsung – auch wenn der gemordet hatte, um auf den Thron zu gelangen.[1]

Als Mörder war Tang Tai-dsung auf jeden Fall ein Amateur im Vergleich zu der Frau, die zunächst als reizende kleine Konkubine von nur dreizehn Jahren an seinen Hof kam. Diese böse Kreatur ließ zum erstenmal etwas von ihrem Charakter durchblicken, als die kaiserlichen Pferdeknechte mit einem prachtvollen Hengst, den ein Tributpflichtiger im Norden dem Kaiser geschenkt hatte, nicht fertig wurden und der Kaiser seufzte, er sei zwar Herr über die vier Meere, aber anscheinend nicht über diese vier Beine.

»Warum gibt man ihm nicht einfach Schläge mit einer eisernen Peitsche und ein paar Hiebe auf den Kopf mit einem eisernen Hammer?« schlug die Dame Wu Dschao ernsthaft vor. Und als der Kaiser zimperlich ablehnte, fügte sie ungeduldig hinzu: »Dann nimm ein Messer und schlitze ihm die Kehle auf. Oder hast du etwa Angst, er ergibt sich auch im Tod noch nicht?« Als Tang Tai-dsung starb, brachte es diese

Wu Dschao fertig, Gemahlin des Thronerben zu werden, dann Wu, die Regentin, und schließlich Wu, die regierende Kaiserin von China. Sie erreichte ihr Ziel jedoch nicht ohne Opfer, und ihre Methoden lesen sich einigermaßen geschmacklos.

Zuerst erstickte sie ihr eigenes Kind fast unmittelbar nach der Geburt, um der Kaiserin, die ihr im Weg stand, die Schuld daran in die Schuhe zu schieben. Als es ihr nicht gelang, sie dadurch auszuschalten, verleumdete sie die Rivalin, mit einer Hofdame gemeinsam die Vergiftung des Herrschers zu planen. Nachdem diese beiden unglücklichen Frauen erst einmal im Gefängnis saßen, konnte Wu Dschao sie in aller Seelenruhe vernichten. Die Henker folgten ihren Anweisungen und peitschten sie erbarmungslos, schlugen ihnen Hände und Füße ab, warfen sie in einen Gärbottich und zerschnitten sie in Stücke, als sie tot waren. Danach stieg sie über die Leichen dreier Kronprinzen zu absoluter Macht auf, und da sie nicht nur die Absicht hatte, an die Spitze zu gelangen, sondern auch, trotz einer in ihren Augen völlig unverständlichen Opposition, dort zu bleiben, mußten noch ein paar mehr beseitigt werden.

Die Historiker machen sich noch Gedanken über einige ungeklärte Fälle, die der Kaiserin gewiß kein Kopfzerbrechen bereitet hätten. Aber im allgemeinen schreibt man ihr zu, sie habe ihre Schwester, ihre Nichte und einen ihrer Söhne vergiftet, einen anderen Sohn gezwungen, sich zu erhängen, drei Enkel und eine Enkelin zu Tode peitschen lassen, die Hinrichtung zweier Stiefsöhne plus deren sechzehn männlichen Nachkommen befohlen, eine Schwiegertochter verhungern lassen und sich drei weitere mit verschiedenen anderen Mitteln vom Halse geschafft. Zusätzlich ließ sie fünfzig widerspenstige Tang-Fürsten töten (wobei sie in neunzehn Fällen dafür sorgte, daß auch jeweils die ganze Familie mit ausgelöscht wurde), sechsunddreißig höhere Minister und Generäle (von denen drei für sie Aufstände niedergeschlagen hatten) und alles in allem dreitausend Familien ermorden.

In der Zeit, die sie nicht mit blutigen Hinrichtungen zubrachte, führte die Kaiserin China mit beachtenswerter Fähigkeit, entließ Unfähige und Korrupte, beförderte Männer von Verdienst (gelegentlich sogar ihre eigenen Kritiker) und gab nie einem Verwandten ein einflußreiches Amt. Während der fünfzig Jahre, die sie das Reich regierte – zuerst durch ihren schwachen Gemahl, dann als Kaiserinwitwe, schließlich als weiblicher Kaiser[2] – bis sie 705 abdankte, wurden die Ausgaben für das Militär gekürzt, Landwirtschaft und Handel blühten, viel Geld floß herein, und das Land lebte weiterhin im Genuß des ungewohnten Maßes an Frieden und Wohlstand, das ihm Tang Tai-dsung hinterlassen hatte. Gemeinsam hatten zwei Mörder den Chinesen beinahe hundert Jahre der besten Regierung geschenkt, die das Reich der Mitte jemals erfahren hatte – oder erfahren sollte.

In Europa beendete das Heilige Römische Reich ein Zeitalter des Chaos, nur um selbst wieder zusammenzubrechen. Aber die Tang-Dynastie sollte dreihundert Jahre überdauern, die Grenzen Chinas bis fast nach Samarkand im Westen, der Mandschurei und Korea im Norden und Jünnan und Annam im Süden vorschieben. In ihrer Blütezeit hatte die ummauerte Hauptstadt Tschang An eine internationale Bevölkerung von fast zwei Millionen, darunter Perser, Griechen, Syrer, Araber, Japaner und Koreaner, und in Kanton, der Handelsstadt im Süden, lebten ungefähr hundertzwanzigtausend Muslims, Zoroastrier, Juden, Manichäer und nestorianische Christen.

Religiöser Hader mochte den Okzident erschüttern, aber die Tang-Kaiser waren zum größten Teil bis zur Mitte des neunten Jahrhunderts liberal eingestellt. Tang Tai-dsungs kaiserliches Urteil über die Lehren des ersten christlichen Missionars, der 635 in die Hauptstadt kam, lautete: »Diese Lehre meint es gut mit den Menschen. Sie darf im ganzen Reich gepredigt werden.« Doch hinter der religiösen und rassischen Nachgiebigkeit stand das konfuzianische Gerüst, das dem chinesischen Staat seine haltbare politische Struktur gab, und zur Zeit Karls des Großen bereiteten sich ständig rund achttausend Studenten auf die kaiserlichen Examina in Tschang An vor.

Ein goldenes Zeitalter der Dichtung war angebrochen – fast fünfzigtausend Gedichte aus der Tang-Zeit wurden später in einer Anthologie zusammengefaßt – und im Birnengarten des Kaiserpalastes wurde das erste Drama aufgeführt. Malerei und Musik blühten, und zartes Porzellan, oft mit indischen, persischen und griechischen Motiven verziert, ging

224

als Exportartikel in den Westen. Der Buchdruck war erfunden worden, und in den späteren Jahren der Dynastie wurden Tausende von Büchern veröffentlicht, darunter auch Wörterbücher. Das erste gedruckte Buch der Welt war ein buddhistisches *Diamanten-Sutra*, das von den Chinesen 868 zusammengestellt wurde.

Zu diesem Zeitpunkt hatte sich das China der Tang schon lange mit der wachsenden Macht eines anderen Glaubens, des Islam, auseinandersetzen müssen. Dem Sohn des letzten Sassanidenkönigs war in Tschang An Asyl gewährt worden, als die Muslims Persien eroberten, aber arabische Gesandte aus dem Kalifat, die später in der Hauptstadt eintrafen, wurden ebenfalls gnädig empfangen. Chinesische und arabische Truppen prallten 751 bei Samarkand aufeinander, als die Chinesen sich in einer Periode untypischer Aggressivität übernahmen. Aber nur wenige Jahre später halfen arabische Händler dem Tang-Kaiser, einen Aufstand niederzuschlagen, und gegen Ende des Jahrhunderts kamen Gesandte von Harun al-Raschid nach China, um ein Bündnis abzuschließen.

Viele der arabischen Kaufleute blieben im Reich und wurden der Kern einer rasch anwachsenden muslimischen Minderheit (die Muslims kauften in Notzeiten chinesische Kinder von den Armen, um sie im wahren Glauben aufzuziehen). Während der Westen durch Chinesen, die in Samarkand in Gefangenschaft gerieten, etwas über Papierherstellung und Porzellan erfuhr, öffnete China seine eigenen Tore für Kulte und Künste des Westens. Der konstruktive Mord hatte sich anscheinend als richtiges Mittel erwiesen, doch das Erscheinen der nächsten großen chinesischen Dynastie lieferte das Muster für den unblutigen Staatsstreich.

Die weiche Welle

Soweit eine Frau die Geschichte zu erschüttern vermag, kann man wohl sagen, daß das Schicksal der strahlendsten Dynastie Chinas von dem bekanntesten Weibsstück Chinas besiegelt wurde. Denn die Thronbesteigung Tang Hsüandsungs, eines Enkelsohns der erbarmungslosen Kaiserin Wu, kündigte eine glanzvolle Herrschaft an, die mit fast vierzig

Jahren des Friedens gesegnet war, aber am Ende unter dem Fluch der Dame Jang stand.

Der Kaiser war ein eifriger Förderer der Künste, und die erste Hälfte des achten Jahrhunderts ist berühmt für ihren Reichtum an chinesischer Poesie und Malerei und für die Anfänge des chinesischen Schauspiels. Als er aber älter wurde, gab er sich immer mehr den Vergnügungen seiner glänzenden Hofhaltung mit ihren dreitausend Konkubinen hin und verliebte sich als Sechziger hoffnungslos in seine Schwiegertochter. 745 zwang er seinen Sohn, ihm diese statuenhafte Schönheit abzutreten, und machte sie zu seiner kaiserlichen Konkubine. Von diesem Augenblick an befand sich das China der Tang auf dem Pfad in den Untergang.

Es lag nicht allein daran, daß Jang Gwej-fej schon fast kriminell verschwendungssüchtig war oder den üblichen Ehrgeiz ihrer Gattung besaß und den in sie vernarrten Sohn des Himmels beschwatzte, ihren Bruder zum ersten Minister und einige hundert Männer ihrer Sippe zu hohen Staatsdienern zu ernennen. Sie war auch die Hauptakteurin in einer der geschmacklosesten Possen der Geschichte.

Der Kaiser war vom Palastleben betört und kümmerte sich kaum um die Verteidigung Chinas, dessen nördliche Grenze wieder von den nomadischen Kitan bedroht wurde, sondern überließ die Verantwortung den Garnisonskommandanten, die dort stationiert waren. Einige dieser Generäle waren tatarischer Herkunft, die dem Kaiser früher ihre Zuverlässigkeit bewiesen hatten, und unter ihnen war ein großer schwitzender und fetter Türke mit Namen An Lu-schan. Dieser Bursche verbarg einen schlauen intriganten Kopf hinter den groben Späßen, mit denen er den Herrscher und seine Konkubine so einwickelte, daß er bei Banketten gelegentlich neben dem Kaiser sitzen durfte und von der Dame Jang formell adoptiert wurde.

Am Tag dieses lächerlichen Schabernacks wurde dieser aufgeblasene Barbar wie ein monströses Baby in eigens für diesen Zweck genähte Kleider eingewickelt und von Eunuchen in einer geschmückten Sänfte zu seiner »Mutter« gebracht, um das gewohnte rituelle Bad des Neugeborenen zu nehmen. Der Kaiser gab ein rauschendes Fest, und die Minister überboten einander, das »gnädige Kind« zu seinem ersten Bad zu beglückwünschen. Danach ging das zu groß geratene Kind ungeniert durch die verbotenen Pavillons der Palastfrauen und zeigte gegenüber seiner kaiserlichen Mama eine löbliche kindliche Zuneigung.

An Lu-schan war jedoch alles andere als ein Baby, wenn er es mit Waffen aus chinesischem Stahl zu tun hatte. Er ritt so lange auf der Bedrohung der Grenze durch die Kitan herum, bis er das Kommando über eine Armee von über hundertfünfzigtausend Mann erhielt. Dann wartete er einen passenden Augenblick ab und marschierte nach Süden, um die Hauptstadt und den Thron in seinen Besitz zu bringen. Der Kaiser floh sofort mit seinem Hof und der Palastgarnison. Die Soldaten – hungrig, erschöpft und wütend über die kaiserlichen Torheiten, die sie in ihre gegenwärtige Lage gebracht hatten – meuterten in Ma Wej, ermordeten den ersten Minister und forderten den Kopf seiner Schwester Jang Gwej-fej. Der Kaiser war verwirrt und verängstigt. Er überreichte seiner geliebten Schönen einen seidenen Gürtel, mit dem sie sich erhängen sollte, und dankte kurz darauf zugunsten seines Sohnes ab.

Der Bürgerkrieg, der jetzt ausbrach, dauerte zehn Jahre, in denen die registrierte steuerzahlende Bevölkerung von fast dreiundfünfzig Millionen auf weniger als siebzehn Millionen zurückgegangen sein soll. An Lu-schan wurde ermordet, ebenso sein Erbe und die Tang-Dynastie restauriert, aber der erlittene Schaden ließ sich nicht wieder gutmachen. Der Hof konnte die Provinzen nicht mehr unter seine Kontrolle bringen, geschweige denn die Grenzen sichern. Die Tibeter plünderten 763 Tschang An, die Chinesen verloren die Herrschaft über die Mandschurei und Korea, und die Mongolei fiel in die Hand der Türken.

In ihrer Not mußten sich die folgenden Kaiser zur Verteidigung des Reiches immer stärker auf die Truppen der Militärgouverneure in den Provinzen verlassen. Diese fingen bald an, sich wie unabhängige Warlords aufzuführen und die kaiserliche Steuer zur Unterhaltung ihrer Privatarmeen zu kassieren. Eine von lokalen Revolten unterbrochene labile Einheit blieb noch eine Zeitlang gewahrt, bis sie 868 in einer blutigen Volkserhebung zerstört wurde. Die Führer des Aufstands nahmen die Hauptstadt ein und plünderten sie, bevor sie verlassen werden konnte. Der flüchtige Kaiser fiel rivalisierenden Kommandeuren in die Hände, und um die Jahrhundertwende wurde der letzte Tang-Herrscher, wie vor ihm der letzte der Han, von dem stärksten der zankenden Generäle entführt. Der Warlord hielt sich an die gewohnte Sitte: Er ermordete den Kaiser ordnungsgemäß, ersetzte ihn durch eine Marionette und usurpierte dann den Thron von der Marionette.

Es schien, als habe sich das Rad der Geschichte um siebenhundert Jahre zurückgedreht, Nach 906 zerfiel das Land in ein nördliches Reich, das von fünf kurzlebigen Dynastien bewaffneter Abenteurer regiert wurde, und in einen Flickenteppich von zehn Fürstentümern im Süden, deren »Könige« von eigenen Gnaden die Erben der örtlichen Gouverneure waren, die die Macht an sich gerissen hatten, als das China der Tang in Stücke brach.

Aber der Schatten sollte schnell vorüberziehen. 959 starb ein Kaiser der fünften Dynastie, die über den Norden geherrscht hatte, und hinterließ einen siebzehnjährigen Knaben, der den Thron mit gedämpfter Freude bestieg. Die Grenzen wurden wieder einmal von den Kitan bedroht, und nachdem der Kommandeur der kaiserlichen Truppen in der Hauptstadt Kaifeng dem jungen Monarchen zum neuen Jahr seine Glückwünsche überbracht hatte, brach er mit einer großen Armee gegen die Barbaren auf. Er kam jedoch nicht weit. Denn sein Bruder und die anderen Generäle hatten ihre eigenen Ideen für die Zukunft: sie beschlossen, sich nach echter römischer Mode ihren Herrscher selbst zu wählen.

Eines Morgens kurz vor Tagesanbruch rief sein Bruder zum Appell und erklärte kühn: »Der Sohn des Himmels ist jung. Selbst jetzt, wo wir unser Leben im Kampf gegen den Feind aufs Spiel setzen wollen, ist niemand am Hof, der sich um unsere verdienstvollen Taten kümmert. Deshalb machen wir unseren Kommandeur zum Kaiser.« Die Verschwörer versammelten sich darauf im Zelt des noch verschlafenen Generals, steckten ihn in eine Robe aus kaiserlichem Gelb, hoben ihn aufs Pferd und präsentierten ihn der Armee als den neuen Herrscher. Rebellische Offiziere waren rechtzeitig informiert worden, und da sie für ihre Dienste von einem Soldaten, der sie zu schätzen wußte, belohnt werden sollten, hoben sie ihre Waffen und gelobten ihm Gehorsam. Der zögernde chinesische Caesar führte seine Armee zurück in die Hauptstadt, das Kind dankte mit der üblichen Zeremonie ab, und General Dschao Kwang-jin wurde Kaiser Sung Tai-dsu, der Gründer einer Dynastie, die dreihundert Jahre über China herrschen sollte.

Tatsächlich zögernd? Manche sagen, Sung Tai-dsu sei ein Monarch wider Willen gewesen und nolens volens auf den Thron gedrängt worden. Es gibt aber auch genug andere, die glauben, er habe diesen unblutigen Staatsstreich von Anfang an mit seinem Bruder geplant. Der Vorsitzende Mao hat sich mit der Anerkennung des Profis über das Geschick geäußert, mit dem diese beiden Männer nicht nur die Generäle, sondern auch die Offiziere der mittleren und unteren Ränge auf ihre Seite zogen und in ihrem Sinn beeinflußten, um den Erfolg ihrer »Revolution« zu sichern. Mao bereitete das Terrain mit derselben Gründlichkeit vor, als er die Führung der Roten Armee von Tschou En-lai, ihrem ersten politischen Kommissar, 1935 zurückgewann; als er auf dem 7. Nationalen Kongreß 1945 alleiniger Führer der Kommunistischen Partei Chinas wurde; und als er 1966 die Kulturrevolution auslöste, um seine »revisionistischen« Gegenspieler zu Fall zu bringen.

Die späteren Taten des Kaisers lassen dennoch vermuten, daß ihm bewußt war, auf welchem schlüpfrigen Boden er sich bewegte. Durch einen einzigen unüberlegten Schritt konnte der Sieger, der seinen Kopf über allen anderen trug, jederzeit ein kopfloses Opfer werden, das flach auf dem Rücken lag. Es war klar, daß ein Staatsstreich keine Volkserhebung, sondern der Griff nach einem persönlichen Vorteil war. Infolgedessen war im vergangenen halben Jahrhundert auf einen Staatsstreich mit düsterer Monotonie der nächste gefolgt, wenn ein neuer Usurpator in unverantwortlicher Weise entschieden hatte, der Tag, seinen Vorgänger zu stürzen, sei gekommen. In China heißt es, schlechtes Wetter mache Freunde – da sich Menschen im Unglück zusammentun – und gutes Wetter schaffe Rivalen. Die Eigeninteressen, die seine Mitgeneräle dazu gebracht hatten, ihn in schlechten Zeiten auf den Thron zu heben, mochten sie in guten Zeiten veranlassen, ihn wieder herunterzustoßen.

Sung Tai-dsu stammte aus einer vornehmen Familie im

Norden. Seine Vorfahren waren Mandarine und Provinzgouverneure gewesen. Er war ein hervorragender Soldat mit scharfem Verstand, und seine geniale Lösung des Problems war, nicht nur den Feinden, sondern auch den Freunden die Zähne zu ziehen.

Beim Einzug in die Hauptstadt erließ er die strenge Order, daß keinem, ob Kaiser- oder Bettlerkind, ein Haar gekrümmt werden solle, und als er dann den Thron bestiegen hatte, ging er gnädig mit der gestürzten Dynastie und rücksichtsvoll mit ihren Beamten um, die er alle in ihren Ämtern bestätigte. Er tötete auch nicht seine Generäle als bloße »verdienstvolle Hunde«, wie man es gewohnt war, sondern lud alle die mächtigen Feldherren, die ihn zum Herrscher proklamiert hatten, zu einem anständigen Festessen ein.

Nachdem sie schon einige Becher Wein geleert hatten und der Saal von ihrem Lachen widerhallte, entließ er die Wache und begann verdrossen von seiner schweren Bürde zu sprechen. Auf die besorgten Fragen seiner verwirrten Gäste antwortete er: »Den ganzen Tag verbringe ich in Furcht und bin bei Tisch wie in meinem Bett unglücklich. Denn wer von euch träumt nicht davon, auf den Thron zu kommen? Ich zweifle nicht an eurer Treue«, fuhr er fort, als sie protestierten, »aber es könnte doch sein, daß eure Untergebenen, die nach Reichtum und Ämtern streben, euch die gelbe Robe aufzwingen, und wie könntet ihr das wohl ablehnen?«

Die Generäle fühlten sich mittlerweile ziemlich unwohl in ihrer Haut. Sie versicherten ihn ihrer Loyalität und fragten, was sie tun könnten, um sein Mißtrauen zu zerstreuen.

»Das Leben des Menschen ist nur das Blinzeln eines Auges«, antwortete er. »Die beste Art, seine kurzen Tage zu verbringen, ist der friedliche Genuß von Wohlstand und Ansehen. Ihr habt es verdient, euch von den öffentlichen Pflichten zurückzuziehen, die euch zwingen, eure Staatsroben anzulegen und jeden Morgen um fünf Uhr im Palast zu erscheinen. Wenn ihr eure Kommandos niederlegen wollt, bin ich daher bereit, euch große Güter und schöne Häuser zu schenken, wo ihr euer Leben in der Gesellschaft von Sängern und Mädchen genießen könnt. Wäre das nicht viel lohnender als ein Leben voller Gefahren und Unsicherheit? Wir werden unsere Familien durch Heirat miteinander verbinden und ohne Verdächtigungen zwischen Herrscher und Untertan in Freundschaft und Ruhe leben.«

Die Generäle erkannten die Absicht des Kaisers, die ganze Macht in seinen Händen zusammenzufassen. Sie waren dankbar für seine »umfassende Großzügigkeit«, die ihnen wenigstens den Kopf auf den Schultern ließ, und reichten am nächsten Tag ihre Rücktrittserklärungen ein, die sie mit schlechter Gesundheit begründeten. Der Kaiser übertrug darauf einem jeden von ihnen Titel, Vermögen und Ländereien. Er hatte mit feinem Geschick bei einem Becher das erreicht, wozu andere vor ihm gemordet und gemordet und noch einmal gemordet hatten.

Nachdem er sich zu seiner Genugtuung von den Helfern und Busenfreunden befreit hatte, setzte Sung Tai-dsu kühl seinen Weg fort, sich zum einzigen und unangreifbaren Herrscher über China zu machen. Er entmannte die Armee als potente Streitmacht, in der Möchtegern-Warlords und Möchtegern-Kaiser Erhebungen organisieren konnten. Zuverlässige, in öffentlichen Prüfungen ausgelesene Mandarine wurden von der Hauptstadt in die Provinzen geschickt. Sie erhielten weitreichende Vollmachten in allen politischen, steuerlichen, gesetzlichen und militärischen Angelegenheiten und die strenge Anweisung, dem Hof direkt Bericht zu erstatten und alle Einkünfte, die nicht für notwendige Ausgaben an Ort und Stelle gebraucht wurden, in die Hauptstadt zu schicken.

Im gleichen Maß, in dem Prestige und Macht des gelehrten Beamten in den fernen Präfekturen wuchsen, schwanden Einfluß und Ansehen des Soldaten. Die Militärgouverneure in den Provinzen wurden abgezogen. Die einzigen bewaffneten Verbände, die ständig in den Provinzgarnisonen blieben, bestanden aus zu alten oder kriegsversehrten Veteranen und sehr jungen oder untauglichen Rekruten und wurden zum Polizeidienst oder öffentlichen Arbeiten herangezogen. Die Wehrpflicht wurde abgeschafft und die nationale Verteidigung einer Elite-Berufsarmee anvertraut, die in der Hauptstadt stationiert war und deren taktische Einheiten direkt vom Palast kontrolliert wurden.

Während der Sung-Dynastie kamen diese kaiserlichen Truppen in ihrer dreijährigen Dienstpflicht unter verschiedenen Kommandeuren durch alle Provinzen, aber die Kom-

mandeure wurden nicht versetzt. Mit dieser Methode, die
Generäle auf festen Posten zu halten und die Soldaten wan-
dern zu lassen, konnte der Souverän sicher sein, daß keine
dauerhaften Freundschaftsverhältnisse entstanden und keine
regionale Verschwörung zustande kam. (Ende 1973, als ältere Generäle der Volksbefreiungsarmee dieselben Einheiten
in derselben Gegend schon fünf, zehn oder sogar fünfzehn
Jahre kommandiert hatten, kehrte Mao das Rezept der
Sung-Dynastie um. Er ließ die Soldaten, wo sie waren,
tauschte aber acht von elf regionalen Kommandeuren, deren
Autorität und Verbindungen am Ort schon mächtige »rote
Warlords« aus ihnen gemacht hatten, gegeneinander aus.)

Sung Tai-dsu konnte dennoch die meisten der zehn unab-
hängigen Staaten im Süden schnell und ohne viel Blutvergießen unterwerfen. Das chinesische Volk war des traurigen und
gespaltenen Zustands seiner Kultur müde und hatte auf einen
Führer gewartet, der ihm wieder Einheit und Ruhe unter einem neuen Sohn des Himmels brachte. Und obwohl er altbewährte legalistische Techniken anwandte, verdankte er den
Erfolg (nach historischen Quellen) auch seinen entwaffnen-
den Methoden und seinem Ruf, gelegentlich ein genau be-
rechnetes Gefühl von Menschlichkeit zu zeigen, ob er dem an
einer kalten Front kämpfenden General seine eigenen Pelze
schickte oder einen Rebellen nachsichtig behandelte.

Denn in seinem Feldzug zur Einigung Chinas ließ der Kaiser einige Eigenschaften Dschugë Ljangs durchblicken.
Nachdem sich Lju, der König der Südlichen Han, 971 unterworfen hatte, belehnte er ihn als Fürsten, empfing er ihn in
den kaiserlichen Gärten und bot ihm freundlich Wein an.
Nun war dieser König dafür bekannt, die Minister, die er
nicht mehr mochte, durch Gift zu ermorden, und als er den
Becher vom Kaiser nahm, rief er in seiner Furcht: »Die Verbrechen Eures Untertanen verdienen sicher den Tod, aber ich
flehe Eure Majestät an, das Leben Eures Untertanen zu schonen. Ich wage wirklich nicht, diesen Wein zu trinken.«

Sung Tai-dsu lachte und nahm ihm den Becher weg. »Ich
behandle die Menschen ehrlich«, sagte er und leerte den Becher selbst. Er hatte dem beschämten Fürsten eine unvergeß-
liche Lektion erteilt und in ihm einen treuen Freund fürs Leben gefunden.

Als Tschien Schu aus Wu Jüeh, ein anderer unversöhnlicher Monarch, dem Hof einen Tribut als Beweis seiner angezweifelten Loyalität zahlen wollte, überhäuften die Minister den Kaiser mit Denkschriften, in denen sie ihn aufforderten, den Rebellen einzulochen, um sich in Zukunft Ärger zu ersparen. Sung Tai-dsu gewährte ihm dennoch eine freundliche Audienz. Als er abreiste, überreichte ihm der Kaiser ein in gelbes Tuch gewickeltes Päckchen und sagte, er dürfe es erst auf halbem Weg nach Hause öffnen. Als der widerspenstige Vasall dann nachsah, fand er darin alle Denkschriften, die seine sofortige Verhaftung angeraten hatten.

Während Sung Tai-dsu geschickt die südlichen Staaten »befriedete«, unternahm er jedoch keinen Versuch, das Land jenseits des Gelben Flusses zurückzuerobern, das beim Zusammenbruch der Tang-Dynastie an die Kitan verlorengegangen war. Sein Ziel war, den Frieden in und um ein China zu wahren, das nicht mehr von Waffen und Warlords starrte. Er wollte keinen Krieg mit einer mächtigen Armee führen, die sich auch gegen ihn statt gegen den Feind wenden konnte.

Die meisten seiner Nachfolger verfolgten die gleiche kultivierte Politik, und nach einer verhängnisvollen Schlacht und einigen erfolglosen Manövern beschloß der dritte Sung-Kaiser 1004, die beste Art, die Kitan zu »befrieden«, sei, ihnen Tribut zu zahlen. Zur gleichen Zeit, als Ethelred der Unberatene von England seinen aufdringlichen Nachbarn im Westen mit Danegeld[1] beschwichtigte, schickte das China der Sung am entgegengesetzten Ende der Welt den Kitan Seide, Tee und Silber und spielte sie gegen die Hsja[2] aus, den zweiten großen Barbarenstaat im Nordwesten. Diese Form der Verteidigung kostete weniger als ein Zehntel der Summe, die jährlich für die Unterhaltung einer großen Armee hätte aufgebracht werden müssen, und sie schien billig für diesen Preis. Aber das Ergebnis war schließlich so kläglich, daß die Chinesen es nie vergessen sollten.

Alles ging gut, solang der Tauschhandel zwischen Sung, Kitan und Hsja ihnen erlaubte, auf Kämpfe zu verzichten und ihre Meinungsverschiedenheiten freundschaftlich – oder in Naturalien – beizulegen. Aber in der Zwischenzeit war die Armee der Sung gefährlich mit Veteranen aufgebläht, die zu alt zum Kämpfen waren, und die beweglichen Einheiten, die nach Sung Tai-dsus Sicherheitssystem in den Provinzen zirkulierten, befanden sich zu oft in einer unvertrauten Umgebung unter einem unvertrauten General, wenn der Feind angriff. Infolgedessen überrannte eine neue aufstrebende Macht, die nomadischen Kin, nicht nur 1125 das Reich der Kitan, sondern eroberte binnen Jahresfrist Kaifeng, die Hauptstadt der Sung, und nahm den Kaiser und seinen Vater gefangen. Ihre Reiter verfolgten die fliehenden Chinesen, überquerten den Yangtse und plünderten die weit im Süden liegenden Städte Hangchow und Ningpo.

Von ihrer eigenen Diplomatie entwaffnet und unfähig, sich angemessen zu verteidigen, waren Kitan und Sung durch den ersten ungehobelten Barbaren, der sie herausforderte, zu Fall gebracht worden. Zu ihren eigenen Ungunsten hatten die Chinesen die goldene Regel mißachtet, die ihre Philosophen und Strategen seit den Tagen des Konfuzius aufgestellt hatten: »Im Frieden sollen die Menschen an den Krieg denken und sich im Krieg auf den Frieden einstellen.« Worte müssen von Waffen unterstützt werden. Nur der Irrgarten aus Seen, Sümpfen und Wasserstraßen Zentralchinas hatte die Reiterei der Kin gebremst, ebenso wie er achthundert Jahre früher die tibetische Reiterei aufgehalten hatte.

Den Chinesen hatte es natürlich nicht an Waffen an sich gefehlt, denn in der technischen Entwicklung waren sie dem Westen weit voraus. Im siebzehnten Jahrhundert schrieb Francis Bacon über drei Entdeckungen, »die den Alten unbekannt waren und deren Ursprung dunkel und unbekannt ist, obwohl er nicht lange zurückliegt, namentlich Buchdruck, Schießpulver und Magnet.« Aber ein im neunten Jahrhundert gedrucktes daoistisches Buch hatte Alchimisten bereits vor den Eigenschaften des Schießpulvers gewarnt, das die Chinesen 919 in Flammenwerfern und nicht viel später in Bambusgranaten und Brandraketen anwandten.

Sie hatten nicht nur die Polarität, sondern auch die magnetische Deklination entdeckt, und am Anfang der Sung-Dynastie ließen sich ihre Armeen und Schiffe von einem »nach Süden zeigenden Fisch« oder der »Nadel« führen. Sie segelten mit riesigen Dschunken bis in den Persischen Golf, und als die Menschen in England vor den Langschiffen der Wikinger flohen, sorgten auf den Flüssen und Seen Chinas Schiffe für

Ruhe und Ordnung, die von Tretwerk-Schaufelrädern ange-
trieben wurden. Eine Flotte dieser Schiffe, deren Schleuder-
maschinen Sprengbomben abfeuerten, vernichtete 1161 auf
dem Yangste eine eingedrungene Armada von sechshundert
Schiffen.

Aber inzwischen war es, wie die Alten betont hatten, nicht
der Stahl des Schwertes, sondern der Stahl im Menschen, der
zählte, und die Sung-Armee war käuflich und verweichlicht.
Gepäckträger trugen ihre Lagerausrüstung, und die Soldaten
verlangten einen Zuschlag auf ihren Sold, wenn sie weit von
ihrer Heimat dienten. Der Landadel wollte Reichtum um jeden Preis, und Minister rieten ihrem Kaiser, vor den fremden
Kin zu kapitulieren und sie lieber abzufinden, als Geld mit einem Krieg zu vergeuden und dennoch zuzusehen, wie die reichen Felder Chinas verwüstet würden. 1141 baten die Chinesen um Frieden und erkauften ihn mit Gold, Pferden und
Ochsen. Der letzte Sung-Kaiser, der den Thron noch in Nanking bestieg, hatte seine Hauptstadt bereits noch weiter nach
Süden in die prachtvolle Stadt Hangchow verlegt.

Die Korruption der Bildung

Die augenblickliche Stimmung in Hangchow war nicht gerade förderlich für Tapferkeit. Weiter im Westen sorgten
Kriege und Eroberungen für eine unruhige Zeit, die Christen
gingen auf ihre häufig blutigen Kreuzzüge, Saladin eroberte
Jerusalem, und die gnadenlosen Horden des Dschingis Khan
verheerten Asien vom Mittelmeer bis zu den chinesischen
Meeren. Während aber Europa ein kultureller Almosenemp-
fänger war, als diese Epoche begann, war das südliche
Sung-Reich eine dicht besiedelte Insel des kultivierten und lu-
xuriösen Lebens. Marco Polo schrieb später über die Hauptstadt am bezaubernden Westsee: »Es ist ohne Zweifel die
schönste und herrlichste Stadt der Welt.«

Mehr als tausend Jahre waren seit dem Höhepunkt der
Han-Zeit vergangen. Hangchow hatte ein solides Stein- oder
Ziegelpflaster. Die eindrucksvolle »kaiserliche Straße« teilte
die Stadt in zwei Hälften, und von Trauerweiden gesäumte
Kanäle mit hundertsiebzehn dekorativen Brücken durchzo-

gen sie. Ein öffentlicher Hygienedienst hielt die Straßen sauber. Zweitausend Feuerwehrmänner mit feuersicherer Kleidung wachten in Stationen, die im Abstand von fünfhundert Metern eingerichtet waren.

In den Häusern der Reichen bedeckten die unübertroffenen Landschaftsbilder der Sung-Künstler manchmal ganze Wände. Zarte Vasen und andere Antiquitäten, die auch schon von Fachleuten im blühenden Raritätengeschäft imitiert wurden, schmückten die Zimmer. Große Häuser hatten ihre eigenen Bäder, und für die (mehr oder weniger) Bescheidenen gab es in der Stadt mehrere hundert öffentliche Badehäuser, deren Besitzer (wie Männer aller anderen Gewerbe) ihre eigene Zukunft hatten – »Die Ritter des duftenden Wassers«.

Abgesehen von den mehr ins Auge fallenden Luxusgütern verkauften die Geschäfte Nashornleder, exotische Fische, künstliche Blumen, Toilettenpapier und Schönheitsmittel wie farbigen Nagellack, Haarteile und künstliche Seife. Die Restaurants von Hangchow boten Hunderte von Gerichten an, darunter gedünsteten Hund und »zweibeinigen Hammel« (entsprechend garnierten *homo sapiens*). Besondere Agenturen vermittelten Eskorten, Konkubinen, Sängerknaben und Sänftenträger. Talentierte Kurtisanen versprachen angenehmen Zeitvertreib, und auf dem hügelgesäumten Westsee wurden die schwimmenden Felder der Lotusblüten von farbenfrohen Booten bevölkert. Die farbenfrohen Mädchen in den Booten sangen verführerisch für die jungen und alten Gecken einer Stadt, die sich größtenteils dem Vergnügen und der Kunst, dem Trinken und Träumen hingegeben hatte.

Die Männer beschäftigten sich jedoch vorwiegend mit allen Formen des Mammons. Die Regierung gab eine durch Gold und Silber gestützte Papierwährung aus und versuchte sie, als die Inflation bedrohliche Ausmaße annahm, attraktiver zu machen, indem sie Banknoten aus einer parfümierten Papier- und Seidenmischung druckte. Bargeld und Lebensmittel wurden an die Notleidenden verteilt, der Staat unterhielt Hospitäler und Waisen- und Armenhäuser. Aber die Armut blieb den Bauern auf den Fersen. Immer noch ertränkten sie ein ungewünschtes Neugeborenes, wenn das Jahr schlecht war, und viele Unglückliche schliefen in den Straßen

236

der Hauptstadt. Wang An-schi, der große »sozialistische« Reformer der Dynastie, hatte noch vor dem Verlust des Nordens versucht, die Kluft zwischen Reichen und Zerlumpten zu verkleinern, aber er hatte sich nicht lange gegenüber den habgierigen und korrupten Konservativen Chinas behaupten können.

Wie vor ihm Sang Hung-jang war dieser vielgeschmähte Reformer aus einfachen Verhältnissen zu einem hervorragenden Minister aufgestiegen. Wie jener verfügte er, Getreide und Seide innerhalb der Provinzen auszutauschen, anstatt sie als Tribut in die Hauptstadt zu schicken, um regionale Überangebote und Knappheiten auszugleichen. Den Bauern sollte die Möglichkeit geboten werden, vor der Aussaat Kredite zu einem niedrigen Zinssatz aufzunehmen und sie nach der Ernte zurückzuzahlen. Er führte feste Preise ein und begrenzte die Gewinne, brachte den Kaiser dazu, Edikte gegen die Handelsmonopole zu erlassen, und verpflichtete Gelehrte, die die Mandarinlaufbahn anstrebten, neben den Klassikern auch Recht und Volkswirtschaft zu studieren.

Damit zog er sich unumgänglich den Zorn der Beamten, des Landadels und der Handelsmagnaten zu. Für sie war die Sache der unglücklichen Armen nicht mehr als die Sache der erbärmlichen Patrioten wert, die für den Versuch, den Norden wiederzugewinnen, Geld zum Fenster hinauswerfen wollten. Außerdem tadelten reaktionäre Konfuzianer alle Reformer als moralische Gesundheitsrisiken, wenn auch nur deshalb, weil sie alte Ideen durch neue ersetzten. Und die neue Vorschrift für Mandarine, mehr als die Klassiker und die Kommentare dazu zu kennen, machte sie in diesem Augenblick besonders wütend.

Denn die Philosophien waren in Bewegung gekommen. Die ersten »Neokonfuzianer« versuchten, den trockenen Sittenlehren ihrer Weisen einen metaphysischen Schimmer zu geben, um eine größere Anziehungskraft auf die vom fremden und exotischeren Einfluß des Buddhismus Verführten ausüben zu können. Die alten Texte wurden einer neuerlichen Prüfung unterzogen, die tatsächlich ein bisher nicht vermutetes Element zutage förderte – ein *Li*, das dem Ersten Prinzip im daoistischen Kosmos entsprach, nach dem sich *jing* und *jang* und die Fünf Elemente gegenseitig beeinflußten.

Dieses *Li* war das oberste Gesetz, das das Universum kontrollierte, und die Sung-Kaiser gehörten zu den ersten, die darin eine angenehme Erfindung sahen. Und das nicht ohne Grund. Dschu Hsi, der bedeutendste Neokonfuzianer, erklärte: »Da das *Li* ewig ist, darf sich das Verhältnis zwischen Herrscher und Untertan, zwischen Höheren und Niedrigeren, niemals ändern.« Das *Li* verfügte, daß China als zentralistischer Staat von Gelehrten-Beamten, die sich in den Klassikern auskannten, verwaltet werden solle. Bastelte man also an dem System herum, zerfiele alles im Chaos, denn das kosmische Gleichgewicht an sich wäre gestört.

Die Lehre erlaubte jenen, die die Macht in den Händen hatten, alle ihre Handlungen selbst zu entschuldigen und die weniger genehmen Taten anderer zu verurteilen. Ein bitterer Kommentar drückt das so aus: »Die über Einfluß und Amt verfügen, haben das *Li* immer auf ihrer Seite, so daß sie behaupten, im Recht zu sein, selbst wenn sie im Unrecht sind. Wenn ein Geringerer darauf besteht, er habe das *Li* auf seiner Seite, wird er des Ungehorsams bezichtigt.« Das neue *Li* verewigte automatisch das »Establishment« – das kaiserliche Mandat und die kaiserliche Hierarchie der Mandarine – und das neue »Establishment« verewigte gnädig das neue *Li*. Die Chinesen begannen, sich nach innen zu kehren und einen Weg durch dunkle, enge Gänge nutzlosen Denkens zu bahnen, so daß ein Gelehrter später schreiben konnte:

»Wenn Konfuzius im Saal saß, trug er einen Gürtel mit einem zweischneidigen Schwert um die Hüfte. Von seinen zweiundsiebzig Schülern studierten einige die Riten, andere spielten Laute, übten sich im Bogenschießen oder Speerwerfen, unterhielten sich über Nächstenliebe und kindliche Zuneigung, und wieder andere diskutierten über militärische, landwirtschaftliche oder politische Probleme.

Aber die Konfuzianer der Sung-Dynastie trugen keine Schwertgehänge, und sie saßen mit gesenktem Blick wie Tonfiguren da. Von den Schülern sagten manche kein einziges Wort, andere rezitierten die Klassiker mit leiser, sonderbarer Stimme oder versahen die Werke von Konfuzius und Mencius mit Anmerkungen. Alle trugen eine weihevolle, heilige Haltung gottähnlicher Feierlichkeit zur Schau.«[1]

Die gesunden Ansichten und der wißbegierige Geist der

Weisen war in Vergessenheit geraten. Nichts war übriggeblieben als ein hohler ritueller Unterricht, aus dem man im Namen konfuzianischer »Kultur« ein System strenger und schädlicher Vorschriften und Tabus entwickelte. Über kindliche Liebe sagten die Sung-Philosophen: »Wenn der Vater wünscht, der Sohn möge sterben, bleibt dem Sohn keine andere Wahl, als zu sterben.« Eine Frau mußte »keusch« sein, was besagte, daß sie auf keinen Fall wieder heiraten durfte, wenn sie verwitwet war – je jünger sie war und je ärmer sie wurde, desto tugendhafter war ihre Keuschheit. Am höchsten gelobt wurden Frauen, die sich auf möglichst qualvolle Weise das Leben nahmen, wenn ihre Männer – oder sogar Verlobten – starben. Eunuchen, Opiumrauchen, die verabscheuenswerte Sitte, die Füße einzubinden – das alles wurde allmählich als Erscheinungsform des *Li* begriffen.

In Hangchow stand das Militär auf der niedrigsten sozialen Stufe. »Man nimmt kein gutes Eisen für einen Nagel und keinen guten Mann für einen Soldaten.« Der Kaufmann stieg höher auf der Leiter, und die Tage waren für ihn vorbei, als er sich in grobes Tuch kleiden und einen weißen und einen schwarzen Schuh tragen mußte. Der Gelehrte jedoch war – fast unantastbar – ganz oben. Noch bevor König Johann 1215 die Magna Charta unterzeichnete, zogen die Prüfungen zum Staatsdienst in China jedes Jahr mehrere tausend Studenten aus jeder der sechzehn Provinzen des Reiches an, und der Geringste konnte aufgrund seiner Bildung zu höchsten Würden aufsteigen. Aber da nur ein in den Klassikern gründlich geprüfter Mann für einen Beamtenposten in Frage kam, studierte er nicht mehr, um sich gute Umgangsformen und Wissen anzueignen, sondern nur noch, um ein öffentliches Amt zu bekommen.

Die »göttliche Unterweisung« war zu kleinlicher Pedanterie heruntergekommen. Es dauerte nicht lange, da waren auch die Examina selbst zur Konvention geworden und verlangten von dem Kandidaten nur noch eine leere Darstellung der Lehre der konfuzianischen Weisen in vorgegebener Form und vorgegebener Länge. Persönliche Meinungen waren nicht erwünscht, und ein eigene Wege gehendes Denken konnte schon für den Mißerfolg genügen. Eine gute Handschrift mit dem Schreibpinsel und die Fähigkeit, auswendig lernen und im Zusammenhang zitieren zu können, waren die besten Garanten des Erfolgs. Das ganze bewundernswerte, ausgeklügelte System brachte eine Beamtenschaft hervor, die aus unwissenden Strebern und feigen Einfaltspinseln bestand.

Das konnte dem Herrscher nicht besser passen, und die Gelehrten selbst wären die letzten gewesen, die daran etwas hätten ändern wollen. Denn wenn sie erst einmal bestanden hatten, vielleicht sogar erste in der kaiserlichen Endrunde geworden waren, stand ihnen alles offen: Ehre, Einfluß und hohe Stellung, Reichtum, Landbesitz und Glanz für die ganze Sippe. Arme Familien knauserten und rackerten sich ab, um ihren Söhnen den langen Weg zur bürokratischen Macht zu ermöglichen, und sollten sie dabei zugrunde gehen, hätten sie doch die Achtung aller anderen gewonnen: »Geh zum Examen, und wenn du nur einen Furz von dir gibst, hast du schon etwas für deine Ahnen getan«, sagen die Chinesen. Auch ein durchgefallener Lizentiat wurde geachtet. Er hatte immerhin die ersten Schritte gemacht, zu höchstem Ansehen – und Unterwürfigkeit.

Denn unterwürfig waren sie alle, diese Mandarine. So sklavisch sie sich gegenüber Vorgesetzten benahmen, so überheblich waren sie gegenüber ihren Untergebenen und voller Verachtung für den Rest der Menschheit. Wenn der Kaiser einem Minister einen zustimmenden oder freundschaftlichen Klaps auf die Schulter gab, ließ sich der Mann schnell wie der Wind eine Drachentatze auf seine Robe stikken, wo der Sohn des Himmels sie berührt hatte. Aber wenn er mit Untergebenen dinierte, ließ er erst einmal alle warten und schwang dann die längsten und geistlosesten Reden.

Die Korruption der Mandarine dauerte durch die kommenden Dynastien fort. Die Pekinger *Volkszeitung* zitierte am 24. Juli 1957 den Leiter der Zentralen Propagandaabteilung der Kommunistischen Partei Chinas: »Die Kader der Kommunistischen Partei können in drei Kategorien eingeteilt werden: die höchste Stufe – privilegierte, einfältige, konservative, unwissende, unkultivierte Leute, die sich dem Fortschritt widersetzen; die mittlere Stufe – illegale örtliche Kaiser, die vorgeben zu gehorchen, es aber nicht tun, deren politische Begeisterung verschwunden ist, die nichts als Vergnügungen im Kopf haben; und schließlich die untere Stufe – ein

Haufen beschränkter und unwissender Narren ohne Rücksicht auf Gesetz und Moral, die dem Volk auf die Köpfe scheißen und pissen, ihre Autorität und ihr Glück genießen, gegenüber ihrem Vorgesetzten ganz ›Ja, Herr, ja, Herr‹ sind, Karten spielen und sich einen Dreck um ihre Pflicht kümmern.«

Er könnte geradezu die Staatsdiener der Sung-Dynastie beschrieben haben, unter der es für die Chinesen Mode wurde, sich »sanfte Untertanen« zu nennen, die der nächstgelegenen Autorität treu ergeben waren. Ihr eigener Kaiser war ein Vasall der Kin, und die Gelehrigeren unter ihnen schwenkten später Flaggen und Fähnchen und erklärten sich zu »sanften Untertanen« aller Eindringlinge: der Mongolen während der Jüan-Dynastie, der marodierenden japanischen Piraten während der Ming-Dynastie und der mandschurischen Usurpatoren während der Tsching-Dynastie. Und als die Fremden aus dem Westen dank der Zugeständnisse, die es anbot, ihr Land aufteilten, wurden sie »sanfte Untertanen« der Russen, der Briten, der Amerikaner, der Deutschen – je nachdem, in welchem Teil Chinas sie zufällig lebten.

Es sieht so aus, als hätten die Sung-Kaiser über eine blutlose Gesellschaft von ängstlichen Speichelleckern regiert. Aber jedem *jin* entspricht ein *jang*, und sogar in der Umgebung von Hangchow gab es Menschen, die dem ehrenden Andenken an den heldenhaften Jo Fej einen Tempel bauten.

Heldenverehrung

In der idealen Gesellschaft, hatten die Daoisten gesagt, gebe es keine »pflichtbewußten Söhne« und »loyalen Untertanen«, weil ohnehin alle pflichtbewußt und loyal seien. Daher sehen die Chinesen in dem Auftritt eines hervorragenden »Helden« ein sicheres Zeichen für schlimme Zeiten, in denen die meisten Menschen angesichts des Unglücks und der Schande nachgiebig, feige und korrupt sind. Es entsprach also der Natur der Dinge, daß die Südliche Sung-Dynastie einen Blut-und-Eisen-Kämpen auf dem Schlachtfeld hervorbrachte, der eine der berühmtesten Gestalten im militärischen Pantheon Chinas werden sollte.

241

Die Sung standen wohl nicht völlig in dem Ruf, sich in jedem Fall schmählich zu unterwerfen. Denn als die Kin einen großen Teil des Reiches mit Krieg überzogen, hatten sie sich anfangs grundsätzlich geweigert, mit den Chinesen zu verhandeln, und inzwischen empörten sich viele im noch freien Süden über die harte Behandlung, der die Millionen im Norden ausgesetzt waren. Infolgedessen organisierten die Chinesen, die im Norden in halber Sklaverei lebten, eine »loyale und rechtschaffene Armee« von Rebellen, die Kriegspartei am Sung-Hof in Hangchow gewann vorübergehend das Übergewicht über die Friedenswilligen, und als der Augenblick zum Handeln gekommen war, stand, wie gewohnt, der richtige Mann schon in den Kulissen bereit.

Jo Fej war bäuerlicher Herkunft, aber er hatte seinen Sun Dsï gelesen, ritt wie ein Barbar und konnte mit dem schwersten Bogen umgehen. Seine Lebensphilosophie hatte er sich auf den Rücken tätowieren lassen: »Dem Land absolute Treue«. Er wurde mit zwanzig Jahren Soldat und schlug sich so gut, daß er binnen weniger Jahre eine mächtige Armee befehligte, die bei den Kin den schlechten Ruf genoß, ihre Kämpfe zu gewinnen.

Sein Wesen forderte zur Treue auf. Er war ausdauernd, tatkräftig und kühn, hatte lebhafte Augen und eine schnelle Auffassungsgabe. Nie war er überheblich, hemmungslos oder untätig und führte seine Leute stets selbst ins Gefecht. Er hatte eine fatale Schwäche in dem »eisernen Pferd« entdeckt, das die Grundeinheit der Kavallerie der Kin in der Schlacht war und bisher die chinesischen Infanteristen in Panik versetzt hatte.

Dieses »eiserne Pferd« bestand aus drei zusammengebundenen Pferden, die von Männern mit schweren Rüstungen und Helmen geritten wurden. Wenn es in voller Fahrt gegen den Feind geworfen wurde, konnte keiner seiner Masse und Wucht widerstehen. Jo Fej stellte dem seine »Sternstreuung« entgegen. Wenn die Kin angriffen, lösten die Chinesen ihre Ordnung und liefen auseinander, der Feind schlug ins Leere, bis er erschöpft war. Die »eisernen Pferde« waren gewaltig beim Stürmen, aber schwierig zu lenken und verletzbar, wenn sie sich zurückzogen. Dann kam Jo Fej mit frischen Reserven und warf seine Elitekämpfer auf sie, die nicht direkt gegen die

Reiter vorgingen, sondern tief und von der Seite angriffen und mit einem schweren Schwert nach den Beinen des vordersten Pferdes zielten. Sobald ein Pferd stürzte, gingen alle drei in einem rettungslos verwirrten Knäuel zu Boden, und man mußte nur noch zuschlagen. (Lin Piao übernahm Jo Fejs »Sternstreuung«. Er führte das »Drei-Drittel-System« in die Rote Armee ein, bei dem sich ganze Bataillone plötzlich in unabhängige Kampfeinheiten von nur drei oder vier Mann auflösten. Diese Gruppen griffen dann in einer unregelmäßigen Welle an, konzentrierten und zerstreuten sich wieder, ohne daß vorhersehbar war, wann und wie.)

Der zielstrebige Jo Fej hatte nur einen Ehrgeiz: die Rückeroberung des chinesischen Nordens. Als Bauernsohn fühlte er mit der notleidenden Landbevölkerung, der die Kin ihre Felder weggenommen hatten, und als Soldat rechnete er mit ihr als einem potentiellen Verbündeten. Er schickte deshalb Männer tief in das Gebiet der Kin, um geheime Gespräche mit den Anführern der »loyalen und rechtschaffenen Armee« zu führen, tauschte Nachrichten aus und stimmte die Operationen zeitlich mit ihnen ab. Wenn er angriff, unterbrachen die Partisanen die Nachschubwege der Kin. Er konnte dem Feind wiederholt schwer zusetzen, und schließlich hatten er und sein Sohn, zur allgemeinen Freude der chinesischen Bevölkerung, die Armee bis auf zwanzig Kilometer vor Kaifeng vorgeschoben. Seine Erfolge nördlich des Gelben Flusses drohten, die Kin zum Rückzug in ihre ursprüngliche Heimat in der Mandschurei zu zwingen. Aber bevor er den entscheidenden Sieg an der Front erringen konnte, erlitt die Kriegspartei in der Etappe eine entscheidende Niederlage.

Der Sung-Kaiser in Hangchow war der jüngere Bruder des Herrschers, der bei der Einnahme von Kaifeng den Kin in die Hände gefallen war. Er war ein friedfertiger, an den Künsten interessierter Mann, der genug vom Krieg hatte. Und er war keineswegs an einem Sieg interessiert, der möglicherweise zur Freilassung seines älteren Bruders führen und ihn den Thron kosten konnte. Außerdem war sein erster Minister ein Großgrundbesitzer namens Tschin Kewj, der eine zungenfertige Friedenspartei von Granden am Hof anführte, die ihre unglücklichen Landsleute in den Händen der Kin schlicht und einfach als Bürger eines anderen Staates abschrieben. »Südländer gehören in den Süden, Nordländer in den Norden«, meinte Tschin Kwej und griff damit auf jene vor, die achthundert Jahre später selbstgefällig zwei Koreas, zwei Vietnams und sogar zwei Chinas als natürliche geopolitische Phänomene ansahen.

Ungeachtet der Opposition von Würdenträgern, die sich hinter Jo Fej stellten, erreichten die Sung eine geheime Übereinkunft mit den Kin. Als der General und sein Sohn gerade zu einem neuen Kriegszug gegen die Kin aufbrechen wollten, wurden sie in den Palast zitiert, wo man sie auf Befehl Tschin Kwejs ins Gefängnis warf und dann ins Jenseits beförderte. Der heldenhafte Kampf gegen die Kin, der 1131 begonnen hatte, endete genau zehn Jahre später mit einem schmutzigen Doppelmord in Hangchow. Jo Fejs letzte Worte sollen gewesen sein: »Gebt uns unsere Berge und Flüsse wieder«, aber alles, was er zurückgewonnen hatte, wurde wieder aufgegeben. China war jetzt formell zweigeteilt, im Norden das Reich der Kin, im Süden die Sung, und der chinesische Vasall zahlte dem Oberherrn im Norden seinen jährlichen Tribut.

Jo Fej und sein Sohn waren jedoch nicht vergessen. Ihre Leichen wurden aus dem Palast geschmuggelt und am Westsee begraben, wo heute noch (falls es sich nicht in letzter Zeit geändert hat) der eindrucksvolle Tempel des Fürsten Jo den Rahmen für ein merkwürdiges Bild abgibt. Auf der einen Seite der Stufen sind die Grabstätten des Helden und seines Sohnes, auf der anderen ihre Statuen. Unter diesen knien Tschin Kwej, seine Frau und zwei Diener mit gefesselten Händen, vier böse zugerichtete Figuren, in Jahrhunderten zerkratzt und befleckt von vorwurfsvollen Pilgern, die sie mit Beschimpfungen und Steinen überschüttet und mit ihren Holzschuhen geschlagen haben, wie es der Brauch ist. »Die grünen Hügel haben das Glück, die Knochen der Treuen zu bergen«, lauten die aufbegehrenden Worte, die irgendwann einmal jemand eingekratzt hat, »aber unschuldiges Eisen wird in die Gestalt eines verräterischen Ministers gegossen.«

Der Tempel symbolisiert eine chinesische Wahrheit, die eine Deutung des Charakters des chinesischen Helden verlangt – daß nämlich in den Köpfen der Millionen die Geister der Vergangenheit die Götter der Gegenwart sind. Und der Prozeß setzt sich wohl von selbst fort, denn zu einem gewissen Grad ist der ganz reale Jo Fej der Sung-Dynastie Teil einer verehrten Legende, weil er mit einer anderen, früheren Legende identifiziert werden kann: mit Dschang Fej aus der *Geschichte von den drei Reichen*.

Dschang Fej, der im Pfirsichgarten mit Lju Bej und Gwan Jü Brüderschaft geschworen hatte, war ein unwahrscheinliches Phantasiegebilde von Mann, aber er ist so lebendig geschildert worden, daß fast jeder Chinese ihn sofort erkennen würde, wenn er ihn heute träfe. Er hatte einen Kopf wie ein Leopard, runde starrende Augen, spitze Backenknochen und steife Barthaare. Sein Wesen war wild und kühn, seine Stimme wie Donner. Niemals dachte er an sich oder zählte die Feinde vor sich. War er aber überzeugt, im Recht zu sein, sprach und handelte er ohne Zaudern – oder Überlegung. Er war die Verkörperung der Zuverlässigkeit und ungestümen Tapferkeit, und er haßte das Böse.

Diese Schwäche veranlaßte ihn einmal, einen korrupten hohen Beamten an den Haaren hinter sich her zu schleifen, ihn an einen Pfosten zu binden und den Wehrlosen um ein Haar zu Tode zu prügeln. Denn wenn er haßte, kannte er kein Mitleid, doch wenn er liebte, kannte er keine Grenze. Er konnte eine feindliche Armee durch sein bloßes Gebrüll vom Schlachtfeld scheuchen. Er verfluchte seinen Waffenbruder Gwan Jü als Verräter, als der sich Tsao Tsao anschloß (weil er die mitspielenden Motive nicht verstand) und beschimpfte dann Luj Bej, weil der sich zu lange besann, bevor er Truppen ausschickte, den Tod Gwan Jüs zu rächen.

Als Lju Bej den Schlafenden Drachen zuerst nicht bewegen konnte, ihn in seiner strohgedeckten Hütte zu empfangen, hatte Dschang Fej verschiedene Vorschläge auf Lager, um den ausweichenden Weisen zu dem geliebten Bruder zu bringen: »Nimm ein Seil und fessele ihn!« oder »Geh hinter sein Haus und zünde es an!« Dschang Fej war hitzig, furchtlos, gänzlich unbeweglich und manchmal zum Verrücktwerden begriffsstutzig, und schließlich wurde er von den eigenen Soldaten ermordet. Aber für die Chinesen, die ihrem Wesen nach geschmeidig sind und gerne ein Auge zudrücken, ist er der unnachgiebige, kompromißlose Geist, der allein in der Lage ist, Menschen in schrecklichen Zeiten zu retten.

Er reicht jedoch noch nicht an Gwan Jü heran, den »Gott

des Krieges«, der die Geschenke Tsao Tsaos annahm, als er in die Enge getrieben war, sich aber dadurch nicht in seiner Treue zu Lju Bej beirren ließ, sobald er entkommen konnte. Zahllose Tempel sind dem »Herrn Gwan« errichtet worden, und heute noch müssen Schauspieler in nichtkommunistischen chinesischen Gemeinden ein strenges Ritual einhalten, wenn sie in den von der *Geschichte der drei Reiche* inspirierten Opern seine Rolle spielen.

Sie dürfen zehn Tage vor der Vorstellung kein Fleisch mehr essen und müssen allein baden und schlafen. Bevor sie auf die Bühne gehen, müssen sie Räucherwerk verbrennen und sich vor einem Bild des Helden auf einem gelben Stück Papier verneigen, das sie dann in ihren soldatischen Kopfputz stecken. Sobald sie für den Auftritt zurechtgemacht sind, müssen sie sich konzentrieren und dürfen mit den anderen Darstellern weder plaudern noch scherzen. Nach der Vorstellung nehmen sie das Papierbild Gwan Jüs vom Kopf, machen ihren Kotau davor, verbrennen es mit Räucherwerk und waschen ihr Gesicht. Erst wenn sie die Schminke entfernt und ihr Kostüm ausgezogen haben, dürfen sie wieder frei sprechen, essen und ihre Notdurft verrichten.

Diese Tabus gehören nicht einfach zum Mummenschanz eines überhaupt abergläubischen Berufs. Ein weltmännischer älterer Geschäftsführer, der den Gwan Jü Anfang der siebziger Jahre an einer Laien-Pekingoper in Singapur spielte, vollzog dieselbe Prozedur. Sie hat nichts mit der Verehrung einer Gottheit zu tun, sondern ist eine Würdigung der heiligen Prinzipien, die er verkörpert, der Prinzipien des *hsie* oder Ritters.

Es war kein Zufall, daß die während der Sung-Dynastie gegen die Kin rebellierenden Chinesen ihre Bande »loyale und rechtschaffene Armee« nannten, denn die zwei Zeichen *dschung* und *i* bezeichnen die Tugenden, die die Chinesen im *hsie* verehren und denen sie auch huldigen, wenn sie sich vor dem großen Bildnis von Jo Fej in seinem Tempel in Hangchow oder vor den Bildern von Gwan Jü in den Tempeln von Malaysia bis San Francisco verneigen.

Dschung läßt sich genau mit »Loyalität« übersetzen. *I* wird gewöhnlich mit »Rechtschaffenheit« übersetzt. Aber es besteht aus den Zeichen für »Schaf« und »ich«, und da im

Chinesischen »Schaf« nicht für Fügsamkeit, sondern für Opfer steht, hat diese Zeichenverbindung die Bedeutung eines Mannes, der sich für eine gerechte Sache dem Himmel darbietet. *I* heißt daher edle Haltung, moralische Pflichterfüllung, ritterliche Tugend, furchtlos das Schickliche tun.

Das ist keine Abschweifung. Unter der Herrschaft der Mandschu drückten die Chinesen ihr zorniges Nationalgefühl durch die Verehrung Jo Fejs und Gwan Jüs aus, und ihre fremden Kaiser hielten es für zweckdienlich, die allgemeine Feindseligkeit abzubiegen, indem sie selbst den Kult Gwan Jüs pflegten. Sie adelten ihn postum als den »loyalen und rechtschaffenen, göttlichen und kriegerischen großen Souverän« und zogen auf diese Art aus den gefährlichen, provokativen chinesischen Silben ihren eigenen Nutzen. Denn der erfolgreiche Machiavelli mußte auf die psychologischen Prüfsteine, nach denen er beurteilt wird, achten, und in China waren die Helden der Vergangenheit die Prüfsteine.

Sie waren um so gefährlicher, als sie sehr wohl eher zur Sphäre des Rebellen als zu der des Herrschers gehören konnten. Der chinesische *hsie* verteidigte wie der christliche Ritter sein Land gegen den Feind, die Schwachen gegen die Boshaften, die Armen gegen die Stolzen. Aber er war nicht dank adliger Geburt oder königlicher Gunst Edelmann. Der verwahrloste Lju Bej mochte kaiserliche Ahnen haben, aber Dschung Fej war Weinhändler und Hundemetzger, und Gwan Jü befand sich auf der Flucht, weil er einen Menschen getötet hatte, als das Trio den Eid im Pfirsichgarten ablegte. In anderen Gesellschaften wäre er wohl kaum als »parfait« oder »gentil«, als Muster »edler Haltung« und »moralischer Pflichterfüllung« angesehen worden. Er war ein gesuchter Mörder. Aber er hatte einen Tyrannen ermordet, ganz gleich, wie und warum. Und in China gab ihm das einen begründeten Anspruch auf Ansehen und Hochachtung.

Die lebenden Toten

Die Chinesen erlebten in ihrer langen Geschichte so viel Elend und so viele schlechte Regierungen, daß sie lernten, jede Autorität auf Mängel und Fälschungen zu untersuchen, bevor sie sie ernst nahmen. Für sie war ein im Namen der Gerechtigkeit begangenes Verbrechen da kein Verbrechen, wo es keine Gerechtigkeit gab. In einer korrupten Gesellschaft sah sich der ehrbare Mann zu häufig als Ausgestoßener, während der Gauner ein angesehenes Mitglied des »Establishments« war. Der Sinn der Worte wurde umgekehrt, so daß der brutale Mörder »Kaiser« und der Wohltäter, den er zu töten versuchte, »Bandit« genannt werden konnte.

Zur Entschädigung hielten sich die Millionen daher nicht an die Regierungsbeamten, sondern an straffällige Weltverbesserer, die die wilden Wachhunde der Gemeinschaft wurden. »Laßt dieses Geschwätz von Gerechtigkeit und Menschlichkeit«, sagten die Chinesen. »Wer mir einen guten Dienst erweist, ist ein guter Mann.« Der *hsie* unterstützte, was »richtig« war, und das bedeutete für ihn, die Korrupten, Grausamen und Habgierigen zu bestrafen und die mit Füßen Getretenen und Gequälten zu beschützen. Er war der Held des Tages, gleich welcher Preis auf seinen Kopf gesetzt war.

Aus dieser Tradition entstand eine Gesellschaft der Schlechten Samariter – die »Männer der Flüsse und Seen«, die nirgendwo seßhaft wurden, weder heirateten noch die Pflichten und Abhängigkeiten, die andere zu Feiglingen machten, auf sich nahmen, sondern ständig auf Wanderschaft waren. Sie waren idealistische Vagabunden oder befanden sich auf der Flucht vor dem Unrecht, und ihre »Flüsse und Seen« standen für die ganze chinesische Welt, eine Welt, in der alle Menschen Brüder waren und die ihre eigenen Richtlinien hatte (»während der Hof seine Gesetze hat«). Sie waren unbändige Rohlinge, bestenfalls »Naturburschen«, sie kümmerten sich nicht um konfuzianische Vorschriften, die Gewalt zu den Lastern rechneten. Sie hielten loyal zusammen und sagten und taten, was die meisten Leute nicht zu sagen und zu tun wagten, sie gingen gegen die Tyrannei an, wo immer sie ihr begegneten, und ihre grobe Gerechtigkeit war oft das einzige Recht, das zu haben war.

Im zwölften Jahrhundert scharte ein Held namens Sung Dschjang eine Bande dieser »netten Gesellen«, die das Gesetz verhöhnt hatten, um sich und baute in den unzugänglichen, vom Sumpfland umgebenen Bergen von Shantung ein Räubernest auf – ein Prozeß, der in China bezeichnenderweise als

»Bildung einer rechtschaffenen Gesellschaft« bekannt ist. Ihr Banner war aprikosenfarben und trug die Inschrift »Erfüllung des Weges im Namen des Himmels«. Sung Dschjang trieb Pferde auf, baute Kampfschiffe, die in dem wasserreichen Land unter den großartigen Gipfeln des Ljang Schan Po gut verwendbar waren, und trainierte seine Leute, bis sie die Geißel und das Heil der zehn Distrikte im Umkreis waren: sie raubten die Reichen aus, halfen den Armen und belästigten die schlechte Verwaltung der Region. Ihre Zahl wuchs rasch, und sie waren in der Lage, den kaiserlichen Truppen, die zu ihrer Vernichtung anrückten, zu trotzen und sie sogar zu schlagen, obwohl nur wenige über Bildung und Wissen verfügten und die meisten ungehobelte, aber dafür kräftige Bauern waren, die »Menschen mit den Händen und Pferde auf den Schultern tragen« konnten.

Die Heldentaten dieses Robin Hood des Ostens regten den großen klassischen Roman *Schwej Hu Dschwan – Die Geschichte vom Flußufer* [1] an: er erzählt die Geschichte von einhundertacht Schurken, die vor den Auswüchsen der Sung-Gerichtsbarkeit fliehen und die Helden von Ljang Schan Po werden. Sung Dschjang wird bei seinem richtigen Namen genannt. Er ist der Anführer eines zusammengewürfelten Haufens aus erdichteten Herumtreibern, Deserteuren, Mönchen und Händlern, ruinierten Bauern, menschenfreundlichen Gutsbesitzern und heruntergekommenen Aristokraten, die bitteres Unrecht durch die Behörden erlitten hatten oder von der Polizei gehetzt wurden (weil sie einen korrupten Mandarin, vielleicht auch zwei, getötet oder einer ähnlichen Regung nachgegeben hatten).

Sie sind unfehlbar »loyal und rechtschaffen«, ihre brüderliche Zuneigung ist ebenso bindend wie der im Pfirsichgarten geschworene Eid, ihre geschickten Taktiken riechen nach Sun Dsï, aber auch die sonderbaren Feinheiten ihrer Philosophie heben sich ab. Wu Sung (der den Tiger mit den bloßen Händen erschlug) flieht nach Ljang Schan Po, weil er auch seine Schwägerin ermordet hat, nachdem es ihm nicht gelungen war, sie durch eines der korrupten chinesischen Gerichte wegen des Giftmords an seinem Bruder verurteilen zu lassen. Nicht sein Verbrechen stößt andere Mitglieder der Brüderschaft, zum Beispiel Li Gwej alias »Eiserner Ochse«, ab, sondern die Tatsache, daß er sich zur Vergeltung zuerst an die Richter gewandt hat.

Dieser Eiserne Ochse ist ein ungeschlachter, blutdürstiger Riese mit dunkler Haut und gelben Haaren, der sich einen Dreck um seine Taten kümmert und für den der Gang zum Gericht nicht nur eine lächerliche Verschwendung von Zeit und Mühe ist, sondern auch eine ungesunde Angewohnheit, die den Sinn der Menschen für Rebellion untergräbt. Er verachtet sämtliche Einrichtungen des Kaiserreichs, und die einzige Waffe, mit der er gegen die Ungerechtigkeit kämpfen will, ist nicht Gerechtigkeit, sondern sein großes stählernes Beil: »Schlag erst zu und besprich die Sache danach«, ist seine Rede. Er tötet, ohne mit der Wimper zu zucken, aber die er tötet, sind anmaßende Beamte, und erwischt er einen Dieb, der ihn ausrauben will, läßt er ihn laufen und gibt ihm sogar noch Geld, wenn er erfährt, daß er die einzige Stütze einer achtzigjährigen Mutter ist.

Männer dieser Art waren gewöhnlich ungeduldig, unkritisch, zügellos. Sie konnten Verbrechen nur mit größeren Verbrechen bekämpfen, und wenn sie einmal einen Unschuldigen getroffen hatten, konnten sie die Wunde nicht wieder heilen. Sie konnten nur Chaos erzeugen, aber nicht in der Gesellschaft leben. Und doch spiegelten sie den tatsächlichen Sinn der gewöhnlichen Chinesen für Recht und Unrecht wider, ihr tief verwurzeltes Mißtrauen gegenüber gedruckten Gesetzbüchern, ihr Wissen, daß die menschliche Gesellschaft aus Fleisch und Blut und nicht aus Erlassen besteht, und ihren Zynismus, der besagt, daß das Gesetz, wenn nicht korrupt, häufig wirkungslos ist. Für ein Volk, das nach allgemeinem Mitgefühl hungert, aber seinen Glauben an das Wohlwollen der Oberen verloren hat, verkörperte der Bandit, der plötzlich auftrat und die Rechnung beglich, indem er jemandem den Kopf abschlug, hier und jetzt die rasche göttliche Vergeltung, den »Weg des Himmels« selbst.

Er deutete auch die Möglichkeit einer Alternative an, vor allem wenn der Kaiser ein fremder Usurpator war. Unter der Tsching-Dynastie, als China von den Mandschus beherrscht wurde, ließen sich Verschwörer nicht nur von Jo Fej und Gwan Jü inspirieren, sondern zitierten auch aus der *Geschichte vom Flußufer* als Ansporn für Aufständische, sich

gegen die Fremden zu geheimen Gesellschaften zusammenzuschließen. Die Gesellschaften hatten – und haben – ihre eigene »Zunft der Loyalität und Rechtschaffenheit«, und eine
davon formulierte ihren Eid nach dem, der am Ljang Schan
Po geschworen wurde: »Gestern getrennt, heute in einer
Zunft vereint, mit den Sternen als Brüder, Himmel und Erde
als Vater und Mutter...« Chinesische Halsabschneider greifen die Ideale von *dschung* und *i* auf und biegen sie für ihre
Zwecke in diesen Geheimbünden zurecht, die heute zu kri-
minellen Banden von Dieben, Zuhältern, Erpressern und
Mördern heruntergekommen sind. Aber ihre Mitglieder opfern immer noch Gwan Jü, legen feierliche Treuegelübde ab
und versprechen hoch und heilig, eher zu sterben, als ein Geheimnis preiszugeben oder den Bruder zu verraten. Für manche Chinesen scheinen sie deshalb eine Zuflucht in einer see-
lenlosen Welt zu bieten, in der die Städte zu groß sind, als daß
man einander kennenlernen könnte, und die Melderegister zu
umfangreich, als daß die Regierung mehr als einen flüchtigen
Blick für die Nöte und Sorgen des einzelnen hätte.

Sung Dschjang und seine fidelen Burschen leben in den Gedanken der Chinesen sogar da noch, wo es keine geheimen
Gesellschaften mehr geben darf – in China. Mao Tse-tung
soll die *Geschichte vom Flußufer* im Rucksack bei sich gehabt
haben, aler er ein junger Mann war, und die Parallele zwischen den einhundertacht Helden in ihrem Nest über den
Sümpfen von Shantung und Mao mit seinen ersten Guerillas
in der Bergeinsamkeit des Dschinggangschan muß nicht mit
dem Winkelmesser geprüft werden.

Maos Anhänger waren ebenfalls »Banditen«, die vor der
»Gerechtigkeit« Tschiang Kai-scheks flohen, um die Reichen
auszurauben und die Armen zu unterstützen, um rücksichtslos gegen die bestehende Ordnung und deren Günstlinge zu
kämpfen. Der Kommunismus und die Kommunistische Partei boten eine Bruderschaft mit einem *i* und einem *dschung*,
die ein instinktives Echo bei den chinesischen Massen finden
konnten. Also wurde Mao der »Kaiser« und Tschiang Kai-
schek der »Bandit«. Wu Sung und der Tiger tauschten die
Rollen.

Die Kommunisten wußten sehr wohl, wie groß der Einfluß
der *Geschichte vom Flußufer* war, und sie hat infolgedessen

einiges ideologisches Feuerwerk in Peking hochgehen lassen. Das Buch wurde 1972 in China wieder herausgebracht, und Hunderte standen jeden Tag danach an, bis es ausverkauft war. Aber die neue kommunistische Ausgabe endet da, wo die »netten Gesellen« in den Sümpfen Sicherheit gefunden haben und noch im Aufstieg begriffen sind, während die Originalfassung weitergeht und erzählt, wie Sung Dschjang und seine Helden durch ein kaiserliches Pardon herausgelockt und verräterisch vernichtet werden, nachdem sie vorher noch (zu ihrer Schande) einen anderen Aufstand für den Sohn des Himmels niedergeschlagen hatten.

Ein paar maoistische Kommentatoren protestierten, es sei falsch gewesen, den Schluß wegzulassen. Der Verrat der Helden durch das korrupte kaiserliche Regime lehre, daß »die Revolutionäre ausgebeutet werden, wenn sie nicht entschlossen sind«, und beweise, daß es »im Kampf zwischen dem unterdrückten Volk und der herrschenden Klasse keinen Platz für Kompromisse gibt«. Falsch, konterten ihre Gegner. Die abscheuliche Vorstellung, ein großer Rebell wie Sung Dschjang habe nicht nur ein Pardon angenommen, sondern sogar eingewilligt, den von einem anderen Rebellen begonnenen Volksaufstand zu unterdrücken, müsse verschwinden. Das Buch müsse zeigen, daß Führer von Bauernerhebungen weder ihre Klasse verrieten, noch sich den Herrschenden ergaben, damit seine revolutionäre Bedeutung verstärkt werde.

Im Sommer 1975 gab der Vorsitzende Mao angeblich selbst die »Weisung« an die Massen im ganzen Land aus, die schmerzlichen Irrtümer Sung Dschjangs in einem, wie die kommunistische Presse schrieb, »neuen Kampf von großer Bedeutung an der politischen und ideologischen Front« zu diskutieren und zu kritisieren. Der vom rechten Weg abgekommene mittelalterliche Bandit hatte »eine kapitulationistische Linie eingeschlagen«, die sich »mit den Interessen der Klasse der Gutsbesitzer« deckte. Er hatte die Bauernrevolte sabotiert, indem er sich der kaiserlichen Autorität unterwarf, genauso wie die abtrünnigen »Revisionisten« im China der siebziger Jahre bereit waren, nicht nur mit der bourgeoisen Tradition zu Hause, sondern auch mit den »neuen Zaren« jenseits der Grenze in der Sowjetunion anzubändeln.

Mao wußte, daß das Bild des *hsie* in den Chinesen nicht in

einer Generation ausgelöscht werden konnte, hatte er doch selbst würdige, altgediente Genossen mit Figuren aus der *Geschichte vom Flußufer* verglichen. Dennoch ist die Partei heute wohl die einzige Bruderschaft, und in Zukunft muß alle heldenhafte Begeisterung mit dem Regime verbunden werden, nicht mit der Rebellion dagegen. Die alten Bilder müssen mit denen neuerer Idole überdruckt werden. Die Kommunisten schaffen sich deshalb ihre eigenen revolutionären Götter. Sie suchen sie nicht unter den arthritischen Siebzigjährigen des Langen Marsches, sondern unter den jungen Männern und Frauen, deren Heldentaten über das ganze Land ausgestrahlt und deren Namen von der allgegenwärtigen chinesischen Propagandamaschine in die Gehirne eingehämmert werden.

Es gibt nur eine einzige Loyalität: der Vorsitzende Mao, die Kommunistische Partei und das chinesische Volk. Und wenn die Massen erst einmal soweit sind, einen Genossen eher mit Hsü Gwo-ping (der 1969, nur mit Maos kleinem Roten Buch bewaffnet, einen Bären überwältigte) als mit Wu Sung (der ohne das Buch einen Tiger überwältigte) zu vergleichen, dann haben die chinesischen Kommunisten ihre erste Schlacht gegen die klebrigen Finger ihrer nationalen Mythologie gewonnen.

Auf irgendeine Art muß das Klischee der turbulenten Vergangenheit in das Klischee einer kommunistischen Gegenwart umgewandelt werden. Aus dem »Heldengeist«, der um das *i* tötet und Loyalität über das 'Gesetz stellt, muß das »Parteigefühl« werden, das jedes Opfer für die Sache der Kommunisten bringt. Denn der chinesische Geist (auf der Vorderseite – kluge östliche Ausflüchte; auf der Rückseite – impulsive, mutige Donquichotterien) ist die Grundströmung, mit der der moderne Herrscher zu rechnen hat und in er er mitschwimmen muß, um bei den Massen glaubwürdig zu sein.

Beide Seiten dieser Münze zeigten sich häufig in den letzten Tagen der Sung -Dynastie, als zuerst die Kin über die Kitan und die Mongolen dann über die Kin herfielen.

Dschingis Khan war ein glänzender Soldat, und seine furchterregenden Horden ungewaschener, trunkener und dennoch hervorragender Reiter konnten sich, was ihre Wildheit betraf, durchaus mit den Soldaten des Ersten Kaisers von Tschin vergleichen. Wenn die Verteidiger von Städten an seinem Weg sich nicht sofort ergaben, ohne auch nur einen Pfeil abzuschießen, wurden die Bewohner bis zum letzten Säugling im Arm der Mutter niedergemacht. Und als seine Reiter plündernd und mordend durch Rußland und Asien gezogen waren und schließlich 1224 das Hsja-Reich vernichteten, machten sie aus den Städten eingeebnete Friedhöfe und ließen höchstens einen von hundert Männern am Leben.

Nachdem die sinisierten Kin Peking[2] an die Mongolen verloren hatten, baten sie die Chinesen, ihnen zu helfen, auch wenn sie es nur aus egoistischen Interessen täten (»Wir sind für euch, was die Lippen für die Zähne sind; wenn die Lippen nicht mehr da sind, werden die Zähne kalt«). Aber die kurzsichtigen Mandarine in Hangchow sahen jetzt eine Möglichkeit, ihre alten Feinde im Norden anzugreifen und verbündeten sich mit dem neuen erbarmungslosen Eindringling gegen sie. Kaifeng fiel 1233, und als die Kin besiegt waren und China allein dastand, begingen die Sung-Minister ihre letzte Dummheit: sie gaben den Befehl, die Mongolen anzugreifen.

Die Mongolen wandten sich nun nach Süden und fanden den Boden härter – und zu ihrer Verwirrung manchmal weicher – als alles, was sie vorher in Westasien oder Europa angetroffen hatten. Die Sümpfe behinderten ihre Reiterei, und die verwirrenden Verästelungen der Wasserstraßen in manchen Teilen Zentralchinas zwangen sie, Boote zu benutzen, die sich störrisch weigerten, wie Pferde zu reagieren. Krankheiten lähmten sie, und mehr als einmal wurden sie von Bomben und Raketen in die Flucht geschlagen. Aber auf beiden Seiten kämpften Chinesen. Viele chinesische Grundbesitzer lieferten sich den Mongolen auf Gedeih und Verderb aus, in der Hoffnung, dadurch ihre Güter und Staatsämter behalten zu können, und später übertrugen sie ihre Loyalität auf die Jüan-Dynastie, die Kublai Khan in Peking begründete. 1276 stand die Reiterei des Khans vor Hangchow, der Kaiser war noch ein Kind, und obwohl viele Chinesen in Kämpferlaune waren, beschloß der Hof zu kapitulieren.

Zu diesem Zeitpunkt verkaufte ein Präfekt in Südchina namens Wen Tien-hsjang, ein reicher Aristokrat Anfang

Dreißig und großer Bewunderer des unglücklichen Jo Fej, seinen Besitz und stellte in aller Eile eine Armee gegen die Mongolen auf. Es blieb ihm keine Zeit mehr, seine Truppen zu trainieren. In Eilmärschen führte er seine zehntausend Freiwilligen in die Hauptstadt, wo ihnen ein stürmischer Empfang bereitet wurde, und warf sich gleich darauf an der Spitze von dreitausend Reitern in den Kampf. Die Hälfte seiner Leute wurde getötet, keiner ergab sich, aber die Schlacht war verloren. Der erste Minister am Hof floh, und Wen erhielt das Amt – mit der Anweisung, einen Frieden auszuhandeln.

Wen Thien-hsjang wollte die Gespräche mit den Mongolen keineswegs als Auftakt einer Kapitulation gelten lassen. In stolzer Haltung ging er in das Lager des feindlichen Kommandeurs und machte dem Barbaren heftige Vorwürfe, überhaupt einen Fuß auf chinesischen Boden gesetzt zu haben. Der mongolische General erklärte, die Sung-Dynastie sei am Ende und Kublai Khan wolle sie nur durch eine gerechte und gütige Regierung ersetzen. »Wenn die Dinge so liegen, zieh deine Armee zurück, dann können wir weiterreden«, erwiderte Wen und wischte die Drohungen gegen seine Person mit den Worten vom Tisch: »Wenn das Land lebt, lebe auch ich; wenn das Land stirbt, sterbe auch ich.«

Weniger widerspenstige Minister übergaben die Stadt jedoch in aller Stille den Mongolen, die sofort den Kaiser und fast den ganzen Hof nach Peking verschleppten. Wen entkam unterwegs, verkleidete sich als Bettler und stellte eine neue Armee zur Rückeroberung der Großen Ebene auf, wurde aber wiederum geschlagen. Die Mongolen verfolgten ihn bis in die Provinz Fukien, wo sie die Reste seiner Armee vernichteten. Wens Generäle kamen ums Leben, doch der unermüdliche Patriot zog sich in die Berge von Kwantung zurück und scharte noch einmal Soldaten um sich. Aber er wurde umzingelt und von einem abtrünnigen chinesischen General gefangengenommen. Und als er Gift nehmen wollte, hinderte man ihn rechtzeitig daran.

Inzwischen hatten sich die Brüder des gefangenen Sohns des Himmels weiter nach Süden zurückziehen müssen. Schließlich wurde der jüngste von ihnen Herrscher von China und konnte nicht mehr Land sein eigen nennen, als die trostlose Felseninsel Jaischan vor der Küste von Kwantung. Ein beherzter Minister erkannte die hoffnungslose Lage, nahm den achtjährigen Kaiser auf den Rücken und sprang mit ihm von einer hohen Klippe ins Meer. So entging er wenigstens der Schmach, in die Hände der Feinde zu fallen.

Wen wurde nach Peking gebracht, wo Kublai Khan ihn mit großem Staat empfing und ihm hohe Ehren versprach, falls er der Jüan-Dynastie mit der gleichen Loyalität wie den degenerierten Sung dienen wolle. Wen lehnte es mannhaft ab, »einen Banditen als Vater anzuerkennen«, und wurde in den Kerker geworfen, um alles noch einmal zu überdenken. Aber er antwortete auf alle weiteren Angebote unerschütterlich, es sei entehrend, auf den Knien zu leben, ruhmvoll sei nur, aufrecht zu stehen und zu sterben. Nach vier Jahren waren die Mongolen mit ihrer Geduld am Ende und richteten ihn hin.

Obwohl Wen Tien-hsjang seine Debatten und Gefechte immer verlor, verkörpert er für die Chinesen den würdigen, kompromißlosen Patrioten. Sein »Lied vom wahren Geist«, das er in seiner Zelle komponiert hat, wird von den Abergläubischen an die Tür geheftet, um das Böse in jeder Gestalt fernzuhalten, und von Personen, die ebenso tapfer und ritterlich wie Wen sind, sagen sie: »Manche Menschen, die jetzt leben, sind schon tot, aber manche, die schon gestorben sind, leben immer noch.«

Niemand weiß jedoch besser als die Chinesen, daß der Mensch zwei Dinge braucht: die weiche Pfote und die scharfen Krallen – und was länger vorhält. Jo Fej war der Held und Tschin Kwej der Schurke des Stücks, und nichts kann den Ruhm des einen oder die Schande des anderen schmälern. Dennoch verleitete gerade der lobenswerte Eifer der Kriegspartei am Hof, gegen die Kin zu kämpfen, die Sung-Minister zu dem Kardinalfehler, sich gegen sie mit den Mongolen zu verbünden und es dann allein gegen die Mongolen zu versuchen, als die Kin vernichtet waren.

Wen Tien-hsjang ist Legende. Seine Standhaftigkeit wird von dem kleinen, auf Hochglanz polierten Messer symbolisiert, das die nationalchinesischen Generäle tragen – nicht um sich damit zu verteidigen, wenn sie in die Enge getrieben werden, sondern um sich (theoretisch) damit eher selbst zu töten, als in Gefangenschaft zu geraten. Doch waren es nicht die Krallen von Wen Tien-hsjang, die der mongolischen Invasion in China die Spitze nahmen, Millionen Menschenleben retteten und eine Zivilisation erhielten, die sonst vielleicht durch Feuer und Schwert vernichtet worden wäre. Es war die Pfote von Jelu Tschu-tsai.

Jelu Tschu-tsai war ein vornehmer, von der chinesischen Kultur und den konfuzianischen Idealen durchdrungener Kitan, der in mongolische Gefangenschaft geraten und dann ein vertrauter Berater von Dschingis Khan geworden war. Als die Mongolen das Himmlische Reich betraten, waren sie empört, kein gutes Weideland für ihre Pferde zu finden, und meinten, es sei »das Beste, die Chinesen auszurotten und Gras wachsen zu lassen«. Aber Jelu Tschu-tsai konnte dem Großkhan beibringen, auf welche Art er wesentlich mehr profitieren könne. Anstatt dieses ungeheuer reiche Gebiet zu zerstören, solle er es lieber besteuern. Und als seine Soldaten Kaifeng nach langem erbittertem Widerstand einnahmen, hielt Jelu Tschu-tsai sie davon ab, die runde Million Einwohner wie gewohnt abzuschlachten. Er erinnerte sie nämlich daran, daß all die geschickten chinesischen Handwerker und Ingenieure aus der ganzen Gegend in die Stadt geflohen seien und man sich ihrer bedienen könne, falls man sie am Leben ließe. Kaifeng blieb verschont, und China entging dem Kahlschlag. Nie zuvor hatten die Mongolen solche Milde gezeigt – aus dem einfachen Grund, daß der gewitzte Kitan nicht an ihre Milde, sondern an ihre Habgier appelliert hatte.

Die äußeren Umstände sind der Schlüssel zu den Widersprüchen im Charakter des Chinesen und daher zur Richtung, die ihre Führer jeweils einschlagen, denn selbst ihre Unbeugsamkeit ist geschmeidig. Und während alle Chinesen wohl anerkannten, daß nur die weiche Pfote Jelu Tschu-tsais den Druck des Mongolen abschwächen konnte, war ihnen gleichzeitig bewußt, daß nur die Krallen eines zweiten Jo Fej sie von der Kreatur befreien konnten.

Die Katze zeigt die Krallen

China war jetzt ein Teil des viel größeren mongolischen Reiches. Fremde Einflüsse strömten herein, aber auch Chinesisches gelangte in die entferntesten Winkel der bekannten

Welt. Die Polos kamen an, Kaufleute aus Venedig, die als Diplomaten blieben, ihnen folgten genuesische Händler und Franziskaner als Gesandte des Papstes in Avignon. 1321 schnitt ein Russe bei den kaiserlichen Examina am besten ab. Die Zellenschmelztechnik gelangte aus Byzanz nach Peking, und fremde Musikinstrumente wurden aus anderen Teilen Westasiens eingeführt.

Inzwischen gab es chinesische bedruckte Stoffe in Italien und chinesische Spielkarten im Mittelmeerraum, chinesische Ingenieure in Mittelasien und chinesische Viertel in Nowgorod und Moskau. Vermutlich erfuhr der Westen zum erstenmal durch kaiserliches Papiergeld, das jetzt nicht nur in Peking, sondern auch in Täbris ausgegeben wurde, etwas über die Drucktechnik. Und eines Tages im Jahre 1287 lief das Volk in Bordeaux zusammen, um eine fremdartige Person zu begrüßen, die zu einer Audienz mit König Eduard I. von England angekommen war. Der Besucher war Rabban Sauma, ein Würdenträger der nestorianischen Kirche, der in Peking geboren und mit einem Geleitbrief Kublai Khans durch das ganze mongolische Reich gereist war.

Aber der Mann, der die wunderbaren astronomischen Instrumente für das neue Observatorium in Peking konstruierte und den Prototyp der modernen Teleskopaufstellung erfand, war einer der ganz wenigen Chinesen, die Kublai Khan mit wichtigen Aufgaben betraute. Der Khan nahm Männer aller Nationalitäten in seinen Dienst, und sein Ziel dabei war, China mit so wenig Chinesen wie möglich zu verwalten.

Es bestand nur geringe Zuneigung zwischen Herrscher und Beherrschten. Die Menschen wurden in vier Kategorien eingeteilt, und der Mongole war der Herr der Schöpfung. Wenn ein Mongole einen Chinesen ermordete, wurde er nur zu einer Geldstrafe verurteilt. Wenn er einen Chinesen schlug, durfte der Chinese nicht zurückschlagen. 1325 verhungerte jeder sechste, und die Bevölkerung – hundert Millionen während der Sung-Dynastie – war inzwischen auf die Hälfte gesunken. Die Beamten waren korrupt und hart, und der siebente Jüan-Kaiser griff den Gedanken wieder auf, die Einheimischen auszurotten, schlug aber vor, es schubweise zu tun und zum Beispiel alle mit dem gleichen Namen gleichzeitig umzubringen.

Die Fähigkeit der Mongolen, vom berittenen Schlächter zum sanften Lüstling zu degenerieren, war jedoch ungewöhnlich groß. Sporadische Aufstände begannen die Herrschaft über China zu durchlöchern, und weniger als hundert Jahre nach dem Sieg der Khane über die Sung hatten die von einem wandernden chinesischen Bettelmönch namens Dschu Jüan-dschang aufgestellten Armeen die Eindringlinge nicht nur aus dem Land gejagt, sondern sogar das Karakorum, die abgelegene Wiege des riesigen Reiches, geplündert und verbrannt.

Dieser Held wurde als abstoßend häßlicher Mönch beschrieben, aber seine Porträts sind widersprüchlich. Er stammte aus einer elenden, armen Bauernfamilie, und als eine Heuschreckenplage ihn zur hungernden Waise machte, wurde er mit siebzehn Jahren Mönch, um wenigstens etwas in den Magen zu bekommen. Aber in einem verarmten China unter dem mongolischen Stiefel wurden auch die Tempel allmählich ihrer Mittel beraubt, und er fand sich schließlich auf der Straße – ein schmutziger Bettler in zerschlissenen Kleidern, dem das Schicksal bestimmt hatte, der ehrwürdige Ahnherr einer dreihundertjährigen Dynastie zu werden.

War er einen zweiten Blick wert? Es heißt, er habe dumme Künstler, die ihn unüberlegt gemalt hatten, wie er wirklich aussah, umgebracht, während er seinen Fürsten die »Abbilder« zeigte, die schlauere Burschen gemalt hatten. Sie hatten ihm ein festes Kinn und einen edlen, fast übernatürlichen Ausdruck gegeben und sprachen von ihm als dem »Herrn von Wohlstand und Ehre, dessen fünf Gesichtszüge zum Himmel gerichtet sind«. Aus eben diesem Grund nannten seine Feinde ihn den »Schweinekaiser« – er hatte nämlich einen nach oben gebogenen Rüssel von Nase.

Und doch ist sein Gesicht wenigstens ein Teil seines Schicksals. Denn als er vor dem »Marschall« erschien, der die Rebellenarmee gegen die Mongolen in seiner Heimat[1] befehligte (nachdem er klugerweise das Los hatte entscheiden lassen, welchem Lager er sich anschließen sollte), war der Marschall von seiner Erscheinung und Haltung so beeindruckt, daß er ihn an seiner Seite behielt und obendrein zu seinem Schwiegersohn machte.

Die Episode erinnert an die Heirat des Dorfpolizisten, der

dann Han Gao-dsu wurde, der erste Kaiser der Han-Dynastie vor fünfzehn Jahrhunderten. Und das ist nicht die einzige Parallele. Die »Duftende Armee« dieses Marschalls Gwo Dsï-hsing, die sich 1352 gegen die Mongolen erhoben hatte, gehörte in die geheiligte Tradition der halb mystischen chinesischen Gesellschaften wie die Roten Augenbrauen und die Gelben Turbane. Ihre Anhänger trugen einen roten Kopfschmuck, gehörten zu der esoterischen buddhistischen Sekte Weißer Lotus und waren auch als »Rote Armee« oder »Turban-Armee« bekannt. Aber sobald der Mann, der die Ming-Dynastie gründen sollte, nach dem Tod seines Schwiegervaters das Kommando übernommen hatte, räumte er mit einem großen Teil des Mummenschanzes auf, erklärte der Tyrannei der Mongolen den Krieg und rief alle Chinesen auf, ihm zu helfen und die Schande ihres Landes auszulöschen.

In dreizehn Jahren harten Kampfes erwies er sich als mutiger, siegreicher General. Aber nicht mit den Siegen im Feld, sondern mit seiner einnehmenden Freundlichkeit, seinem gesunden Menschenverstand und seiner »revolutionären« Zuneigung für die Armen und Geplagten konnte er die halbe Anarchie in seinen Vorteil ummünzen und ein Reich gewinnen. Wie alle scharfsinnigen Chinesen von Tsao Tsao bis Mao wußte er, daß der wahre Führer mit dem Schwert keine Pflugscharen zerschlug, sondern beide nutzte, um den Feind zu schlagen. Wo er gut gekämpft hatte, sorgte er dafür, daß die Bauern das Land gut bestellten. Wenn er vorrückte, ging er deshalb von festen und gut versorgten Stützpunkten aus, in denen er der Unterstützung des Volkes sicher sein konnte.

Die anderen Rebellenführer mordeten und machten Beute, um raschen Gewinn zu haben, aber wie Han Gao-dsu zog er die besten unter ihnen mit schönen Versprechungen und viel Gerede über edle Grundsätze auf seine Seite, während er das Volk durch schlau berechnete Milde für sich einnahm. Auf seinem Vormarsch verlangte er von der Bevölkerung keine unechte Begeisterung, sondern nur eine zurückhaltende, wohlwollende Aufnahme. Dafür versprach er, seine Soldaten würden weder töten noch plündern, keine Frauen rauben und kein Vieh abschlachten. Er verkündete, er allein trage die Verantwortung, die Jüan-Dynastie zu stürzen. Alle Männer, die sich um ihn scharten – seien sie Chinesen oder nicht, sogar

Mongolen – würden danach gleich behandelt. Und wie Han Gao-dsu zog er begabte Männer ohne Rücksicht auf ihre Herkunft an sich und hörte vernünftig auf ihren Rat.

Mit welcher Strategie sollte er den Usurpator stürzen – und hinterher sicherstellen, daß er Herrscher wurde, fragte er den Gelehrten Dschu Scheng. »Baue hohe Mauern, horte große Mengen Getreide – *und greife nicht übereilt nach dem Rang des Kaisers«,* war die kluge Antwort. Und sechshundert Jahre später spornte der Vorsitzende Mao die Chinesen an, sich auf den Widerstand gegen eine sowjetische Aggression vorzubereiten, und mahnte sie: »Grabt tiefe Unterstände, hortet große Mengen Getreide und spielt euch nicht gegenüber anderen als Herren auf.«[2] Das revolutionäre China wollte nicht als angebliche Supermacht angesehen werden, ebenso wie der »revolutionäre« Mönch seine Ambitionen hinsichtlich der Kaiserwürde nicht verfrüht hatte durchblicken lassen.

Zehn Jahre brauchte der Mönch, um die Armeen seiner ziemlich hartnäckigen Rivalen zu vernichten, und erst danach wandte er sich nach Norden und vertrieb den letzten Mongolenherrscher aus Peking. Aber von 1368 an saß er als Ming Tai-dsu, als erster Kaiser der Ming-Dynastie, auf dem Thron in Nanking, das er sich zur Hauptstadt gewählt hatte. Für den Bettelmönch war der Augenblick gekommen, in dem die weiche Pfote den Krallen Platz machen mußte. Der intelligente Streiter für das Reich mußte das freundliche Benehmen und die edle Haltung, mit denen er auf dem Weg nach oben Freunde gewonnen und das Volk beeindruckt hatte, abschütteln und die darunter verborgene leidenschaftslose Rücksichtslosigkeit zeigen, die allein ihn an der Spitze halten konnte, die »brutale Gesinnung«, ohne die kein Mensch ein wirklicher Führer sein kann, wie die Chinesen sagen.

Der »revolutionäre« Rebell war vergessen, und der Kaiser machte sich daran, jede Opposition auszurotten und alle Macht in seinen Händen zusammenzufassen. Das Ministerium, das den Staatsdienst überwachte und einem widerspenstigen Herrscher wirksame Grenzen setzen konnte, wurde abgeschafft, und jeder, der seine Wiedereinrichtung vorschlug, mußte mit dem Todesurteil rechnen. Er teilte die Regierung auf sechs Ministerien auf, die ihm direkt verantwortlich waren und von Gelehrten geleitet wurden, die er kaum besser als Schreiber behandelte. Er kontrollierte die Verwaltung der Provinzen persönlich durch drei kaiserliche Abteilungen: für Inneres, Militär und Bestrafungen.

Er war wegen seiner niedrigen Herkunft überempfindlich und hielt in ruinöser Pracht Hof, ging aber entsprechend geizig mit seinen Behörden um. Während der chinesische Herrscher und seine Ratgeber bislang frei und offen konferiert hatten, bestimmte Ming Tai-dsu, daß seine hohen Beamten bei der Audienz bis zum Fuß des Thrones kriechen, ihren Kopf beim Kotau auf den Boden schlagen und dann vor ihm knien mußten. Wenn ein einziges Wort einer Denkschrift sich nicht mit den Ansichten des Kaisers deckte, wurde der unglückliche Minister, der dafür verantwortlich zeichnete, hinausgeschleppt und ausgepeitscht oder sogar enthauptet.

Es heißt, ein Mandarin sagte seiner Frau und seinen Kindern jeden Morgen feierlich Lebewohl, bevor er an den Hof ging, und wenn er am Abend zurückkam, freuten sich alle und gratulierten ihm. Wenn der Kaiser erschien und seinen Jadegürtel stramm um die Taille gebunden hatte, war das ein Zeichen, daß er bei guter Laune war und nur wenige sterben mußten. Hing der Gürtel dagegen lose, erblichen alle Anwesenden.

Denn Ming Tai-dsu war der geborene grausame Mörder. Er brachte unzählige Unschuldige um, wenn er dabei war, seine Feinde zu beseitigen, und ermunterte die Anführer der einflußreichen Cliquen, die ihn unterstützt hatten, sich gegenseitig zu ermorden. Er hatte keinen Bedarf mehr an »verdienstvollen Hunden«, denn »wenn das flinke Wild gefangen ist, werden die Hunde gekocht«, wie ein Minister der »Frühling und Herbst«-Zeit einmal treffend geäußert hatte.

Er beseitigte hervorragende Männer, die ihm geholfen hatten, nicht nur, er begrub sie gleich unter einem ganzen Berg von Leichen. Sein Rekord stellt den von Han Gao-dsu bei weitem in den Schatten. Als er Hu Wej-jung, seinen loyalen ersten Minister, aufgrund einer aus den Fingern gesogenen Beschuldigung wegen Verrats hinrichten ließ, wurden dreißigtausend Personen damit in Verbindung gebracht und getötet — zwanzig davon hatte er früher für ihre Verdienste in den Adelsstand erhoben —, und die Beseitigung eines Generals kostete weitere fünftausend ihr Leben. Das Opfer hatte nicht immer das Glück, enthauptet zu werden. War sein Verbrechen schwer, wurden ihm zuerst Hände und Füße abgehackt, dann durchstach man ihm die Kehle, und schließlich wurde es mit dreitausend Messerschnitten systematisch tranchiert. Während der Ming-Dynastie wurden Beschuldigte auch erdrosselt oder verbannt oder mit dem Bambusrohr geschlagen (obwohl schon fünfzig Hiebe tödlich sein konnten, wurde ihnen oft die doppelte Zahl verabreicht).

Der Thronfolger machte seinem blutdürstigen Vater Vorwürfe, aber der Kaiser warf ihm als Antwort einen dornigen Zweig hin und forderte ihn auf, diesen aufzuheben. »Du hast Angst vor den Dornen und kannst es nicht«, spottete er, als sein Sohn zögerte. »Soll ich ihn nicht besser für dich zurechtschneiden? Ähnlich stand es mit denen, die ich getötet habe. Sie waren eine Gefahr für das Reich, und es ist dein Glück, daß sie jetzt ausgemerzt sind.«

Es ist behauptet worden, Ming Tai-dsu habe sein Reich von ehrgeizigen Schurken und korrupten Mandarinen gesäubert, bevor er starb, weil sein Sohn schwach und gefährdet war. Auf der anderen Seite halten es viele Chinesen nicht für nötig, derartige Entschuldigungen für ihn vorzubringen, denn in China hatte die Erfahrung gelehrt, daß ein mächtiger Adel einer neuen Dynastie ein rasches Ende bereiten konnte.

Und eine korrupte Beamtenschaft konnte wie eine zehrende Krankheit sein. Eine chinesische Fabel erzählt, wie ein Mann aus Tschi, ahnsehnlich wie ein Staatsdiener mit Mütze und Mantel bekleidet, in ein überfülltes Geschäft ging, ein paar Stücke Gold an sich nahm und sich damit aus dem Staube machte. »Wie kamst du dazu, das Gold unter den Augen so vieler Leute zu stehlen?« fragte man ihn, als er ergriffen wurde. »Ich sah die Leute nicht«, sagte der Mann aus Tschi. »Ich sah nur das Gold.« Die meisten Mächtigen und Privilegierten in China sahen nicht die Millionen um sich herum, sondern nur die Beute, und im fünfzehnten Jahrhundert wurde das Reich von hunderttausend Mandarinen in einem Staatsdienst verwaltet, der zum größten Teil eine Domäne der reichen und gewinnsüchtigen Familien war, obwohl er allen offenstand.

Die kaiserliche Zensurbehörde war daher bei dem kleinen Mann gut angeschrieben, denn ein Kommissar, der »geheim«

von Provinz zu Provinz reiste (wie ein spanischer Chronist[3] es beschrieb), konnte Beamte niedrigeren Ranges verhaften und bestrafen und seinen Vorgesetzten dann »in summa alles, worin er sie schuldig befunden habe«, berichten. Die Gesetze erlaubten es außerdem jedem, seine persönlichen Klagen über einen Mandarin, der seine Macht mißbrauchte, in der Hauptstadt vorzutragen, und der Mandarin fand dann vielleicht ein schreckliches Ende. In unmittelbarer Nachbarschaft des Amtssitzes gab es in jedem Bezirk einen »Tempel der Häute«. Dort wurden die Häute, die man den Beamten wegen Habgier und Wucher bei lebendigem Leibe abgezogen hatte, ausgestellt. Sie wurden getrocknet über Puppen aus Reisstroh gezogen und auf Bambusstangen gesteckt. Einer dieser »Strohmänner« wurde auch bei Hof aufgestellt, wenn Recht gesprochen wurde, um die Richter in die richtige Stimmung zu bringen

Die Gefängnisse in China sollen während der Ming-Zeit so groß und voll gewesen sein, daß sie wie ummauerte Städte aussahen. Man wandte das legalistische Prinzip der Kollektivschuld an, nach dem die Familien in Zehner- und Hundertergruppen eingeteilt wurden. Der Chronist berichtet, jeder Haushaltsvorstand, der von einem Vergehen erfuhr, habe »die Gerichte davon in Kenntnis setzen müssen, damit der Fehltritt bestraft werden konnte«. Wenn jemand ein Vergehen nicht meldete, »sollte er dieselbe Strafe wie der Übeltäter erhalten«. Doch das war nichts Neues. Es war auch Teil eines umfassenderen Systems, das den Sippen und kleinen Dorfgemeinschaften die Verantwortung übertrug, ihre Steuern selbst einzutreiben und ihre Rechtshändel selbst zu schlichten, ohne ständige Einmischung eines örtlichen Richters oder sonstigen Paragraphenreiters.

Daher bezeichneten die Massen den Rebellen, der über sie herrschte, nicht als Ungeheuer, sondern als »Tüchtigen Herrn«, denn er ließ sie ihre Klagen vorbringen, er züchtigte jene, die sie ausbeuteten, er forderte alle Rassen zu Mischehen und friedlichem Zusammenleben im Reich auf. Aber weder das dörfliche Lob einer Bauernschaft, die dem Palast fern war, noch die Notwendigkeit, Mandarine und Adlige in ihren Zwingern zu halten, falls sie nicht dem Schlächter übergeben wurden, rechtfertigten die ungezügelte Grausamkeit von Ming Tai-dsu oder die von ihm peinlich genau befolgte abscheuliche Tradition, Männer wie »Hunde aus Stroh« zu behandeln.

Es war allerdings eine Grausamkeit, die die Chinesen akzeptierten. Sie war Teil des natürlichen Ablaufs in einer lächerlich unvollkommenen Welt, die der linke Historiker Tsao Dschu-ren mit einem Tümpel voller wenig liebenswerter Kreaturen verglichen hat: »Blutegel, Würmer, Wasserschlangen, Frösche, Hundertfüßer – ich fresse dich, du frißt mich, wir fressen uns gegenseitig auf. Flehe zum Himmel, und was tut der Himmel? Trennt er recht von unrecht, krumm von gerade? Nein, die Sonne scheint, und der Tümpel trocknet aus, aber nach ein paar Tagen regnet es wieder, ein neuer Tümpel bildet sich, Blutegel, Würmer, Wasserschlangen, Frösche und Hundertfüßer kommen zum Vorschein, und der Krieg eines jeden gegen jeden fängt von vorne an.« Die Banditen des vorigen Jahres können die Beamten dieses Jahres sein, und der Rebell des letzten Jahres kann dieses Jahr Kaiser sein – das bedeutet nur, daß sie größere und bessere Gelegenheiten zum Töten und Stehlen haben, sagen die Chinesen.

Die Maßnahmen, die ergriffen wurden, um die »Macht« auf dem Thron zu etablieren und sie gegen die üblichen Risiken wie Frauen, Eunuchen und königliche Rivalen abzusichern, waren jedoch nicht alle tödlich. Die Ming-Kaiser suchten sich ihre Frauen absichtlich in unbedeutenden Familien und schlossen sie dann in einen besonderen Palastbezirk ein, wo es ihnen strengstens untersagt war, in Hof- oder Staatsgeschäften mitzumischen. Ming Tai-dsu ließ auch eine große Metallplatte am Palasttor anbringen, auf der zu lesen stand: »Eunuchen dürfen sich nicht in politische Angelegenheiten einmischen. Wer das nicht befolgt, wird enthauptet.« Aber er zögerte noch, die Macht der Fürsten zu beschneiden, und sie kommandierten immer noch große Armeen an den Grenzen Chinas.

Erst sein Nachfolger, der Kaiser Hwej, ein minderjähriger Enkel, stellte die einschlägige Frage: *quis custodiet ipsos custodes* – »Wenn die Barbaren rebellieren, leisten die Fürsten ihnen Widerstand, aber wenn die Fürsten rebellieren...?« und plante Maßnahmen, sich dieser potentiellen Störenfriede zu entledigen. Das weckte den Zorn des Fürsten von Jen, eines jüngeren Sohnes von Ming Tai-dsu, und er beeilte sich, einen Aufstand anzuzetteln, bevor er der Mittel dazu beraubt werden konnte. Der Kaiser schickte eine große Armee gegen ihn, aber Palasteunuchen im Sold des Rebellen benachrichtigten diesen von dem Feldzug, der die Hauptstadt von Truppen entblößt hatte.

Der Fürst stieß von seinem Hauptquartier in Peking nach Süden vor und eroberte in einem beschwerlichen blutigen Krieg Nanking. Er ließ den Palast in Flammen aufgehen und machte die Anhänger seines Souveräns nieder. Der zweite Ming-Kaiser entkam und verbrachte die nächsten vierzig Jahre seines Lebens, wie der erste Ming-Kaiser seine Jugend verbracht hatte – verkleidet als buddhistischer Bettelmönch. Der Usurpator rief sich zum Sohn des Himmels aus, nahm den Titel Jung-lo an und verlegte die Hauptstadt wieder nach Peking.

Er führte umgehend die Maßnahmen durch, mit denen sein Vorgänger ihn so erzürnt hatte, als er sie nur in Erwägung zog. Nach 1402 wurde allen Fürsten der kaiserlichen Familie der Zugang zu sämtlichen militärischen und zivilen Regierungsämtern verwehrt. Mandarine, die dem Herrscher verantwortlich waren, nahmen ihre Interessen wahr, und sie durften ohne allerhöchste Erlaubnis weder heiraten noch die ihnen zugewiesenen Provinzen verlassen. Fast während der ganzen Regierungszeit der Dynastie war die Kontrolle über die Armee auf fünf Kommissionen verteilt, denen Zivilbeamte im Palast vorstanden, und die Kommandeure, die mit der Koordinierung großer Operationen betraut wurden, waren eher Karrierebeamte als Generäle. Keine rein militärische Erhebung sollte die Ming stürzen können – und sie wurde schließlich auch nicht von einer rein militärischen Erhebung gestürzt.

Die Platte, die den Eunuchen ihren Platz zuwies, kam jedoch jetzt abhanden. Denn während Kaiser Jung-lo eine Tür verriegelte, die sein Vater offengelassen hatte, beging er den fatalen Fehler, eine andere zu öffnen, die sein Vater so sorgfältig verschlossen hatte. Er behandelte die Palasteunuchen, die ihm heimlich geholfen hatten, den Thron zu gewinnen, nicht wie verdienstvolle (wenn auch verarztete) Hunde, sondern belohnte sie für ihren Anteil an seinem Sieg und betrachtete sie als vertraute Mitwisser. Ming Tai-dsu hätte gewußt, wie er mit ihnen hätte verfahren sollen. Er hatte sein Weibervolk und seine Eunuchen auf eine Höchstzahl von hundert je Sorte begrenzt. Aber Kaiser Jung-lo war so unklug, diese Quoten zu überschreiten, und es heißt, am Ende der Ming-Dynastie habe es im Kaiserpalast nicht nur zehntausend Frauen gegeben, sondern auch rund siebzigtausend Eunuchen – da sich paradoxerweise Eunuchen schneller als Frauen vermehren.

Die Ming-Dynastie ist berühmt für ihre glänzende Architektur, für hübsches Porzellan und Email, für die Entwicklung des chinesischen Romans, für eine große Enzyklopädie und eine umfassende *materia medica* und viele andere Wunderdinge. Aber sie ist genauso berühmt für den Despotismus der meisten ihrer Monarchen, für die Unterwürfigkeit der meisten ihrer Mandarine und für Unglück und Not, die die kaiserlichen Kastraten über das Reich der Mitte gebracht haben. Fünfundzwanzig Jahre nach dem Tod Kaiser Jung-los 1425 war einer seiner Nachfolger so töricht, einen Eunuchen namens Wang Dschin zum Oberbefehlshaber eines Feldzugs gegen die Mongolen zu machen, obwohl er nicht die geringste militärische Erfahrung besaß. Die chinesische Armee wurde keine achtzig Kilometer vor Peking eingekesselt und aufgerieben. Die Nachbarn erkannten die Symptome, und danach setzten die Tibeter China Widerstand entgegen, Annam fiel ab, die Japaner drangen in Korea ein, und das Reich verlor die Mandschurei.

Die Eunuchen wurden immer korrupter und anspruchsvoller. Sie plünderten die Provinzen mit maßlos übertriebenen Steuern aus, und bei der Regierung gingen die Rücktrittserklärungen von Mandarinen gleich stapelweise ein, weil sie nicht mehr wagten, die Bauern noch mehr auszuquetschen. Zu Beginn des sechzehnten Jahrhunderts maßte sich einer dieser entmannten Oberherren namens Lju Dschin die Macht an, kaiserliche Dekrete zu erlassen, und machte umgehend Gebrauch davon, indem er als erstes die Hinrichtung von dreihundert persönlichen Feinden anordnete. Nachdem er so das Feld bereinigt hatte, besetzte er alle wichtigen Palastämter mit Mitgliedern seiner Clique und fuhr fort, das Reich auszuwringen. Er konfiszierte und besteuerte Vermögen, bis er für seine eigene Tasche Gold und Silber und Edelsteine erworben hatte, die mehr wert waren als die jährlichen Einkünfte des gesamten chinesischen Reiches.

Aber sein Bild verblaßt sogar noch vor Wej Dschung-hsien, der hundert Jahre später lebte. Nachdem dieser Faulenzer sein Hab und Gut restlos verspielt hatte, ließ er sich kastrieren, um eine Stelle im inneren Palast zu bekommen. Es gelang ihm, sich in das Vertrauen des jungen Thronfolgers einzuschleichen, und als dieser auf den Thron kam, konnte Wej mit ihm umgehen, als sei er nicht mehr als der Stempel, den er für seine abscheulichen Edikte brauchte. Ohne Zeit zu verlieren, ermordete Wej darauf alle seine Gegner mit oder ohne Testikel, einschließlich eines jeden Gelehrten der Dung-lin-Akademie, dessen er habhaft werden konnte.

Die Akademie war ein Zentrum beredter Opposition gegen die »Kastratenclique«, die jetzt das Reich beherrschte, und als Wej sie endlich schließen und ihre verschreckten Mitglieder in den Untergrund treiben konnte, wandelte er sie in einen »lebenden Schrein« für sich selbst um. Sein Abbild wurde, bekleidet mit der Kopfbedeckung und dem Mantel der Kaiser des Altertums, in der Haupthalle aufgestellt, und wer versäumte, seinen Kotau davor zu machen, wurde hingerichtet. Es war der erste von zahlreichen Tempeln, die dem geschlechtslosen Schurken errichtet wurden, der überall zeremoniell von den Rufen der Speichellecker begrüßt wurde, die ihm noch »neuntausend Jahre« wünschten (was er verächtlich ignorierte).

Die finstere Komödie erreichte ihren Höhepunkt, als Kaiser Hsi Dsung, der sich lieber mit der Kunsttischlerei als mit seinem Hof beschäftigte, bestimmte, Wej Dschung-hsien genauso wie Konfuzius zu verehren – was bedeutete, daß er selbst vor der Gestalt seines eigenen Haussklaven knien und dreimal mit der Stirn den Boden berühren mußte, wenn er dem Weisen im Frühling und Herbst Opfer darbrachte. Zensoren und andere Beamte, die in Denkschriften bei Hofe gegen diese Mißbräuche protestierten, wurden auf eine so abscheuliche Art in den Folterkammern des Palastes zum Schweigen gebracht, daß ihre Leichname häufig bis zur Unkenntlichkeit entstellt waren. »Selbst wenn man ihn zu Hackfleisch zerkleinerte, wären seine Sünden noch nicht gesühnt«, schrieb einer dieser mutigen Männer.[4] Der Kaiser starb 1627, und Wej, der sich erhängt hatte, um der Rache zu entgehen, wurde in der Tat wütend in Stücke gerissen.

Obwohl der Marionettenkaiser sich nicht für die Staatsgeschäfte interessierte und seine Tage ziemlich glücklich verbrachte, wurden Wej und seine Günstlinge beschuldigt, ihn mit Aphrodisiaka gefüttert und mit Mädchen eingedeckt zu haben. Denn wenn der politische Trieb einen Mann zu körperlicher Kastration überreden kann, dann kann auch der körperliche Trieb einen anderen Mann zu politischer Kastration verleiten. Denn immer wieder in der Geschichte des kaiserlichen China haben anmaßende Eunuchen, ehrgeizige Mandarine und Regentinnen, die ängstlich darauf bedacht waren, die Hebel der Macht in der Hand zu behalten, schwache Herrscher, ob jung oder alt, systematisch korrumpiert, damit sie bei der Jagd nach Vergnügungen ihre Energien verbrauchten und die Regierungsgeschäfte anderen überließen.

Der chinesische Machiavelli ist sich ebenso wie der erste beste Intrigant bewußt, daß ein Bett genauso wirksam zerstören kann wie eine Kugel, und um solche Waffen so gut wie möglich zu nutzen, greift er auf Methoden der chinesischen Geheimpolizei zurück, die vor allem während zweier Perioden entwickelt wurden – in der glänzenden Epoche der Ming-Dynastie und der langen blühenden Regierungszeit der Kaiserin Wu.

In ihrer rastlosen Suche nach Hinrichtungsobjekten – und nach Männern, denen sie diese Aufgabe anvertrauen konnte – ließ die Kaiserin der Tang-Dynastie in ihrer Hauptstadt einen besonderen »Briefkasten« aufstellen, damit Informanten auf bequeme Art andere des Verrats bezichtigen konnten. Sie befahl auch den Provinzbeamten, jede Person, die ihr etwas Unangenehmes anzuvertrauen hatte, sofort in ihren Palast zu schicken, und drohte ihnen damit, sie anderenfalls selbst wegen Verschwörung anklagen zu lassen. Sie gewährte nicht nur jedem auf das Gemeinwohl bedachten Zuträger umgehend eine Audienz, sondern übertrug ihm auch fast automatisch ein Amt (während die von ihm Denunzierten erdrosselt oder geköpft wurden). Auf diese Art wurde ein tuschelnder Pastetenbäcker zum General und ein Bauernbengel zum Richter ernannt. Die meisten dieser Klatschbasen heuerte man als ständige Agenten oder sogar Offiziere in der neuen Hierarchie des Schreckens an, die ein Dutzend Hauptscharfrichter beherrschte.

In einer neu errichteten Ausbildungsstätte wurden alle Kniffe gelehrt, von der Spionage bis zur Kunst, den Arm auszukugeln, und es hieß, keiner der Unglücklichen, die durch das »Tor der schönen Aussicht« gegangen waren, sei jemals wieder gesehen worden. Die meisten Opfer gestanden ihre erfundenen oder wirklichen Verbrechen, denn um sie zu offenem Reden zu bringen, steckte man ihnen Bambussplitter unter die Fingernägel oder stopfte ihnen heißen Schlamm in die Ohren, spannte sie auf eine kreisende Folterbank, hängte sie an den Haaren auf, blendete sie, goß Essig in ihre Nase und heizte schließlich einen Wasserkessel auf, um sie lebendigen Leibes zu sieden.

Menschen wurden wahllos gejagt, gefoltert und hingerichtet, häufig ohne Wissen der Kaiserin. Ihren Richtern konnte es passieren, selbst plötzlich ohne Nahrung in einer Zelle zu sitzen und mit einem Steinhammer rhythmische Schläge auf den Kopf zu bekommen, wenn sie einen Verdächtigen freigesprochen hatten, den die Scharfrichter beseitigen wollten. Es ist ziemlich sicher, daß Wu Dschao die Säuberungen guthieß, denen zwischen 688 und 691 dreitausend Familien zum Opfer fielen, aber gegen Ende ihrer Regierung löste sie diese finstere Organisation auf.

Etwas Vergleichbares gab es nicht mehr, bis Ming Tai-dsu wieder ein Instrument des Schreckens schuf, das den malerischen Namen »Brokatkleid-Garde« erhielt und außerhalb der Rechtsprechung der gewöhnlichen Gerichte operierte. Kaiser Jung-lo gab dem Terror noch eine weitere Dimension. Er gestattete seinen Eunuchen, die »Östlichen Werkstätten« einzurichten, deren weniger hübscher Name ganz deutlich durchblicken ließ, daß die Menschenlieferungen, die dorthin geschickt wurden, das Rohmaterial für geistige und körperliche Verarbeitung abgaben. Schließlich erweiterte und rationalisierte die Kastratenclique unter Wej Dschung-hsien das System, indem sie die »Westlichen Werkstätten« eröffnete und die Brokatkleid-Garde unter ihre Kontrolle brachte.

Ursprünglich waren Eunuchen im kaiserlichen Haushalt nicht nur eingestellt worden, weil sie impotent waren. Ihre

Impotenz bedeutete auch, daß sie ohne Ansehen, ohne Moral und ohne Familie waren und nur das Vermögen besaßen, das der Herrscher ihnen zukommen ließ. Aus den gleichen Gründen wurden sie zu Herren über das gesamte Netz der Spione und Scharfrichter gemacht. Sie waren verantwortlich dafür, nach abweichenden Meinungen und Verrat zu schnüffeln, einen Schuldigen selbst in den inneren Bezirken des Palastes zu verhaften, ein Geständnis aus ihm herauszupressen und ihm dann die schreckliche Strafe für seinen angeblichen Verrat aufzuerlegen. Mit diesen Vorrechten ausgestattet, führte die Kastratenclique falsche Klage gegen unzählige aufrechte Hofbeamte und brachte sie zu Fall. Sie beschuldigten jeden, der ihnen im Wege stand, erfundener Delikte und schafften ihn dann möglichst schnell samt seiner Familie beiseite, ohne den Sohn des Himmels zu benachrichtigen, wie das Protokoll es eigentlich für den Fall der Verhaftung von Mandarinen vorschrieb.

Die Struktur der Macht bestand jedoch während der Ming-Dynastie nicht ausschließlich darin, daß eine Eunuchenverschwörung ihre Launen durch einen gleichgültigen Kaiser befriedigte. Andere zerstörerische Einflüsse waren am Werk. Hatte einerseits die fatale zivilisierte Weichheit des Sung-Hofes eine Rückkehr zu despotischer Barbarei bewirkt, so führte andererseits die unwürdige Unterwerfung unter die Mongolen, die das Ergebnis dieser Weichheit war, zu einem wilden chinesischen Kulturchauvinismus, der zur Zerstörung des Reiches beitragen sollte.

Alle Chinesen sind Brüder

Die konfuzianische Tradition war wieder hergestellt, der Kaiser vollzog die alten Opfer, der Befähigungsnachweis für das Amt des Mandarins war wieder auf die Kenntnis der Klassiker und der neokonfuzianischen Kommentare beschränkt. »Die Wahrheit ist der Welt offenbart worden«, erklärte ein Gelehrter. »Es braucht nichts mehr geschrieben zu werden.« Nach dem Trauma der Herrschaft der Mongolenkhane zeigte das China der Ming Entzugserscheinungen. Das Feld gehörte daher nicht nur dem Tyrannen und dem

Hofkapaun, sondern auch den achtzehn Rängen der Mandarine, auf denen das konfuzianische System beruhte. Die Fürsten hatten ihre tatsächliche Macht eingebüßt, das Militär war den beamteten Gelehrten unterstellt, und selbst ein eigenwilliger Kaiser mußte seinen Eigensinn dem bürokratischen System und der moralischen Zustimmung einer konfuzianischen Gesellschaft unterwerfen und sich die Zurechtweisungen seiner beherzteren Zensoren gefallen lassen (die allerdings später von den Eunuchen aus dem Weg geräumt wurden). Denn ein Mörder konnte zwar König sein, aber er durfte nicht hoffen, ungestraft morden zu können, falls er die Konvention außer acht ließ und seinem Opfer nackt durch die Straßen nachschlich.

War er aber ordentlich angezogen, konnte er hemmungslos morden, und in seinem konfuzianischen Kleid übte der Kaiser die absolute – moralische und unmoralische – Autorität aus. Die verschiedenen Elemente der Gesellschaft stritten nicht untereinander um die Macht, denn er hatte alle Macht inne. Infolgedessen waren die meisten Mandarine immer noch so unterwürfig und kleinlich wie unter den Sung. Sie wagten nicht, Beschlüsse ohne kaiserliche Zustimmung zu fassen, und der Herrscher wurde Tag für Tag mit Bittschriften in ekelhaft kriecherischer Sprache überschüttet. Seinerseits behandelte er die Mandarine wie Sklaven, ließ sie tagelang ohne Unterbrechung in seinen äußeren Palasthöfen auf dem Bauch liegen und forderte ihre Köpfe wegen banaler Vergehen. Mencius hatte sie vor fast zweitausend Jahren mit »Konkubinen« verglichen. Und jetzt waren sie eher Dirnen als Höflinge.

Chinesische Staatsdiener waren nicht immer so, doch wiederholte sich das Grundthema, wenn auch mit Variationen, in Peking innerhalb der Kommunistischen Partei unter dem Vorsitzenden Mao. Auch hier ist es eher ein Palastkampf um die Gunst einer einzigen Quelle der Macht, die alle auf der Grundlage einer einzigen Philosophie beherrscht, und er spielt sich zwischen Kadern ab, die dieser Macht loyal sind. Viel weniger ist es ein Zusammenstoß zwischen sich bekämpfenden Gruppen mit unterschiedlichen Ideen innerhalb und außerhalb der Verwaltung.

Als der Jesuitenpater Matteo Ricci China gegen Ende des

sechzehnten Jahrhunderts erreichte, hatte sich das Reich in neokonfuzianische Isolation zurückgezogen. Die Regierung über die Barbaren in den Grenzländern war deren eigenen Führern, die man mit klangvollen chinesischen Titeln besänftigt hatte, überlassen worden. Von den Vasallenkönigen erwartete man nicht mehr, als daß sie sich von den Ming-Kaisern einsetzen ließen, wenn sie den Thron bestiegen, den chinesischen Kalender übernahmen und ab und zu als Zeichen der Huldigung einen Tribut nach Peking schickten.

Die Chinesen waren nicht mehr dazu bereit, auszuziehen und die Fremden auf halber Strecke zu treffen, und Ricci schrieb über sie, sie »könnten zwar leicht ihre Nachbarländer erobern, aber weder der König noch sein Volk denken an Kriegführung oder Aggression. Sie sind völlig zufrieden mit dem, was sie haben, und haben keinen Ehrgeiz, Eroberungen zu machen.«

Chinesische Schiffe blieben in Küstennähe, und chinesische Bürger durften das Land nicht verlassen. Die Portugiesen, die inzwischen auf der Bildfläche erschienen waren, wurden kaum höher als Piraten eingeschätzt und auf die winzige Halbinsel Macao im tiefen Süden beschränkt, von wo aus sie über das nahegelegene Kanton, wie Hausierer am Dienstboteneingang, den Handel mit dem Himmlischen Reich abwickelten. Die unmittelbare Kenntnis des Westens wurde durch einen Komposthaufen von Phantasien ersetzt, und das Reich der Mitte hielt sich in der Epoche der Da Vinci, Kopernikus, Tycho Brahe, Kepler, Galilei und Newton die weißen Barbaren vom Leib.

Als Pater Ricci 1598 in das Innere Chinas gelangen konnte, entdeckte er, daß die während der Jüan-Dynastie so wunderschön ausgeführten astronomischen Instrumente, die für Peking bestimmt gewesen waren, zwei Jahrhunderte lang vernachlässigt auf einer Terrasse in Nanking gestanden hatten. Die Gelehrten an der mathematischen Fakultät konnten nicht mit ihnen umgehen und berechneten den Kalender nach überholten Tabellen. Chinesische Mandarine, deren Studien sich, wie Ricci schrieb, auf »Moralphilosophie« beschränkten, bestaunten sein astronomisches und mathematisches Verständnis. Dieser Amateur, wie er sich selbst bezeichnete, bemerkte: »Sie sind überzeugt, ich sei ein wissenschaftliches

Phänomen... was mir nicht wenig Spaß macht.« Einige wünschten sogar, er möge den Kalender korrigieren, von dem die Wirksamkeit der kaiserlichen Opfer und das himmlische Wohlwollen abhingen.

Diese Aufgabe wurde schließlich Pater Adam Schall anvertraut, einem der Jesuiten, die in Riccis Fußstapfen traten und eine kleine Zahl einflußreicher Beamter am Hof – manchmal sogar den Souverän – für sich einnehmen konnten, indem sie sie mit der westlichen Wissenschaft und solchen erstrebenswerten Wunderwerken wie Teleskopen, Uhren und Kanonen bekannt machten. Aber sobald der Kaiser merkte, daß die katholischen Missionare einem rivalisierenden Stellvertreter des Himmels in Rom ergeben waren, behandelte er sie mehr als Handwerker denn als Berater, und ihre Wissenschaft wurde nicht in größerem Umfang studiert oder angewandt.

Der Anfang des langsamen Prozesses, in dem sich das Reich in sein eigenes Leichenhemd aus Jade einnähte, war noch überdeckt worden: durch die lebhafteren Kontakte zur Außenwelt unter den ersten Herrschern der Ming-Dynastie, durch fremde Errungenschaften wie Brillen, Mais, Erdnüsse und Syphilis, durch die Rückeroberung von Annam und vor allem durch die sieben Seereisen des berühmten Ming-Admirals Dscheng Hë.

Dscheng Hë war weder Soldat noch Kaufmann. Er war ein muslimischer Eunuch, ein Hofbeamter, den Kaiser Jung-lo ausschickte, um die Barbaren jenseits der Meere mit der Macht und dem Ansehen ihres Ming-Oberherrn zu beeindrucken und um Raritäten (die als Tribut betrachtet wurden) zur Unterhaltung des Palastes einzuhandeln. Zum erstenmal stach er 1405 in See: mit einer Flotte von dreiundsechzig seetüchtigen Dschunken, deren größte ein 135 Meter langes Flaggschiff mit vier Decks war, die Gold, Seide, Lackarbeiten und eine Streitmacht von 28000 Mann an Bord hatten. Auf einer dreißig Jahre später aufgestellten Stele berichtete er: »Wir haben die barbarischen Länder Tschampa, Java, Sumatra, Siam besucht, dann gelangten wir auf direktem Weg nach Ceylon, Südindien, Kalikut und Kotschin; wir sind auch in die westlichen Gegenden nach Hormus, Aden und Mogadischu gereist...« Dscheng Hë brachte einen Fürsten und einen König, die ihm Widerstand geleistet hatten, nach Peking, und innerhalb von zehn Jahren nach seiner ersten Fahrt hatten sechzehn Staaten zwischen Malakka und Hormus ihren Tribut an den Kaiser von China geschickt. Die Chinesen hatten mehr als ein halbes Jahrhundert, bevor die Portugiesen in den Indischen Ozean segelten, Ostafrika erreicht.

Eifersüchtige Konfuzianer am Hof überredeten jedoch den nächsten Kaiser, diese Expeditionen wegen der Kosten einzuschränken. Von Dscheng Hë nahm man trotz seiner Leistungen keine Notiz mehr, und die Chinesen verloren die Herrschaft über den Indischen Ozean an die Araber (die sie dann an die Portugiesen abgeben mußten). Und bald darauf verloren sie auch die Herrschaft über ihre eigenen Küsten. Während des sechzehnten Jahrhunderts überfielen japanische Piraten Häfen an der ganzen chinesischen Küste, wie und wo es ihnen gefiel, führten ihre Flotten den Yangtse hinauf, sengten und plünderten Städte im Landesinneren und belagerten 1555 Nanking. Ihr Glück war jedoch nicht von Dauer, denn im selben Jahr übernahm ein chinesischer Patriot, der als »Tiger Tschi« berühmt wurde, die Verteidigung der Küste von Chekiang südlich der Mündung des großen Flusses.

Er war der Sohn eines verarmten Generals, der auf dem Sterbebett traurig zu ihm gesagt hatte: »Alles, was ich dir hinterlassen kann, ist die Verteidigung des Landes.« Tschi Dschi-gwang nahm seinen Vater beim Wort und entwickelte rasch eine solche Begabung für neue Taktiken, brutale Disziplin und die Vernichtung fremder Marodeure, daß sein Ruf den Hof in Peking erreichte. Nachdem er den wichtigsten Stützpunkt der japanischen Piraten in Fuchou durch eine glänzende Kriegslist zerstört hatte (und seinen Sohn hingerichtet hatte, weil er einem Befehl zum Angriff nicht gehorchte), war es klar, daß er der richtige Mann war, die streitsüchtigen Mongolen zu züchtigen, die wieder einmal die Dynastie am anderen Ende des Reiches bedrohten.

Als Tiger Tschi im fernen Norden ankam, fand er die Große Mauer in einem alarmierend schlechten Zustand, und um die Moral der dort stationierten Truppen stand es ebenso schlecht. Um ihnen ein gutes Beispiel zu geben, beauftragte er seine Leute sofort, neue Verteidigungsanlagen und Wachttürme zu bauen. Sie arbeiteten bei jedem Wetter und fast ohne Ruhepausen. Mit seiner Erfindung des »Wagenlagers«

verstärkte er die chinesischen Stellungen zusätzlich. Das Wagenlager war eine befestigte Wagenburg, die aus einem Viereck von kanonenbestückten Karren bestand. Dahinter steckten seine Kavallerie und Infanterie. Wenn die barbarischen Reiter angriffen, feuerten die Geschütze unaufhörlich, bis die Mongolen in unmittelbarer Nähe waren. Dann schwärmten die Fußtruppen aus dem Viereck aus. Sie waren mit langstieligen, zackigen Eisengabeln bewaffnet, und wenn die Pferde vor dieser vorrückenden stachligen Mauer scheuten, vor Schreck kehrtmachten und den Feind durcheinanderbrachten, ging Tiger Tschis Kavallerie zum Gegenangriff über und säbelte die Reiter nieder.

Doch sobald die Gefahr an der Grenze nachgelassen hatte und er sich zurückziehen konnte, wurde dieser phantasiebegabte Kommandeur ein Opfer des Neids und der Feindschaft korrupter Minister am Hof, die ihn in Denkschriften an den Kaiser verleumdeten. Er wurde schließlich seines Postens enthoben und kehrte nach Hause zurück, um den Rest seines Lebens in melancholischer Einsamkeit zu verbringen.

Die dynastische Geschichte war wieder einmal an dem unteren Punkt der Kurve angelangt. Die Mandschus hatten die Mongolen als Bedrohung aus dem Norden ersetzt, und da das Staatsgebäude in den Händen seiner käuflichen Wächter verrottete, wurde das Reich von regionalen Aufständen zerrissen und Nemesis erschien in Gestalt von Li Dsï-tscheng.

Als einfacher Bauernsohn in Nordchina geboren, war Li von astrologischen Voraussagungen berauscht, er werde »in Zukunft König sein«. Im Vertrauen auf den Erfolg begann er seine Karriere als Straßenräuber in Shensi, zog die Fahne der Rebellion gegen die Ming auf und zerschlug die schlampige kaiserliche Armee, die ihn unterwerfen sollte. Darauf erklärte er sich zum Kaiser und marschierte 1644 auf Peking. Er rückte ohne Schwierigkeiten in die Stadt ein, und der Sohn des Himmels erdrosselte sich in seiner Verzweiflung mit einem seidenen Gürtel, obwohl noch eine zweihunderttausend Mann starke Armee der Ming unter einem General Wu Sang-gwej an der Großen Mauer stationiert war. Aber von Wu war kein Angriff auf die Rebellen zu erwarten, weil sie in der Hauptstadt ein pausbäckiges Mädchen gefangenhielten, in das er verliebt war.

Wu bot den Rebellen zunächst im Austausch für das Mädchen seine Unterwerfung an, und als sie diesen Handel ablehnten, bat er die Mandschus jenseits der Mauer, ihm militärische Hilfe zu schicken. Jetzt gaben die Rebellen das Mädchen heraus, worauf Wu begann, mit ihnen gegen die Mandschus zu konspirieren. Aber als er es ablehnte, ihnen das Mädchen als Geisel zurückzugeben, brachten sie seine ganze Familie in Peking um. Wu wechselte also erneut das Lager und rückte mit den Mandschus in Peking ein, die die Stadt an sich rissen und ihre eigene Dynastie auf dem Thron von China etablierten. Li wurde verfolgt und getötet. Später beschloß Wu, die Mandschus doch anzugreifen, aber er starb während des Feldzugs, und sie massakrierten seine ganze Sippe. Shakespeare hätte es sich nicht besser ausdenken können.

Der leichtlebige, lasterhafte junge Mann, der Erbe des Ming-Throns, hatte inzwischen seine Hauptstadt nach Nanking verlegt. Dort tröstete er sich mit Bett- und Tafelfreuden und verschloß seine Augen vor all den dringenden Denkschriften, die ihn vor den gewaltigen Mandschus warnten, die ihm schon den Norden genommen hatten und über den Gelben Fluß vorgestoßen waren, um auch den Süden seines Reiches zu unterwerfen. Er kümmerte sich aber mehr um den Mangel an guten Schauspielen als um die Verteidigung des Reiches, und seine Adligen waren alle für Nachgiebigkeit. Der Oberbefehlshaber besaß als einziger den schlechten Geschmack vorzuschlagen, die Chinesen sollten den Barbaren energischen Widerstand entgegensetzen. Doch man zeigte ihm die kalte Schulter, und ein führendes Mitglied der Kastratenclique dachte sich aus, die Vorräte aufzubrauchen, die er so dringend für seine Armee brauchte.

Aber dieser Nachfolger Jo Fejs ließ sich nicht so leicht entmutigen. Er war gedrungen, dunkel und gebieterisch, ein hervorragender Gelehrter aus einer Familie von Grundbesitzern und vornehmen Mandarinen. Schï Kë-fa war der Inbegriff des großen Konfuzianers. Er war ein eifriges Mitglied der Dung-lin-Akademie gewesen, die sich dem Terror Wejs widersetzt hatte. Er war auch ein zäher, energischer General mit schlichtem Benehmen, der die Leiden seiner Männer wie lange vor ihm Wu Tschi teilte, im Winter keine Pelze trug und im Feld stets völlig angekleidet schlief, um immer kampfbereit zu sein. Obwohl er in Sachen der Disziplin despotisch war, hatte er das Vertrauen seiner Untergebenen gewonnen, und er beschloß jetzt, die Stadt Yangchow, das nördliche Tor nach Nanking, zum Drehpunkt der Verteidigung gegen den anrückenden Feind zu machen.

Die Würfel waren jedoch gefälscht und fielen gegen ihn. Während Schï Kë-fa die ekelhaften Schmeicheleien der Mandschus (die wußten, daß Nanking wie ein wurmiger Apfel fallen würde, wenn er bestochen werden könnte) rundweg ablehnte, nahmen die Minister am Hof nicht nur hinter seinem Rücken Verhandlungen mit den Eindringlingen auf, sondern bewerkstelligten auch heimlich die Ermordung kampfwilliger Generäle und riefen deren Armeen in die Hauptstadt zurück. Nun marschierten die Mandschus ungestört auf die Mauern von Yangchow zu, worauf den Kommandeuren der benachbarten Garnisonen verboten wurde, zum Entsatz auszurücken. Der Verrat war vollkommen.

Schï Kë-fa war gezwungen, eine Stadt von fast einer Million Einwohnern an der Spitze von nur vierzigtausend Mann zu halten, die schon einen schlechten Winter mit knapper Versorgung hinter sich hatten. Er überhörte dennoch alle Aufforderungen zu kapitulieren, und die Mandschus griffen mit der Wut der Enttäuschten dieses erste Hindernis auf ihrem problemlosen Marsch in den Süden an. Sie brauchten zehn Tage, um die Mauern zu durchbrechen. Als sie durch die Lücke hereinströmten, versuchte Schï, sich die Kehle zu durchschneiden. Aber zwei treue Untergebene ergriffen ihn und eilten mit ihm durch das Osttor der Sicherheit entgegen. Doch er wurde aufgehalten und vor den Mandschu-Kommandeur geführt – eine blutige, dunkelhäutige Erscheinung eines stolzen Mandarins in mittleren Jahren, der sich standhaft weigerte, dem Gegner zu dienen.

Die Mandschus töteten ihn kaltblütig, machten die Bürger von Yangchow nieder und eilten auf Nanking zu. Dort hatte der General, der die Stadt verteidigte, Vorbereitungen getroffen, die Übergabe wie verabredet persönlich anzubieten, und er rief einen gemeinen Soldaten zu sich, ihn zu begleiten. Aber es war, als sei Schïs Geist in den Bauern gefahren. Der Soldat beschimpfte den General gehörig, und als der ihm befahl, seinen unwissenden Mund zu halten, schrie er, er zum Beispiel werde sich nicht ausliefern, rannte zum Ufer des Yangtse, stürzte sich ins Wasser und ertrank.

Der chinesische Widerstand endete nicht mit dem Tod Schï Kë-fas und dem Fall von Nanking 1645. Ein Pirat namens Dscheng Tscheng-gung, dem Westen als Koxinga bekannt, schloß sich dem letzten Ming-Kaiser an, als der schon in den äußersten Süden getrieben worden war, wie einst vor ihm der letzte Sung-Kaiser. Die Flotte der Ming wurde wieder aufgebaut, eine mächtige Streitmacht aus Fußtruppen und Reitern aufgestellt, und 1659 standen der Pirat und der Fürst vor den Toren von Nanking. Ihre Armee wurde jedoch geschlagen, und Koxinga war gezwungen, sich auf die Insel Formosa zurückzuziehen, wo er die holländischen Besitzer vertrieb und, wie dreihundert Jahre später Tschiang Kai-schek, seinen eigenen konfuzianischen Hof einrichtete. Er starb 1682, während er »die Rückkehr auf das Festland plante«. Er soll vor seinem Tod ausgerufen haben: »Wie kann ich meinem Kaiser im Himmel entgegentreten, ohne meine Aufgabe erfüllt zu haben?« Die Mandschus erreichten die Unterwerfung dieses letzten Winkels des Ming-Reiches erst 1683 – beinahe vierzig Jahre nach ihrem Einzug in Peking.

Der einsame hysterische Soldat, der sich bei Nanking ertränkte, hat kein Denkmal, und von Schï Kë-fa fand man nur einen Stiefel und ein paar Kleidungsstücke, aber die anderen »superharten« Helden haben ihre Gräber – und Tempel. Ob das recht ist? Man mag einwenden, es hätte viel Elend vermieden werden können, wenn die großartige Gesellschaft von Gelehrten-Soldaten und Seeleuten weniger unbeugsam gewesen wäre. Allein in Yangchow hätten achthunderttausend Menschen überlebt, wenn Schï Kë-fa nachgegeben hätte, statt zum Widerstand aufzurufen.

Aber die Chinesen sagen, daß es eine Zeit zu leben und eine Zeit zu sterben gibt und den moralischen Umständen entsprechend »der Tod schwer wie ein Berg oder leicht wie eine Gänsefeder sein kann«. Mencius bemerkte einmal: »Fisch ist ein Genuß für mich, ebenso eine Bärentatze. Aber da ich nicht beides gleichzeitig essen kann, muß ich den Fisch sein lassen, damit ich die Bärentatze zu mir nehmen kann. Meine Sehnsucht ist, zu leben und rechtschaffen zu sein. Wenn ich aber nicht beides haben kann, bleibt mir nur die Möglichkeit, mein Leben zu lassen, um meine Rechtschaffenheit nicht aufzugeben.«

Erfolg ist nicht der Zweck der Übung - Wen Tien-hsjangs Widerstand gegen die Mongolen zeichnet sich durch eine ganze Reihe von Niederlagen aus. Er hatte wohl kaum annehmen können, sie mit seinen dreitausend in Eilmärschen aus Südchina herangeführten Reitern vor Hangchow zu schlagen. Aber die Dynastie selbst befand sich in der »Todesstellung«.

Lohn ist nicht das einzige Ziel. Das chinesische Mißtrauen gegenüber der Autorität wird noch gesteigert durch die Erinnerung an das traurige Los tapferer Männer und die Falschheit der Undankbaren, die sie vernichteten – die Mörder Jo Fejs, die Verleumder Dscheng Hës und Tiger Tschis, die Hasenfüße, die Schï Kë-fa zynisch im Netz ihres Verrats fingen.

Deshalb opfert sich der Untertan auch nicht, weil der Herrscher rechtschaffen ist. Gute und aufrechte Chinesen sind immer wieder in der Geschichte die Opfer schwacher, verräterischer habgieriger und törichter Kaiser gewesen, und doch waren sie bereit, ihr Leben für die dekadente Dynastie zu lassen – wenn der Feind ein Fremder war. Es fehlte nie an Helden und Schurken, die selbst den Teufel verteidigt hätten, vorausgesetzt, daß der Teufel Chinese war, China auf dem Spiel stand und der Augenblick gekommen war, nicht das zu tun, was nach den geschmeidigen Regeln Sun Dsïs nützlich war, sondern einfach, was »recht« war. Das Mandat des Himmels konnte einem unwürdigen Herrscher entzogen werden, aber es konnte rechtmäßig nur auf einen anderen Chinesen übergehen.

Der Haß des Volkes auf die Ming-Dynastie – mit ihren grausamen und despotischen Monarchen, ihrer Brokatkleid-Garde, ihren Östlichen und Westlichen Werkstätten kastrierter Folterer, ihren korrupten Mandarinen, feigen Adligen und räuberischen Eunuchen – wandelte sich zu Loyalität des Volkes, sobald die Mandschus den Thron usurpiert hatten. Selbst der wankelmütige, sich vor Liebeskummer verzehrende Wu San-gwej, der die Barbaren überhaupt erst nach China eingeladen hatte, entfachte dreißig Jahre später den größten und gefährlichsten Aufstand des Jahrhunderts gegen sie.

Die - tatsächliche oder erfundene — Bedrohung durch eine Aggression ist immer eine hohe Karte im chinesischen Machtspiel gewesen, gleich ob Fremde oder Chinas Herrscher sie in der Hand hatten. Und das trifft erst recht zu, wo es achthundert Millionen Chinesen (plus oder minus der Einwohner Spaniens) gibt, und sogar das Streben nach der idealen klassenlosen und uneigennützigen kommunistischen Gesellschaft ist von einem spezifisch chinesischen Sozialismus inspiriert.

Im Visier der Barbaren

Vielleicht kann das Leben des Gelehrten Hwang Dsung-hsi am besten veranschaulichen, was es bedeutet, Chinese zu sein. Er wurde in der Ming-Zeit geboren und starb unter den Mandschus. Sein Vater war von der Kastratenclique heimtückisch »hingerichtet« worden, und er ging als Achtzehnjähriger nach Peking, um diesen Mord zu rächen. Aber sobald die Mandschus eindrangen, unternahm er den aussichtslosen Versuch, die letzten verrotteten Überbleibsel der Ming-Herrschaft zu retten und führte ein Truppenkontingent gegen die Barbaren. Und als sie ihre fremde Tsching-Dynastie auf dem Thron von China etabliert hatten, schlug er alle Angebote aus, dem Hof zu dienen, obwohl die Usurpatoren die verhaßten Eunuchen aus dem Weg geräumt hatten, die Gelehrten ausfindig machten, die von den Kastraten so gräßlich schikaniert worden waren, und vielen unter ihnen hohe Ämter in der Verwaltung zuwiesen.

Statt dessen verfaßte er eine vernichtende Verurteilung des modernen Monarchen, der für ihn nicht mehr als ein parasitischer Ausbeuter des Volkes war. »Die große Geißel des Reiches ist sein Souverän«, schloß er. »In alten Zeiten liebte und unterstützte das Volk seinen Herrscher und sah zu ihm wie zu einem Vater auf. Und das war er auch. Heute lehnt das Volk seinen Herrscher ab und haßt ihn. Es spricht ihm das Recht ab, Loyalität zu erwarten, und betrachtet ihn als räuberischen Feind. Und das ist er auch.«

Hwang plante allerdings keine Rebellion, sondern verbrachte seine späteren Lebensjahre zurückgezogen und schrieb und lehrte. Denn die »Zeit zu sterben« war noch nicht gekommen. Wenn die Chinesen unterworfen wurden, ertrugen sie gewöhnlich die Zudringlichkeiten der Barbaren, solange sie Nutzen davon hatten und die Bilanz damit ausgeglichen war. Die zahlenmäßig weit unterlegenen Mandschus waren klug genug, die chinesische Kultur voll zu respektieren, Chinesen als Beamte einzustellen und zusätzlich zu den acht Mandschu-»Bannern«, die das Reich beschützten, auch acht chinesische »Banner« aufzustellen. Während des ersten glücklichen Jahrhunderts unter den Tsching annektierten kaiserliche Truppen Tibet, eroberten wieder die Mongolei und einen großen Teil Turkestans, schlugen die Gurkhas in Nepal und setzten erneut Korea, Annam und Burma auf die Liste der Vasallen Chinas.

Aber die Flitterwochen sollten nicht von Dauer sein. Eine Bevölkerungsexplosion drohte, den Wohlstand, der sie bewirkt hatte, zu zerstören, und Elend und Armut breiteten sich wie ein trüber Schmutzfleck über das Land aus. Ausschweifende Kaiser und korrupte Höflinge steckten ihre Finger tief in die Schatztruhen des Reiches und vergeudeten seine Reichtümer mit Palast- und Tempelbauten und einer verschwenderischen Lebensweise. Die dynastische Fäulnis hatte wieder einmal begonnen. Die Chinesen sahen nun die Schuldenseite der Mandschus in einem deutlicheren Licht, und sie sahen rot.

Denn die Liste der Eintragungen las sich demütigend. Die Sieger hatten die Besiegten gezwungen, zum Zeichen der Unterwerfung die Haare zu schneiden und Zöpfe zu tragen. Chinesische Männer mußten die Mandschutracht übernehmen, chinesische Frauen waren vom kaiserlichen Harem ausgeschlossen, und Ehen zwischen Chinesen und Mandschus wurden verboten. Die Mandschus waren die absoluten Herren im Reich, privilegierte Drohnen, die zwar zivile und militärische Posten innehatten, aber weder Prüfungen ablegen noch überhaupt eine Arbeit verrichten mußten. Alle bezogen ihre fetten Gehälter vom Staat, und viele erhielten Lehen oder abgegrenzte Domänen, in denen sie den räuberischen Gutsbesitzer spielen konnten und die Bauern Freiwild waren. Sie beschäftigten sich hauptsächlich damit, sich wie Oberherren aufzuführen, und diese Methode, aus einer einst zähen und wohlgefügten Nation einen losen Haufen fauler und unfähiger Müßiggänger zu machen, erwies sich als so wirkungsvoll, daß sie schließlich von feindlich gesinnten Chinesen mit unersättlichen Kuckucken im Nest verglichen wurden.

1775 erhob sich die Sekte Weißer Lotus gegen die Dynastie und wurde erst siebenundzwanzig Jahre später nach einer Orgie des Mordens unterdrückt. Ein neuer Aufstand folgte 1813. Er wurde ebenfalls grausam niedergeschlagen. Aber es kam noch schlimmer. 1851 gründete ein Mann, der sich als jüngerer Bruder Jesu Christi bezeichnete, das »Himmlische Reich des allgemeinen Friedens«, und halb China wurde in das alles verzehrende Feuer des großen Tai-ping-Aufstands gestürzt.

Das für die Erhebung verantwortliche, bislang unbekannte Mitglied der Heiligen Familie war ein vergraulter Schullehrer aus Südchina. Hung Hsju-tschüan war fünfzehn Jahre lang immer wieder bei den kaiserlichen Prüfungen durchgefallen und hatte jetzt die felsenfeste Überzeugung, nur wegen seiner Herkunft aus dem Süden und aus einer mandschufeindlichen Sippe zurückgesetzt worden zu sein. Er hatte als normaler intelligenter und fleißiger Schüler in angespannten Verhältnissen gelebt und in seiner Jugend während seiner Krankheit seltsame Visionen gehabt. Als er später ein chinesisches Traktat über die christlichen Lehren las, war ihm klar, daß seine Fieberphantasien Offenbarungen Gottes gewesen waren.

Die Taufe wurde Hung verweigert, weil seine »Gedanken nicht klar waren« (wie der protestantische Missionar, der ihn unterwiesen hatte, einwandte). Also machte er sich von allen bestehenden Kirchen auf die einfachste Art unabhängig: er gründete seine eigene. Der Tai-ping-Glaube erkannte die Zehn Gebote und den Heiligen Geist an und predigte kräftig christliche Intoleranz gegenüber anderen Religionen (aber die Liebe predigte er nicht). In der Bewegung steckte allerdings mehr als nur eine neue Sicht des Allmächtigen. Hung organisierte damit auch eine weitere Geheimgesellschaft für den Kampf gegen Ungerechtigkeit und Armut und die fremden Herrscher, die selbstverständlich für diese Mißstände verantwortlich gemacht wurden.

Er predigte, die Ungleichheit müsse ausgerottet werden, damit Hunger und Mangel verschwänden und »das Reich eine einzige Familie würde«, in der alle Menschen – einschließlich aller Barbaren – sich der einen wahren Gottheit beugen mußten. Mo Dsï hatte gesagt, daß die Minister über dem Volk standen, der Monarch über den Ministern stand und der Himmel schließlich über dem Monarchen, und Hung sah in einem politisch-sozioökonomischen Gott das Trumpfas, das als einzige Karte den König stechen konnte. Er forderte die Tsching daher nicht im Namen der Ming heraus, sondern im Namen des Schöpfers.

Hung hatte sein Hauptquartier in einem unzugänglichen Gebiet himmelstürmender Gipfel in Kwangsi, die ausgerechnet Judasbaum-Kette hießen. Er brach 1851 mit einer lawinenartig anschwellenden Armee aus elenden Bauern und halbverhungerten Bergarbeitern auf, die auf ihrem Weg Wahrsager, Quacksalber und Landstreicher, Glücksspieler und Mönche, Seiltänzer, Kaufleute und chinesische Deserteure mit sich rissen. Die Tai-ping-Horden bahnten sich ihren Weg durch die weichen, kleinmütigen kaiserlichen Banner, die ihnen entgegengeschickt wurden, marschierten nach Norden, eroberten die Städte am Yangtse und nahmen 1853 Nanking ein, das Hung, inzwischen selbsternannter »Himmlischer König« einer neuen Dynastie, zu seiner Hauptstadt machte.

Neun Jahre regierte dieser Phantast über halb China, und wo immer seine Soldaten im Süden auftauchten, wurden die Zöpfe abgeschnitten, die Tsching-Beamten gejagt und erschlagen und ihre örtlichen Amtssitze vom jubelnden Mob niedergebrannt. Die Tai-ping-Leute verbrannten Besitzurkunden und Schuldscheine, machten die gierigen Grundbesitzer nieder, entrissen mächtigen Landadligen ihren Besitz, ihr ganzes Hab und Gut, sogar ihre Kleider, und teilten alles unter den verwunderten Armen auf. Und als Regierungstruppen Rache nahmen und ihrerseits wahllos töteten und niederbrannten, füllten sich die Reihen der Tai-ping erst recht mit den verbitterten und verzweifelten Überlebenden dieses Schlachtfestes.

Die Rebellion war mehr als ein größerer Aufstand. Sie war eine »Kulturrevolution«, der Vorläufer des kommunistischen Umbruchs, der ein Jahrhundert später kommen sollte. Der Himmlische König stachelte die Massen auf, die politische Macht mit Gewalt an sich zu reißen. Er versprach, allen Unterschieden zwischen arm und reich ein Ende zu machen, und veröffentlichte einen Plan, der Gemeindeland und Gemeindeproduktion vorsah und die »Volkskommunen« vorwegnahm, die Mao 1958 einführte. Er spornte die Bauern an, Rache an den Dorfoberen zu nehmen, die ihre Macht mißbraucht hatten. Frauen durften Land besitzen und Beamte oder Soldaten werden. Die Prostitution wurde abgeschafft, das Einbinden der Füße verboten. Opiumgenuß und Mädchenhandel geächtet und mit dem Tode bestraft, Glücksspiel, Trunkenheit und Diebstahl erbarmungslos verurteilt. Wie in der Kulturrevolution der sechziger Jahre brandmarkte er den Aberglauben. Buddhismus und Daoismus wurden als Götzendienst verurteilt und die Schreine dem Erdboden gleichgemacht oder zertrümmert.

Sobald der Himmlische König jedoch in Nanking auf dem Thron saß, benahm er sich schon weniger himmlisch, und langsam kamen einige der morbiden Symptome zum Vorschein, die früher schon beim Ersten Kaiser der Ming beobachtet werden konnten. Die »Gleichheit des Menschen mit dem Menschen« geriet über der Jagd nach Reichtum und Luxus in Vergessenheit. Er ließ Soldaten zum Bau eines neuen Königspalastes ausheben, und wer etwas daran auszusetzen hatte, wurde hingerichtet. Besondere Gewänder wurden für den göttlichen, wenn auch verdrießlichen Monarchen geschneidert, und man erfand ein kompliziertes Ritual, um seine Göttlichkeit herauszustreichen. Wenn er ausging, trugen vierundsechzig Träger seine Luxussänfte. Sein Gefolge bestand aus den niedrigeren »Königen«, seinen Leutnants, mit je vierzig Sänftenträgern. Eine Ehrengarde von tausend Mann begleitete die Prozession, und wenn sie durch die Straßen zog, sprang das gemeine Volk auf die Seite und rief: »Möge Er zehntausend Jahre leben!« Kein Tsching-Kaiser verlangte mehr.

Darüber hinaus war es ein Fehler, sich in der »Heiligen Stadt« Nanking niederzulassen. Hung schickte nur kleinere Bekehrungstrupps in den Norden, denen es nicht gelang, unterwegs Überläufer zu finden und Peking einzunehmen. Die meisten Nordchinesen empfanden keine Sympathie für diese Kreuzfahrer aus dem Süden, die ihre buddhistischen und daoistischen Tempel als heidnische Greuel ansahen und sie anzündeten, wo immer sie welche fanden. Hung dachte auch nicht daran, eine Flotte als Flankenschutz für sein Yangtse-Jerusalem zu bauen, er vernachlässigte die militärische Sicherung des von den Tai-ping besetzten Territoriums, er versäumte, den königsmörderischen Streit um die Oberhand, der unter den niedrigeren »Königen« am Hof ausgebrochen war, zu unterdrücken. Er hätte den degenerierten Mandschus 1854 Peking wegnehmen können, statt dessen nahmen sie ihm 1864 Nanking weg. Der Himmlische König beging Selbstmord, und das Himmlische Königreich bestand nicht mehr. Der Traum von einem chinesischen Eden war von einer chinesischen Schlange zerstört worden.

Dseng Gwo-fan ist »der Python« genannt worden, weil er angeblich an einem Kopfgrind litt. Gebildeten wie Bauern in Mittel- und Nordchina muß er dennoch ganz gesund vorgekommen sein, denn er war Chinese und Konfuzianer, er bot Männer auf, um die auflaufende Flut der bilderstürmenden und tempelschändenden Tai-ping zurückzudrängen, und bezahlte sie gut und pünktlich für ihre Dienste.

Der Tsching-Kaiser war davon überzeugt, daß die verweichlichten Kommandeure seiner Banner sich mehr mit dem Frisieren ihrer Lohnzettel und Essenszuteilungen beschäftigten, als gegen die Rebellen zu kämpfen, und beauftragte deshalb Dseng, eine Elitetruppe in seiner Heimatprovinz Hunan aufzubauen. Die von Dseng rekrutierte Miliz hatte Mandarine als Offiziere und Bauernfreiwillige als Soldaten, die alle von den konfuzianischen Idealen erfüllt waren und nach den unorthodoxen Taktiken von Tiger Tschi ausgebildet wurden. Sippentreue hielt diese als »Hunanarmee« berühmt gewordene Streitmacht zusammen, denn alle Soldaten stammten aus dieser Provinz. Der Grundsatz, Barbaren gegen Barbaren kämpfen zu lassen, war auf den Kopf gestellt worden. Die Mandschus ließen Chinesen gegen Chinesen kämpfen und – was die Ironie noch verstärkte – beide Seiten, obwohl durch und durch Chinesen, setzten ihr Leben für Fremde aufs Spiel.

Wie die Kommunisten in den siebziger Jahren verurteilten auch die Tai-ping Konfuzius und Mencius als falsche Götter, zerrissen ihre Schriften und zerschlugen ihre Bilder. Und obwohl sie patriotisch zum Sturz der Mandschus aufriefen, propagierten sie gleichzeitig einen barbarischen Glauben, hießen ausländische Missionare willkommen und nannten die Fremden aus dem Westen »Glaubensgenossen«, mit denen sie Handel treiben und denen sie ganz China öffnen wollten. Kurzum, die Tai-ping-»Nationalisten« warfen für einen importierten Glauben und importierte Sitten die chinesische Kultur über Bord. Dseng Gwo-fan konnte sich daher als Kämpfer für alles Chinesische und Beschützer der konfuzianischen Lehre hinstellen, die für ihn die Seele der chinesischen Zivilisation war. Im Territorium der Tai-ping, erklärte er, »können die Gelehrten die Werke des Konfuzius nicht lesen, und Chinas Anstand und Moral, menschliche Beziehungen, Dichtung und Gesetze der vergangenen Jahrtausende werden an einem einzigen Tag völlig weggefegt«.

Während der Python der geheiligten Aufgabe nachging, die antikonfuzianischen Rebellen zu vernichten (und dabei Tausende von chinesischen Brüdern tötete), handelte er allerdings als Diener der tyrannischen Mandschu-Usurpatoren, die der Himmlische König so tapfer zu vertreiben suchte. Ungeachtet aller Appelle der Tai-ping an ihre brüderliche Rücksichtnahme, versorgten die selbstgerechten Westmächte deren heidnische Feinde nicht nur mit Gewehren und Munition, sondern liehen ihnen auch einen barbarischen General – Charles George Gordon –, damit sie den guten Kampf gegen diese chinesischen »Anbeter Gottes« kämpfen konnten.

Der Python konnte jedoch immer noch geltend machen, er kämpfe im Dienst des Tsching-Kaisers in Peking für die Interessen der chinesischen Landbesitzer, indem er das ganze konfuzianische Gebäude verteidigte. Denn es gab Barbaren und Barbaren. Die Mandschus hatten Konfuzius schon verehrt, bevor sie durch die Große Mauer hereinströmten. Sie hatten die chinesische Kultur nicht angetastet, wenn auch nur um den schrecklichen chinesischen Drachen nicht zu wecken. Sie hatten treu und brav das Mandarinat und die kaiserlichen Examina in den klassischen Schriften beibehalten. Und der Tsching-Herrscher im Norden befolgte die Riten und betete beim Tempel des Konfuzius, während die Anhänger des Himmlischen Königs im Süden dessen Abbild in Stücke schlugen.

Den Tai-ping lag daran, den Fremden in die letzten Winkel

des Reiches zu lassen, aber die Mandschus blieben fest entschlossen, ihn an dessen Rändern in Quarantäne zu halten. Die Jahrhunderte schlichen dahin, und der fremde Einfluß schlich herein, aber er sickerte nur langsam, weil die Ängste der Tsching vor einem sich wandelnden China eine wirkungsvolle Dämmschicht gegen den Kapillareffekt waren. Und das war der Kern der Sache: Der Mandschu durfte keine chinesischen Frauen heiraten, aber er hatte die chinesische Kultur geheiratet. Dieser Barbar war verdaut worden.

Das Reich der Mitte hatte seinen Namen nicht umsonst. China war der Mittelpunkt der Welt, der einzige Hort der allumfassenden konfuzianischen Wahrheit. Der Kaiser war der Stellvertreter des Himmels und alle übrigen Länder – »das All unter dem Himmel« – waren seine Vasallen. Der chinesische Reichsbegriff schloß keine koloniale Beherrschung ein, sondern umfaßte die kulturelle Oberherrschaft über die unwissenden Barbaren oder buchstäblich das »Zivilisieren der Eingeborenen«. Die Chinesen wollten nicht erobern, sondern absorbieren.

Die Absorption hätte auf Gegenseitigkeit beruhen können, aber da von einer Gleichheit zwischen China und anderen Nationen nicht die Rede sein konnte, war auch ein ausgewogener Austausch unmöglich. Die christlichen Missionare, die das Evangelium zu dem pazifischen Insulaner brachten und ein Fähnchen über die braunen Brüste seiner Frau warfen, lernten von ihm vielleicht den Kniff, Fische mit dem Speer zu fangen, oder befaßten sich sogar oberflächlich mit seinem drolligen heidnischen Glauben, aber sie lehnten es ab, sich vor seinen grinsenden Götzen zu verbeugen. So konnte auch der konfuzianische Gelehrte-Soldat mit mongolischen Reitstiefeln reiten und die christliche Bibel lesen, aber sein Geburtsrecht würde er niemals für derartige Kinkerlitzchen verkaufen.

Der Himmlische König wurde nicht abgelehnt, weil er Christ war, sondern weil er Konfuzius verleumdet und buddhistische und daoistische Tempel in einem heiligen Krieg verbrannt hatte, in dem er China einen fremden Glauben aufzwingen wollte. Sein Verbrechen war der Versuch, Absorption in Sättigung zu verwandeln. Er opferte die chinesische kulturelle Tradition den Interessen des chinesischen Nationalismus und unterlag jenen, die den chinesischen Nationalismus der chinesischen kulturellen Tradition unterordneten.

Auf Grund ihres Überlegenheitskomplexes glaubten viele Chinesen, sie könnten unter den Angeboten des Westens auswählen und zugreifen – hier etwas annehmen, da etwas ablehnen –, ohne ihre gewohnte Lebensweise zu verraten. Das erklärt, wie ein »konfuzianischer Gelehrter«[1] von eigenen Gnaden, der in Europa herumgereist war und westliche Literatur ins Chinesische übertragen hatte, das Einbinden der Füße bei Frauen verteidigen und die bei den Angelsachsen vorherrschende Regierungsform als »demo*crazy*«[2] abtun konnte. Auf die Frage, warum Vielweiberei in China erlaubt sei, Vielmännerei aber nicht, antwortete dieser aufgeklärte Kosmopolit: »Eine Teekanne bedient vier Teetassen. Wie können vier Teekannen eine Teetasse bedienen?«

1860 äußerte ein anderer chinesischer Gelehrter, das Himmlische Reich könne vom Westen nichts lernen, als »solide Schiffe und wirksame Gewehre« zu bauen. Es ist daher nicht überraschend, daß der konfuzianische Python, Dseng Gwo-fan, westliche Waffen und westliches Know-how für seine Hunanarmee kaufte und sein Kollege Li Hung-dschang die Unterstützung Englands, Amerikas und Frankreichs gegen die Tai-ping in Anspruch nahm.

Sie sind wohl dennoch von bösen Ahnungen heimgesucht worden. Denn die Westmächte verschmähten die Rebellen und versorgten die Tsching-Kommandeure mit den Schiffen und Gewehren, die sie haben wollten, nur um Zeit zu gewinnen, damit sie selbst das Reich ausplündern konnten. Die Tai-ping waren militant, sozialistisch, revolutionär und deshalb bedrohlich. Die Mandschus waren erschöpft, dekadent, feige und deshalb nachgiebig. Der Westen hatte sie zu demütigenden Verträgen gezwungen, die einigen Gewinn versprachen, und es war auf alle Fälle leichter, ein schwaches China unter einem fremden Kaiser, als ein starkes China unter einem nationalistischen Himmlischen König auszubeuten.

Den Tsching-Generälen war das bewußt, und als einer von ihnen, Hu Lju-i, zum erstenmal auf dem Yangtse einen Dampfer sah, fiel er in Ohnmacht. »Die Tai-ping sind kein Problem. Die fremden Schiffe, die schon unsere Flüsse hinauffahren, sind die wirkliche Gefahr«, sagte er bitter, als er wieder zu sich kam. »Die Katastrophe von morgen können wir uns nicht einmal bei aller Phantasie ausmalen.«

»Demokratie«

Man kann weder den Ming noch den Tsching Vorwürfe wegen ihres Mißtrauens gegenüber Barbaren machen. 1517 segelten die Portugiesen, angeblich als Händler, den Perlfluß hinauf nach Kanton und standen nach kürzester Zeit im besten Ruf als Räuber und Totschläger. Als nächste kamen die Holländer, die entlang der ganzen chinesischen Küste wahllos plünderten und mordeten. 1637 erschien der Kapitän John Weddell mit der königlichen Vollmacht eines notleidenden Karls I. Er beantwortete den passiven Widerstand der Chinesen mit der Beschießung und Erstürmung einer ihrer Festungen, erbeutete fünfunddreißig Kanonen und verbrannte die Unterkünfte innerhalb der Mauern. Ein Jahrhundert später reparierten die Chinesen die *Centurion* des Kapitäns George Anson mit dem Erfolg, daß dieser aufdringliche Kerl zurückkam und Proviant forderte, nachdem er eine mit Schätzen beladene spanische Galeone aus Acapulco gekapert hatte.

Zu diesem Zeitpunkt hatte der Kaiser ausländische Kaufleute auf Macao und am Ufer liegende »Faktoreien« in Kanton beschränkt. Dort waren sie gezwungen, sämtliche Geschäfte über einen kleinen Klüngel habgieriger chinesischer Beamter und Händler, die die letzte Unze Silber aus ihnen herauspreßten, abzuwickeln. Das Handelsgeschäft war seltsam einseitig: die Barbaren aus dem Westen kauften in ständig wachsenden Mengen Tee, Seide, Lackarbeiten und Rhabarber und bezahlten bar, weil die Chinesen so gut wie nichts kaufen wollten.

Diese wirtschaftliche Unabhängigkeit förderte nicht nur die Unkenntnis der Tsching von der Außenwelt, sondern gleichzeitig eine Überheblichkeit, zu der Europa auch noch beitrug. Denn die Menschen waren von den rosigen Berichten über das Himmlische Reich und seine Philosophenkönige, die die Jesuiten verbreitet hatten, so überwältigt, daß in England im siebzehnten Jahrhundert Sir William Temple China als ein

Paradies beschrieb, das jenseits der Vorstellungskraft Platos liege, und in Frankreich im achtzehnten Jahrhundert Voltaire erklärte, die chinesische Verwaltung sei »die beste, die es je auf der Welt gegeben hat«.

Die Illusion, der Sohn des Himmels sei auch Herr über alles, was er nicht überschaute, blieb deshalb intakt. 1816, ein Jahr nach der Schlacht bei Waterloo, wurde dem britischen Gesandten Lord Amherst eine kaiserliche Audienz verweigert. Man schickte ihn von Peking mit einem Edikt nach Hause, das dem Prinzregenten herablassend mitteilte, sein »Tribut« sei angenommen worden, aber solange er »unseren Souverän« nicht anerkenne, brauche er keine weiteren Gesandten mit Geschenken zu schicken, »um zu zeigen, daß du tatsächlich unser Vasall bist«. Später verfaßte ein hoher Hofmandarin eine Denkschrift für den Drachenthron, wie man fremde Hunde kuschen konnte, und schrieb darin über Königin Viktoria: »Es scheint mir am besten, ihr für den Anfang erst einmal Weisungen zu schicken«.

Diese hochtrabende Anmaßung war damals schon längst anachronistisch. Die fremden Mandschus stützten sich auf eine starre konfuzianische Tradition, um die Loyalität der durch ihre Ritualstudien mumifizierten Mandarine zu erhalten, und lehnten instinktiv jede Neuerung ab. Hinter einer glanzvollen Fassade verfaulte die Verwaltung, und das Reich schrumpfte zusammen und wurde welk. Wieder einmal gab es schamlose Korruption am Hof, und die verachtenswerten Mandschuoffiziere in den Provinzen hatten sich längst dem faulen Leben – und dem Opium – hingegeben.

Europäische und amerikanische Händler (allen voran die Briten) hatten entdeckt, wie man das akute Problem der unausgeglichenen Handelsbilanz lösen konnte, auch wenn die Chinesen weiterhin zu stolz waren, fremde Waren zu importieren: sie schmuggelten Opium in das Reich und finanzierten damit ihre Seide- und Teekäufe. 1821 wurden etwa fünftausend Kisten an die Chinesen verhökert, und 1836 waren es fünfmal so viele, die ungefähr tausendfünfhundert Tonnen der Droge enthielten. Der Kaiser versuchte, sein Reich vor diesem entehrenden Verkehr zu schließen, während die Briten immer stärker entschlossen waren, es dem allgemeinen Handel gewaltsam zu öffnen. Ein Zwischenfall nach dem anderen ereignete sich in dieser Tragikomödie einander entgegengesetzter Ziele, die unweigerlich in einem Krieg enden mußte.

China unterlag und mußte 1842 dem britischen Handel fünf Häfen öffnen, die Königin erwarb Hongkong, und weiße Missionare packten ihre erste Gelegenheit beim Schopf, entlang der chinesischen Küste die Heiden zu bekehren. Ein Fuß war in der Tür. Das Reich der Mitte mußte mit mächtigen Staaten, die nach seinem Selbstverständnis unter ihm standen, eine Reihe erniedrigender Abkommen unterzeichnen – »ungleiche Verträge«, die heute noch auf der Basis eines engen westlichen Verständnisses von »Recht« bestehen, das die Chinesen als ungerecht und moralisch ungültig ablehnen.

1857 zog Großbritannien wieder gegen China in den Krieg, Frankreich schloß sich der Beute wegen dem Gefecht an, und drei Jahre später eroberte Lord Elgin Peking und brannte den Sommerpalast nieder. China mußte den Vertrag von Tientsin unterschreiben. Weitere Häfen und der Yangtse wurden den Europäern geöffnet. Die Briten erhielten die Erlaubnis, Land zu erwerben, und unterlagen ausschließlich der Rechtsprechung ihrer eigenen konsularischen Gerichte. Missionare durften sich frei im Landesinneren bewegen.

Die chinesische Souveränität sah sich in den folgenden siebzig Jahren einer chirurgischen Spezialbehandlung ausgesetzt. Ein Expeditionskorps marschierte 1900 während des Boxeraufstands auf Peking, um die Belagerung des Gesandtschaftsviertels aufzuheben, nachdem die Kaiserinwitwe die Wut der fremdenfeindlichen »Faust für Recht und Einigkeit« von den Mandschus auf die anderen Fremden abgelenkt hatte. Ein neuer Vertrag wurde unterzeichnet, noch mehr Häfen wurden geöffnet. Ein Europäer leitete jetzt das chinesische Zoll- und Postwesen, ausländische Kriegsschiffe konnten die chinesischen Flüsse befahren, ausländische Truppen wurden in ausländischen Enklaven stationiert.

Die »rothaarigen Barbaren« und die japanischen »Zwerge aus dem Osten« zerschnitten das Reich in Einflußsphären, die Briten nahmen sich das Yangtse-Tal, die Franzosen den Südwesten, die Deutschen Shantung, die Russen die Mandschurei. Große Gebiete in Zentralasien und nördlich des Amur waren von den Zaren schon vorher erworben worden, die chinesischen Tributländer in Südostasien von Großbritannien und Frankreich, Formosa und das Protektorat Korea von Japan. 1898 hatte sogar der junge Kaiser Gwang Hsü unter dem Einfluß alarmierter chinesischer Reformer gefordert, »sorgfältige Untersuchungen in allen Bereichen der europäischen Bildung entsprechend den gegenwärtigen Bedürfnissen« vorzunehmen, wenn China überleben wollte. Aber er war in seinem eigenen Palast von der reaktionären Kaiserinwitwe Tsï-hsi gefangengesetzt worden. Sie hatte die Unterstützung konfuzianischer Gelehrter, die der Gedanke an Veränderung genauso erschreckte wie ihre Mandschu-Herrin.

Das Reich drohte zu zerbrechen. Progressive Gedanken übten einen starken Sog auf die jüngeren und zornigeren Chinesen aus, eine Revolution brach aus, und im Februar 1912 verzichtete der letzte Kaiser auf den Thron und erklärte China zur Republik. Den Tsching blieb keine andere Wahl, denn ihr fähigster General hatte sich geweigert, seine Elitetruppen zu ihrer Verteidigung bereitzustellen – und die Elitetruppen waren nur ihrem General loyal. Das gefährliche Vermächtnis der von Dseng Gwo-fan hinterlassenen Privatarmee brachte den Sohn des Himmels um seine Erbschaft.

Als der Python gegen die Tai-ping antreten sollte, hatte er hundertzwanzigtausend Soldaten persönlich rekrutiert, ausgebildet und geführt. Diese Männer verdankten kein einziges Reiskorn ihrer Ration und keine einzige Kugel für ihre Gewehre direkt der Pekinger Regierung, denn die Hunanarmee wurde aus der Provinzschatulle bezahlt, gefüttert und bewaffnet. Genauso war es bei der Hwaiarmee von Li Hungdschang, dem Waffengefährten des Python, doch das Netz der Treueverhältnisse innerhalb jeder Streitmacht war so stark, daß keiner von beiden das Kommando des anderen hätte übernehmen können. Und der Hof hatte über beide so gut wie keine Kontrolle. Während aber die Hunan- und die Hwaiarmee dennoch die Feinde des Kaisers bekämpft und unterworfen hatten, verkaufte sich die »Bejjangarmee«[1], die ihre Nachfolge antrat, an die Rebellen. Denn »die Kröte« war kein Python.

Jüan Schï-kai wurde die Kröte genannt, weil er ein gedrungener, ungefähr einsfünfzig großer Mann mit großem Kopf und kurzem, dickem Hals war, der seine Arme und Beine steif bewegte, wenn er auf und ab stolzierte. Er kam aus einer reichen und mächtigen Familie und lebte, umringt von zehn reizenden Konkubinen, in schamlosem Luxus. Als Junge hatte er schon keine Lust am Lernen gehabt, und als er mit achtzehn Jahren die Prüfungen nicht bestand, verbrannte er seine Bücher. Aber er durfte nicht unterschätzt werden. Er hatte andere Ambitionen und soll einmal gesagt haben: »Ein Mann sollte große Träume hegen und nicht an Papier und Federn kleben. Mit zehntausend guten Soldaten könnte ich der Herr des Reiches werden«.

Er hatte die richtige Art dazu. Er war heimtückisch, schlau, machtgierig, nahm es mit der Treue nicht so genau und wurde alles in allem mit Tsao Tsao verglichen. Wie Tsao Tsao war er auch ein fähiger, tapferer Kommandeur. Nach der Niederlage Chinas im Krieg gegen Japan 1895 beauftragte ihn die Kaiserinwitwe, eine moderne chinesische Armee aufzubauen, denn er hatte einen Aufstand in Korea unterdrückt und sich gut gegen den Feind gehalten.

Jüan begann mit einem Kontingent von siebentausend Mann. Er ließ sie von deutschen Ausbildern trainieren, ihre Offiziere kamen aus den Reihen der chinesischen Studenten, die deutsche Militärakademien besucht hatten, alle Ränge trugen »deutsche« Uniformen, und die Kröte hatte einen teutonischen Schnurrbart. Der Tsching-Hof bekam es allmählich mit der Angst zu tun, als er den Embryo zu einer beachtlichen »fremden« Streitmacht heranwachsen sah. 1909 wurde Jüan Schï-kai aus seiner Stellung entfernt. Seine Gönnerin, die konservative Kaiserinwitwe Tsï-hsi, war gestorben, und viele am Hofe hegten tiefes Mißtrauen gegen ihn, weil er der Unterdrückung der Reformer stillschweigend Vorschub geleistet hatte. Aber man konnte ihm weder seine ehrgeizigen Ziele nehmen noch die Anhänglichkeit einer Armee, die ihn insgeheim als ihren einzigen Herrn ansah. Ein zweiter Kampf stand bevor, dieses Mal zwischen dem weltlichen Erben des Python und dem geistigen Erben des Himmlischen Königs.

Während Jüan Schï-kai eher dem Bild der ehrgeizigen Warlords aus Chinas turbulenter Vergangenheit entsprach, war Sun Yat-sen das Produkt der turbulenten chinesischen Gegenwart. Er war auf dem Land in der Nähe von Kanton geboren, aber in Hawaii aufgewachsen und zur Schule gegangen, er war Christ, Arzt und Demokrat. Seine Umgebung war zwar westlich gewesen, aber sein Blut war immer noch chinesisch. Er nutzte die geheimen Gesellschaften, mit denen die Tai-ping kokettiert und gekämpft hatten, um die Sache des Sozialismus voranzutreiben. Er stand zu den konfuzianischen moralischen Grundsätzen der kindlichen Liebe, der Loyalität und Rechtschaffenheit, auch als er sich für Freiheit, Gleichheit und Brüderlichkeit einsetzte. Er forderte eine Republik, aber diese Republik sollte eine Legierung aus amerikanischen und europäischen Ideen sein, die in einer chinesischen Form neu zu gießen waren und seine berühmten »drei Prinzipien« – Nationalismus, Demokratie und soziale Reformen – einbegriffen.

Sein Ziel war das gleiche, das die russischen Kommunisten hatten. Aber während ihr Glaube auf eine Explosion der Volksgewalt hinauslief, predigte er eine beständig fortschreitende Revolution, bei der es keine Todesopfer geben mußte. »Marx' Untersuchung der sozialen Probleme enthüllte nur die Risse im sozialen Fortschritt, nicht aber seine Prinzipien«, behauptete er. »Man kann daher sagen, daß er ein Sozialpathologe, aber kein Sozialphysiologe war«. In einem China, in dem es nur wenige wirkliche große Grundbesitzer oder Kapitalisten gab, das aber mit einer fast alle betreffenden Armut geschlagen war, seien der Klassenkampf und die Heilung sozialer Mißstände durch einen Aderlaß der Reichen nicht anwendbar. Die Minderheit der Magnaten könne zurechtgestutzt werden, indem man große Besitzungen auflöste und an die Landhungrigen verteilte. Die größeren Industriekomplexe könnten verstaatlicht werden. Eine steile Steuerkurve könne das Übrige besorgen.

Die Demokratie sollte nicht nach den Prinzipien von Marx, sondern denen von Montesquieu verwirklicht werden – *Il faut que le pouvoir arrête le pouvoir*. Das Volk sollte das Recht erhalten, nicht nur Gesetze zu erlassen und zu revidieren, sondern auch die Mitglieder von fünf Staatsorganen, die »sich gegenseitig am Bein festhalten« und gegenseitig ihre Macht begrenzen würden, nach Belieben zu wählen und zu entlassen. Warum fünf statt drei? Weil Sun Yat-sen eine chinesische Version der Verfassung anstrebte und außer Legislative, Exekutive und Justiz zwei weitere Organe vorsah, die die

Funktion des kaiserlichen Zensorats und des Prüfungswesens in Chinas traditionellem Regierungssystem übernehmen sollten. Außerdem rief er nicht nach sofortiger Demokratie, sondern war für einen Übergang zur Regierung des Volkes in drei therapeutischen Schritten: zuerst die Zerstörung des alten Regimes; dann begrenzte Übungen in politischer Freiheit, die streng von oben überwacht werden sollten (während der die Millionen den Gebrauch ihrer Macht lernen sollten); schließlich volle Handlungsfreiheit.

Nach einem Fehlstart in Kanton im März 1911 kam die Revolution in Fahrt und beschleunigte ihr Tempo gegen Ende des Jahres.[1] Die meisten Städte im Süden und viele im Norden gingen zu den Republikanern über, und wenn die Rebellen ihre Mandschugarnisonen niedermachten, schlossen sich erschreckte Provinzgouverneure der neuen Sache an. Im November rief der in Panik geratene Tsching-Hof Jüan Schï-kai zurück, proklamierte eine konstitutionelle Monarchie und ernannte ihm zum Premierminister. Im Gegenzug darauf wählten Revolutionäre in Nanking am 29. Dezember Sun Yat-sen zum Provisorischen Präsidenten einer chinesischen Republik, und am 2. Februar 1912 erwiderten die Mandschus dies in Peking mit der Ausrufung Chinas zu einer Republik nach ihrem eigenen Zuschnitt. Die Kröte hatte nun die Auswahl zwischen chinesischen »Republiken«, die beide zu schwach waren, um den Rivalen auszuschalten, und sie konnte mit ihrer starken Bejjangarmee auf beide Seiten hüpfen. Und die Kröte verband sich mit den Revolutionären, weil bei einer weiteren Unterstützung der Tsching-Dynastie für die eigenen kaiserlichen Ambitionen nichts mehr herausspringen konnte.

Im Interesse der Einheit der Republik überließ Sun Yat-sen – schlecht beraten – seinen Platz diesem Renegaten, der im Oktober 1912 formell zum Präsidenten gewählt wurde. Aber 1914 ließ der unverbesserliche Jüan die Verfassung ändern und konzentrierte damit die Macht in seiner Hand, ein paar Monate später verstand er es, sich zum Präsidenten auf Lebenszeit zu machen, 1915 verkündete er seinen Herrschertitel als erster Kaiser einer neuen chinesischen Dynastie, 1916 starb er – am Vorabend seiner geplanten Ermordung durch aufgebrachte Gegner, wie viele glauben.

Jüan hatte viele seiner Vertrauten zu Militärgouverneuren ernannt und damit seine Macht über die Provinzen gefestigt. Deren Agenten zogen durchs Land und drängten die Landbesitzer, Kaufleute, Bettler, Mönche und wer sonst noch zuhören wollte, ihn als den »Wahren Drachensohn des Himmels« und künftigen Kaiser anzuerkennen (während revolutionäre Zeitungen in Shanghai ihn so wüst beschimpften, daß »das Hundeblut von seinem Kopf tropfte«, wie die Chinesen es ausdrücken).

Es dauerte jedoch nicht lange und die Militärgouverneure begannen, ihre Forderungen zu stellen und sich Rechte anzumaßen, die ihnen ihr Chef in Peking nicht zugestanden hatte. Die Armee in Jünnan lehnte offen seinen Kaiserstatus ab, und andere Provinzen erklärten ihre Unabhängigkeit. Wie Sun-Yet-sen in Nanking ein Gefangener der militärischen Macht der Kröte geworden war, so wurde die Kröte in Peking jetzt der Gefangene eines neuen Haufens von Warlords. Er war auf den Auslöser getreten, dem der erste Kaiser der Sung-Dynastie so geschickt ausgewichen war: wenn ein General Kaiser werden konnte, warum dann nicht auch ein anderer?

Als er starb, wurde der Vizepräsident Li Jüan-hung sein Nachfolger in der Hauptstadt, und die Revolutionäre setzten eine Gegenregierung in Kanton ein. Die zwei Republiken, die für kurze Zeit eine geworden waren, waren wieder zwei: mit »Generalissimo« Sun Yat-sen im Süden, der von der Gunst aufgeblasener örtlicher Militärs abhing, die mehr am Plündern als an Prinzipien interessiert waren, und dem Präsidenten im Norden, der nicht viel mehr als eine Marionette in der Hand von vier mächtigen Generälen war, die große Gebiete Chinas mit ihren Privatarmeen beherrschten und ihn mal hierhin, mal dahin zogen.

Typisch für diesen Schlag von Warlords war Dschang Dso-lin, ein untersetzter, dunkelhäutiger, ständig zotige Reden im Munde führender Pferdedieb, der zum »Großmarschall« und Herr der Mandschurei aufstieg. Als räuberischer Opium rauchender Despot, der seine Regeln im Vorübergehen aufstellte, demonstrierte Dschang seine Überzeugung, Gesetzlosigkeit müsse mit Gesetzlosigkeit bekämpft werden, als er 1927 seinen Truppen befahl, die sowjetische Botschaft in Peking zu stürmen. Die Soldaten brachten die meisten Chinesen um, die sie dort antrafen, verhafteten gesetzwidrig fünfzehn russische Diplomaten – und beschlagnahmten unbestreitbare schriftliche Beweise für eine kommunistische Verschwörung, ganz China zu übernehmen. Aber es wäre fehl am Platze zu glauben, der General sei als Schande für seinen Berufsstand angesehen worden. Ganz im Gegenteil. Er wurde weithin wegen seiner schlauen diplomatischen Manöver und wachsamen, geschickten Verteidigung der Mandschurei gegenüber hinterhältigen japanischen Übergriffen bewundert.

Mit seiner politischen Klugheit schreckte er auch nicht vor dem Gewöhnlichen zurück. Bevor er durch die Große Mauer vorstieß, um Nordchina zu gewinnen,[2] rief er führende Gelehrte in seinen Palast. Die versammelten Intellektuellen mußten im Hof stehenbleiben und darauf warten, seine »Weisungen zu hören«. Wachen richteten die Mündungen ihrer Gewehre auf sie, als wären sie gewöhnliche Kriminelle. Mit großem Gefolge erschien der Marschall, pflanzte sich hinter einem Pult auf und brüllte ihnen seine Analyse der aktuellen Lage mit etwa folgenden Worten entgegen:

»Wißt ihr, was hinter dem Paß jetzt los ist? Eine gottverdammte Scheiße, dort geht's zu wie in einem Puff. Deshalb gehe ich morgen rüber. Da gibt's ganz schön was zu holen. Und das gehört alles uns – ich will nicht alles für mich, ich teile großzügig und umsonst aus. Aber als ich zum letztenmal durch den Paß gegangen bin, seid ihr Scheißkerle hier ja klammheimlich ganz schön umtriebig gewesen, kaum daß ich fort war. Jetzt muß ich wieder fort, aber ich dulde nicht, daß mir hier einer was vermasselt. Und wagt bloß nicht, euch zu rühren. Ich habe genug Gewehre. Ihr glaubt doch wohl nicht, daß ich Angst habe? So, das war's.« Darauf machte er würdevoll kehrt und verließ den Hof.

Feng Jü-hsjang, der berühmte »christliche General«, der seine Leute mit Leitungswasser taufte, rief einmal seinen Soldaten zu: »Ein Kavallerist reitet ein Pferd, ein Infanterist muß marschieren und die Versorgungstrupps schleppen die Sachen. Was glaubt ihr, sollen wir im Interesse der Gleichheit tun? Sollen wir die Pferde verkaufen und alle zu Fuß gehen? Oder soll jeder auf einem Pferd sitzen? Und als ein begriffsstutziger Soldat automatisch »Richtig!« rief, schrie der große Feldherr: »Revolution heißt nicht Chaos. Schmeißt mit Worten wie »Gleichheit« um euch, und ihr schafft den kleinsten Dreck nicht«.

Diese Männer konnten keine Zeit mit den »drei Prinzipien« Sun Yat-sens vergeuden, genausowenig, wie der Python Zeit für die sozialistische Botschaft des Himmlischen Königs hatte oder die Kröte für die Ideale der Republikaner. Aber sie blieben alle Herren der Lage, solange sie Rebellen mit dem Gewehr in Schach halten konnten. Und erst als Sun Yat-sen und seine Anhänger anfingen, gemäß der bleibenden Wahrheit zu handeln, die Mao Tse-tung in den wohlbekannten Worten »Politische Macht erwächst aus einem Gewehrlauf« aussprach, hatten sie auch die Möglichkeit, zu gewinnen.

Im China jener Tage mußten sie sich außerdem mit einer weiteren unangenehmen Wahrheit abfinden: wenn das Gewehr Macht hieß, bedeutete Demokratie den Ruin. Ein anderer Warlord[3] war von einer bescheidenen demokratischen Institution in Form einer Provinzialversammlung derart verwirrt und verärgert, daß er eines schönen Tages während einer erhitzten Debatte mit einer bewaffneten Eskorte in den Sitzungsraum marschierte und seine eigenen Vorschläge zur Lösung des Problems machte. »Ihr dummes Volk zankt euch von früh bis spät und seid pausenlos am Keifen in diesem Spatzenkäfig«, schnauzte er sie an. »Das hat doch nicht die geringste Bedeutung. Warum trifft sich dann überhaupt die Versammlung? Ich zahle euch eure Gehälter und damit basta!«

Sogar Republikaner mußten kleinlaut zugeben, daß der Haudegen recht hatte. Die westliche Demokratie hatte sich, nach China verfrachtet und in einem fremden, exotischen politischen Klima losgelassen, schnell in eine häßliche, verzerrte und bösartige Bestie verwandelt – »ein Affe, der sich die Robe eines Herzogs umgehängt hat«. Das Parlament gab, wie C. P. Fitzgerald bemerkte[4], ein beschämendes Bild von Verantwortungslosigkeit und Korruption ab, »Stimmen wurden offen verkauft und offen auf dem Markt notiert«, und »wenn die Mitglieder zusammentraten, verbrachten sie die Zeit damit, sich große Gehälter zu bewilligen.« Wenn Demokratie sich so einfach in Dollars ausdrücken ließ, warum sollte dann ein armer kämpfender General nicht die Gelegenheit beim Schopfe packen und sie aufkaufen?

Sun Yat-sens »demokratische« Kuomintang (KMT) wurde also mit der Unterstützung russischer Berater als autoritäre Kaderpartei reorganisiert, der auch Kommunisten als Einzelpersonen beitreten konnten. China hatte sich jetzt in der zweiten Phase seiner Revolution festgefahren – der Periode, in der die Partei das Volk erziehen wollte, bis es in einer fernen, unvorhersehbaren Zukunft ihrer Diktatur entwachsen und seine Angelegenheiten selbst wahrnehmen konnte.

1924 wurde in Kanton die Whampoa-Militärakademie eröffnet, mit Tschiang Kai-schek als Kommandeur und Tschou En-lai als oberstem politischem Kommissar. Die KMT bekam endlich Zähne. Sun Yat-sen starb im Jahr darauf, aber 1926 konnte Tschiang Kai-schek zu seinem »Nordfeldzug« aufbrechen und versuchen, die Warlords zu bestechen oder zu unterwerfen und auf diese Art China zu einigen. Im Sommer 1928 hatte er Peking erreicht. Die Nordchinesen waren an die rohen Soldaten des Großen Marschalls gewöhnt und empfingen die »Barbarenarmee« aus dem Süden zuerst mit Mißtrauen und dann mit Erleichterung, denn diese fremden Truppen mit ihrem ausländischen Akzent, ihren Regenhüten aus Ölpapier und Bambus, ihren kurzen Hosen und Strohsandalen, zeigten sich gegenüber den ängstlichen Einheimischen freundlich, wenn sie selbst entgegenkommend waren.

China lernte jedoch immer noch keine nationale Einheit oder Demokratie kennen, geschweige denn Sicherheit, Wohlstand und soziale Gerechtigkeit, die Sun Yat-sen in seinem dritten Punkt – »soziale Reformen« – versprochen hatte. Tschaing Kai-schek hatte verräterisch seine städtischen kommunistischen Verbündeten massakriert, als er auf dem Weg nach Norden Shanghai einnahm. Als er Peking erreichte, setzte Mao Tse-tung ihm bereits von seiner ersten roten Guerillabasis in den Randbergen der Provinz Kiangsi aus Widerstand entgegen. Und die Japaner hatten inzwischen eine Armee in Shantung gelandet.

Den Japanern gebührt die Ehre, sich unter allen fremden Nationen, die sich während des letzten Jahrhunderts ihre Stücke aus dem kranken Körper Chinas gerissen hatten, als

300

die Rücksichtslosesten und Gierigsten hervorzutun. Sie hatten die Chinesen 1895 besiegt und Peking einen harten Vertrag aufgezwungen, der ihnen Korea und Formosa überließ. 1915 war es ihnen – zur Erbitterung chinesischer Nationalisten – gelungen, sich von der Kröte die meisten ihrer berüchtigten »Einundzwanzig Forderungen« bestätigen zu lassen, die einschneidend in die Souveränität Chinas eingriffen und Tokio beängstigend starke Vorrechte in der Mandschurei und Shantung einräumten.

In Shantung wurden sie 1928 vorübergehend zurückgedrängt, aber 1931 besetzten sie die Mandschurei, annektierten einen Teil der Inneren Mongolei, richteten im Kampf gegen die Chinesen große Zerstörungen in Shanghai an und bombardierten kurz darauf Nanking, 1935 kontrollierte Japan den größten Teil Nordchinas, und 1937 wurde – mit einiger Verspätung – der Krieg zwischen beiden Ländern offiziell. Die Japaner überrannten den Osten der Republik von Norden bis Süden, setzten Marionettenregierungen in Peking, Nanking und Kanton ein, und Generalissimo Tschiang Kai-schek mußte sich nach Chungking im Westen zurückziehen.

Der Generalissimo hatte einen großen Teil seiner Kräfte in vergeblichen Versuchen verausgabt, die kommunistischen Guerillas auszuschalten. Er hatte sie aus ihren Bergfestungen im Südosten vertrieben – mit dem Erfolg, daß sie sich in neuen Bergfestungen im Nordwesten einnisteten. 1937 ließen die Chinesen die Feindseligkeiten untereinander ruhen und schlossen sich vorsichtig zusammen, um den Japanern Widerstand zu leisten. Aber sobald die Eindringlinge verschwunden waren, fielen sie wieder übereinander her. 1949 floh der geschlagene Tschiang Kai-schek nach Formosa, und der ehemalige »Bandit« Mao Tse-tung konnte seine Zelte in der Kaiserstadt Peking aufschlagen.

Eine weitere, auf die ewig leidende Bauernschaft gestützte Revolution hatte eine korrupte, durch innere Schwäche und äußeren Druck zerrüttete Verwaltung gestürzt. Das Mandat des Himmels war wieder einmal weitergegeben worden – wie es nach allen Lektionen der Geschichte zwangsläufig geschehen mußte.

Angewandte Geschichte

GEWISS werden manche behaupten, Chinas Vergangenheit habe wenig mit Chinas Gegenwart von 1974 zu
tun, als kleine Kinder überall in der Volksrepublik sangen:

Lin Piao und Konfuzius sind Schurken.
Sie sprechen von Nächstenliebe und Rechtschaffenheit –
ein Sack voll Lügen.
Sie wollen einen zwingen, sich zurückzuhalten, mit An-
stand zu handeln, die Vergangenheit wieder herzustel-
len.
Hol sie der Teufel!
Kleine Rote Soldaten, laßt uns in den Kampf ziehen und
erbarmungslose Kritik üben!
Kleine Rote Soldaten ... (wiederhole)
Hei!

Aber wenn der chinesischen Jugend beigebracht wird, wie
man einen Menschenfreund zehn Kilometer gegen den Wind
riecht, zeigen gerade ihre schrillen Töne, wie lebendig und
gegenwärtig die Geschichte in chinesischen Köpfen ist. Es
war ein Teil der gigantischen Hetzkampagne, die sich gegen
die Gestalt eines Mannes richtete, der vor zweitausendfünfhundert Jahren gelebt hatte, und gegen alles, womit sein
Name in den dazwischenliegenden Jahrhunderten verknüpft
gewesen war.

China stellte seine Vergangenheit nicht in Abrede. Es
prüfte sie durch das Prisma der kommunistischen Wertskala,
übersetzte sie in das Idiom kommunistischer Dialektik, aber
erkannte sie dennoch als seine eigene Jugend an. Das China

von gestern und das China von heute waren eins. Was die Propagandisten aus seinen Entstehungsjahren beibehielten und was sie verwarfen, enthüllte daher in Form und Wesen eine von Grund auf chinesische Mentalität, die sich lediglich in das rauhe Gewand des maoistischen Jargons kleidete.

Konfuzius? »Konfuzius war eigensinnig, leidenschaftlich, aber sehr schwach; finster, verschlagen und bis ins Mark verdorben«, war der abgewogene Schuldspruch der Universitäten Peking und Tsinghua.[1] Das von ihm so verehrte *Li* war zusammengebraut worden, um das »reaktionäre, dunkle und verfaulte System« der verfallenden Dschou-Dynastie zu verewigen, deren Reichtümer »vom Blut der Sklavenmassen« kamen. Die sogenannten Riten, Musik, Nächstenliebe und Rechtschaffenheit, die er seine Schüler lehrte, waren nichts weiter als die »verknöcherte Kultur der sklavenhaltenden Aristokratie«, und die Adligen hatten Sklaven keineswegs als menschliche Wesen behandelt. »Ein Pferd und eine Bahn Seide konnten gegen fünf Sklaven eingetauscht werden. Manchmal wurden hundert Sklaven grausam getötet oder lebendig begraben, um dem Leichnam eines Sklavenhalters in seiner Gruft Gesellschaft zu leisten.« *Li* »bedeutete die Hölle für die Sklaven und das Paradies für die Sklavenhalter«, doch für Konfuzius »war das ganze System vollkommen und unverletzlich«.

Überall – selbst in einer populären Serie von gespenstischen Karikaturen, die 1974 auf Wandzeitungen erschienen – wurde der alte Weise als ein ultrareaktionäres Monster dargestellt, das mit allen Mitteln eine überlebte, auf boshafte Ausbeutung gestützte Gesellschaft zu erhalten versuchte und gnadenlos das fortschrittliche Element jener Zeit, »die aufstrebende neue Klasse der Gutsbesitzer«, unterdrückte. Seine Aufrufe zu kindlicher Ehrfurcht, zu Loyalität gegenüber dem Fürsten und sogar zu Nachsicht gegenüber dem Tieferstehenden waren nur Taue ein und desselben eisernen Netzes, in dem die elenden chinesischen Massen zu seiner Zeit gefangen wurden. Die Schlagzeilen der maßgeblichen *Roten Fahne* beschrieben Mencius (denn wie Konfuzius machte auch er inzwischen Schlagzeilen) als einen »Herold der Restaurierung des Sklavensystems«, der die Menschen mit seinem Spruch, »von den alten Königen zu lernen«, verleitete, rückwärts in noch schlimmere Knechtschaft, statt vorwärts zur Freiheit zu gehen. Diese beiden – und alle, die in ihre niederträchtigen Fußstapfen traten – waren die Schurken, die Chinas dekadenten Kaisern den traditionellen Rahmen für ihre Tyrannei geliefert hatten.

Die Legalisten wurden dagegen freundlich gezeichnet. Schan Jang, der ganz Tschin systematisch für Ackerbau und Krieg einteilte, das Volk mit erbarmungslosen Strafen und prompten Belohnungen disziplinierte, war ein »hervorragender Vertreter« der »progressiven« Schule. Er tadelte die konfuzianischen Vorschriften der Nächstenliebe und Rechtschaffenheit und ersetzte ganz richtig die Herrschaft des *Li* durch die Herrschaft des Gesetzes. Seine Dekrete »zerschlugen die veraltete politische Struktur des Staates Tschin« und waren »seine unauslöschlichen Verdienste in der Geschichte«. Wer sein Vorgehen ein wenig zu brutal fand, sollte sich der Worte von Engels erinnern: »Ohne Gewalt, ohne unerbittliche harte Methoden, hätte nichts in der Geschichte Erfolg.« Schan Jang hatte »in dieser Beziehung vollen Gebrauch von seiner revolutionären Rolle gemacht«. Deshalb befahlen die Reaktionäre, ihn mit Wagen in Stücke zu reißen, und »er starb als Märtyrer auf seinem Posten, er gab sein Leben für die Sache der Reform hin«.

Er hatte bewiesen, hob die *Rote Fahne* in einem anderen Artikel hervor, daß »es einem rückständigen Staat möglich war, sprunghaft voranzukommen und ein entwickelter Staat zu werden, vorausgesetzt, er ging mit dem Strom der Geschichte und hielt sich fest an die legalistische Linie.« Schan Jang, Hsün Dsï (»Die Menschen werden böse geboren«) und Han Fej (der die Prinzipien »Gesetz«, »Macht« und »Technik« vereinte) wurden alle als Lehrer gepriesen, die »das progressive Wesen einer neuen kraftvollen Klasse, die sich dem sozialen Wandel verschrieben hat, widerspiegelten« und »an der Spitze der damaligen Zeitströmung gestanden hatten«.

Sie hatten auch den herzlosen Eroberer angespornt, der sich zum Ersten Kaiser der Tschin-Dynastie gemacht hatte, den Despoten, den die Nachwelt verdammte, weil er den großen Schatz der chinesischen Literatur verbrannt und alle Gelehrte, die beim Verstecken irgendwelcher Restbestände ertappt wurden, lebendig begraben hatte. Aber 1974 protestierte die *Peking-Rundschau*, der Erste Kaiser sei völlig verzerrt dargestellt worden. Er war ein Riese, der »die gewaltige Aufgabe vollbracht hatte«, China zum erstenmal zu einem zentralisierten Reich zusammenzuschweißen. Er hatte dieses Werk jedoch erst nach einer »Reihe von Kämpfen gegen die Clique der aristokratischen Sklavenhalter« vollenden können. Diese Clique hatte unaufhörlich die Herrschaft des Gesetzes als Vorwand zum Bestrafen und Töten »wild geschmäht« und den zentralisierten Staat als das mißgestalte Kind seiner »persönlichen Machtgier« verleumdet.

Bei dieser giftigen Opposition waren »die Bücherverbrennungen und das lebendige Begraben konfuzianischer Gelehrter eine notwendige Maßnahme der Diktatur«, eine »unumgängliche Entwicklung des Klassenkampfes dieser Epoche«, und »eine Maßnahme der Selbstverteidigung, die der Erste Kaiser ergreifen mußte... Progressive Denker in der chinesischen Geschichte haben diese revolutionäre Tat allgemein begrüßt.« Außerdem waren von den siebzig königlichen Akademiemitgliedern am Hof von Tschin nur zweiundsechzig unter jenen, die lebendig begraben wurden. Der Kaiser war kein grausamer Mann, und er liebte die Literatur, schlossen die Kommantatoren.

Als die Kommunisten die lange Galerie der chinesischen Geschichte abschritten, blieben sie vor vielen der vertrauten Helden stehen, um ihr ideologisches Urteil abzugeben. Der verschlagene Dorfpolizist, der die Han-Dynastie gründete, wurde als strammer Legalist gelobt, Hsjang Jü dagegen, der blaublütige Schlächter, den er zu Fall brachte, als reaktionärer Konfuzianer abgetan – der eine hatte nach Verdienst befördert, der andere seine Verwandtschaft begünstigt. In der Zeit der »drei Reiche« hatte Dschügë Ljang in Schu »eine streng legalistische Linie« eingehalten, die Würdigen befördert, die Landwirtschaft belebt, eine starke Armee aufgebaut und den rebellischen Aristokraten, »die Konfuzius verehrten«, Schläge erteilt. Aber die Ehrungen wurden gleichmäßig verteilt, denn in den Augen der Maoisten hatte sein Feind Tsao Tsao genau das gleiche getan, »die legalistische Linie durchgesetzt« und Wej vereint, indem er die Adligen und »Konfuzianer, die das neue Regime von innen her sabotieren wollten«, unterdrückte.

Wirtschaftsreformer wie Sang Hung-jang und Wang An-schï, die während der Han- und Sung-Dynastie »sozialistische« Maßnahmen durchführten, waren ebenfalls Legalisten gewesen, aber die unfruchtbaren Neokonfuzianer hatten den alten Weisen »fanatisch verehrt«, und der schwachsinnige, kunstliebende Tang-Kaiser, der sein Herz an die Dame Jang und seine Hauptstadt an ihren Adoptivsohn, den fetten Türken, verlor, hatte sein Schicksal verdient, denn er hatte Konfuzius als »König der Kultur« in den Himmel gehoben.

Jede aus Armut und Tyrannei geborene Bauernerhebung wurde als Ausbruch der aufgestauten Wut gegen die abscheulichen Konfuzianer interpretiert, und die Roten Augenbrauen, die Gelben Turbane, der Straßenräuber Li Dsï-tscheng (der den Ming Peking entrissen hatte, um es sich dann von den Mandschus wegnehmen zu lassen) und schließlich die gewaltigen Tai-ping erhielten alle von der Pekinger Presse den Stempel der Progressivität. Die unrühmliche Aura des Christentums um den Himmlischen König wurde von Publikationen wie *China im Bild* und *China Reconstructs* taktvoll übergangen. Statt dessen erzählte man den Lesern, er habe einen fiktiven antikonfuzianischen »Gott-König« erfunden, der »eine Verkörperung der für die Freiheit kämpfenden revolutionären Bauern« gewesen sei. Es erübrigt sich zu sagen, daß der Python als Rädelsführer der Reaktionären gebrandmarkt wurde.

Eine größere politische Kampagne in China kann mehr in Wallung bringen als eine Parlaments- oder Präsidentenwahl im Westen, denn jeder muß öffentliche Stellung zum Tagesbefehl beziehen oder sich wegen seines Stillschweigens verurteilen lassen – da gibt es keinen Druckposten wie die geheime Wahl. Alle vernünftigen Chinesen wurden daher von der plötzlichen Notwendigkeit – nicht von dem Drang – ergriffen, einen Philosophen zu pulverisieren, der schon lange vorher zu Staub geworden war. Diese leidenschaftliche Übung in historischer Neubewertung war nur Teil der »Kritisiert Lin, kritisiert Konfuzius«-Bewegung, die Mißstände der Vergangenheit zu Gefahren der Gegenwart in Beziehung brachte: der prorussische Renegat Lin Piao wurde als ein Mann dargestellt, der vom Geschwätz des vorchristlichen Philosophen vergiftet war.

306

Der Vorsitzende Mao hatte erklärt, »politische Macht er-
wachse aus einem Gewehrlauf«, und das »negiert gründlich
die reaktionären und scheinheiligen Begriffe der Nächstenliebe, Rechtschaffenheit und Tugend, die in den Lehren von
Konfuzius und Mencius gepredigt werden, und erklärt den
Bankrott des konfuzianischen Humbugs, daß der erfolgreich
ist, der sich auf Tugend verläßt, und der untergeht, der sich
auf Stärke verläßt«, argumentierte die *Rote Fahne*. Doch Lin
Piao war ein »andächtiger Schüler von Konfuzius« geblieben.
Er hatte die konfuzianische Vorstellung des Kompromisses,
der in der Philosophie der »Goldenen Mitte« steckt, mit dem
verräterischen Versuch unterstützt, »Gegensätze zu versöhnen und den Kampf zwischen Proletariat und Bourgeoisie zu
beenden«. Gleichzeitig hatte er den Ersten Kaiser getadelt,
die Bücher verbrannt und die Gelehrten begraben zu haben,
und seine weiteren progressiven Maßnahmen mit dem »finsteren Ziel« kritisiert, »die Geschichte zu verzerren und eine
konterrevolutionäre öffentliche Meinung zu schaffen, um die
Diktatur des Proletariats zu stürzen und den Kapitalismus
wieder herzustellen«.

Auch die Russen wurden kritisiert: sie hatten »zu den
schmutzigen Waffen der konfuzianischen Schule gegriffen
und in einem vergeblichen Versuch, unseren Staat herabzu-
setzen, Schan Jang attackiert. Aber das beweist lediglich, wie
tief diese Renegaten des Marxismus-Leninismus schon heruntergekommen sind«. Sie hatten sogar »Mencius solche
Lorbeerkränze wie ›Demokratie‹ und ›Menschenfreundlichkeit‹ umgehängt«. Die chinesischen Millionen wurden daran
erinnert, daß der Konflikt zwischen Legalisten und Konfuzianern Teil des nicht endenden Klassenkampfes war, in dem
die »proletarische revolutionäre Linie« des Vorsitzenden
Mao jetzt gegen die »bürgerlich-reaktionäre Linie« des Feindes antrat. In der Kritik an Mencius konnten die Menschen
lernen, klarer »den konterrevolutionären Charakter Lin
Piaos und anderer politischer Schwindler« zu erkennen und
gleichzeitig die Wahrheit des Gesetzes, daß das sozialistische
System das kapitalistische ebenso in den Schatten stellen
werde, wie die legalistischen Gutsbesitzer die Sklavenhal-
ter-Aristokraten überwunden hatten.

Lin Piao war allerdings nicht der einzige »verdienstvolle

Hund«, der Mao Beklemmungen verursachte. Die in den vierziger Jahren zum Sturz Tschiang Kai-scheks aufgestellten chinesischen kommunistischen Armeen waren ungleichmäßig aus Guerillagruppen erwachsen, die während der zwanziger und dreißiger Jahre in räumlich weit von einander entfernten roten Hochburgen rekrutiert worden waren, und ihre Generäle hatten sich seit den ersten Revolutionstagen ihre eigenen Netze persönlicher und regionaler Bindungen geknüpft. Sobald China in ihren Händen war, zeigten daher ältere Kommandeure und politische Kommissare in den Provinzen des riesigen, so schnell eroberten Reiches Erbanlagen der Warlords, und bald wurden einige von Peking aus mißtrauisch als beängstigend unabhängige Herren über ihre eigenen »Bergspitzen« angesehen.

Folglich betrachteten Maoisten, darauf bedacht, daß die Partei die Gewehre kommandierte und nicht umgekehrt, das lockere, dezentralisierte System feudaler Staaten[2], das Konfuzius erhalten wollte, als doppelt verwerflich und das straff organisierte, vereinigte Tschin-Reich, in dessen Hauptstadt der Herrscher alle Fäden der Macht in der Hand hielt, als würdiges Vorbild. Das legalistische Prinzip übertrug dem Führer in seinem Palast oder Politbüro die absolute Autorität und ließ seinen flüchtigsten Gedanken zum Gesetz werden, während in den Provinzen »alle Chefs der Präfekturen von der Zentrale ernannt wurden und jederzeit abgesetzt werden konnten«.

Die Ziele der kollektiven Beschmutzung, der alte Konfuzius und der moderne Lin Piao, verkörperten die anhaltenden »revisionistischen« Übel in China – opportunistische Bürokraten, bürgerliche Universitätsprüfungen, die proletarische Studenten fernhielten, Bücher und Opern, die nicht die korrekte soziale Botschaft vermittelten. Sie waren die Abbilder der »Alten«, die alle guten Kommunisten verabscheuten, die alten Sitten, der alte Aberglaube und die alten Denkgewohnheiten, die ausgerottet werden mußten, wenn China ein sauberes und klassenloses Gemeinwesen werden wollte. Der Umfang der Kampagne, die da Monat für Monat weiterrollte, spiegelt die Bedeutung der chinesischen Geschichte im Denken der scharfsichtigen Maoisten wider – und der chinesischen Tradition in den Köpfen der störrischen Massen.

Der Himmlische König der Tai-ping hatte den Fehler begangen, die alte chinesische Kultur im Namen eines neuen chinesischen Nationalismus anzugreifen. Doch Mao hatte »die Vergangenheit genutzt, um der Gegenwart zu dienen«. Er glorifizierte das Gute, um das Böse auszumerzen (wie er es sah), rechtfertigte das Heute im Licht des Gestern und das Gestern im Licht des Heute, erhielt den chinesischen Millionen ihr stolzes Gefühl für Kontinuität und kulturelles Erbe und ernannte die Kommunistische Partei zum Hüter dieses Erbes – und damit zu seinem Aufseher.

Außerdem konnten die Kommunisten, anders als der Himmlische König, die konfuzianischen Idole ungestraft zerschlagen. Denn für viele waren die Idole mittlerweile zu schäbig und ramponiert, als daß sie einen Ehrenplatz verdient hätten. Die Ausübung konfuzianischer Grundsätze war durch korrupte Gelehrte und despotische Kaiser, die sinnlose Härte der Mandarine während der späteren Dynastien, die »konfuzianische« Kröte und die »konfuzianischen« Warlords in Mißkredit gebracht worden. Dazu trugen auch jene »konfuzianischen« Nationalisten bei, die fromm aus den *Gesprächen* des Meisters zitierten und gleichzeitig mit einer jeder Beschreibung spottenden Gründlichkeit und Erfindungsgabe die Nation plünderten und vergewaltigten. Und schließlich war die auf Gönnerschaft und Loyalität gegründete konfuzianische Gesellschaft ein Anachronismus.

Die 4. Mai-Bewegung, ein heißer Sturm eines wütenden Nationalismus, der 1919 durch China brauste, wurde durch den geringschätzigen Zynismus ausländischer Mächte hervorgerufen, aber sie erschütterte das gesamte Gefüge eines schäbigen Staates, der vom geopolitischen Riesen zum geopolitischen Witz heruntergekommen war. In kommunistischer Sicht fünfundfünfzig Jahre später war sie »kompromißlos in ihrer Gegnerschaft zu Imperialismus und Feudalismus, sie trat mit dem Slogan ›Nieder mit dem konfuzianischen Laden!‹ an und widersetzte sich der Konfuziusverehrung und dem Studium des konfuzianischen Kanons. Sie war das Vorspiel zu Chinas neuer demokratischer Revolution.« Die letzten drei Wörter sind jedoch ideologische Mundart, denn obwohl die in den Straßen demonstrierenden Studenten »Nieder mit den alten Sitten, es leben die neuen« schrien, wurde nicht nur der »alte« Konfuzianismus in Verruf gebracht, sondern auch die »neue« westliche Demokratie.

Zwei Jahre später wurde die Kommunistische Partei Chinas gegründet. An ihrer Spitze stand der streitbare Professor der Pekinger Universität Tschen Du-hsju. Aber der erste von zahlreichen Beinahe-Maos war den chinesischen Verhältnissen nicht gewachsen, denn er war offen, eigensinnig, aufrecht und demokratisch. Die Kommunisten verstießen ihn aus der Partei und klagten ihn später an, Konfuzius und Mencius zu schätzen. Die Nationalisten warfen ihn ins Gefängnis, weil er ein prominenter Kommunist gewesen war. Er wich jedoch niemals von seinem marxistischen Standpunkt ab und gab keine Parteigeheimnisse an seine nationalistischen Inquisitoren preis.

Als er aus dem Gefängnis entlassen wurde, war er ein alter Mann und hatte Zeit gehabt, über verschiedenes nachzudenken. Er war dennoch entschieden und unbeugsam in seinen Urteilen geblieben und verscherzte sich damit weiterhin Freunde in beiden Lagern. »Wenn Deutschland oder Rußland gewinnt«, sagte er während des Zweiten Weltkriegs, »wird für die Menschheit mindestens ein Jahrhundert großer Finsternis beginnen. Wenn der Sieg England, Frankreich und Amerika zufällt und die bürgerliche Demokratie gerettet wird, dann wird der Weg zur Massendemokratie frei sein.« Aber Demokratie, sei sie bürgerlich oder proletarisch, müsse fest in gewissen fundamentalen Freiheiten und Rechten ruhen. Nur die Gerichte sollten die Macht haben, Verhaftungen anzuordnen, nur die Parlamente die Macht, Steuern zu erheben, Oppositionsparteien sollten Handlungsfreiheit haben, das Volk die Freiheit des Denkens, die Arbeiter Streikrecht, die Bauern das Recht, das Land zu bebauen.

Tschen hatte eine scharfe Zunge und war ein schneller Kopf, er verfügte über einen außergewöhnlichen Intellekt und einen wißbegierigen Geist. Er sprach lebhaft, seine Augen blitzten, und er lachte oft laut heraus. Er war absolut ehrlich und immer bereit, einen Irrtum einzugestehen. Im hohen Alter wies er Hilfe von Freunden zurück, und als er starb, arbeitete seine Frau lieber in einer Fabrik, als daß sie von der Wohlfahrt gelebt hätte. »Du darfst meine Leiche nicht für Geld verkaufen«, hatte er ihr gesagt.

Er mag als Toter etwas erreicht haben, aber zu seinen Lebzeiten erreichte er sehr wenig. In China war kein Platz für einen Mann, der an demokratische Prinzipien glaubte, nach denen ein bürgerliches System im Lauf der Zeit friedlich einem proletarischen System weichen könne. Es war ein Land, in dem Mao vor seinen Anhängern nicht nur die vitale Bedeutung der Erkenntnis hervorhob, daß »wer immer eine Armee besitzt, die Macht hat und Krieg alles entscheidet«, sondern noch hinzufügte: »In dieser Beziehung sind sowohl Sun Yat-sen als auch Tschiang Kai-schek unsere Lehrer« – nur für den Fall, jemand könnte auf den Gedanken kommen, es habe jemals eine wirkliche Alternative gegeben.

Die meisten Chinesen sind gefühlsmäßig konservativ und bleiben beim gleichen Arzneimittel, ob es sich um Verstopfung oder eine korrupte Regierung handelt. Mao verschrieb die Mixtur wie eh und je – blutige Revolution, hauptsächlich auf eine Armee landhungriger Bauern gestützt, eine Schar »loyaler und rechtschaffener« Rebellen in der Tradition von Ljang Schan Po, die ihr altes Vorrecht ausübten, sich gegen einen schlechten Herrscher zu erheben und das Mandat des Himmels zu vertauschen.

Sun Yat-sen und seine Anhänger hatten China von den Mandschus befreit, aber sie hatten es nicht von Ausländern und dem Feudalismus gesäubert. Tschen Du-hsju hatte die Russen nachgeahmt und die Arbeiter angespornt, in den Städten zu streiken, aber die Streiks waren alle blutig gebrochen worden. Alle Wahlen, alle Versammlungen, aller Friede, alle Moral und alles Gerede von Demokratie waren schädliche Illusionen. China wurde vom Gewehr regiert und mußte mit dem Gewehr befreit werden. Wenn ein Kind Schorf hat, muß man ihm den Kopf rasieren, auch wenn es bitterlich weint, hatte Han Fej Dsï gesagt. Wie willst du es sonst vom Schorf befreien? Und allein eine Revolution konnte Chinas Schorf jetzt heilen.

China war von einer zusammengewürfelten Mannschaft von Barbaren seziert und gedemütigt worden. Die Chinesen waren zu Millionen verhungert, hatten Kinder verkauft oder sie sogar gegessen, um zu überleben, hatten Tag und Nacht in bitterer Kälte für einen Hungerlohn gearbeitet, in Lumpen gezittert und zugesehen, wie ihre Frauen irgendeinem überheblichen Ukas gehorchten und halb nackt am Straßenrand knieten, wenn Fremde vorbeigingen.

Mao gab ihnen ein Rezept zur Rache, dessen Zutaten Nationalismus und Klassenkampf waren, und mit der Zeit gab er ihnen auch Nahrung, Kleider, Häuser, Arzneien, Schulen, Arbeit und ein einiges China, das von Fremden gesäubert war und in der ganzen Welt geachtet wurde. Er gab ihnen sogar das Recht zum Risiko, ihre persönlichen Ansichten am Brunnenhäuschen oder auf Wandzeitungen auszusprechen. Aber er gab ihnen weder Freiheit noch Demokratie. Sie sind wohl Gegenstand vieler schöner Sätze in der Verfassung (eingeschränkt durch viel Kleingedrucktes im Alltagsgeschehen), aber die Diät, die er verordnete, war chinesisch, für einen chinesischen Patienten bestimmt, der an einer chinesischen Krankheit litt.

Der Vorsitzende begann damit, den Marxismus-Leninismus »chinesisch« zu machen. Er übertrug die Hauptrolle in der Revolution den Bauern und startete 1942 eine politische Erziehungskampagne, um die Gedanken jener, die nur das in Moskau gepredigte Wort nachbeten konnten, in den richtigen Kanal zu lenken. Wie wir bereits gesehen haben, schöpfte er kräftig aus der Weisheit der chinesischen Vergangenheit, gründete seine Autorität als die Rote Sonne des Himmels auf »Macht«, »Technik« und »Gesetz« der Legalisten und benutzte unpersönlich die Menschen, während er über ihnen blieb. Seine militärische Unfehlbarkeit ging in die umgeschriebene Geschichte ein: er hatte, wie hierin bewiesen wurde, die riesigen Armeen Tschiang Kai-scheks durch Fernsteuerung besiegt, trotz der Stümperei und des Verrats seines inkompetenten Kommandeurs im Feld, Lin Piao. Er war immer die »korrekte Linie«. Er entschied daher als höchster Richter, was richtig oder falsch war.

Die kommunistischen Kader waren indoktrinierte, vom »Parteigefühl« erfüllte Mandarine, und da die Massen die Hauptstütze des Staates waren, wurden sie mit berechneter Nächstenliebe behandelt. Außer den völlig Unverbesserlichen unter den Bösen und Gotteslästerern wurden alle eher überredet, zur Herde zurückzukehren, als der Vergessenheit überlassen. Aber die Züchtigungsinstitutionen, die der Ming-Dynastie so vorzüglich gedient hatten – das System der kollektiven Verantwortlichkeit und die allgegenwärtige Geheimpolizei – dienten auch dem neuen sozialistischen China.

Mao hatte jedoch aus der Geschichte gelernt, daß Dynastien wie alternde Zähne verfielen (sogar Stalins Rußland war zu einer revisionistischen Supermacht degeneriert). Der erste große Kaiser einer neuen Linie konnte den heroischen Geist seiner Regierung nicht verewigen, denn Helden brauchten die Unruhe, »wie der fliegende Drache den Wind brauchte«, und sobald sich der Lärm legte und Frieden im Reich herrschte, benötigte der Staat keinen Messias, sondern Mandarine.

Mao war der Messias. Seine Lieblingsparabel war die vom »Törichten alten Mann, der Berge bewegen konnte«: Er brachte seine Familie dazu, mit Schaufeln zu buddeln und zu graben, Generation auf Generation, bis es schließlich geschafft war. Mao glaubte, der menschliche Wille könne alles bewältigen. »Erfindungsgabe kann den Himmel erschließen«, rief er. »Ein Tag gleicht zwanzig Jahren.« Seine herausfordernden Worte wurden im ganzen Land gehört und spornten zu einer gewaltigen Revolution an. Aber als er den katastrophalen Versuch unternahm, seine rückständige Republik fast über Nacht in einen modernen, autarken Staat zu verwandeln, und China 1958 in das als »Großer Sprung nach vorn« bekannte Schnellprogramm stürzte, blickten die Pragmatiker in der Partei mit gespitzten Lippen auf ihn und begannen, die »Gedanken Mao Tse-tungs« nach eigenem Gutdünken zu interpretieren.

Maos Evangelium wurde zurechtgestutzt, um der Reihe nach den »Revisionismus« des in Ungnade gefallenen Expräsidenten Lju Schao-tschi, den »Rechtsopportunismus« Lin Piaos, die »Diplomatie des Lächelns« Tschou En-lais zu rechtfertigen. Und wenn das auch Widersprüche schuf, die Widersprüche gehörten zu Maos vorbeugenden Maßnahmen gegen den Verfall von Dynastien. Denn um zu verhindern, daß der Staat unter den Händen einer bourgeoisen Führung in Peking und einer bürokratischen Beamtenschaft in den Provinzen versteinerte, brauchte man die immerwährende Revolution. Bevor Einigkeit China in politischer Trägheit einschläferte, mußte es ständig durch weitere »Widersprüche« erschüttert werden, die wieder ermöglichten, »eins in zwei zu teilen«, und so den Klassenkampf am Leben hielten.

Wenn die Gemäßigten seine revolutionären Ideale zu verraten schienen, erinnerten die linken Offiziere des Vorsitzenden die Massen an ihr »Recht zu rebellieren«, und als Mao die Achtzig (dem Jahrhundert um sechs Jahre voraus) erreichte, versuchte er sicherzustellen, daß seine radikalen Helfer stark genug wären, um den Pragmatikern die Stirn bieten zu können, wenn er einmal nicht mehr war – denn in der chinesischen Geschichte hat der Tod eines Dynastiegründers mehr als einmal das Signal für einen brudermörderischen Machtkampf unter den unmittelbaren Nachfolgern gegeben.

Die romantische Vorstellung von dem verliebten Tang-Kaiser und der Dame Jang, die wie zwei einflüglige Vögel waren und nur gemeinsam fliegen konnten, ließ sich auch auf die Kommunistische Partei Chinas anwenden. Denn Gleichgewicht und Stabilität in China wurden ebenfalls durch ständige delikate Anpassungen zwischen dem streitenden linken und rechten Flügel des Politbüros unter Mao aufrecht erhalten. Es konnte gar nicht anders sein. Was auch immer ihre Differenzen sein mochten – alle Gruppierungen waren die Erben einer in ihren wesentlichen Zügen nationalen Revolution, und in einer chaotischen Welt galt ihr wichtigster Instinkt »dem Respekt vor dem König und der Abwehr der Barbaren«.

Ein britischer Historiker[3] hat die Ansicht geäußert, daß die Chinesen möglicherweise der Welt zeigen werden, wie man in Einigkeit leben und die Probleme von Energie, Ernährung, Umweltverschmutzung und Frieden lösen kann – da liberale Demokratie und freies Unternehmertum den Westen im Stich gelassen haben und Moskau keine besseren Antworten als Manhattan und Washington auf die von den Futurologen prophezeiten Schwierigkeiten weiß. Die Konfuzianer sprachen sehnsüchtig von *Da Tung*, dem weltumspannenden Reich, das wahrscheinlich in einem idealen Zeitalter in der Vergangenheit existierte. Die Kommunisten glauben an eine Weltrevolution, die wahrscheinlich zu einem idealen Zeitalter in der Zukunft führen wird, und sie begrüßen die Vervielfachung der internationalen Mißstände, die sie brauchen, um die Massen zu wecken, »wie der fliegende Drache den Wind braucht«.

Aber ob Konfuzianer oder Kommunisten, die Chinesen

bleiben Chinesen, und ihre Wirkung auf die restlichen drei Milliarden Mitglieder des Menschengeschlechts wird nicht nur von dem abhängen, was ihre Lehrer sie während der vergangenen dreitausend Jahre zu denken gelehrt haben, sondern auch davon, inwieweit sie sich von dem Rest unterscheiden. Dies ist keine vergleichende Studie, und wir können nicht die ganze Galerie der westlichen Philosophen, Soldaten und Könige von Aristoteles bis Zogu abschreiten. Zwei Gestalten, die die größten militärischen und politischen Einflüsse auf Mao und die heutigen Chinesen ausgeübt haben, ragen jedoch heraus – Han Fej Dsï, der Meister des Legalismus, und Sun Dsï, der Meister der Strategie. Han Fej Dsï ist der chinesische Machiavelli genannt worden, Sun Dsï der chinesische Clausewitz. Es scheint daher angebracht, sich an dieser Stelle zu fragen, wie »chinesisch« eigentlich Niccolò Machiavelli und Carl von Clausewitz waren – oder nicht waren.

Westliche Annäherungsversuche

Die italienische Welt Machiavellis war eine verzerrte Miniatur der chinesischen Welt Han Fejs und Sun Dsïs – ein Puzzlespiel von kämpfenden Staaten, die kein einheitliches Reich, sondern höchstens eine einheitliche Kultur darstellten, in der alle Fremden als *barbari* angesehen wurden. Cesare Borgia stolzierte über die Bühne wie ein verräterischer, gewissenloser Hegemon, »dessen Verhältnis zu Königen und Fürsten so aussieht, daß sie ihm entweder gnädig Hilfe leisten müssen oder ihm wenigstens nicht schaden dürfen«. Er befriedete die aufsässige Romagna, indem er einen eiskalten, aber tüchtigen Minister anstellte, der sie durch Einschüchterung zum Gehorchen brachte. Als dessen unpopuläre Härte nicht mehr benötigt wurde, ließ er den Sündenbock zweiteilen, stellte die Stücke auf der Piazza von Cesena zur Besichtigung aus und nahm auf diese Art das Volk für sich ein. Rücksichtslos wie der Erste Kaiser von Tschin beseitigte er die herrschenden Familien in den eroberten Städten, damit sie sich nicht gegen ihn verschwören konnten.

Machiavelli war ein Pragmatiker, ein vom Nützlichkeits-

prinzip geleiteter »Wanderredner«, der glaubte, es sei oft gütiger, grausam zu sein, und der Zweck heilige immer die Mittel. Es ist daher nicht überraschend, daß der Legalismus wenigstens auf eine seiner schönen italienischen Hände wie ein
Handschuh paßt. Wenn der Fürst seine Herrschaft erhalten
will, schreibt er, »darf er nicht vor Lastern, die zur Sicherung
des Staates notwendig sind, zurückschrecken«, denn Tugenden können ihn zugrunde richten, während »manche Dinge,
die böse scheinen, ihm Sicherheit und Wohlstand bringen«.
Herrscher müssen lernen, »große Lügner und Betrüger zu
sein«, und der Fürst darf sich nicht um einen Vorteil bringen,
indem er sein Wort hält, sondern muß sich bloß den Anschein
geben, sein Versprechen einzuhalten, »aufrichtig und fromm
zu sein... ein pflichtbewußter Mann, ein unbescholtener
Mann«.

Er soll kein unangebrachtes Mitleid zeigen, und während
er sich vergewissert, weder Gegenstand des Hasses noch der
Zufriedenheit des Volkes zu sein, darf er nicht vergessen, daß
»es viel besser ist, gefürchtet als geliebt zu werden«. Da die
Menschen mehr zum Bösen als zum Guten neigen, muß er allen mißtrauen und sie mit der Androhung von Strafen an sich
binden. Die Strafen und Belohnungen müssen »auffällig«
sein, damit sie »in aller Munde« sind. Denn das »Band der
Liebe wird von den Menschen zerrissen, wenn es zu ihrem
Vorteil ist, aber Angst wird durch das immer wirksame
Grauen vor Bestrafung verstärkt«. Das Urteil des Fürsten
muß unwiderruflich sein, seine Politik peinlich genau durchgeführt werden. Seine Gönnerschaft muß seinen Ministern
das Gefühl völliger Abhängigkeit von ihm einflößen, damit
sie immer nur an seine Interessen und nie an die eigenen denken.

Wie Han Fej Dsï warnte Machiavelli seinen Fürsten vor
den Motiven jener, die mit guten Taten um die Gunst seiner
Untertanen buhlen, und vor den »Gutsbesitzern, die im Mü
ßiggang von den Erträgen ihrer Ländereien leben, ohne sich
um deren Bebauung oder irgendeine andere lebenswichtige
Art von Arbeit zu kümmern« (in Tschin wurden sie ihrer
Domänen beraubt und versklavt, wie man sich erinnern
wird). Machiavelli betont, die Haltung aller – einschließlich
der Fürsten – müsse durch die Herrschaft des Gesetzes regu

liert werden, denn »Fürsten beginnen, in ebendem Augenblick den Staat zu verlieren, in dem sie beginnen, die Gesetze zu brechen und« – hier eine Einfügung des *Li* – »die alten Traditionen und Sitten zu mißachten, unter denen die Menschen seit langem gelebt haben«. Es ist beinahe eine freie Wiedergabe Hsün Dsïs, wenn er erklärt: »Die Menschen tun niemals Gutes, wenn die Notwendigkeit sie nicht dazu treibt; wenn sie frei tun dürfen, was sie wollen, herrschen überall Verwirrung und Unordnung. Deshalb heißt es, daß Hunger und Armut die Menschen fleißig und die Gesetze sie gut machen.«

Machiavelli wünschte einen starken und rücksichtslosen Fürsten, der in der Lage war, ganz Italien zu einigen, »einen wilden Löwen und schlauen Fuchs«, der es »verstand, sich zur alleinigen Autorität zu machen«, und zweifellos hätte er sich anerkennend über den Ersten Kaiser der Tschin-Dynastie geäußert. Hätte er auch einer Notwendigkeit von »Mord und Totschlag« zugestimmt? Blutiger Brudermord hatte es nicht nur dem hervorragenden Kaiser Tang Tai-dsung ermöglicht, auf den Thron zu gelangen, sondern auch dem legendären Romulus, Rom zu gründen. »Viele mögen denken, es sei ein schlechter Präzedenzfall gewesen, daß Romulus zuerst seinen Bruder tötete«, bemerkt Machiavelli, aber »es ist ein unumstößlicher Grundsatz, daß verwerfliche Taten durch ihre Auswirkungen entschuldigt werden können, und wenn die Wirkung gut ist, ist die Tat gerechtfertigt. Denn der Mann, der Gewalt gebraucht, um Verhältnisse zum Schlechten zu wenden, muß getadelt werden, nicht der Mann, der sie gebraucht, um die Verhältnisse zu verbessern.«

Er bewundert alle, die auf dem Weg nach oben großzügig sind, aber knausern, wenn sie die Spitze erreicht haben. Er warnt den Fürsten vor ehrgeizigen Feldherren, und über »verdienstvolle Hunde« schreibt er: »Es ist unmöglich, daß der Verdacht, der nach dem Sieg eines seiner Generäle in dem Fürsten keimt, nicht durch jede Art von Überheblichkeit, die dieser Mann im Benehmen oder in der Rede zeigt, bestärkt wird.« Der General muß daher entweder sein Kommando niederlegen, damit der Fürst ihn belohnt oder »ihm zumindest kein Leid zufügt« – oder er muß ihn angreifen. Denn er kann dem »Rachen der Undankbarkeit« nicht entgehen. Die meisten der Generäle können sich für keine der beiden Möglichkeiten entscheiden und sind verloren, sagt Machiavelli. Der umsichtige Fürst seinerseits schlägt zuerst zu und löscht alle mutmaßlichen Verschwörer aus, während er noch seine Macht konsolidiert, damit sie ihn später nicht vernichten können. »Töte ihn jetzt, oder du wirst es später bedauern«, wie so viele chinesische Ratgeber ihrem Herrn geraten haben. »Nur Böses kann entstehen, wenn du ihn jetzt verschonst.«

Machiavellis »chinesische« Querverweise sind Legion. Er empfiehlt das Studium der Antike, aber seine Warnungen vor der blinden Verehrung der Vergangenheit hätten den Legalisten zugesagt: »Die volle Wahrheit über die alten Zeiten ist noch nicht erfaßt, denn was zu ihrem Nachteil ausfällt, wird häufig stillschweigend übergangen, wogegen alles, was sie in ein helles Licht taucht, in aller Ausführlichkeit berichtet wird.« Nationen sind Opfer von Teufelskreisen. Dem heldenhaften Gründer einer Dynastie folgen degenerierte Erben, deren Furcht vor dem wachsenden Haß ihrer Untertanen sie zu immer häßlicheren Gewalttaten hinreißt, bis sie von einem neuen Erlöser gestürzt werden. Dieser Mann triumphiert gerade deshalb, weil die Regierung korrupt und das Volk unzufrieden ist (der fliegende Drache braucht den Wind), aber der Tag wird kommen, an dem auch sein Haus das Schicksal des Vorgängers erleidet.

Vertraute Spuren des Daoismus färben auch das Denken des Florentiners, wenn er regierende Fürsten der Kirche beschreibt: sie besitzen Staaten, aber verteidigen sie nicht, sie haben Untertanen, aber regieren sie nicht. »Und da ihre Staaten nicht verteidigt werden, werden sie ihnen auch nicht weggenommen; und da sie ohne Regierung sind, können ihre Untertanen sie weder zugunsten einer anderen stürzen, noch wollen sie es. Nur diese Fürstentümer sind also sicher und glücklich.«

Alle menschlichen Zustände sind veränderlich, und ein Fürst wird häufig von der *necessità* gedrängt, sich »mehr wie eine Bestie denn als Mensch« zu benehmen, um seine Stellung zu halten, und sich zu drehen, »wie die Winde des Schicksals und die Veränderungen der Lage es diktieren«. Sein Wohlergehen oder Ruin hängt davon ab, wie geschickt er sich anpaßt, und die Klügsten werden von ihren wechselhaften Geschicken nicht erschüttert: »Das Amt des Diktators hat mich nicht überheblich gemacht, das Exil hat mich nicht bedrückt«, zitiert er einen Ausspruch des römischen Zensors Camillus. (»Ich habe keine Freude, wenn ich gewinne, keine Sorge, wenn ich verliere«, heißt es in dem daoistischen *Buch Lie Dsï*.

Aber Machiavelli ist auch ein militärischer Denker. Verhandlungen müssen durch Waffen unterstützt werden, und im Frieden muß der Fürst auf feindliche Handlungen gefaßt sein: »Der schnellste Weg, deinen Staat zu verlieren, ist die Vernachlässigung der Kriegskunst.« Er empfiehlt, den König zu respektieren und die Barbaren abzuwehren, wenn er den Fall Deutschland anführt, wo, »obwohl der Kaiser keine Macht hat, seinen Willen durchzusetzen, die Staaten zusammenhalten, weil der Feind von draußen sie besiegen würde, wenn sie untereinander in Streit lägen.« Wie Mencius deutet Machiavelli an, ein Land ohne äußeren Feind sei auf dem Weg zum Zerfall: »Zwietracht ist gewöhnlich eine Folge des Friedens, Einigkeit eine Folge der Angst.« Nachgiebigkeit rufe lediglich Forderungen nach weiteren Zugeständnissen hervor (»wie wenn man Feuer mit Holz löschen will«, wie die Chinesen es ausdrücken).

Wenn ein Feldzug einmal begonnen ist, soll er kurz und vernichtend sein. (»Es hat noch nie einen langwierigen Krieg gegeben, von dem ein Staat profitiert hätte«, erklärte Sun Dsï). Alle Entscheidungen müssen rasch gefaßt werden, und wenn die Sicherheit des Reiches von ihnen abhängt, darf sich der Herrscher nicht mit Betrachtungen aufhalten, ob sie gerecht oder ungerecht, gütig oder grausam, »lobenswert oder schändlich« sind, denn unter solchen Umständen »kann kein Beschluß des Königs entehrend sein« (»tu, was dein Feind sich schämen würde zu tun«, betonte Schan Jang).

Wie der flexible Chinese warnt Machiavelli Kommandeure davor, Menschen und Zeit bei langen Belagerungen oder der Verteidigung schwieriger Stellungen zu vergeuden, und rät ihnen, an befestigten Städten und an Festungen entweder vorbeizuziehen oder die Besatzung mit dem Versprechen, »nicht die vielen guten, sondern nur einige wenige ehrgeizige Bürger anzugreifen«, zur Übergabe zu bewegen. (»Die Armee bestraft nicht das gemeine Volk, sondern nur jene, die es in die Irre führen«, bemerkte Hsün Dsï.)

Machiavelli empfiehlt eine den chinesischen Meistern der Kriegskunst würdige taktische Nachgiebigkeit und setzt sich entschieden für Sun Dsïs Prinzip der »Todesstellung« ein – die klügeren unter den Generälen der Geschichte zwangen ihre Soldaten immer zum Kampf, niemals aber die des Gegners, erklärt er. Sie »ließen dem Feind einen Weg zum Entkommen offen, den sie leicht hätten schließen können, aber sperrten einen Fluchtweg für die eigenen Soldaten, den sie leicht hätten offenhalten können.«

Hatte nicht Sun Dsï betont: »Jeder Krieg stützt sich auf Täuschung«? Machiavelli rief: »Es ist ruhmreich, Betrug in der Kriegsführung einzusetzen« und »ein Fürst, der Großes leisten will, muß sich im Betrug üben«, denn während Stärke allein nie ausreicht, mag Betrug manchmal genügen. Wenn der Feind einen Riesenfehler zu begehen scheint, soll man ihm daher mißtrauen. Wie Dschugë Ljang weiß Machiavelli, daß Armeen durch »unvertraute Schreie« und »seltsame Anblikke« völlig verwirrt werden können. Der Schlafende Drache verjagte einen gewaltigen, aber wachsamen Feind einfach dadurch, daß er die Stadttore offen und unbewacht ließ, und Machiavelli erwähnt, wie die Gallier, als sie die Tore Roms offen und unbewacht fanden, ebenfalls »einen Tag und eine Nacht zögerten, in die Stadt einzudringen, weil sie eine Kriegslist befürchteten«.

Hsün Dsï nannte Söldner voller Verachtung »Lohnarbeiter« – »denn wenn Männer etwas nur wegen des Gewinns tun, werden sie ein Unternehmen sofort sein lassen, wenn es sich als unrentabel oder gefahrvoll erweist.« »Söldner und Hilfstruppen sind nutzlos und gefährlich«, wiederholt Machiavelli. »Sie fühlen keine Loyalität, und es gibt außer dem bißchen Sold keinen Grund, sie im Feld zu halten, und das ist nicht genug, damit sie für dich sterben wollen. Sie sind allzu bereit, in deiner Armee zu dienen, solange du dich nicht im Kriegszustand befindest; wenn aber der Krieg kommt, desertieren sie und laufen auseinander.«

Wie auch fast alle Chinesen von Mo Dsï bis Mao betont er, daß die Soldaten die eigentlichen Stützen des Krieges sind. »Nicht daß die Mauern niedrig gewesen wären... es waren die *Menschen,* die die Stadt im Stich ließen«, sagte Mencius fast zweitausend Jahre vor ihm. »Gute Armeen ohne Festungen sind eine gleichwertige Verteidigung«, schreibt Machiavelli, »aber Festungen ohne gute Armeen sind überhaupt keine Verteidigung.« Daher muß sich der Fürst »mit seinen eigenen Untertanen bewaffnen«, denn ohne treue, taugliche und disziplinierte Truppen nützen weder Gold noch ein günstiges Gelände, noch Verbündete. In seiner *Kunst des Krieges* behauptet er, Sicherheit beruhe auf einer gut ausgebildeten Miliz, die von Treue zum Fürsten oder zur Republik erfüllt ist, und nennt die Artillerie einen Söldnerkram, ganz ähnlich, wie sich Mao über die Megatonnenbombe des imperialistischen »Papiertigers« äußerte.

Clausewitz wurde in eine Zeit hineingeboren, in der die Massenaufgebote Napoleons mit der Zielstrebigkeit und dem Patriotismus, die der Kleine Korporal und die Ideale der Französischen Revolution ihnen eingegeben hatten, über Europa dahinfegten. Auch Clausewitz war ein Fürsprecher des »Volkskrieges«, und es fällt nicht schwer, Berührungspunkte zwischen dem Autor des Buchs *Vom Kriege* und chinesischen Strategen von früher und heute zu finden.

»Im Kampf geübte Männer werden nicht schnell zornig und zetteln nicht leichtfertig Kriege an«, sagte Lao Dsï, und Clausewitz schreibt in seinem großen militärischen Klassiker: »Der Krieg ist kein Zeitvertreib, keine bloße Lust am Wagen und Gelingen. Er ist ein ernstes Mittel für einen ernsten Zweck.« Nichts darf leichtfertig begonnen werden, und die Vernunft muß immer die Oberhand über den Mut behalten. Das Land muß ständig auf Feindseligkeiten vorbereitet sein, alles soll schnellstens ausgeführt werden: »Dem Sieger kann ein Gefecht niemals schnell genug entschieden sein.« Schnelligkeit und Überraschung, Geheimhaltung und gute Erkenntnisse über den Feind sind von größter Bedeutung. Feldherren müssen mathematisch denken können und sich nur von der Zweckdienlichkeit leiten lassen. Sie sollen nicht gegen eine überlegene Armee kämpfen und sich die Bedingungen einer Schlacht nicht vom Feind diktieren lassen, sondern Festungen umgehen und schwache Stellen angreifen, ihre Truppen konzentrieren, um dem Gegner »an der entscheidenden Stelle« überlegen zu sein.

Clausewitz definiert den Krieg als Mittel der Politik (Mao: »Krieg ist eine politische Aktion«). Macht ist die Fähigkeit, den Gegner zu vernichten, aber die Armee ist dem Staat unterzuordnen (Mao: »Macht erwächst aus einem Gewehrlauf«, aber »Die Partei muß die Gewehre kommandieren«). Das Ziel ist der »vollständige Sieg«, da »Mäßigung im Krieg absurd ist« (Mao: »Wenn die Kuomintang kämpft, werden wir sie vollständig vernichten; wenn man ein paar vernichtet, gibt das eine gewisse Befriedigung; vernichtet man mehr, gibt es mehr Befriedigung; vernichtet man alle, vollständige Befriedigung«[1]). So weit, so chinesisch.

Der Schein trügt jedoch. *Vom Kriege* ist die brutale Antithese zum größten Teil des chinesischen militärischen Denkens, und in Wirklichkeit hat die kalte professionelle Rücksichtslosigkeit ihres deutschen Autors fast nichts gemein mit der kalten professionellen Rücksichtslosigkeit Sun Dsïs oder Maos – oder Machiavellis. Maos Ziel war die »Befreiung« Chinas, und die bewaffnete Auseinandersetzung das Mittel dazu. Ansonsten: »Krieg, dieses Ungeheuer des gegenseitigen Abschlachtens«, muß abgeschafft werden, forderte er.[2] Unglücklicherweise »kann Krieg nur durch Krieg abgeschafft werden, und um das Gewehr loszuwerden, muß man zum Gewehr greifen«, fuhr er fort, »aber die einzigen, die sich nach Krieg und nicht nach Frieden sehnen, sind gewisse Monopolkapitalisten in einer Handvoll imperialistischer Länder, die wegen ihrer Profite von der Aggression abhängen.«

Für Clausewitz wäre das dumme Blasphemie gewesen, denn er hatte größte Hochachtung vor dem Krieg. Es konnte nichts Ungeheuerliches oder Unnatürliches am »gegenseitigen Abschlachten« sein, da die Interessen der Nationen zwangsläufig kollidieren mußten und der Konflikt deshalb ein Normalzustand zwischen ihnen war. Seine ideale Form war der »absolute Krieg«, in dem die materiellen Hindernisse und menschlichen Störfaktoren, die er »Friktionen« nannte, aus dem Weg geräumt waren, und alle Gefechte sich zu einer einzigen großen, ruhmvollen, endgültigen Schlacht aufbauten, genauso »wie sich die Strahlen der Sonne im Brennpunkt des Hohlspiegels zu ihrem vollkommenen Bild und zur höchsten Glut vereinigen«.

Fast als wolle er direkt die ausgeklügelten Strategien Sun

322

Dsïs widerlegen, bemerkt er in seinen Schriften geringschätzig: »Nun könnten menschenfreundliche Seelen sich leicht denken, es gebe ein künstliches Entwaffnen oder Niederwerfen des Gegners, ohne zuviel Wunden zu verursachen, und das sei die wahre Tendenz der Kriegskunst.« Einige hatten schon den ungesunden und irrigen Gedanken in Umlauf gebracht, »nur diejenigen Feldherren sollten Lorbeeren verdienen, die es verständen, den Krieg ohne Blutvergießen zu führen«, beklagt er sich. Sun Dsï mochte gesagt haben, »den Feind ohne Kampf zu unterwerfen, ist der Gipfel des Könnens«, aber Clausewitz erwidert: »Die höchste Weisheit der Strategie offenbart sich in der Beschaffung der Mittel zur Hauptschlacht«, in der einzig »die Vernichtung der feindlichen Streitkraft« erreicht werden muß. Schmerzlose Abkürzungswege zum Sieg, wie Bündnisse des Feindes aufzubrechen, sind kein vertretbarer Ersatz.

Jeder Krieg stützt sich auf Täuschung, lehrte Sun Dsï. »Der Krieg ist also ein Akt der Gewalt, um den Gegner zur Erfüllung unseres Willens zu zwingen«, verkündet Clausewitz kompromißlos, und er versichert, daß Tricks und Listen, gefälschte Pläne und Meldungen gewöhnlich wenig Einfluß auf den Ausgang einer Schlacht hatten: »Ein richtiger treffender Blick ist eine notwendigere und nützlichere Eigenschaft des Feldherrn als die List.« Eine Kriegslist mag sich als »letzte Hilfe« für die »Schwachen und Kleinen« anbieten, doch trägt nur der den Sieg davon, »welcher sich der physischen Gewalt rücksichtslos, ohne Schonung des Blutes bedient«.

Clausewitz zögert nicht, den Feind in die »Todesstellung« zu treiben: »Die Gefahr, keinen Rückzug zu behalten, lähmt die Bewegungen und die Kraft des Widerstandes«, behauptet er. Auch warnt er den Kommandeur nicht davor, den anscheinend geschlagenen Feind mit begrenzten Streitkräften unter riskanten Umständen zu verfolgen: »In den Fällen also, wo der Sieger das Verfolgen selbst die Nacht hindurch fortsetzen darf, wäre es auch nur mit einer aus allen Waffen bestehenden starken Avantgarde, wird die Wirkung des Sieges außerordentlich verstärkt werden.«

Man kann ziemlich leicht erkennen, worin sich die Ansichten Machiavellis von denen der Chinesen unterscheiden. Anders als Mencius glaubt er, der Staat solle sich zugunsten des

Gemeinwohls bereichern, die Bürger dagegen in Armut halten, und anders als alle Konfuzianer (aber in Übereinstimmung mit den Maoisten) glaubt er mehr an Extreme als an die »Goldene Mitte«. Aber sei er nun ein materialistischer Humanist oder nicht – er unterscheidet sich auch in einer Handvoll Fragen von Han Fej Dsï, denn er verteidigt Nachsicht gegen Grausamkeit, Republik gegen Fürstentum, den Menschen gegen die Sache, und er behandelt Menschen nicht wie entbehrliche Hunde aus Stroh, deren nicht existierende Seelen von dem nächsten legalistischen Pawlow, der an der Reihe ist, manipuliert werden können.

Dennoch ist es der Schatten von Clausewitz, nicht der Machiavellis, der die Gedanken der militärischen Strategen des Westens trübt und von den Denkern des Ostens unterscheidet. Seine finstere Gestalt war immer noch sichtbar: bei der Menschenschinderei in Flandern, der katastrophalen »großen Schlacht« um Dienbienphu und der amerikanischen Dampfwalze in Vietnam – wo man Sun Dsï und Mao hinter der kaum faßbaren Guerilla-Strategie der vietnamesischen Kommunisten spüren konnte. Clausewitz mochte glauben, ein Staat müsse das an den Feind verlorene Territorium zurückerobern, genauso wie Mao glaubte, ein Volk müsse das an den Klassenfeind »verlorene« Territorium »befreien«. Aber da hört die Parallele auch schon auf. Ansonsten spricht Clausewitz im Sinne des Angriffs, Mao im Sinne der Verteidigung, wenn sie anscheinend unisono von »Bürgerarmeen« oder »Volkskriegen« oder »gegenseitigem Abschlachten« als Instrumenten der Politik reden.

Ausblick

Als die Chinesen während des Koreakrieges Welle auf Welle geballter Infanteriemassen in einem tosenden Menschenmeer dem schwächer werdenden Feuer der Amerikaner entgegenwarfen, schienen sie ihre sparsamen Grundsätze den Furien des Krieges geopfert zu haben und »die physische Gewalt rücksichtslos, ohne Schonung des Blutes einzusetzen«, wie Clausewitz es geraten hatte. Doch Sun Dsï hatte gesagt, »wenn du den Feind um das Fünffache übertriffst, kannst du angreifen«, und in Korea angreifen, hieß China verteidigen, denn die beiden Länder waren wie Lippen und Zähne – »wenn die Lippen weg sind, werden die Zähne kalt.«

Hört man in die lange chinesische Geschichte zurück, trifft man auf ein immer wiederkehrendes Thema, zu dem fremde Raubzüge und »Straf«-Expeditionen nach draußen bloße Kontrapunkte sind. Der erste Instinkt der Chinesen ist, Truppen zur »Abwehr der Barbaren« zu stationieren, und in diesem Sinn gehen sie erwartungsgemäß mit ihrer langen Tradition konform. Sie werden sich auf Krieg vorbereiten, solange noch Frieden herrscht, und während sie alle übereilten Handlungen unterlassen, werden sie auch nicht »Feuer mit Holz löschen«, indem sie ihren Gegnern nachgeben – wenn sie nicht gezwungen sind, für den Augenblick nachgiebig zu sein, um später strafen zu können. So weit wie möglich werden sie der Stärke aus dem Weg gehen und die Schwäche schlagen, kein Territorium erobern, das sie nicht halten können, kämpfen, indem sie »die Strategie des Feindes angreifen« und auf diese Art einer größeren bewaffneten Auseinandersetzung vorbeugen.

»Abwehr der Barbaren« heißt jedoch nicht einfach, an der chinesischen Grenze zu sitzen oder von einer Aggression bedrohten befreundeten Nachbarn zu Hilfe zu eilen. Es bedeutet vielmehr, die »historischen« Ansprüche auf einundeinhalbe Million Quadratkilometer, die die Russen illegal besetzt halten, nicht aufzugeben, eine offizielle Landkarte zu veröffentlichen, die fast das ganze Südchinesische Meer bis vor Borneo innerhalb der chinesischen Grenzen zeigt, ein eingedrungenes südvietnamesisches Kanonenboot vor den »chinesischen« Paracel-Inseln zu versenken (und so beiläufig die Siebte Flotte zu warnen – »das Küken töten, um den Affen in Schrecken zu versetzen«). Und sollten die Russen einmal in einem chirurgischen Blitzkrieg ihre Panzereinheiten über die nördliche Grenze werfen, um die Mandschurei zu amputieren, könnte das sehr leicht einen chinesischen Gegenschlag gegen die exponierten sowjetischen Nervenzentren Wladiwostok und Chabarowsk provozieren.

Immer wenn die Chinesen ein nukleares Projekt zur Explosion brachten, versicherten sie der Welt, es sei »ausschließlich für Zwecke der Verteidigung« geschehen, für eine »endgültige Abschaffung der Kernwaffen«, die »niemals und unter keinen Umständen« von China zuerst eingesetzt würden. Die offensive Aufgabe, den Krieg durch »Angriffe auf die Strategie des Feindes«, durch Zerstörung seiner Bündnisse und Schwächung seiner Kampfbereitschaft zu verhindern, mag in erster Linie unter die Zuständigkeit der chinesischen Diplomatie und kommunistischen Subversion fallen. Wenn in einem nuklearen Zeitalter Chinas stärkstes Abschreckungsmittel ebenfalls nuklear sein muß, sollte man trotzdem darin nicht mehr als ein Abschreckungsmittel sehen.

Der überlieferte Rat, nicht den Massen Schläge zu versetzen, sich nicht noch mehr Feinde statt Freunde zu schaffen, wird heute noch befolgt: das Ziel der Chinesen ist, ein von einer »revisionistischen Renegatenclique« beherrschtes Sowjetregime zu unterminieren, nicht etwa, die Millionen von Russen in einer Reihe von Super-Hiroschimas auszulöschen. »Die Armee bestraft nicht das gemeine Volk, sondern nur die, die es in die Irre führen.« Es zahlt sich mehr aus, sich um die Herzen und Gedanken der Millionen zu kümmern, als ihnen nach dem Leben zu trachten.

Außerdem haben Sun Dsï und Mao die Chinesen gelehrt, eine Schlacht mit einem überlegenen Feind zu vermeiden, und China kann sich nicht der Hoffnung hingeben, auf dem radioaktiven Gebiet an die beiden Supermächte heranzukommen. Wenn die Chinesen kämpfen, wollen sie den Gegner nach ihren Bedürfnissen »formen«, sie wollen »bergab« kämpfen, nicht mit ihrem spärlichen Vorrat an nuklearen Sprengköpfen, sondern mit ihrem nahezu unerschöpflichen Nachschub an gewöhnlichen Sterblichen.

Und selbst diese Flut von Menschen muß in erster Linie als ein Mittel der Abschreckung gesehen werden. Peking möchte die Amerikaner und Russen davon abbringen, irgendein militärisches Unheil gegen China im Schilde zu führen, und argumentiert, daß die logischen Folgen, sich den Tod von achthundert Millionen Menschen einzuhandeln, bedauerlich sein müßten. Sollte diese Überlegung den Feind nicht abschrecken, werden die Chinesen gerüstet sein, einen Volkskrieg gegen ihn mit ihrer drei Millionen starken regulären Armee und einer riesigen Miliz zu führen, und die Genauigkeit ihrer Rechenkunst beweisen.

Ihre Unnachgiebigkeit bei allen Verhandlungen über Grenzkorrekturen mit den Russen Mitte der siebziger Jahre und genauso der Strom provokativer Beschimpfungen, der sich über Moskau ergoß, zeigten, daß die politische Führung in Peking die sowjetische Bedrohung nicht so fürchtete, wie ihre fast hysterische Propaganda vermuten ließ. Gleichzeitig hielt sie nämlich ihre Unterlegenheit davon ab, die Stimme zu senken und sich ruhig mit den Supermächten zusammenzusetzen, um über Meinungsverschiedenheiten bei atomaren Problemen zu verhandeln. Denn ein Fürst geht nicht ohne Eskorte ins Ausland, auch nicht, um einen Friedensvertrag abzuschließen, und wo immer es den Chinesen möglich ist, spielen sie das Spiel nur mit, wenn sie die Stärkeren sind – ob sie Geschäfte machen oder Barbaren züchtigen.

Und ihre nukleare Abschreckung gab ihnen Selbstvertrauen. Ihre Raketeneinsatzsysteme mochten noch unvollkommen sein, aber sie waren weit über das Land verstreut, und wenn die Russen einen Präventivschlag führen wollten, der groß genug wäre, sämtliche Einrichtungen in China – Silos, Flugplätze, Vorratslager, Atomkraftwerke – zu zerstören, müßten sie ihre eigene Schlagkraft derart überspannen, daß sie ihren amerikanischen Rivalen plötzlich ernstlich geschwächt gegenüberständen (und umgekehrt).

Weder Washington noch Moskau wußten außerdem, wann der Punkt für die Chinesen erreicht wäre, den Knopf zu drücken und ihre Raketen auf ausgewählte feindliche Ziele abzuschießen, falls sie angegriffen würden – auch das fiel gegen den Gegner in die Waagschale und ließ die Karten in den Händen der Führer des »dritten Königreichs«. Peking hatte daher ein ausreichendes atomares Druckmittel, um jeden der beiden Giganten zu überzeugen, daß er nur das unverzichtbare, zur Kompensierung des anderen notwendige Gegengewicht opferte, wenn er versuchte, die Volksrepublik auszuschalten.

Während China auf diese Art die Barbaren zur Befriedung der Barbaren benutzte, begrüßte es offiziell vor den Vereinten Nationen die Vorschläge für kernwaffenfreie Zonen in Lateinamerika, im Nahen Osten und in Südasien, widersetzte sich aber allen Versuchen, nukleare Tests zu verbieten und dadurch die Mitgliedschaft im atomaren Klub exklusiv zu halten. Alle Versuche, andere Nationen von der Produktion eigener atomarer Sprengköpfe abzuhalten, protestierten die Chinesen energisch, seien ausschließlich dazu bestimmt, eine verletzbare Welt der Gnade der tyrannischen Supermächte auszuliefern, die ihrerseits bis an die Zähne damit bewaffnet waren. Rußland und Amerika seien darauf aus, ihr gewaltiges atomares Arsenal zu benutzen, um »den Oberherrn zu spielen«, und China verlangte nicht weniger als das totale Verbot und die totale Zerstörung aller Atomwaffen.

Diese nukleare Politik paßte sich harmonisch in das bereits vertraute Schema ein, denn mit ihr wurde Amerika gegen Rußland ausgespielt, und gleichzeitig trug sie dazu bei, beide Mächte den zornigen jungen Staaten der Dritten Welt zu entfremden, in denen Peking emsig einen neuen Nationalismus der Habenichtse förderte. Um 1970 hatten die Chinesen die Sowjetunion als großzügigste Menschenfreunde des kommunistischen Lagers überholt und gaben unterentwickelten Ländern dreimal so viel wie ihre russischen Rivalen. China war jetzt der selbsternannte Fürsprecher der benachteiligten Nationen, die die Opfer der schamlosen »blutgetränkten Ausbeutung und Plünderung« durch die Imperialisten waren – ungeachtet der Tatsache, daß sie nur ihre Schätze an Öl, Kautschuk und Nichteisenmetallen zurückhalten mußten, um den reichen Westen in die Knie zu zwingen.

Bei ihrer Kampagne zur Isolierung der UdSSR starteten die Chinesen nicht nur eine Offensive, um Freunde und Einfluß in den osteuropäischen Volksrepubliken zu gewinnen, sondern machten allen vier Mitgliedern des CENTO, des antikommunistischen Paktes, zu dem Großbritannien, der Iran, die Türkei und Pakistan gehören, den Hof und wurden dabei von Washington unterstützt. Und – um es noch einmal zu sagen – sie vergaßen auch nicht das bis jetzt noch bloß gedachte zweidimensionale »Europa«, das eines Tages als der »ferne« Superbundesgenosse in Rußlands Rücken Gestalt annehmen konnte – der Verbündete, den ihre Vorfahren durch die Jahrhunderte gesucht hatten.

Aber in erster Linie verfolgten sie eine Politik, bei der sie die eine Regierung durch Flirts mit einer anderen verwirrten, das Spielchen, hier schwer zu haben und dort entgegenkommend

328

zu sein. Denn die Chinesen wußten seit zweitausendfünfhundert Jahren, daß es in der Machtpolitik am wichtigsten war, sich nicht zu binden, sondern abseits zu bleiben – sich nicht von einer Seite festnageln, sondern von allen Seiten umwerben zu lassen.

Chinas Lächeln galt hauptsächlich Washington. Die Chinesen wünschten, die Amerikaner blieben mit einem Fuß im Fernen Osten, und begrüßten bereitwillig ihre dauernde Präsenz in Südkorea, Japan und sogar in Taiwan (wenn auch nur in mäßigem Umfang und für eine begrenzte Zeit). Ihr militärischer Schirm entzog einer Vergrößerung der japanischen Streitkräfte, aus der ein Zusammenstoß entstehen könnte, den Boden, und er konnte als Gegengewicht gegen den schleichenden sowjetischen Einfluß in Tokio und anderswo in der Region dienen. Sollte später eine engere chinesisch-japanische Verständigung die Russen aus dem Rennen werfen, könnten auch die Amerikaner »nach Hause gehen«, denn wenn Tokio und Peking enger zusammenrückten, würde aus einem wirksamen Verteidigungspakt ein gegenstandsloser und unhaltbarer Anachronismus. In der Zwischenzeit hielten die Überreste des Verhältnisses zwischen Amerika und Taiwan die Russen davon ab, nach Taipeh vorzudringen, obwohl sie mit den Nationalchinesen schon seit mehr als zehn Jahren flirteten, wie es in Peking hieß.

Mit einem Leninzitat mahnte Tschou En-lai 1973 seine Zuhörer auf dem Zehnten Kongreß der Kommunistischen Partei Chinas, grundlegende Unterschiede zu machen: zwischen jenen, die den Banditen halfen, um sich in die Beute zu teilen, und jenen, die sich den Forderungen des Augenblicks beugten und sich mit ihnen einließen, »um den Schaden, den die Banditen anrichten, zu verringern und es leichter zu machen, sie später zu fangen und abzuurteilen«.

Die Botschaft war laut und deutlich. China hatte nicht die Absicht, sich unwiderruflich von den Vereinigten Staaten abzuwenden und so den »großen Vorteil« des amerikanischen Gegengewichts gegen die Sowjetunion um eines »kleinen Gewinns« willen zu opfern. Ganz im Gegenteil: es wollte Washingtons Zudringlichkeiten an der chinesischen Peripherie so lange wie nötig tolerieren, »die Zähne und das Blut schlucken«, währenddessen aber auf den rechten Augenblick warten – und keine Schlüsselstellungen aus der Hand geben. Falls einer der amerikanischen »Banditen« mehr in dem Lächeln des chinesischen Premierministers las, war er schlicht und einfach ein Opfer seiner eigenen Naivität.

Vielleicht werfen manche den Chinesen vor, sie irrezuführen, etwas anderes zu tun, als sie sagen – die sich in die Angelegenheiten der Dritten Welt einmischenden Amerikaner mit unverdaulichen Mengen feindseliger Propaganda einzudecken, andererseits Kissinger herzlich in Peking willkommen zu heißen. Aber »jeder Krieg stützt sich auf Täuschung«. Die Chinesen bringen Schein und Wirklichkeit – oder innige Predigten und kalte Fakten – nie durcheinander. »Freundliche Ausländer« kommen vielleicht nach einer Gesellschaftsreise durch China in Hongkong an und sind randvoll mit schmeichelhaften Eindrücken, die ziemlich weit von den Erzählungen der Flüchtlinge abweichen (die nicht offen mit der Eisenbahn in die kapitalistische Sklaverei zurückkehren, sondern heimlich die zwischen ihnen und der Freiheit liegenden Gewässer, in denen sich Haifische tummeln, durchschwommen haben). Die Wahrheit lag gewöhnlich irgendwo in der Mitte. Aber den Ausländern war es freigestellt, sich Selbsttäuschungen hinzugeben, und die größte Täuschung war die Vorstellung, Peking habe in bezug auf den internationalen Sozialismus auf die weiche Welle geschaltet.

Mitte der siebziger Jahre zeigte man den Chinabesuchern nicht nur, wie großartig sich das Land entwickelte, sondern aus welcher tiefen Armut es erst noch herausgeführt werden mußte. Es werde ein halbes Jahrhundert brauchen, um den Westen einzuholen – den Westen vom 1. Oktober 1974 – sagte ein höherer Funktionär. »Täusche Unterlegenheit vor«, hatte Sun Dsï geraten, und es mußte gar nicht alles vorgetäuscht werden. Die Chinesen waren, ihrer Tradition treu, darauf aus, auf dem Weg nach oben Verbündete und Sympathisanten als Leidensgenossen einer räuberischen sowjetisch-amerikanischen Hegemonie zu finden, und da sie über die Fähigkeit verfügten, »das Gute, das Menschen ihnen zuteil werden ließen, zu vergessen«, sobald sie erst oben waren, reichten sie allen miteinander ihre freundliche Hand, einschließlich den reaktionären Premiers und rechten Militärjunten.

Diese »vertikale Politik« verleitete einige Beobachter dazu, die kommunistische Führung in Peking zu beleidigen, indem sie folgerten, sie habe die Sache der Revolution verraten. Aber wenn man annimmt, die Chinesen hätten zugunsten der taktischen Freundschaften, die sie jetzt mit Königen und Kapitalisten gegen die Kossygins der Welt pflegten, ihre sozialistische Mission aufgegeben, hält man eine Runde fälschlich für das ganze Rennen.

Sie waren dabei, die »Widersprüche« zwischen den verarmten Kontinenten und den Supermächten, den Habenichtsen und den Besitzenden, auszubeuten und einen Konflikt heraufzubeschwören, der bemerkenswerte Ähnlichkeit mit der ersten Phase der in zwei Stufen vollzogenen russischen Revolution hat. Es war, als sollten hundert bourgeoise Persönlichkeiten von Manila bis Mexiko die Interimsrolle eines mehrfachen Kerenskij gegenüber den Zaren in Moskau und Washington spielen, mehr »soziale Gerechtigkeit« in die internationalen Beziehungen bringen, bevor sie selbst von den proletarischen Kräften in ihren eigenen Ländern gestürzt würden.

»Gerechte Kriege« sollten nach wie vor unterstützt werden, aber Chinas Politik gründete sich auf eine Flexibilität, wie sie ein sich ständig wandelnder Kosmos forderte, und die Probleme der kapitalistischen Welt entstanden und vervielfachten sich in einer Weise, die es eines Tages möglich machen könnte, Sun Dsïs »Gipfel des Könnens« zu demonstrieren und »den Feind kampflos zu unterwerfen«. Und daraus könnte das neue *Da Tung* hervorgehen – Einheit und Frieden in einem kommunistischen, von Dissidenten gesäuberten Universum, dessen geistiger Mittelpunkt aufs neue China wäre.

Machiavelli, der die *necessità* für die Mutter des Beschlusses und das blinde Schicksal für das Gegengewicht der menschlichen *virtù* hielt, sagte zu Lorenzo de' Medici, der Erfolg der Menschen hinge ausschließlich davon ab, »inwieweit ihre Methoden dem Wesen ihrer Zeit angepaßt sind oder nicht«. Die Chinesen, die ihren eigenen unberechenbaren Weg gemäß dem Fluß der Geschichte verfolgen, würden dieser Behauptung nicht widersprechen. Ihr letztliches Ziel scheint noch lächerlich weit entfernt zu sein. Aber so stand es auch um die Aussicht, eine kommunistische chinesische Supermacht zu schaffen, als Mao Tse-tung sich wie ein geschlagener Straßenräuber mit ein paar hundert Anhängern 1927 in die Berge absetzte – und seine Theorien über einen »langwierigen Krieg« entwickelte. Ihre Ambitionen mögen heute nur wie müßige Träume erscheinen. Und doch sind die Träume von heute die Wirklichkeiten von morgen.

Postskriptum

Als der Nationale Volkskongreß im Januar 1975 zusammentrat, war der Vorsitzende Mao mehr als drei Jahre nicht mehr in der Öffentlichkeit gesehen worden, und Tschou En-lai erschien zum letztenmal. Es war klar, daß die beiden greisen Herren über China bereits langsam zur Legende wurden. Der Kampf um die Nachfolge – der in der chinesischen Geschichte gesehen hatte, wie kaltblütige Kaiserinnen ihre Rivalen massakrierten, Prinzen ihre königlichen Brüder ermordeten und Minister kaltschnäuzig den kaiserlichen Willen fälschten – stand dem Land wieder einmal bevor.

Das Feld war bereits abgesteckt. Denn ebenso wie die Fassade chinesischer Einheit unter einem Kaiser, der in Übereinstimmung mit der einen offiziellen konfuzianischen Philosophie regierte, sich häufig als bloße Maskierung erbitterter und sogar blutiger Zwiste erwiesen hatte, so verhüllten jetzt Mao und der Maoismus einen verborgenen Kampf streitender Gruppierungen um die Vorherrschaft innerhalb einer Partei mit einer einzigen Ideologie.

Die wichtigsten waren die gemäßigten und die radikalen maoistischen Gruppen. Die Gemäßigten, mit dem pragmatischen Tschou En-lai an der Spitze, machten sich für eine Revolution der kleinen Schritte stark, die China zunächst wirtschaftlich stärken sollte, bevor sie es sozialistisch machte. Zu dieser Gruppe gehörte der Großteil der etablierten Hierarchie in Partei und Armee. Die Radikalen wurden von der »Shanghai-Mafia« der vier linken Helfer Maos, mit seiner Frau Dschjang Tsching (Chiang Ch'ing) an der Spitze, manipuliert. Sie stellten politische Reinheit vor die Produktion, traten für sofortige Kollektivierung und permanenten Klassenkampf ein und betrachteten alle, die sich für schrittweise Reformen einsetzten, als »Revisionisten«.

Die Gemäßigten kontrollierten zwar die Muskeln Chinas, aber die Radikalen kontrollierten die Stimme – denn sie hatten Mao und die Medien, und je kränker und unbeweglicher und unverständlicher der achtzigjährige Vorsitzende wurde, desto mehr ähnelte er früheren dynastischen Herrschern, die sich durch ihre Umgebung am Hof und die hohen Mauern ihres Palastes vom Volk abgeschnitten sahen. Die Maoisten konnten »Weisungen« in seinem Namen ausgeben und sie als ideologisches Gesetz über Presse und Rundfunk verbreiten. Der Vergleich mit den Eunuchen der Vergangenheit drängt sich auf: sie hatten vom Jadesiegel eines isolierten Kaisers Gebrauch gemacht, um ihre eigenen Dekrete zu erlassen und ihre persönlichen Feinde zu vernichten.

1975 waren die Gemäßigten allerdings deutlich auf dem aufsteigenden Ast. Die Maoisten hatten versucht, die etablierte »revisionistische« Bürokratie während der Großen Kulturrevolution zu zerschlagen, aber Tschou En-lai hatte das Gebäude geduldig wieder aufgebaut und die Kader und Generäle zurückgeholt, die sie mit Schimpf und Schande von ihren Posten gejagt hatten. In der ersten Reihe der Rednertribüne im Nationalen Volkskongreß saß neben Tschou En-lai der Vizepremier Deng Hsjao-ping, (Teng Hsiao-p'ing), der von den Radikalen erst acht Jahre vorher giftig als Erzgauner, Kapitalist und Verräter geschmäht worden war, aber vom Premierminister wieder in seine Machtposition eingesetzt wurde und jetzt sein designierter Nachfolger war.

In seinem Bericht an den Kongreß skizzierte Tschou ein pragmatisches nationales Programm für eine »umfassende Modernisierung« von Landwirtschaft, Industrie, nationaler Verteidigung und Wissenschaft und Technik. Dabei legte er das Hauptgewicht eindeutig eher auf die Entwicklung als auf die Dialektik. Dieser Entwurf ließ wenig Raum für die maoistische »Massenlinie«, für den proletarischen do-it-yourself-Dilettantismus, der den Radikalen so lieb und teuer war. Dazu würde allerdings eine Elite erfahrener, professioneller Technokraten gebraucht, die eher »Experten« als »Rote« waren, auf deren Rat die ideologischen Führer des Landes – wie der Kaiser Han Gao-dsu – möglichst genau hören sollten.

Jetzt sahen die Radikalen die Früchte der Kulturrevolution, die die Macht in die Hände der Massen legen sollte, in höchster Gefahr, und sie setzten zu einem weiteren massiven propagandistischen Gegenangriff an.

Unter normalen Umständen hätte das keine weitreichende Bedeutung gehabt. Wie wir gesehen haben, ist die Einheit des riesigen chinesischen Staates immer zerbrechlich gewesen. Zugunsten eines Anscheins von Solidarität würden die rivalisierenden gemäßigten und radikalen Gruppen im Politbüro naturgemäß eher verhandeln, um die nationale Einheit zu wahren, als versuchen, sich gegenseitig in die »Todesstellung« zu drängen – besonders weil sie wie Sun Dsï der Ansicht waren, man solle einen Kampf bis aufs Messer nur führen, wenn der Sieg sicher sei. Aber im Januar starb Tschou En-lai, und Mao war schon viel zu schwach, um an der Trauerfeier teilzunehmen.

In diesem Augenblick war es völlig klar, daß der Konflikt unerbittlich auf eine sich ständig verkürzende Zeitspanne gedrängt wurde und womöglich auf eine Explosion hinauslief. Denn wenn die relativ schwache maoistische Gruppe das eigene Überleben sichern wollte, mußte sie entschieden handeln, bevor sie den wesentlichen Ursprung ihrer Stärke verlor – den lebenden Mao und die Autorität seines Siegels. Deng Hsjao-ping wurde Nachfolger des Premiers Tschou En-lai, allerdings nur in der Position, nicht im Titel, und die Radikalen in Shanghai hatten wohl das warnende Echo aus ihrer langen Vergangenheit gehört: »Vernichte ihn jetzt. Wenn du ihn verschonst, wird es dir später leid tun.«

Da Mao über die unbestrittene ausschlaggebende Stimme verfügte, setzten die Maoisten ihren Willen durch. Ein relativ unbekanntes Mitglied des Politbüros names Hwa Gwo-feng (Hua Kuo-feng) wurde über Dengs Kopf zum amtierenden Premierminister ernannt und eine landesweite Kampagne in Gang gesetzt, die Deng anonym als »verstockten Kapitalistenknecht« verurteilte, den man bespucken und zum zweitenmal degradieren mußte. Dieses plötzliche Aufblitzen ideologischen Zorns machte aus dem neuen Herrn über China über Nacht einen namenlosen Klassenfeind, und nachdem aus Protest gegen die Ablehnung von Tschous pragmatischem Programm und pragmatischem Erben im April in Peking größere Unruhen ausgebrochen waren, wurde Deng auch noch sein Parteibuch abgenommen.

Deng und die verantwortlichen Führer der Gemäßigten waren jedoch nicht umsonst Erben der chinesischen militärischen Tradition. »Schlucke die Zähne und das Blut«, hatten die Alten gesagt. Riskiere nicht alles heute (solange Mao noch lebt), wenn morgen ein Reich auf dem Spiel steht (wenn er tot ist). Im Augenblick war ein Rückzug angebracht, um später vorzugehen, denn ihre Feinde waren gefährliche Leute, der näherrückende Tod des Vorsitzenden war wie ein Fluß in deren Rücken. Die Zeit arbeitete für die Gemäßigten, wenn auch vielleicht nur deshalb, weil sie mehr davon vor sich hatten als Mao.

Hwa Gwo-feng wurde nicht nur in seinem Amt als Premierminister bestätigt, sondern zum Ersten Stellvertretenden Vorsitzenden der Partei ernannt und damit zum Erben Maos bestimmt. Hwa war Mao persönlich ergeben – in diesem Land, das das *dschung* verehrte, in dem der Herr seinen Schützling beschützte und der Schützling die Bilanz peinlich genau ausglich, indem er seinem Herrn die entsprechende Schuld persönlicher Treue zahlte. Aber Hwa war eigentlich kein radikaler Extremist und im Grunde kein Verbündeter Dschjang Tschings und der »Viererbande«. Ein neuer Dreieckskampf bahnte sich an, in dem die Gemäßigten und das Militär die Schlüsselrolle als »drittes Königreich« spielen konnten. Die regionalen Kommandeure der Armee blieben folglich zunächst abwartend in ihren Hochburgen in den Provinzen und beobachteten die Entwicklung des Machtkampfes.

Im September starb Mao. Das Mandat ging auf Hwa Gwo-feng über – »mit dir auf dem Posten bin ich beruhigt«, soll Mao gesagt haben –, und er wurde der neue Vorsitzende der Kommunistischen Partei Chinas. Da er die Gemäßigten und die meisten Soldaten hinter sich wußte, verlor er keine Zeit, seine unmittelbaren Rivalen zu liquidieren, und begann bei der Witwe seines verehrten Vorgängers. Jetzt war er an der Reihe, auf die Erfahrungen aus der Geschichte zu hören, die ihm sagten: »Vernichte sie jetzt ...« Er stand im Ruf eines fähigen Verwaltungsfachmanns, galt aber als politisch unentschieden. Er war ein freundlicher älterer Funktionär mit angenehmer Stimme, den man ursprünglich zum amtierenden Premierminister ernannt hatte, gerade weil er für Linke und Rechte akzeptabel war. Aber wenn er sich auf dem Weg nach oben von seiner ausgleichenden, versöhnlichen Seite gezeigt hatte, trat er denen, die ihm bedrohlich wurden, sofort auf die Finger, sobald er an der Spitze war und »zerstörte die Brücke, nachdem er den Fluß überquert hatte«.

Hwa sah sich nun einer potentiellen »Kaiserin Wu« in Gestalt der ehrgeizigen und militanten Revolutionärin Dschjang Tsching gegenüber. Er manipulierte geschickt die loyale Legion Nr. 8341, die fünfzigtausend Mann starke Elitetruppe, die Mao in den Mauern des Pekinger Palastes beschützte, wie ihre Vorläufer in früheren Jahrhunderten chinesische Kaiser beschützt hatten. Er hetzte zunächst diese kaiserliche Wache gegen Dschjang Tsching auf, löste sie auf und wies sie der weitaus größeren Pekinger Garnison zu, die keine Bindungen an Maos Witwe hatte. Die »Viererbande« wurde festgenommen, und der verwitweten Möchtegern-Kaiserin wurden nun Verbrechen zur Last gelegt, wie sie für die namhaften Ehegattinnen der chinesischen Geschichte selbstverständlich waren – sie habe Befehle im Namen des toten Herrschers erlassen, sein Testament umgeschrieben, die Ermordung seines Nachfolgers geplant und intrigiert, um selbst die Macht zu ergreifen. Es war eine im traditionellen Stil geplante Musterübung. Die Chinesen wußten schon lange, wie sparsam und nützlich Mord sein konnte: die elenden Radikalen wurden mit einem Heer anklagender Worte erschlagen, als führende Parteileute ausgeschaltet und für »politisch tot« erklärt.

Da aber ihre Vernichtung keine »Aggression« war, sondern als »Bestrafung« gerechtfertigt werden mußte, als ein »gerechter Krieg« gegen ihre Schandtaten, wurden sie wegen der gleichen abscheulichen ideologischen Verbrechen zur Rechenschaft gezogen, deren sie in ihren besten Tagen die »bürgerlich-reaktionären« und »revisionistischen« Gemäßigten angeklagt hatten. Sie hatten sich »Maos proletarischer Linie widersetzt«, sie hatten »versucht, die Partei zu spalten« und »den Kapitalismus wiederherzustellen«. Sie hatten »ausländische Dinge verehrt«, »Kapitulationismus praktiziert« und eine »konterrevolutionäre, ultrarechte Linie« verfolgt.

Ultrarechts? wiederholten die ungläubigen Beobachter.

Die Radikalen? Aber das Paradoxon hatte überhaupt nichts zu besagen. Wenn ein Mensch immer weiter nach Osten geht, kommt er im Westen an. Ein chinesischer radikaler Führer kann den aufgebrachten Massen eine rücksichtslose revolutionäre Politik aufzwingen und für den Sieg über jede Opposition gefeiert werden – solange er oben ist. Sobald er aber am Boden liegt, wird er als zynischer konterrevolutionärer Gauner geschmäht, der absichtlich versuchte, das Volk der Partei zu entfremden, indem er gegen den Willen der Massen handelte. Wie man gesehen hat, kann der Unterschied zwischen »Kaiser« und »Bandit« in der chinesischen Semantik ganz einfach der Unterschied zwischen Erfolg und Mißerfolg sein.

Aus dem gleichen Grund äußerte das ganze Land seine Freude über den Aufstieg Hwas und den Untergang der Viererbande. Und wie der Erste Kaiser sah sich Hwa in der Lage, »zu entscheiden, was richtig und was falsch war«, als angekündigt wurde, daß man die Herausgabe der Werke und Gedanken Maos – einschließlich allem, was in den vergangenen siebenundzwanzig Jahren noch nicht in Sammelbanden veröffentlicht worden war – seiner Oberaufsicht anvertraut hatte. Das eröffnete neue Perspektiven, denn es gab genug Männer in Chinas Vergangenheit, die ihren Weg machten, indem sie sakrosankte Schriften herausgaben, die ihren eigenen Zielen oder denen ihrer Herren angepaßt waren. Man wird sich an den »verlorengegangenen« konfuzianischen Text erinnern, der zu Lebzeiten Christi im richtigen Augenblick in seinem Mauerversteck »gefunden« worden war, um die räuberischen »sozialistischen« Maßnahmen des kurzlebigen Usurpators Wang Mang zu rechtfertigen.

Hwa hatte mit dem Coup gegen Dschjang Tsching gezeigt, daß er auch über »Technik« verfügte. Er hatte die Hebel der Macht in der Hand behalten, denn, anders als Mao, war er gleichzeitig Premierminister und Vorsitzender, und am Anfang war er gleichzeitig Sicherheitsminister und Premierminister gewesen. Aber war er wirklich ein »fliegender Drache«? Nur wenige Chinesen hatten zwei Jahre vorher jemals etwas von ihm gehört, und er besaß weder Maos revolutionäre Lebensgeschichte noch dessen Charisma. Er war kein Tsao Tsao.

Mencius hatte gesagt, das Fehlen eines äußeren Feindes

könne zum Ruin des Staates führen. Nachdem ihr gewöhnlicher Gegner, die Radikalen, ausgeschaltet war, blieb abzuwarten, ob die Rivalitäten, die im Interesse einer »gemäßigten« Einheit von Kadern und Kommandeuren und von Hwa selbst begraben worden waren, nun wieder zum Vorschein kommen würden – Rivalitäten zwischen Region und Region, Veteran und Veteran, Armee und Partei, Soldat und Zivilist.

»Macht erwächst aus einem Gewehrlauf«, und wann immer die Autorität in der Hauptstadt schwach gewesen war, hatten sich die Warlords in den Provinzen davon losgerissen. Konnte Hwa wie Mao *unwillkommene* Befehle an die Generäle erlassen und damit rechnen, daß sie befolgt wurden? Er war jedenfalls nicht in der Lage, sich der »verdienstvollen Hunde« zu entledigen oder sie in Pension zu schicken, wie es der erste Sung-Kaiser gemacht hatte. Würde Deng Hsjaoping »auf einem geheimen Pfad zurückkehren«, um Hwas Herrschaft zu bedrohen und eine neue Phase des Konflikts einzuleiten? Oder wäre ein gemischtes Kollektiv aus gemäßigten Mandarinen und alternden Generälen in der Lage, »sich gegenseitig am Bein festzuhalten«, zusammenzuarbeiten und China zu führen – unbeschränkt und als Ganzes?

Das waren die Fragen an die Zukunft, aber es schien, als sei ein weiterer Kampf unvermeidlich, denn »Demokratie« in der chinesischen Tradition forderte keinen »Spatzenkäfig« debattierender Gesetzgeber, sondern daß sich der »Wille des Volkes« schließlich durch einen einzigen Führer offenbarte.

Und wie wird der »Wille des Volkes« sich zur Außenwelt stellen? Die Instinkte, die die im letzten Kapitel dieses Buches beschriebene Politik gestalteten, werden auch das nächste Kapitel der chinesischen Geschichte bestimmen. Mitte Juni 1975 hatte der Wunsch nach »fernen Bundesgenossen« im Westen Peking veranlaßt, einen Botschafter bei der Europäischen Gemeinschaft zu ernennen. Die chinesischen Überlegungen waren ein fester Faktor in dem globalen Würfelpoker geworden, das sich als internationale Diplomatie verkauft: das »revisionistische« Rußland durfte Europa nicht den Rücken kehren können, um China anzugreifen, ohne ein unangenehmes Gefühl zwischen den Schulterblättern zu spüren.

Die Prioritäten blieben dieselben. China mußte Amerika als Gegengewicht gegen die Sowjetunion benutzen, die

»Zweite Welt« aus Europa und Japan ermutigen, die geopolitischen Ambitionen der beiden Supermächte zu vereiteln, der unterentwickelten »Dritten Welt« helfen, die Zweite gefügig zu machen, und schließlich die Kräfte der kommunistischen Revolution anfeuern, die Dritte zu befreien. Dieses Programm verlangte von den Chinesen, mit den bourgeoisen Neokolonialisten beiderseits des Atlantiks Geschäfte zu machen. Aber das war keine Frage der Sitte und Moral, denn ideologisch waren sie Unpersonen und hatten keine Seelen. Morgen würde es jedenfalls anders sein. Die sanften Pfoten hatten ihre Zeit, die scharfen Krallen die ihre.

Westliche Beobachter finden die Heftigkeit der ständigen Angriffe in der Pekinger Presse auf die Amerikaner wegen ihrer erst kurz zurückliegenden »Aggression« in Indochina und ihrer »Einmischung und Begünstigung« in Korea vielleicht abstoßend. Aber sie waren gerade deshalb so heftig, weil die Chinesen das Verbleiben der Vereinigten Staaten in Ostasien wünschten, um die russische Durchdringung dieser Region zu begrenzen. Und da sie den amerikanischen Imperialisten die Fußtritte nicht in Taten verabreichten, mußte man *hören,* daß sie es um so mehr in Worten taten. Jeder Krieg stützt sich auf Täuschung, und je weniger Gewehre abgefeuert werden, desto größer ist die Notwendigkeit, diese Tatsache mit dem einschüchternden Grollen der Trommeln zu verdecken.

Im Oktober 1975 kam Kanzler Helmut Schmidt in Peking an und wurde von Deng Hsjao-ping und einem Heer schrecklicher Warnungen vor den russischen Kriegstreibern begrüßt, die ihre »entblößten Klauen« nach Europa ausstreckten – Warnungen, die ein gezielter Kommentar zu seiner »weichen Linie« gegenüber Moskau waren. In der Zwischenzeit zeigte das Sperrfeuer der Propaganda, daß die Chinesen auch mit Präsident Ford unzufrieden waren, weil er *Entspannung* mit den verhaßten Russen suchte – und doch sollte Ford alle Rekorde brechen, als ihm ein paar Wochen später ein 110-Minuten-Gespräch mit dem kränklichen, aber unversöhnlich antisowjetischen Vorsitzenden Mao gewährt wurde.

Die Chinesen wollten offensichtlich unbedingt den Geist des berühmten »Shanghai-Kommuniqués« wahren, das der chinesisch-amerikanischen Annäherung 1972 ein formelles, wenn auch einigermaßen verschwommenes Siegel aufgedrückt hatte, und den chinesisch-amerikanischen Dialog ohne peinliche Sendepausen in Gang halten. Da dies außerdem eine Zeit »großer Unordnung« in der Welt war, konnte dieser Dialog sehr wohl dem »fliegenden Drachen, der den Wind braucht« dienen – und angesichts der russischen Gier nach globaler Hegemonie konnte ein entschlossener amerikanischer Führer an der Spitze des amerikanischen Volkes der Drache sein.

Aber niemand konnte die Milliarden-Dollar-Frage beantworten, wieviel Sympathie Deng und viele andere dem Wunsch des westdeutschen Kanzlers und des Präsidenten der Vereinigten Staaten nach Entspannung insgeheim entgegenbrachten. Am Ende des Jahres kam es zu ungewöhnlichen Szenen chinesisch-sowjetischer Freundschaft: Peking ließ überraschend die Mannschaft eines russischen Helikopters frei, die einundzwanzig Monate früher zur Landung auf chinesischem Territorium gezwungen worden war, und Moskaus Behauptung, die Maschine habe sich auf einer Rettungsaktion befunden – ursprünglich als ein »Sack voll Lügen« abgetan –, wurde jetzt als »glaubwürdig« bezeichnet. Der monotone Strom antisowjetischer Gehässigkeiten floß weiterhin genauso reichlich wie immer aus den Federn der Pekinger Propagandisten, aber wollte Deng Hsjao-ping den Russen mit dieser Geste möglicherweise einen privaten, unter all diesem Lärm versteckten Wink geben? War das ein weiterer Versuch, die Gewehre durch Trommeln zu ersetzen?

Die Frage schien an Bedeutung zu verlieren, als 1976 Hwa Gwo-feng amtierender Premier wurde und nacheinander Expräsident Richard Nixon und Exverteidigungsminister James Schlesinger in Peking als alte und gestandene Freunde begrüßte. Die Chinesen vertrauen auf offene und geheime Diplomatie: Unterredungen mit amtierenden Präsidenten und freimütiger Meinungsaustausch mit amtierenden Außenministern sind das diplomatische Gegenstück zu dem einfachen Frontalangriff, den Sun Dsï entschieden ablehnt, wenn er das einzige Mittel ist, zum Ziel zu gelangen. Der gute Kommandeur, der »gewöhnliche« und »außergewöhnliche« Streitkräfte einsetzt, macht auch von dem »Soldaten auf der anderen Seite des Flusses« Gebrauch – im chinesischen Schachspiel ist das der Bauer, der die gegnerische Seite des Feldes erreicht; im Leben ist es der Agent, der den Feind oder Verbündeten von innen her beeinflussen kann und eine Politik fördert, die den eigenen Zielen dient und gleichzeitig die Verfechter nicht genehmer Ideen entzweit.

Jelu Tschu-tsai spielte unbewußt diese Rolle, als er die Mongolen davon abbrachte, aus China eine Wüste zu machen. Nixon und Schlesinger konnten sie jetzt spielen: sie kehrten als Experten für chinesische Weltpolitik in die Vereinigten Staaten zurück und konnten ihren Einfluß geltend machen, um ihren Landsleuten das törichte Vertrauen auf Moskau auszureden. Denn wenn die Chinesen die gegnerische Politik für gefährlich halten, versuchen sie nicht nur, sie von außen abzublocken, sondern auch, sie von innenheraus zu schwächen – sie »nehmen das Feuer unter dem Kessel weg«, damit er nicht zum Kochen kommt. Und »außergewöhnliche Streitkräfte« mit einem kühlen, skeptischen Blick für die Russen wie Nixon, Schlesinger, Senator Henry Jackson, Edward Heath in England und Franz Josef Strauß in Deutschland wurden für diese Aufgabe ausgewählt und lanciert.

Wer aus der Freigabe des russischen Hubschraubers voreilig den Schluß gezogen hatte, die chinesischen kommunistischen Führer seien von der unrentablen Affäre mit Washington, die ihnen doch nicht zu Taiwan verholfen hatte, desillusioniert und mittlerweile bereit, den Amerikanern den Rücken zu kehren und sich wieder mit den Russen zu verbünden, war völlig aus dem Konzept gebracht worden. Er verstand eben einfach kein Chinesisch.

China war das schwächste der »drei Reiche«, und wenn das schwächste überleben wollte, mußte es das Gleichgewicht aufrechterhalten. Es konnte nicht die Strategie der Chinesen sein, launisch zwischen dieser und jener Seite zu pendeln, bis sie bei passender Gelegenheit im Verlauf des unvermeidlichen Krieges, den sie ständig prophezeiten, als zweitrangige Feinde von einer der beiden Supermächte vernichtet würden. Und die ideologische Entsprechung zweier Palastrevolutionen 1976 in China änderte nicht die politischen Gesetze der Schwerkraft.

Als Hwa Gwo-feng Maos Platz einnahm, streckte die Sowjetunion sofort eine versöhnliche Hand aus – nur um wieder einen Schlag auf die Finger zu bekommen. Es war nicht

nur zu früh, die zum Haß auf die russische Führung getrimm-
ten achthundertfünfzig Millionen Menschen um ein Lächeln
zu bitten, sondern jede eventuelle Annäherung zwischen Peking und Rußland mußte auch dem Gleichgewichtsprinzip
gehorchen.

Alle Lageveränderungen stehen in gegenseitiger Verbindung, wie die Bewegungen eines komplizierten Mobiles.
Wenn verblendete Männer in Washington einer Entspannung mit Moskau das Wort reden, muß ein unzufriedenes
China versuchen, das Gleichgewicht wieder herzustellen, indem sie beide entzweit – den Vereinigten Staaten gegenüber
mehr Wärme zeigt, amerikanische Präsidenten in Peking
empfängt und sie mit größtem Nachdruck vor den Herren des
Kremls warnt. Wenn aber Schatten auf die Entspannung fallen, die Gespräche über die Begrenzung der strategischen Rüstung (SALT) sich festfahren, Breschnew seinen Amerikabe-
such aufschiebt und die Russen sich weigern, ihre Einmischung in Angola aufzugeben – dann müssen die Chinesen
die Situation ausnutzen und vor allem sicherstellen, daß sie
nicht in einer kompromittierenden Lage mit der einen Seite,
die sich in der Krise befindet, erwischt werden. Wenn sie die
Russen als Feind Nummer Eins geprügelt und gleichzeitig
freundschaftlich mit Präsident Ford verkehrt haben, müssen
sie wieder mehr nach der Mitte pendeln und der Sowjetunion
sorgfältig bemessene Zugeständnisse machen.

Es ist sehr wohl möglich, daß zu der Entspannung mit
Washington eine Entspannung mit Moskau tritt – ein Nach-
lassen der Spannung, das den militärischen toten Punkt an
der chinesisch-sowjetischen Grenze, der die chinesische Armee fesselt, beendet und es Peking möglich macht, die hauptsächlich russischen Waffensysteme, mit der diese Armee immer noch weitgehend ausgerüstet ist, zu modernisieren und
auszubauen. Außerdem bewegt sich kein Teil des Mobiles,
ohne alle anderen Teile ebenfalls in Bewegung zu bringen,
und wenn Peking sich Moskau zuwendet, wendet sich Washington vielleicht von Taipeh ab. Aber jede schroffe Geste
kann das zerbrechliche Gebilde in ein unentwirrbares Knäuel
aus sich kreuzenden Drähten verwandeln. Die Chinesen werden sich jedenfalls nicht eindeutig auf eine der Supermächte
festlegen.

Chinas offene und geheime Diplomatie mit ihrem ständigen Widerspruch zwischen dem, was laut ausposaunt wird, und dem, was hinter vorgehaltener Hand geflüstert wird, ist das Machtspiel, wie die Chinesen es auffassen – ein Schach im Spiegel, das zwischen den Feldern statt auf ihnen gespielt wird und in dem eine zwischen den König und die angreifende Kanone gesetzte Figur dem König Schach bietet, statt ihn aus dem Schach zu nehmen. Das mag viele veranlassen, die Söhne von Han als falsche, unaufrichtige Bande von Asiaten zu bezeichnen – besonders falls sie China beim heimlichen Flirt mit den Russen erwischen, während sie öffentlich die ganze Welt gegen sie aufbringen.

Aber jene, die Hitler die Tschechoslowakei überlassen haben, um Zeit zu gewinnen, Polen zu verlieren – und dann Stalin zu ihrem Verbündeten im Kampf für die Freiheit machten, jene, die sich als Kämpfer gegen die Rotfront hinstellten und dann dem Ribbentroppakt applaudierten, und jene, die habgierige Despoten in Saigon und Söul mit dem edlen Ziel unterstützten, die Demokratie zu verbreiten, sollten sich vielleicht die naheliegende Frage stellen: wie »chinesisch« können wir alle eigentlich werden?

November 1976

Anmerkungen

Vorwort

1 »Dsï« kann in diesem Zusammenhang mit »Meister« übersetzt werden. So ist der Personennamen Mo Di, er wird meistens als Mo Dsï erwähnt, und das ihm zugeschriebene Buch heißt das *Buch Mo Dsï*, gewöhnlich kurz *Mo Dsï (Han Fej Dsï, Dschuang Dsï* usw.)

2 Es gibt im Deutschen keine standardisierte Umschrift für das Chinesische. Während die wissenschaftliche Literatur weitgehend das englische System von Wade-Giles benutzt, habe ich die Schreibung der deutschen Aussprache angepaßt (ë entspricht dabei etwa dem e in bit*te*, das ï dem i in W*i*rt). Hiervon abgewichen bin ich in einigen wenigen Fällen, wenn sich durch die Presse eine bestimmte Schreibung eingebürgert hat. (Anmerkung des Übersetzers)

3 Der Sekretariatsleiter war Hsü Tschien.

Auftakt

1 vgl. Karte der »Frühling und Herbst«-Zeit

Der grosse Mann aus Lu

1 Ssï-ma Tschien, 145–86 v. Chr. Siehe Bibliographie

2 Die »vier Bücher« der konfuzianischen Kommentare zum Studium der fünf klassischen Schriften (s. S. 24) sind die *Gespräche, Die Große Lehre, Maß und Mitte* und das *Buch Mencius*.

3 Das *Buch der Schriften* und Konfuzius haben die Ermordung des letzten Herrschers der Schang-Dynastie, der angeblich seines Titels und deshalb seiner Rolle unwürdig war, ausdrücklich entschuldigt. Doch erst Mencius vertrat die Ansicht, daß der Wille des Himmels der Wille des Volkes sei: wenn das Volk einen König stürzte, bedeutete das, daß er die Billigung des Himmels verloren hatte.

4 *Dso Dschwan*

1 vgl. Karte der »kämpfenden Staaten«
2 Ein *li* ist etwas mehr als ein halber Kilometer.

DIE HUNDE AUS STROH

1 Lao Dsï wurde identifiziert mit einem Weisen namens Lao Lai-dsï und mit einem gewissen legendären Lao Dan, der wiederum mit einer realen Person gleichen Namens verwechselt wurde, die 347 v. Chr., einhundertfünf Jahre nach dem Tod von Konfuzius, Archivar von Dschou war.
2 *Die Geschichte vom Flußufer (Schwej Hu Dschwan)* wurde von Schï Nai-an (1296–1370) geschrieben. Titel deutscher Übersetzungen: Die Räuber vom Liang Schan Moor.
3 Zur Dschi-hsja-Akademie siehe Seite 79. Führende Gelehrte dieser Schule waren Schen Dao (wirkte um 300 vor Chr.) und Hwan Jüan.

DIE GÜTE AN DER MACHT

1 Der General des Herzogs von Wej war Wu Tschi (siehe Seite 114). Der General des Königs von Tschi war Sun Bin (siehe Seite 111 und Anmerkung 2, Die Abwärtsstrategie).
2 Meng Kë (um 386–312 v. Chr., genaue Daten umstritten). Mencius war ein Schüler Dsen Dsïs, der wiederum ein Schüler von Konfuzius gewesen war. Siehe auch Seite 111.
3 Ein *Mu* ist etwa 1/15 Hektar.

DIE KISSINGERS

1 Heute Amu-Darja, Zufluß des Aral-Sees (Anmerkung des Übersetzers)
2 Gleichlautende Leitartikel in der Pekinger *Volkszeitung*, der *Roten Fahne* und der Tageszeitung der Befreiungsarmee am 1. Januar 1972.

MACHIAVELLISSIMO

1 Wej Jang oder Gung-sun Jang, Herr von Schang, meist als Schang Jang oder Schan Jang erwähnt (um 390–338 v. Chr.)
2 Peking stützt seine Ansprüche im Ostchinesischen und im Südchinesischen Meer bis hinunter zum Tsengum-Riff vor der Küste Nordborneos einerseits auf die Theorie, daß die Territorialgewässer bis zu einer Wassertiefe von 200 m reichen, andererseits auf das Prinzip, daß die Gewässer zwischen den Inseln eines Archipels zu dessen Territorium gehören, und schließlich auf die Entdeckungsfahrten der chinesischen Flotten in der Vergangenheit, vor allem während des 13. und 15. Jahrhunderts.

1 Tsao Mo, der General, der mit dem Dolch in der Hand vom Herzog von Tschi verlangte, das dem Herzog von Lu abgenommene Land zurückzugeben (siehe Seite 21).

2 Am 8. Juni 1974 berichtete die *Volkszeitung* über den Fund von 4942 Bambusstückchen in einem Grab in Shantung, auf denen zwei verschiedene Werke aufgeschrieben waren: die dreizehn Kapitel von Sun Wus *Kunst des Krieges* und die bis dahin verlorene *Kunst des Krieges* von Sun Bin. Damit wurde erstmals bewiesen, daß es sich hier um verschiedene Werke handelt. Sun Bin lebte von 380–320 v. Chr., sein Sieg über Wej war 341 v. Chr. (siehe Seite 111). Die beiden »Sun Dsï« unterscheiden sich vor allem darin, daß Sun Bin die Belagerung von Städten, wenn auch nur kurzfristig, empfiehlt, wo es möglich ist, denn zu seiner Zeit hatten sie sich schon stärker zu politischen und wirtschaftlichen Zentren des Staates entwickelt und somit an Bedeutung gewonnen.

3 Selected Works of Mao Tse-tung, Bd. 1

Der Ritter und der Parvenu

1 Heute Bezirk Wu, Provinz Kiangsu

2 Die Hauptstadt König Hwais von Tschu war Pengtscheng am Fluß Ssï. Pengtscheng war später als Hsü Dschou bekannt und wurde in der Zeit der »Drei Reiche« von Lju Bej verteidigt (siehe Seite 162). Es ist das heutige Suchow, wo die Nationalchinesen im Dezember 1948 von den Kommunisten entscheidend geschlagen wurden.

3 Bezirk Pej, Provinz Kiangsu.

Armeen für zwei

1 Lju Bangs Ausgangsbasis zum Angriff auf Tschin lag südlich des Gelben Flusses. Er rückte aus dem heutigen Honan nach Schensi vor.

2 Das Königreich Handschung umfaßte den nördlichen und mittleren Teil der heutigen Provinz Szechuan, den Nordwesten der Provinz Hupei und den Süden der Provinz Shensi.

3 Die geheime Straße führte über Tschen Tsung, heute Bezirk Bao Dschi in der Provinz Shensi. Sie wurde auch mit Erfolg von den Truppen Tschiang Kai-scheks im Krieg gegen Japan benutzt.

4 Bezirk Ho in der heutigen Provinz Anhui

Das Reich für einen

1 Kung-sun Hung unter Han Wu-di

1 Die Da Jüe Dschi, den Griechen als Asii bekannt. Sie wurden 165 v. Chr. von den Hunnen geschlagen und wanderten nach Westen in die Gegend an Oxus (Amu-Darja) und Jaxartes (Syr-Darja).

2 Heute etwa das Gebiet der Usbekischen SSR der Sowjetunion und das nördliche Afghanistan (Anmerkung des Übersetzers)

3 Im Jahre 9 n. Chr., wenn man davon ausgeht, daß Christus 4 n. Chr. geboren wurde.

4 »Kriegsherr«. Die englische Bezeichnung hat sich für die nahezu selbständigen Generäle der chinesischen Republik im 20. Jahrhundert eingebürgert. (Anmerkung des Übersetzers)

DIE SCHLÜSSEL DER KÖNIGREICHE

1 Bezirk Dscho in der heutigen Provinz Hopei

2 Der Eid im Pfirsichgarten wurde von Lju Bej, Gwan Jü und Dschang Fej geschworen. Gwan Jü wurde später »Gwan Di«, der chinesische Gott des Krieges.

3 Hsü Dschou (die Hauptstadt) war das »Pengtscheng« von Hsjang Jü, dem Hegemon des Westlichen Tschu. Früher hieß die Hauptstadt eines *dschou* gewöhnlich wie der *dschou* selbst. Wenn die Hauptstadt verlegt wurde, wanderte der Name mit. Siehe auch Anmerkung 2, Der Ritter und der Parvenu.

KOPF AB AUF CHINESISCH

1 In der Nähe des heutigen Hankow (Wuhan)

DAS DRAMA IM MAO-LOOK

1 Schu trieb Handel mit Dschien Je, der Hauptstadt von Wu am Yangtse, in der Nähe des heutigen Nanking, mit der auch Kaufleute aus dem Oströmischen Reich in Handelsbeziehungen gestanden haben sollen.

2 Zitiert nach *Tsan Dschja Dschung Gung Wu Dschwang Dou Dscheng Dschi Schï*.

MORD UND TOTSCHLAG

1 A History of China, von Wolfram Eberhard, S. 125 (Siehe Bibliographie).

2 Das Toba-(Wej-)Reich tatarischer Stämme der tungusischen Sprachgruppe (386–557).

3 ursprünglich in der südlichen Mandschurei ansässiges mongolisch-tungusisches Volk, gründete die Ljao-Dynastie. (Anmerkung des Übersetzers)

4 auch Dschin, die Dschurdschen, nomadisierendes Volk mit einer tungusischen Sprache. (Anmerkung des Übersetzers)

6 chinesisches Strafinstrument (Anmerkung des Übersetzers)
7 Staat in Annam (Vietnam) (Anmerkung des Übersetzers)
8 nach *Tang Schu*

GOLDENE REGEL FÜR MÖRDER

1 In seiner Abhandlung »Über den Widerspruch« vom August 1937 lobte der Vorsitzende Mao Wej Dscheng wegen seiner Warnung: »Höre auf beide Seiten und du wirst wissend, achte nur auf eine Seite und du bleibst unwissend.« Aber 1962 hatte sowohl das Zitat als auch der Zusammenhang eine andere Bedeutung.
2 Die einzige Kaiserinwitwe Chinas, die nicht pro forma einen männlichen Kaiser als Marionette auf dem Thron beließ. (Anmerkung des Übersetzers)

DIE WEICHE WELLE

1 altenglische Grundsteuer (Anmerkung des Übersetzers)
2 die Tanguten, mit dem Staat Hsi-hsja (Anmerkung des Übersetzers)

DIE KORRUPTION DER BILDUNG

1 Zitiert nach den Konfuzianern Jen Jüan und Li Gung, die während der Tsching-Dynastie lebten.

DIE LEBENDEN TOTEN

1 Siehe Anmerkung 2, Die Hunde aus Stroh.
2 Peking hatte viele verschiedene Namen in der Geschichte. Die Kin nannten es Dschungdu, die Mongolen Khanbalik (Kambaluk). Seinen heutigen Namen erhielt es im frühen 15. Jahrhundert, als Kaiser Jung Lo aus der Ming-Dynastie es zu seiner Hauptstadt machte.

DIE KATZE ZEIGT DIE KRALLEN

1 in der heutigen Provinz Anhui
2 Gleichlautende Leitartikel in der *Volkszeitung*, der *Roten Fahne* und der Tageszeitung der Befreiungsarmee am 1. Januar 1973.
3 *Historia de la cosas mas notables, ritos y costumbres del Gran Reyno de la China*, von Juan Gonzales de Mendoza (Rom 1585), englisch 1588, zitiert nach *China in the Eyes of Europe* (siehe Bibliographie).
4 Jan Lien, kaiserlicher Zensor. Man ergriff ihn, trieb ihm Nägel in die Ohren und häufte dann Sandsäcke auf ihn, bis er unter dem Gewicht erdrückt war.

1 Gu Hung-ming (1857–1928)
2 Die korrekte englische Orthographie ist ›democracy‹, crazy heißt ›verrückt‹. (Anmerkung des Übersetzers)

»DEMOKRATIE«

»Bejjang« (Nordmeer) umschloß die Küstenprovinzen Ljaoning, Hopei und Shantung.
1 Die erfolgreiche offene Rebellion begann mit der Erhebung von Wuchang am 10. Oktober 1911. Die »Doppelte Zehn« ist seitdem Nationalfeiertag der chinesischen Nationalisten (für die Kommunisten ist es der 1. Oktober).
2 Dschang Dso-lin marschierte 1921, 1923 und 1927 durch den Paß. Er gewann die Kontrolle über Nordchina, fiel aber 1928 einem Attentat zum Opfer.
3 Dschang Hwai-dschï
4 *Revolution in China*, S. 38 (Siehe Bibliographie).
Die Kuomintang war 1912 als Zusammenschluß revolutionärer Gruppen gegründet worden, nachdem Sun Yat-sen die Präsidentschaft Jüan Schï-kai überlassen hatte. Sun Yat-sen führte die Partei gemeinsam mit Hwang Hsing und Sung Dschjan-ren (den Jüan Schï-kai später ermorden ließ). Sie verfügte über die meisten Sitze in der Nationalversammlung.

ANGEWANDTE GESCHICHTE

1 Die Zitate kommunistischer Quellen in diesem Abschnitt wurden hauptsächlich folgenden Veröffentlichungen entnommen:
Red Flag (Rote Fahne): Nr. 11, 1973 und Nr. 4–7 und 9, 1974.
Peking Review (Peking-Rundschau): 3. Mai, Mitte Mai, Juni, Juli, 13. September, 27. September, 1. November und 15. November 1974
China Pictorial (China im Bild): August und September 1974 und April 1975.
China Reconstructs (China baut auf): September 1974.
People's Daily (Volkszeitung): 19. Juni 1974.
Dies ist nur eine Auswahl der historischen Analysen, die während der Kampagne gegen Konfuzius und Lin Piao veröffentlicht wurden. Die chinesischen kommunistischen Zeitungen und Zeitschriften brachten 1974 unzählige Artikel zu diesem Thema.
2 Die chinesischen Kommunisten nennen die Dschou-Dynastie eine »Sklavenhaltergesellschaft« und die mit dem Ersten Kaiser von Tschin beginnende Periode »feudal«. In diesem Buch bezieht sich nach der westlichen Praxis jedoch »feudal« auf die Dschou-Dynastie.

3 Arnold Toynbee in dem Artikel »Inheritors of the Earth«, der 1974 in *Horizon* erschien.

WESTLICHE ANNÄHERUNGSVERSUCHE

Die Verweisungen auf Machiavelli und Clausewitz und die Zitate wurden (mit wenigen Ausnahmen) folgenden Werken entnommen:
Machiavelli: The Discourses, hg. von Bernhard Crick (in der Übersetzung von Leslie J. Walker), Penguin Classics 1970.
Machiavelli: The Prince, übersetzt von George Bull, Penguin Classics 1972.
Clausewitz: On War, hg. von Anatol Rapoport (in der Übersetzung von J. J. Graham, 1908), Penguin Classics 1968. (Die Zitate der vorliegenden Übersetzung wurden der folgenden Ausgabe entnommen: Carl von Clausewitz: Vom Kriege, 18. Auflage, Bonn 1973.)
1 *On the Chungking Negotiations*, Selected Works of Mao Tse-tung, Bd. 4.
2 *Problems of War and Strategy*, Selected Works of Mao Tse-tung, Bd. 2.

351

Zeittafel

Kaiser Fu Hsi (legendär)

1990–1557 v. Chr. Hsja-Dynastie (unsicher)

1557–1027 v. Chr. Schang-Dynastie

1027–221 v. Chr. Dschou-Dynastie

722–481 v. Chr. *Frühling und Herbst*

710–645 v. Chr. Gwan Dschung

682 v. Chr. Tsao Mo bedroht den Herzog von Tschi mit einem Dolch

551–479 v. Chr. Konfuzius

500 v. Chr. Konfuzius begleitet den Herzog von Lu nach Tschi

5. Jahrh. v. Chr. (?) Lao Dsï

496 v. Chr. (?) Sun Wu richtet die Konkubinen des Königs von Wu hin

um 490 v. Chr. Wu Dsï-hsju aus Wu begeht Selbstmord (»Reiße meine Augen heraus...«)

481–221 v. Chr. *Die kämpfenden Staaten*

468–376 v. Chr. (?) Mo Dsï

4. Jahrh. v. Chr. (?) Dschwang Dsï

390–338 v. Chr. (?) Schan Jang

386–312 v. Chr. Mencius (nach kommunistischen Quellen: 390–305 v. Chr.)

385–337 v. Chr. Schen Bu-hai (angeblicher Autor des *Schen Dsï*)

381 v. Chr. Wu Tschi wird hingerichtet

380–320 v. Chr. Sun Bin

um 361 v. Chr. Schan Jang kommt nach Tschin

350 v. Chr. (?) Sun Dsïs *Kunst des Krieges*

341 v. Chr. Sun Bin schlägt Pang Dschwan von Wej

4. Jahrh. v. Chr. Gwej-gu Dsï

322 v. Chr. Tschang I wird erster Minister von Tschin

um 340–260 v. Chr. Dsou Jen aus der Jin-Jang-Schule der Philosophie

342–324 v. Chr. König Hsüan von Tschi, der die Dschi-hsja-Akademie einrichtet

um 312–233 v. Chr. Hsün Dsï. Schließt sich um 264 der Dschi-hsja-Akademie an

280–233 v. Chr. Han Fej

280–208 v. Chr. Li Ssï

229–222 v. Chr. Der König von Tschin erobert die sechs anderen Staaten

221–207 v. Chr. TSCHIN-DYNASTIE

221–210 v. Chr. Der Erste Kaiser (Tschin Schï Hwang-di) eines vereinigten China

213 v. Chr. Li Ssïs Denkschrift an den Kaiser über die Bücherverbrennung

210–208 v. Chr. Der Zweite Kaiser

209 v. Chr. Tschen Sche zettelt einen Aufstand an

207 v. Chr. Lju Bang (der spätere Kaiser Han Gao-dsu) erobert Hsienjang und nimmt die Unterwerfung des Dritten Kaisers von Tschin an

207–202 v. Chr. Kampf zwischen Lju Bang und Hsjang Jü um die Herrschaft über China

206–205 v. Chr. Lju Bang führt seine Soldaten auf dem »geheimen Pfad« aus Handschung

202 v. Chr. Hsjang Jü begeht Selbstmord

202 v. Chr. – 220 n. Chr. HAN-DYNASTIE

202 v. Chr. – 9 n. Chr. *Westliche Han*

202–195 v. Chr. Kaiser Han Gao-dsu (seit 206 König).

196 v. Chr. Han Gao-dsu zieht Gelehrte zur Verwaltung des Reichs an seinen Hof

188–180 v. Chr. Kaiserinwitwe Lü

179–157 v. Chr. Kaiser Wen

141–86 v. Chr. Han Wu-di

um 145–86 v. Chr. Der Historiker Ssï-ma Tschien

138 v. Chr. Dschang Tschiens Expedition nach Westen

110 v. Chr. Wirtschaftliche Reformen Sang Hung-jangs

48 v. Chr. König Hermaios wird von den Chinesen eingesetzt

9–23 n. Chr. *»Hsin-Dynastie« Wang Mangs*

18 Der Aufstand der Roten Augenbrauen beginnt

22 Sturz Wang Mangs

25 Wiedereinsetzung der Han-Dynastie

25–220 *Östliche Han*

73 Expedition Ban Tschaos nach Westen

168 Eunuchen setzen die Regentin gefangen, bringen alle führenden Gelehrten um und beherrschen den Kaiser Han Hwan

184 Aufstand der Gelben Turbane

189 Kaiser Han Ling stirbt ohne direkten Nachfolger. Jüan Schao bringt die Eunuchen um und Dung Dscho kommt an die Macht

192 Dung Dscho wird ermordet. Tsao Tsao gewinnt die Kontrolle über den neuen Kaiser

um 207 Lju Bej sucht Dschugë Ljang auf

208 Tsao Tsao schaltet Jüan Schao aus und kontrolliert Nordchina. Schlacht von Tschï-bi

219 Gwan Jü wird geschlagen und kommt ums Leben

220 Tsao Tsao stirbt. Tsao Pej usurpiert den Thron von Kaiser Han Hsien und wird der erste Herrscher von Wej (Nordchina)

220–222 Die Herren von Wu und Schu folgen Tsao Pejs Beispiel, und China wird in drei Reiche geteilt

220–265 Die »Drei Reiche«

234 Dschugë Ljang stirbt

263 Schu fällt an Wej

265 Ssï-ma Jen usurpiert den Thron von Wej und gründet die Dschin-Dynastie

280 Wu fällt an Wej

280–589 Die Zeit der staatlichen Zerrissenheit

265–317 *Westliche Dschin-Dynastie*

316 Die Hunnen erobern Nordchina. Der Hof der Dschin zieht sich nach Süden an den Yangtse in die Nähe des heutigen Nanking zurück.

317–420 *Östliche Dschin-Dynastie*

351–394 Ein tibetisches Reich ersetzt die Hunnen und beherrscht Nordchina

383 Fu Dschien (357–385) dringt im China der Dschin ein. Schlacht am Fluß Fej

385–557 Das Toba-(Wej-)Reich beherrschende Macht in Nordchina

550–577 *Nördliche Tschi-Dynastie*

557–580 *Nördliche Dschou-Dynastie*

581 Jang Dschien ermordet den Kaiser der Nördlichen Dschou und beginnt mit der Wiedervereinigung Chinas

589–618 Swej-Dynastie

618–906 Tang-Dynastie

627–649 Li Schï-min regiert als Kaiser Tang Tai-dsung

690–705 Kaiserin Wu (Wu Dschao, 623–705)

688–691 Wu liquidiert 3000 Familien

712–756 Kaiser Tang Hsüan-dsung

745 Tang Hsüan-dsung nimmt Jang Gwej-fej als Konkubine

751 Die Chinesen werden von den Arabern bei Samarkand geschlagen

755 Rebellion An Lu-schans

763 Die Tibeter plündern Tschang An

880–881 Tschang An und Lojang während der von Hwang Tschao geführten Volkserhebung geplündert

906 Das Tang-Reich bricht zusammen. Es entstehen ein nördliches Reich und zehn unabhängige Staaten im Süden

906–960 Fünf Dynastien

960–1127 Sung-Dynastie

1004 China beginnt, Tribut an die Kitan zu bezahlen

1068 Wang An-schï führt wirtschaftliche Reformen durch. Stirbt 1086

1125 Die Kin zerstören das Reich der Kitan

1126 Die Kin erobern Kaifeng, die Hauptstadt der Sung

1127 Hangchow wird die Hauptstadt der »Südlichen Sung«
1127–1279 Teilung: Die Kin im Norden und »Südliche Sung«
1129–1200 Dschu Hsi, führender Neokonfuzianer
1131 Jo Fej beginnt mit der Rückeroberung des Nordens
1141 Jo Fej wird ermordet
12. Jahrh. Sung Dschjang bildet eine »rechtschaffene Gesellschaft« von Vogelfreien
1190–1244 Jelu Tschu-tsai
1224 Die Mongolen vernichten das Reich der Hsja
1227 Dschingis Khan stirbt
1233 Die Mongolen erobern Kaifeng von den Kin und dringen im Sung-China ein
1260–1368 Die (mongolische) Jüan-Dynastie
1236–1283 Wen Tien-hsjang
1276 Hangchow ergibt sich den Mongolen
1279 Der letzte Sung-Kaiser ertrinkt auf Jaischan
1296–1370 Schï Nai-an, Autor der *Geschichte vom Flußufer*
1364 (?) Lo Gwan-dschung schreibt die *Geschichte von den drei Reichen*
1356 Dschu Jüan-dschang (1328–1398) erobert Nanking von den Mongolen
1368 Dschu Jüan-dschang besteigt als Ming Tai-dsu, der erste Kaiser der Ming-Dynastie, den Thron in Nanking
1368–1644 Ming-Dynastie
1402 Der Fürst von Jen (der spätere Kaiser Jung-lo, 1403–1424) erobert Nanking und verlegt die Hauptstadt nach Peking
1405–1433 Die sieben Expeditionen des Admirals Dscheng Hë
1510 Der Eunuch Lju Dschin wird gestürzt
1517 Die Portugiesen segeln den Perlfluß hinauf nach Kanton
1555 Japanische Piraten belagern Nanking
1555 Tschi Dschi-gwang in Chekiang
1557 Die Portugiesen erhalten Handelserlaubnis in Macao
1598 Pater Matteo Ricci gelangt in das Innere Chinas
1604 Einrichtung der Dung-lin-Akademie
1627/28 Sturz des Eunuchen Wej Dschung-hsien
1637 Kapitän Weddell in Kanton
1644 Li Dsï-tscheng marschiert auf Peking, Wu San-gwej wechselt die Fronten und die Mandschus dringen in China ein
1644–1912 Tsching- (Mandschu-) Dynastie
1645 Schï Kë-fa leistet den Mandschus in Hangchow Widerstand
1659 Koxinga bedroht Nanking
1661 Koxinga zieht sich nach Formosa zurück
1685 Kaiser Kang Hsi erteilt Ausländern Handelserlaubnis in Kanton
1715 Erste britische »Faktorei« in Kanton errichtet
1742 Kapitän George Anson in Kanton

1775 Rebellion der Sekte Weißer Lotus
1816 Lord Amhersts Gesandtschaft in China
1840–1842 Opiumkrieg
1842 Vertrag von Nanking. Hongkong an Großbritanien
1850–1864 Der Tai-ping-Aufstand von Hung Hsju-tschwan
1811–1872 Dseng Gwo-fan
1857–1860 Chinesisch-britischer Krieg
1860 Vertrag von Tientsin
1894–1895 Chinesisch-japanischer Krieg. Japan erwirbt Korea und Formosa
1898 Kaiser Gwang Hsü fordert Reformen und wird von der Kaiserinwitwe
   Tsï-hsi gefangengesetzt
1898 Jüan Schï-kai organisiert eine moderne Truppe aus 7000 Mann
1900 Boxer-Aufstand
1908 Kaiserinwitwe Tsï-hsi stirbt
1909 Jüan Schï-kai wird entlassen
11. 10. 1911 Wuchang-Revolte
November 1911 Jüan Schï-kai zurückgeholt
Dezember 1911 Sun Yat-sen (1866–1925) von der Revolutionsregierung in
   Nanking zum Provisorischen Präsidenten gewählt
1912–1949 REPUBLIK CHINA
Februar 1912 Die Tsching-Dynastie dankt ab und ruft die Republik aus. Sun
   Yat-sen überläßt das Präsidentenamt Jüan Schï-kai
1915 Jüan Schï-kai verkündet seinen Herrschertitel als zukünftiger erster
   Kaiser einer neuen Dynastie
1916 Jüan Schï-kai stirbt
1916–1927 Dschang Dso-lin beherrscht die Mandschurei. Zunehmende
   Macht der Warlords.
1919 4. Mai-Bewegung
1921 Gründung der Kommunistischen Partei in Shanghai, Vorsitz: Tschen
   Du-hsju
1923 Die Kuomintang wird mit russischer Hilfe reorganisiert
1924 Eröffnung der Whampoa-Militärakademie
1925 Sun Yat-sen stirbt
1926 Tschiang Kai-schek beginnt seinen Feldzug zur Einigung Chinas
1927 Tschiang Kai-schek zerschlägt auf seinem Marsch nach Norden die
   kommunistische Parteiorganisation in Shanghai
1927 Mao Tse-tung errichtet seine erste Guerillabasis im Dschinggangschan.
   Tschen Du-hsju verliert die Führung der Partei
1928 Tschiang Kai-schek nimmt Peking ein. Dschang Dso-lin fällt einem Attentat zum Opfer
1931 Die Japaner besetzen die Mandschurei und errichten den Marionetten-
   staat Mandschukuo (1932–1945)
1934–35 Der »Lange Marsch« der Kommunisten unter Mao Tse-tung

1936 Sian-Zwischenfall: Tschiang Kai-schek wird gefangengenommen

1937 Kommunisten und Kuomintang bilden eine gemeinsame Front gegen die Japaner

1942 Kampagne Mao Tse-tungs zur Ausrichtung des Kommunismus auf die chinesischen Verhältnisse

1946 Ausbruch des Bürgerkriegs zwischen Kommunisten und der Kuomintang

1949 Tschiang Kai-schek zieht sich nach Formosa zurück

1949 Errichtung der VOLKSREPUBLIK CHINA

1958 Der »Große Sprung nach vorn« und die Bildung der »Volkskommunen«

1960 Einstellung der sowjetischen Hilfe an China

1962 Lu Ding-i autorisiert eine Biographie Wej Dschengs

1964 Erste Atomexplosion

1966 Die Große Kulturrevolution: Rote Garden gegen die »alten Ideen« und die »revisionistische« Parteibürokratie

1969 Lin Piao wird auf dem 9. Kongreß der Kommunistischen Partei zum Nachfolger des Vorsitzenden Mao ernannt

1971 China wird in die Vereinten Nationen aufgenommen

1971 Lin Piao fällt in Ungnade, kommt angeblich bei einem Flugzeugabsturz ums Leben

1972 Präsident Nixon besucht Peking. Aufnahme diplomatischer Beziehungen zwischen China und Japan

Januar 1974 Umbesetzungen wichtiger militärischer Kommandeure in den Provinzen offiziell bekanntgegeben

1973–74 Landesweite Kampagne gegen Konfuzius und Lin Piao

Januar 1975 Vierter Nationaler Volkskongreß (zum erstenmal seit mehr als zwölf Jahren). Deng Hsjao-ping wird einer der stellvertretenden Parteivorsitzenden

Sommer 1975 Arbeiterunruhen in der Provinz Chekiang

8. 1. 1976 Tod Tschou En-lais

Februar 1976 Hwa Gwo-feng wird amtierender Premierminister. Beginn der Kampagne gegen Deng Hsjao-ping

April 1976 Massenkundgebung in Peking für die Politik Tschou En-lais und für Deng Hsjao-ping. Deng wird aller Ämter enthoben. Hwa Gwo-feng wird Premierminister und Erster stellvertretender Parteivorsitzender

9. 9. 1976 Tod Mao Tse-tungs

Oktober 1976 Hwa Gwo-feng wird zum Nachfolger Maos gewählt. Verhaftung der linksradikalen Gruppe um Maos Witwe Dschjang Tsching (»Viererbande«). Die Kampagne gegen Deng Hsjao-ping wird eingestellt.

Bibliographie

CHINESISCHE QUELLEN

Die »Vier Bücher«: *Da Hsüe* ([Die] Große Lehre); *Dschung Jung* (Maß und Mitte); *Lun Jü* ([Buch der] Gespräche); *Meng Dsï* ([Das Buch] Mencius).

Die Klassiker: *Li Dschi* (Die Aufzeichnungen über die Riten); *Schu Dsching* (Das Buch der Schriften); *Tschun Tschju* ([Die Chronik] Frühling und Herbst); *Dso Dschwan* (Geschichte des Fürstentums von Lu).

(Das Buch) *Mo Dsï; Dschwang Dsï; Hsün Dsï; Han Fej Dsï.*

Dao Dë Dsching (Klassiker von ›Weg‹ und ›Tugend‹).

Lü Bu-wej: Lü Schï Tschun Tschju (Frühling und Herbst des Lü Bu-wej).

Lju Schang: Dschan Gwo Tse (Intrigen der »kämpfenden Staaten«).

Sun Wu: Sun Dsï Bing Fa (Die Kunst des Krieges des Sun Dsï).

Ssï-ma Tschien: Schï Dschi (Historische Aufzeichnungen).

Ban Gu: Han Schu (Die Geschichte der (Früheren) Han-Dynastie).

Tschen Schou: San Gwo Dschï (Die Offizielle Geschichte der Drei Reiche).

Lo Gwan-dschung: San Gwo Dschï Tung Su Jen I (Die Populäre Geschichte der Drei Reiche, Roman).

Schï Nai-an: Schwej Hu Dschwan (Die Geschichte vom Flußufer; »Die Räuber vom Liang Schan Moor«).

Wu Dsching-dsï: Ru Lin Wai Schï (Das Privatleben der (konfuzianischen) Gebildeten, Roman).

Ssï-ma Gwang: Dsï Dschï Tung Dschien (Allgemeiner Spiegel für die Regierung).

Swej Schu (Geschichte der Swej-Dynastie).

Tang Schu (Geschichte der Tang-Dynastie).

Sung Schï (Geschichte der Sung-Dynastie).

Ming Schï (Geschichte der Ming-Dynastie).

Sun Dschun-schan Hsüan Dschi (Ausgewählte Schriften Sun Yat-sens). Hong Kong 1966.

Mao Tse-tung Hsüan Dschi (Ausgewählte Schriften Mao Tse-tungs). Peking 1966.

358

Gung Tschu (früherer politischer Kommissar der Roten Armee unter Mao Tse-tung): Tsan Dschja Dschung Gung Wu Dschwang Dou Dscheng Dschi Schï (Persönliche Aufzeichnungen vom bewaffneten Kampf der KPCh).

Dschjang Fang-dschen: Gwo Fang Lun (Über die Landesverteidigung).

Tsao Dschü-ren: Gwo Hsüe 12 Dschjang (Zwölf Beiträge zum Studium des klassischen (chinesischen) Altertums): Hong Kong 1972.

Quellen in englischer Sprache

Philosophie

James Legge (Übers.): The Chinese Classics. 5 Bde., Nachdruck Hong Kong 1961.

William Theodore de Bary (Hg.): Sources of Chinese Tradition. New York 1960.

H. G. Creel: Chinese Thought. London 1954.

Arthur Waley: Three Ways of Thought in Ancient China. London 1939.

Clarence Burton Day: The Philosophers of China. New York 1962.

H. G. Creel: Confucius and the Chinese Way. New York 1960.

A. C. Graham (Übers.): The Book of Lieh Tzu. London 1960.

Arthur Waley: The Way and Its Power. London 1934.

Burton Watson (Übers.): Chuang Tzu (Dschwang Dsï). New York 1964.

Burton Watson (Übers.): Mo Tzu (Mo Dsï). New York 1963.

Burton Watson (Übers.): Hsun Tzu (Hsün Dsï). New York 1963.

Burton Watson (Übers.): Han Fei Tzu (Han Fej Dsï). New York 1964.

Chinesische Geschichte

Records of the Grand Historian of China. Übersetzt nach dem *Schï Dschi* von Ssï-ma Tschien von Burton Watson. 2 Bde., New York 1961.

Records of the Historian. Übersetzt nach dem *Schï Dschi* von Ssï-ma Tschien. 2 Bde., Hong Kong 1967.

C. P. Fitzgerald: China: A Short Cultural History. London 1935.

Wolfram Eberhard: A History of China. London 1950.

L. Carrington Goodrich: A Short History of the Chinese People. London 1957.

Edwin O. Reischauer und John K. Fairbank: East Asia: The Great Tradition. Cambridge, Mass. 1958.

Marcel Granet: Chinese Civilisation. New York 1930.

Michael Loewe: Everday Life in Early Imperial China. London 1968.

Jacques Gernet: Daily Life in China. London 1962.

Lin Yutang: Lady Wu. London 1957.

C. P. Fitzgerald: The Empress Wu. Melbourne 1955.

Charles O. Hucker: The Traditional Chinese State in Ming Times (1368–1644). Tucson 1961.

G. F. Hudson: Europe and China. Boston 1931.

Ronald Latham (Übers.): The Travels of Marco Polo. London 1958.
Maurice Collis: Foreign Mud. London 1946.
Jeanette Mirsky (Hg.): The Great Chinese Travellers. London 1965.
Michael Edwardes: East-West Passage. London 1971.
Donald Lach: China in the Eyes of Europe. Chicago und London 1965.
Joseph Needham: Science and Civilisation in China. 4 Bde., Cambridge 1954–65.
Raymond Dawson (Hg.): The Legacy of China. Oxford 1964.

Militärwesen

Sun Tzu (Sun Dsï): The Art of War, übers. von Samuel B. Griffith. Oxford 1963.
F. F. Liu: A Military History of Modern China. Princeton 1956.
Edgar O'Ballance: The Red Army of China. London 1962.
Selected Military Writings of Mao Tse-tung. Peking 1966.

Neueste Geschichte

C. P. Fitzgerald: Revolution in China. London 1952.
Selected Works of Mao Tse-tung. Peking 1965.
Stuart Schram: Mao Tse-tung. London 1966.
Robert Payne: Chiang Kai-shek. New York 1969.
Kenneth Scott Latourette: A History of Modern China. London 1964.

Dichtung

Lo Kuan-chung (Lo Gwan-dschung): The Romance of the Three Kingdoms, übers. von C. H. Brewitt-Taylor. Rutland, Vermont und Tokio 1959.
Shih Nai-an (Schï Nai-an): Water Margin, übers. von J. H. Jackson. Hong Kong 1963.
Shih Nai-an: All Men Are Brothers, übers. von Pearl Buck. London 1933.

Register

al-Raschid, Harun 225
Amerika, *siehe* Vereinigte Staaten
Amherst, Lord 291
An Lu-schan 226–227
Annam 154, 224, 267, 274, 282
Anson, George 290
Aufzeichnungen über die Riten 24, 27, 31

Bacon, Francis 234
Baktrien 147
Ban Tschao 148–9
Beethoven 27
Bejjangarmee 293, 296
Boxeraufstand 292
Brokatkleid-Garde 270, 280
Buch der Lieder 24, 25, 28, 36, 142
Buch der Schriften 24, 31
Buch der Wandlungen 24, 79
Buddhismus 209, 237, 260, 285
Burma 282

Chekiang 275
Chronik der drei Reiche 155
Chungking 301
Clausewitz 12, 18, 103, 321–4

Da Tschin 149
Da Tung 314, 331
Dao 48, 51, 53, 59, 88, 144
Dao Dë Dsching 47, 48, 57

Daoismus 14, 37, 49, 51–54, 56–60, 65, 79, 80, 84, 88, 100, 205, 209, 241, 285, 318
Deng Hsjao-ping 165, 333–5, 338–40
Ding Scheng 115
Drei Reiche 188, 193
Dritte Welt 77, 193, 328, 330, 339
Dschang Dao-ling 80
Dschang Dschüe 158
Dschang Dso-lin 297
Dschang Fej 245, 247
Dschang I 67, 69–71, 74, 77, 84
Dschang Ljang 128, 130–33, 135, 139, 144, 145
Dschang Tschien 147
Dschao 60, 68–69, 71–72, 78, 123–24, 128; König von 123–24
Dschao Gao 120, 129
Dschao Kwang-jin 229; *siehe auch* Sung Tai-dsu
Dscheng 173–5, 195
Dschenggao 139
Dscheng Hë 274–5, 280
Dscheng Tscheng-gung 279
Dschi-hsja-Akademie 59, 79, 84
Dschin (Staat) 60
Dschin-Dynastie 193, 206–8
Dsching Dschou 168, 170, 175–6, 179–84, 187

Dschinggangschan 118, 199, 251
Dschingis Khan 235, 253, 257
Dschja, Kaiserin 206
Dschjang Tsching 332, 335–7
Dschou-Dynastie 18, 20–21, 30,
    36, 47, 60, 80, 84, 206, 303
Dschou Jü, *siehe* Glänzende Jade
Dschugë Ljang 113–15, 169–70,
    173–6, 179–84, 187–91,
    194–5, 197, 200, 232, 245,
    305, 320
Dschu Hsi 238
Dschu Jüan-dschang 259, *siehe
    auch* Ming Tai-dsu
dschung 173, 246, 251, 335
Dschung Hwej 192
Dschu Scheng 261
Dschwang Dschou, *siehe*
    Dschwang Dsï
Dschwang Dsï 14, 49–52, 57
Dseng Gwo-fan 286–7, 289, 293,
    306
Dsou Jen 79–80
Dung Dscho 159–61, 183
Dunghai, Fürst von 206
Dung-lin-Akademie 268, 277

Elgin, Lord 292
Erster Kaiser von Tschin 93–4,
    97, 120, 127–8, 133, 143, 254,
    304–5, 307, 315, 317, 337
Europa 76, 193, 289–290, 328,
    338–9

Fan Dseng 131–2, 134, 137, 139,
    144
Fantscheng 184, 186
Fej (Fluß) 207
Feng Jü-hsjang 298
Ford, Gerald 339, 342
Formosa 200, 212, 279, 293, 301
»Frühling und Herbst« 18, 60, 262
Frühling und Herbst-Chronik 24,
    32, 175

Fu Dschien 207–208
Fu Hsi, Kaiser 17
Fu Hsi 209

Gelber Fluß 17, 19, 31, 48, 71,
    124–5, 130, 136, 149, 207,
    211–13, 233, 243, 277
Gelbe Turbane 154, 158, 160–61,
    163, 171, 260, 306
Geschichte vom Flußufer, Die 54,
    249–51, 253
*Geschichte von den drei Reichen,
    Die* 155–6, 191, 245–6
Gespräche, Die 23, 103, 309
Glänzende Jade 171, 175–77,
    179–82
Große Ebene 18, 31, 61, 161,
    165, 255
Große Mauer 73, 93–4, 103, 147,
    151, 160, 198, 206, 209,
    275–6, 287
Große Sprung nach vorn, Der 54,
    203, 313
Gung-schu Ban 39–42
Gwan Dschung 14, 18–22, 33,
    37, 62, 85, 87
Gwang Hsü 293
Gwan Jü 183–87, 191, 194,
    245–47, 250–1
Gwej-gu Dsï 66–67, 69
Gwo Dsï-hsing 260

Han 60, 68, 70, 85–6, 92, 128;
    König von 68–9
Han (Fluß) 184
Handschung 134–5, 145, 184
Han-Dynastie 73, 80, 94, 141,
    148, 150, 153–55, 158, 161,
    168–70,188, 260, 305–6
Han Fej Dsï 14, 59, 84, 87–93,
    97–8, 101–2, 218, 304, 311,
    315–6, 324
Han Gao-dsu 141–7, 164–5, 193,
    199, 218, 260–62, 333

Hangchow 234–6, 239, 241–2, 244, 246, 254, 280
Han Hsin 135, 140–41, 143–5
Han Wu-di 146–9, 198
Heath, Edward 76–7, 341
Hermaios 148
Himmlischer König, *siehe* Hung Hsju-tschüan
Hodschien, Fürst von 206
Holländer 290
Hongkong 292, 330
horizontale Allianz 69, 71, 76, 92
Hsi Dsung 268
hsie 246-8, 252
Hsienjang 120, 124–5, 129, 133–4
Hsin-Dynastie 153
Hsja 233, 254
Hsja-Dynastie 16–17, 80
Hsjang Dschwang 132
Hsjang Ljang 121, 123, 127
Hsjangjang 181
Hsjang Jü 121–6, 128, 130–41, 144, 305
Hsjao Hë 144
Hsü Dschou 168
Hsü Gwo-ping 253
Hsü Jüeh 117
Hsün Dsï 77–80, 82–4, 88, 92, 97–8, 100, 102, 104–6, 108, 112–5, 119, 199, 304, 317, 320
Hsün Kwang, *siehe* Hsün Dsï
Hu Lju-i 289
Hunanarmee 286, 289, 293
Hundert Schulen 37, 61, 91, 94
Hung Hsju-tschüan 283–9, 299, 306, 309
Hunnen 73, 147–8, 152, 154, 157, 160, 198, 206
Hu Wej-jung 262
Hwa Gwo-feng 334–8, 340
Hwaiarmee 293
Hwang Dsung-hsi 281

Hwej, König 63, 65
Hwej, kaiser 265

i 246–7, 251, 253
Indien 189, 199, 204, 218
Innere Mongolei 202

Jaischan 255
jang, siehe *jin*
Jang Di 210–12, 215, 217
Jang Dschien 209
Jang Gwej-fej 226–7, 306, 314
Japan(er) 15, 72, 77, 98, 117–8, 193, 196–7, 200, 204, 267, 275, 293–4, 300–1, 329, 339
Jelu Tschu-tsai 257, 341
Jen 60–1, 66, 68, 70–1, 125; König von 68
Jen, Fürst von 265; *siehe auch* Jung-lo
Jen Dschou 161
jin und *jang* 48, 50, 52–3, 56, 58, 72, 77, 118, 168, 237, 241
Jin-Jang-Schule 57, 80
Jo Fej 241–7, 250, 255–6, 277, 280
jou schwej, siehe Wanderredner
Jü 42
Jüan-Dynastie 241, 254, 256, 258, 260, 273
Jüan Schao 159–61, 164, 168, 171–2, 175, 179, 194
Jüan Schï-kai 121, 293–4, 296–7, 301
Jüeh 105, 147
Jung-lo 266–7, 270, 274

Kaifeng 228, 234, 243, 254, 257
Kaiserkanal 211
»kämpfende Staaten« 37, 60, 72–4, 79, 83, 124, 180, 188
Kanton 147, 224, 273, 290, 296, 300–1
Kaspisches Meer 73

363

Kastratenclique 268, 270–1, 277, 281

Kin 209, 234, 241–4, 246, 253–4, 256

Kissinger, Henry 12, 18, 33, 67, 74–6, 330

Kitan 209, 226–8, 2–4, 253, 257

Kommunisten 11, 15, 28, 30, 32–5, 43–6, 56, 64, 72, 81, 97, 155, 198–200, 202, 251–3, 286, 295, 300, 305, 308–10, 314, 324

Konfuzianer 13, 28, 35, 42–3, 45, 51, 53, 60–1, 67, 78, 83, 88, 94, 100, 146, 237, 239, 271–2, 275, 277, 286–7, 305–7, 309, 310, 314, 324

Konfuzius 13, 19, 22–37, 40, 42–3, 47–8, 58–9, 61, 66, 79, 83, 85, 90, 97–8, 103, 143, 153, 206, 234, 238, 268, 286–8, 302–3, 305–8, 310

Korea 14, 147, 154, 194, 198–9, 201, 212, 215, 224, 227, 244, 267, 282, 293, 294, 301, 325, 329

Koxinga, *siehe* Dscheng Tscheng-gung

Kublai Khan 154, 209, 254–6, 258

Kulturrevolution (Große) 30, 46, 55–6, 145, 165, 173, 203, 229, 284–5, 333–4

Kung Tschiu, *siehe* Konfuzius

Kunst des Krieges (Machiavelli) 102, 321

Kunst des Krieges (Sun Dsï) 102–3, 112, 156

Kuomintang 15, 20, 102, 200–1, 205, 300, 322

Kurilen 196

Lao Dsï 47–9, 51–3, 56–9, 88, 98, 100, 321

Legalismus 13, 59, 84–7, 92, 96–7, 101, 143, 264, 304–8, 312, 316, 318

Li 26–31, 39, 59, 82–3, 85, 101, 142–3, 237–9, 303–4, 317

Li Dsï-tscheng 276–7, 306

Li Gwej 249–50

Li Hung-dschang 289, 293

Li Jüan 213–5

Li Jüan-hung 297

Lin Bu 53

Lin Piao 55, 119, 145, 200–1, 243, 302, 306–8, 312–3

Li Schï-min 213–7; *siehe auch* Tang-Tai-dsu

Li Ssï 84, 92–3, 120

Ljang Hsin-tschang 15–6

Ljang Schan Po 249, 251, 311

Ljang Tschi-tschao 43

Lju Bang 126–41, 145; *siehe auch* Han Gao-dsu

Lju Bej 162–4, 167–76, 178, 180–84, 187–8, 191–2, 245–7

Lju Dschin 267

Lju Schao-tschi 14, 30, 46, 55, 313

Lju Scheng 162

Lojang 136, 154, 158, 160–161, 170, 206, 211–12

Lu 21–23, 26, 31–34, 36, 39, 42, 90, 109, 141; Herzog von 20–21, 31–32, 34, 101, 109

Lü, Kaiserin 146, 153

Lu Ding-i 221–2

Lu Meng 185–7

Lun, Fürst 206

Macao 273, 290

Machiavelli 12, 14, 18, 102, 104, 131, 315–24, 331

Mandat des Himmels 30, 153–4, 192, 199, 205, 215, 280, 301, 311, 335

Mandschu 18, 38, 98, 167, 247, 250, 276–82, 286, 288–9, 291–2, 296, 311

Mandschurei 14, 111, 154, 195, 224, 227, 243, 267, 292, 297, 301, 325

Maoisten 27, 30, 35–6, 44–5, 47, 56, 64–5, 199, 204, 305, 308, 324, 332–4

Mao Tse-tung 12–16, 19, 22, 30–31, 34–35, 44–7, 54–6, 75–6, 81, 95–7, 100, 103–4, 118–9, 127, 136, 145–6, 155–6, 164–5, 167, 173, 193, 199–204, 222, 229, 232, 251–3, 260–61, 272, 285, 297, 300–1, 307–9, 311–15, 320, 322, 324, 326, 332–9

Marco Polo 208, 235

Meister von der Teufelsschlucht, *siehe* Gwej-gu Dsï

Mencius 29, 61–7, 73, 77–8, 82–3, 91, 98, 103, 220, 238, 272, 279, 286, 303, 307, 310, 319, 321, 323, 338

Miao 42

Ming-Dynastie 95, 154, 241, 260–61, 263, 265–7, 269, 271, 273–4, 280–81, 284, 290, 312

Ming Tai-dsu 261–3, 265–7, 270

Mo Di, siehe Mo Dsï

Mo Dsï 14, 36–47, 64–6, 79, 98, 199, 202, 284, 320

Mohisten 44, 50, 79

Mongolei 217, 227, 282

Mongolen 207, 209, 212, 241, 253–60, 271, 275–6, 280, 341

Nandschun 180–81, 185–6

Nanjang 170, 181

Nan Jüeh 147

Nanking 206, 235, 261, 266, 273, 275, 278–9, 284–6, 296–7, 301

Napoleon 103, 115–16, 321

Neokonfuzianer 237–8, 271, 306

Nepal 282

Ningpo 234

Nixon, Richard 11, 67, 75, 195, 340–41

Östliche Werkstätten 270, 280

Oxus 73, 147

Pang Dschwan 112,

Parther 148–9

Pej 126–7, 141

Pej, Herr von, *siehe* Lju Bang

Pengtscheng 134, 136

Perlfluß 290

Portugiesen 273, 290

Python, *siehe* Dseng Gwo-fan

Rabban Sauma 258

Revisionisten 19, 73, 252, 313, 333

Ricci, Matteo 272–4

Rom 147–9, 153, 274

Rote Augenbrauen 154, 260, 306

Rote Garden 30, 46, 55

Rußland, *siehe* Sowjetunion

Samarkand 224–5

Sang Hung-jang 149, 153, 237, 306

Schall, Adam 274

Schang-Dynastie 17–18, 80, 206

Schan Jang 86–7, 91–2, 97, 101–2, 171, 304, 307, 319

Schen Bu-hwai 85, 87–8, 91

Schî Ke-fa 277–80

Schlafender Drache, *siehe* Dschugë Ljang

Schlesinger, James 340–41

Schmidt, Helmut 76–7, 339

Schu 170, 180, 182, 184, 188–92, 194, 196–8, 206, 305; König von 192

Schwej Hu Dschwan, siehe *Geschichte vom Flußufer*

Shanghai 205, 300–1, 334
»Shanghai-Kommuniqué« 339
»Shanghai-Mafia« 332
Shantung 169, 248, 251, 292, 300–1
Sian-Zwischenfall 72
Sibirien 196
Sinkiang 154, 195, 202
Sogdiana 147–8
Sowjetunion 74, 76, 116, 193–8, 201, 203–4, 222, 252, 313, 325–31, 338–42
Ssï (Fluß) 137, 139
Ssï-ma I 190–92
Ssï-ma Tschien 87, 140, 148
Strauß, Franz Josef 76–7, 341
Sun, Familie 170–71, 175–7, 192
Sun Bin 111–12
Sun Dsï 101–8, 110–113, 115–119, 124–5, 128, 136–7, 156, 166, 171, 173, 187, 191, 199, 200, 204, 242, 249, 280, 315, 319–20, 322, 324, 326, 330–31, 334, 340
Sung 40–41, 49, 51, 65–6; Herzog von 42; König von 66
Sung Dschjang 248–9, 251–2
Sung-Dynastie 53, 81, 95, 155, 231-5, 238, 241-6, 253, 255–6, 258–9, 297, 306
Sung I 123–5, 128
Sung Tai-dsu 229-34
Sun Tschwan 170–71, 176, 178, 182–5, 188
Sun Wu, *siehe* Sun Dsï
Sun Yat-sen 15, 35, 38, 194–7, 299–300, 311
Su-Tschin 67–71, 74, 77
Swej-Dynastie 209, 212, 215, 219, 222

Tai-ping 155, 283–4, 286–7, 289, 293, 295, 306, 309
Taiwan 15, 194, 329, 341

Taiyüan 213
Tang-Dynastie 155, 215, 224–5, 227–8, 233, 269
Tang Hsüan-dsung 225, 306, 314
Tang Tai-dsung 217–22, 224, 317
Tataren 208–9
Tibeter 207, 212, 227, 282
Tientsin, Vertrag von 292
Tiger Tschi 275–6, 280, 286
Tongking 147, 152, 154, 209
Tsao Dschu-ren 265
Tsao Mo 21
Tsao Pej 187–8
Tsao Tsao 156–69, 171–2, 175–88, 191–5, 145–6, 260, 294, 305, 337
Tschampa 212
Tschang An 141, 147, 160, 206, 213, 215–7, 224-5, 227
Tschangscha 117; Fürst von 206
Tschen Bo-da 173
Tschen Du-hsju 310–11
Tschengdu, Fürst von 206
Tschen I 73
Tschen Ping 137, 144, 146
Tschen Sche 121, 127
Tschi 19–21, 24, 31–3, 37, 52, 60–61, 67, 69–71, 78, 85, 100, 103, 105, 109, 112, 125, 263; Herzog von 20–21, 31–4; König von 61–2, 65–6, 69–71, 79; Fürst von 206
Tschiang Kai-schek 15, 20, 45, 72, 95, 102, 155, 199, 200, 251, 279, 300–1, 308, 311–12
Tschiang Tsching-kuo 95
Tschï-bi 176–7, 179–80, 188
Tschi Dschi-gwang, s. Tiger Tschi
Tschien Schu 233
Tschin 37, 60–61, 68–73, 76–7, 85–7, 91–4, 96–101, 119, 122–5, 127–30, 132–6, 142–3, 146, 304–5, 308, 316; König von 69–70, 93

366

Tschin-Dynastie 94, 120–21, 141, 206
Tsching-Dynastie 15, 18, 154–5, 241, 250, 281–2, 284, 286–90, 293, 296
Tschin Kwej 243–4, 256
Tschjao Gwan-hwa 73
Tschou En-lai 15, 55–6, 75, 196, 198, 204–5, 229, 300, 313, 329, 332–4
Tschu 37, 39–41, 52, 60–61, 66–7, 69–71, 78, 84, 90, 121, 123–5, 130, 132, 137, 139, 145, 180; Herzog von 41–2, 51; König von 70, 123, 126, 128–9, 131, 133–4
Tsï-hsi 293–4
Tungusen 207
Turkestan 282
Türkvölker 207, 212–13, 215–18, 227

Vereinigte Staaten 74, 76, 193–5, 204, 326–31, 339–42
vertikale Allianz 68–9, 71, 92
»Viererbande« 335–7
Vietnam 34, 75, 194, 198, 244, 324
Vom Kriege 321–2

Wanderredner 61, 67, 74, 79
Wang An-schï 236, 306
Wang Dschin 267
Wang Mang 153–4, 337
Weddell, John 290

Weißer Lotus-Sekte 154, 260, 283
Wej 60–61, 70, 92, 100, 112, 182, 184, 187, 190–92, 194–7, 204, 305; Herzog von 61, 63; König von 69, 190
Wej Dscheng 218–19, 221–2
Wej Dschung-hsien 268–70, 277
Wej-Dynastie 188
Wen (Fluß) 21
Wen, Kaiser 146
Wen Tien-hsjang 254–6, 280
Westliche Werkstätten 270, 280
Whampoa 15, 300
Wu 103, 162, 175, 182, 184–5, 187–8, 191–2, 194, 196–8, 206; König von 101, 103, 105
Wu (Fluß) 140
Wu, Kaiserin, siehe Wu Dschao
Wu Dschao 222–3, 225, 269–70, 336
Wu Dschung 122
Wu Dsï-hsju 105
Wu Jüeh 233
Wu San-gwej 276–7, 280
Wu Sung 54, 75, 249, 251, 253
Wu Tschi 97, 101, 103, 105, 108, 114–15, 139, 199, 200, 277
Wuchang-Aufstand 167

Yangchow 212–13, 215, 278–9
Yangtse 31, 81, 170–71, 175–8, 180, 191, 206, 211–12, 134–5, 275, 279, 284, 289, 292
Yenan 45
Yünnan 147, 154, 224, 297

367

DAS HEUTIGE CHINA

„FRÜHLING UND HERBST"-ZEIT
722–481 v. Chr.
Die östlichen Staaten

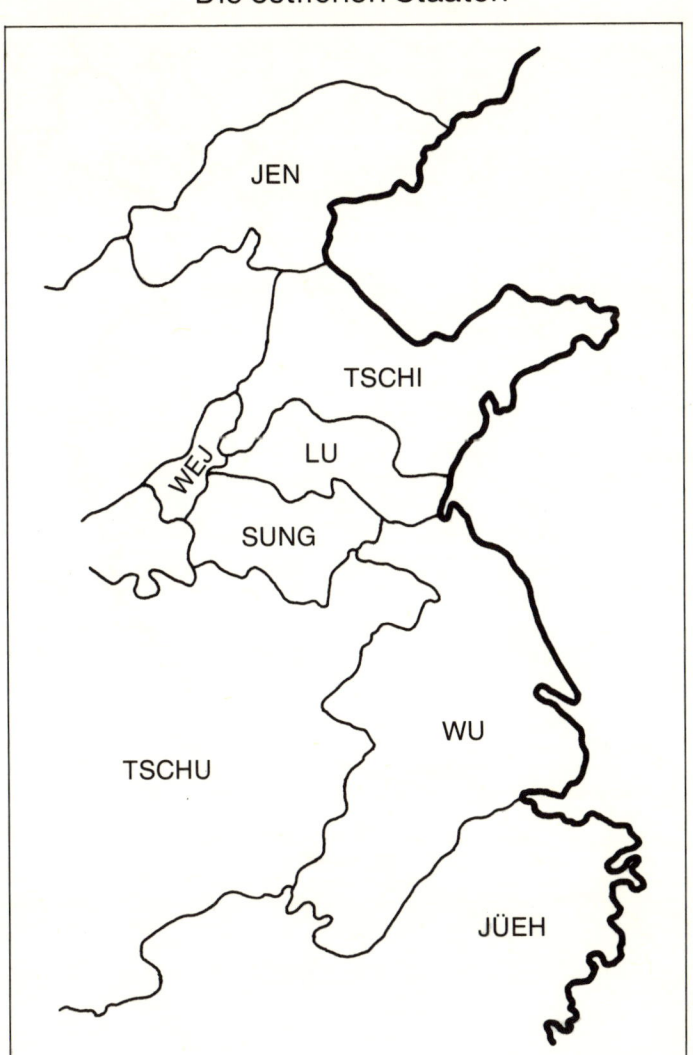

DIE „KÄMPFENDEN STAATEN"
481–221 v. Chr.
(um 350)

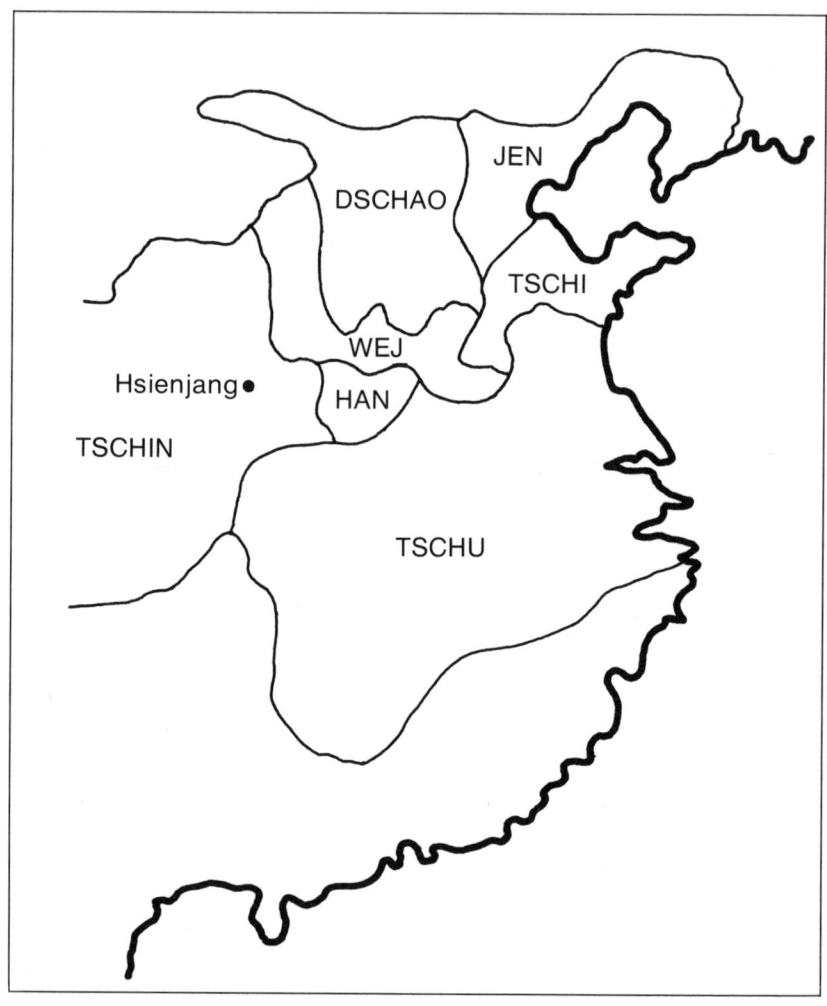

DIE DREI REICHE
220–265 n.Chr.

HUNNEN

WEJ

JEN

Gelber Fluß

Ssi

Lojang

Tschang An

Pengtscheng

NORD-
DSCHING

Nanjang

Handschung

Fantscheng

Hsjangjang

Dschien-jeh

Dschengdu

Tschï-bi

Yangse

Nandschun

SÜD-DSCHING

SCHU

Tschangscha

WU

(FORMOSA)

(HAINAN)